KB142098

임원경제지
권91-92

향례지

鄕禮志
2

林園經濟志

임원경제지
권91-92

향례지

鄕禮志 2

향촌의례 백과사전

권4 · 관례와 혼례(冠婚禮)

권5 · 상례와 제례(喪祭禮)

풍석 서유구 지음 추담 서우보 교정 도올 김용옥 서문
임원경제연구소 신승훈, 정명현, 김광명 옮김

풍석문화재단

임원경제지 향례지2

지은이	풍석 서유구
교 정	추담 서우보
옮기고 쓴 이	🌿임원경제연구소 [신승훈, 정명현, 김광명]
	교감·교열 : 민철기, 정정기, 최시남, 김현진,
	김수연, 강민우, 김광명, 김용미
	서문 : 도올 김용옥
	자료정리 : 고윤주
	감수 : 이봉규(인하대학교 교수)
펴낸 곳	📖풍석문화재단
	펴낸 이 : 신정수
	진행 : 박시현, 박소해
	전화 : 02)6959-9921 E-mail : pungseok@naver.com
일러스트	노금희
편집디자인	아트퍼블리케이션 디자인 고흐
인 쇄	상지사피앤비
펴낸 날	초판 1쇄 2021년 5월 28일
ISBN	979-11-89801-38-0

* 표지그림 : 김홍도필 행려풍속도 8폭병풍(국립중앙박물관 소장),
        꽃과 나비(남계우, 국립중앙박물관 소장)
* 사진 사용을 허락해주신 국립고궁박물관, 국립민속박물관, 국립중앙박물관, 국립중앙도서관,
  한국콘텐츠진흥원, 블로그 은하산방(https://blog.naver.com/nimbus89) 여러분께 감사드립니다.

차례

일러두기

- 이 책은 풍석 서유구의 《임원경제지》를 표점, 교감, 번역, 주석, 도해한 것이다.

- 저본은 정사(正寫) 상태, 내용의 완성도, 전질의 구성 등을 고려하여 고려대학교 도서관 소장본으로 했다.

- 현재 남아 있는 이본 가운데 서울대학교 규장각한국학연구원, 일본 오사카 나카노시마부립도서관본을 교감하고, 교감 사항은 각주로 처리했으며, 각각 규장각본, 오사카본으로 약칭했다.

- 교감은 본교(本校) 및 대교(對校)와 타교(他校)를 중심으로 하고, 필요에 따라서는 이교(理校)를 반영했으며 교감 사항은 각주로 밝혔다.

- 번역주석의 번호는 일반 숫자(9)로, 교감주석의 번호는 네모 숫자(⑨)로 구별했다.

- 원문에 네모 칸이 쳐진 注, 法 등과 서유구의 의견을 나타내는 案, 又案 등은 원문의 표기와 유사하게 네모를 둘렀다.

- 원문의 주석은【 】로 표기했고, 주석 안의 주석은〔 〕로 표기했다.

- 서명과 편명은 번역문에만 각각 《 》및 〈 〉로 표시했다.

- 표점 부호는 마침표(.), 쉼표(,), 물음표(?), 느낌표(!), 쌍점(:), 쌍반점(;), 인용부호(" ", ' '), 가운뎃점(·), 모점(、), 괄호(( )), 서명 부호(《 》)를 사용했고 인명, 지명 등 고유명사에는 밑줄을 그었다.

- 字, 號, 諡號 등으로 표기된 인명은 성명으로 바꿔서 옮겼다.

향례지 권제 4

鄉禮志 卷第四

4

I. 관례와 혼례(冠婚禮)

주인은 아침 일찍 일어나 사자를 보내【만약 길이 멀거나 사정이 있으면 납채와 납
폐를 같은 날에 같은 사자를 시켜서 행한다】여자 집안에 가게 한다.

여자 집안 주인은 문 밖으로 나가서 사자를 맞이하여 정청(正廳)에 오른다. 사자는
"우리 선생께서 은혜롭게도 따님을 아무개에게 아내로 삼도록 주시니, 아무개의 아
무 친척, 아무 관직에 있는 아무개는 선인들의 예에 따라 아무개를 시켜 납폐를 청
합니다."라 한다. 시종이 폐백을 사자에게 드리면, 사자는 주인에게 폐백을 준다.

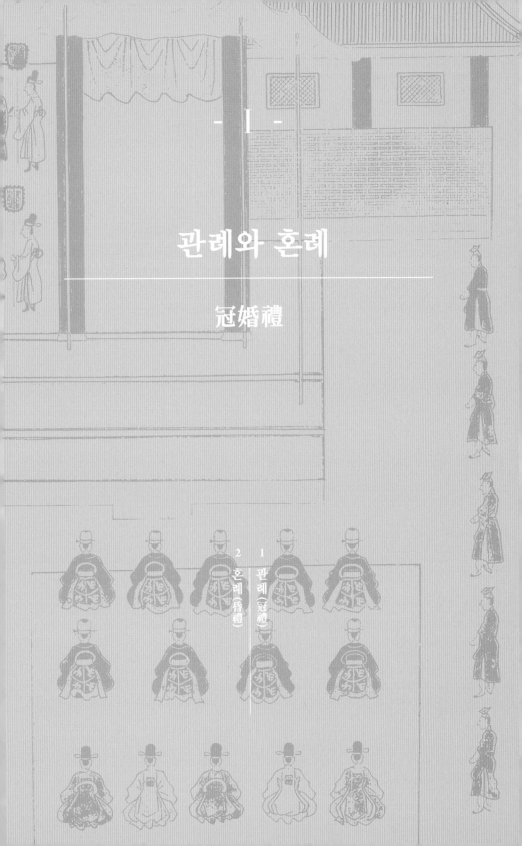

- Ⅰ -

관례와 혼례

冠婚禮

1. 관례(冠禮)¹

冠禮

1) 사마광(司馬光)²《서의(書儀)》³의 관례와 계례(笄禮)

司馬儀

(1) 관례⁴

① 남자는 나이가 12살에서 20살이 되면 모두 관(冠, 말총으로 만든 쓰개)을 쓸 수 있다.

男子年十二至二十, 皆可冠.

【《예기(禮記)》〈관의(冠義)〉에 다음과 같은 내용이 있다. "관(冠)이란 예(禮)의 시작이다. 이런 까닭으로 관례는 성인(成人)이 되는 도(道)이다. 관례를 마친 사람을 성인으로 대접하는 까닭은 앞으로 그에게 성인의 예로 책임을 묻기 위함이다. 성인의 예로 책임을 묻는 까닭은 앞으로 자식으로서의 행동, 아우로서의 행동, 신하로서의 행동, 소자(少者, 젊은 사람)로서의 행동에 책임을 묻기 위함이다. 앞으로 사람들에게 이 4가지의 행동에 책임을 져야 하니, 그 예가 중요하지 않을 수 있겠는가?"⁵

【《冠義》曰 : "冠者, 禮之始也. 是故成人道也. 成人之者, 將責成人禮焉也. 責成人之禮焉者, 將責爲人子、爲人弟、爲人臣、爲人少者之行焉. 將責四者之行於人, 其禮可不重與?"

---

1 관례(冠禮) : 관례와 계례(笄禮)를 포괄적으로 표현한 용어.

2 사마광(司馬光) : 1019~1086. 중국 북송(北宋)의 정치가·사학자. 자는 군실(君實), 호는 우부(迂夫). 시호는 문정(文正)이고, 온국공(溫國公)에 봉해졌기 때문에 사마온공(司馬溫公)이라고도 한다. 신종(神宗)이 즉위한 뒤에 왕안석(王安石)을 발탁하여 신법(新法)을 단행하게 하자 이에 반대해 사퇴했다. 저서로《자치통감(資治通鑑)》·《속수기문(涑水紀聞)》등이 있다.

3 서의(書儀) : 사마광이《의례(儀禮)》와《예기(禮記)》에 나오는 예법(禮法)을 기초로 해서 관혼상제(冠婚喪祭)에 대한 의례와 절차 및 의의 등을 서술한 책.

4 (1) 관례 : 이 제목은 원문에 없으나 뒤의 계례와 구분짓기 위해 편의상 추가했다.

5 관(冠)이란……있겠는가 :《禮記正義》卷61〈冠義〉《十三經注疏整理本》15, 1884쪽).

상투관. 상투머리에 쓰는 작은 관(冠)으로 백관들이 쓰는 오량관(五梁冠)을 본 따 축소한 형태이다.(국립민속박물관)

관례(冠禮)는 없어진 지 오래되었다. 내가 어린 시절에 들으니 시골에 사는 사람들은 아직도 이 관례를 치르고 있다고 하며, 그 예식을 '머리를 올린다[上頭, 상투]6'라 한다. 번화한 도시에서는 이 예식을 행하지 않는다. 이것이 바로 '예를 잃어버리면 시골에서 구한다.'7라는 말이다.

근래에 들어 인정(人情)이 더욱 경박해져서 아들을 낳으면 그 아이가 아직 젖을 먹고 있는데도 이미 건(巾, 두건)과 모(帽, 모자)를 씌운다. 관직에 있는 사람은 간혹 아이를 위해 공복(公服, 관복)을 만들어 입혀 재롱을 부리게 한다. 나이가 10살이 넘어서도 총각(總角) 머리를 하는 아이는 아마 드물 것이다. 그러니 저들이 4가지의 행동에 책임을 져야 한다는 사실을 어찌 알겠는가! 가끔 어려서부터 장성할 때까지 미련하고 어리석기가 한결같은 사람이 있으니, 이는

冠禮之廢久矣, 吾少時聞村野之人尙有行之者, 謂之"上頭". 城郭則莫之行矣. 此謂"禮失, 求諸野"者也.

近世以來, 人情尤爲輕薄, 生子猶飮乳, 已加巾帽. 有官者或爲之製公服而弄之. 過十歲猶總角者, 蓋鮮矣. 彼責以四者之行, 豈知之哉! 往往自幼至長, 愚騃如一, 由不知成人之道故也.

---

6 머리를 올린다[上頭, 상투]: 상투의 원말. 상투는 남자가 머리털을 끌어 올려 정수리 위에 틀어 감아 맨 것.

7 예를……구한다:《漢書》卷30〈藝文志〉10(《漢書》6, 1746쪽).《한서》에서는 공자의 말이라 했으나《논어》등에는 나오지 않는다.

성인(成人)의 도(道)를 알지 못하기 때문에 일어나는
일이다.

고례(古禮)에는 비록 "20살이 되어 관례(冠禮)를
한다."[8]라 했으나, 《춘추좌씨전》〈양공9년〉에는 노
(魯)나라의 양공(襄公)[9]이 12살일 때, 진(晉)나라의 도
공(悼公)[10]이 "군(君)께서는 관례를 치를 수 있겠습니
다."[11]라 한 기사가 있다.

지금 민간 풍속의 폐단을 갑자기 바꿀 수는 없으
므로 우선 지금의 풍속을 따르되, 12살부터 20살까
지 모두 관례를 허용한다. 돈후(敦厚, 인품이 두터움)하
고 옛것을 좋아하는 군자(君子)와 같은 경우는 그 아
들이 나이 15살 이상이 되어 《효경(孝經)》과 《논어(論
語)》를 잘 알 수 있고, 예의(禮義)의 방도를 거칠게나
마 알게 된 뒤에야 관례를 치르는데, 이것이 아름다
운 뜻을 갖추는 것이다】

古禮雖稱"二十而冠", 然魯
襄公年十二, 晉 悼公曰
"君可以冠矣."

今以世俗之弊不可猝變,
故且狥俗, 自十二至二十
皆許其冠. 若敦厚好古之
君子, 俟其子年十五以上,
能通《孝經》、《論語》, 粗知
禮義之方, 然後冠之, 斯
具①美矣】

② 반드시 부모가 기년(期年, 1년) 이상의 상복을
입는 일이 없어야 비로소 관례를 치를 수 있다.

【관례와 혼례는 모두 가례(嘉禮)[12]이다. 《예기(禮

必父母無期以上服②, 始可
行之.

【冠昏, 皆嘉禮也. 《曾子

---

8 20살이⋯⋯한다:《儀禮注疏》卷1〈士冠禮〉《十三經注疏整理本》10, 2쪽).
9 양공(襄公):B.C. 575~B.C. 542. 중국 춘추시대 노(魯)나라의 제24대 임금.
10 도공(悼公):B.C. 587~B.C. 558. 중국 춘추시대 진(晉)나라의 제30대 임금.
11 군(君)께서는⋯⋯있겠습니다:노(魯)나라의 양공(襄公)이 12살일 때, 노나라의 대부 계무자(季武子)는 진(晉)
   나라의 도공(悼公)을 배웅하는 길에 대화를 나누었다. 이때 도공은 계무자에게 양공의 나이를 질문한 다음에
   "군(君)께서는 관례를 치를 수 있겠습니다."는 이야기를 건네었다. 《춘추좌전 2》(한길사, 2006) 187쪽 참고.
12 가례(嘉禮):길례(吉禮)·흉례(凶禮)·가례(嘉禮)·빈례(賓禮)·군례(軍禮)로 구성되는 오례(五禮)의 하나로,
   경사스러운 의례(儀禮)라는 뜻이다. 음식(飮食)·관혼(冠婚, 관례와 혼례)·빈사(賓射)·향연(饗燕)·신번
   (脤膰)·하경(賀慶)·책봉(冊封) 등의 예를 말한다.
① 具: 저본에는 "其". 《書儀·冠儀》에 근거하여 수정.
② 服: 《書儀·冠儀》에는 "喪".

記)》〈증자문(曾子問)〉에 "관자(冠者)[13]가 관례의 자리에 이르렀다가 자최복(齊衰服)[14]을 입어야 하는 부고(訃告)를 들으면 관을 쓰지만 초례(醮禮)[15]를 올리지 않고, 만약 관자(冠者)가 자리에 이르지 않았을 때 부고를 들으면 관례를 그만둔다."[16]라 했다.

《예기》〈잡기(雜記)〉에 "대공복(大功服)[17]의 말기에는 아들에게 관례를 치르게 할 수 있고, 딸을 시집보낼 수 있다."[18]라 했다. 그렇다면 대공복의 초기에도 관례를 치를 수 없다. 〈증자문〉에는 "상복(喪服)을 입고 있는 중에도 관례를 치를 수 있다."[19]라는 말이 있으나, 아마도 지금은 행하기 어려울 듯하다】

③ 그 예(禮)를 행할 때 주인(主人)은 옷을 잘 차려입는다[盛服].[20]

【주인(主人)은 관자의 조부와 아버지 및 숙부·백부와 여러 형을 말하니, 모든 남자 친척 중 한 집의 가장(家長)인 사람은 모두 주인이 될 수 있다. 일반적으로 성복(盛服)은, 관직이 있는 경우 공복(公服, 관복)

問》:"冠者至, 聞齊而不禮, 如冠者未至則廢."

《雜記》曰:"大功之末, 可以冠子, 可以嫁子." 然則大功之初, 亦不可冠也. 《曾子問》有"因喪服而冠"者, 恐於今難行】

其禮主人盛服.

【主人, 謂冠者之祖父、父及諸父、諸兄, 凡男子之爲家長者皆可也. 凡盛服, 有官者具公服、靴、笏, 無官

---

13 관자(冠者):관례를 치르는 당사자. 앞으로 관례를 치른다는 의미에서 장관자(將冠者)라고 부르기도 한다.

14 자최복(齊衰服):약간 성근 생베로 지어 아래 가를 좁게 접어서 꿰맨 상복(喪服). 돌아가신 분이 부모인지 조부모인지 등에 따라 상복을 입는 기간도 3년, 1년, 5개월, 3개월로 정해진다. 1년간 상복을 입을 때에는 기년복(期年服)을 입는다고 한다.

15 초례(醮禮):술을 마실 때 술잔을 권하기만 하며 받고 다시 이에 대한 보답으로 올리지 않는 의례.

16 관자(冠者)가……그만둔다:《禮記正義》卷18〈曾子問〉《十三經注疏整理本》13, 673쪽).

17 대공복(大功服):상례의 오복제도(五服制度)에 따른 상복. 의례에 맞는 상복을 입어야 하는 범위의 친척을 대공친이라 부르고, 이 옷을 만들 때 사용하는 베는 대공포라고 한다. 여기서는 이 상복을 입는 기간을 뜻한다.

18 대공복(大功服)의……있다:《禮記正義》卷42〈雜記〉下《十三經注疏整理本》14, 1413쪽).

19 상복(喪服)을……있다:《禮記正義》卷18〈曾子問〉《十三經注疏整理本》13, 673쪽).

20 옷을……차려입는다[盛服]:본인이 가지고 있는 옷 중에서 가장 깨끗하고 좋은 옷으로 차려입는 일을 성복(盛服)이라 한다.

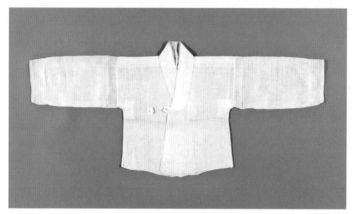
적삼(국립중앙박물관)

에 가죽신과 홀(笏)을 갖추어 입는 식이고, 관직이 없는 사람은 복두(幞頭)²¹에 가죽신과 난(襴, 난삼)이나 삼(衫, 적삼)에 허리띠를 두르는 식으로, 각자 자신이 평소에 입는 옷 중에서 가장 좋은 옷을 차려입는 복장이다. 뒤에 소개하는 혼례 의식에서 옷을 잘 차려입는 일도 이것을 기준으로 한다】

者具幞頭、靴、襴或衫、帶, 各取其平日③所服最盛者. 後昏④儀, 盛服準此行之】

④ 양친은 시초점[筮]으로 관례 날짜를 점쳐서 택한 날이 되었을 때 영당(影堂, 영정을 모신 사당) 문 바깥에서 서쪽을 향하여 선다.

親臨筮日於影堂門外, 西向.

【옛날에는, 큰일을 치를 때 반드시 복서(卜筮)로 점을 쳐서 결정했다. 서북의 껍질을 태워 점치는 일은 '복(卜, 거북점)'이라 하고, 시초[筮]²²를 세서 점치는

【古者, 大事必決於卜筮. 灼龜曰"卜", 揲著曰"筮". 夫卜筮, 在誠敬, 不在著、龜.

---

21 복두(幞頭) : 각이 지고 위가 평평한 관모. 복두(襆頭)로 쓰기도 한다.
22 시초[筮] : 점을 칠 때 사용하는 빳빳한 풀나무. 지금은 대나무 막대를 사용한다.
③ 日 : 저본에는 "日之". 오사카본·《書儀·冠儀》에 근거하여 삭제.
④ 昏 : 《書儀·冠儀》에는 "婚祭".

일은 '서(筮, 시초점)'라 한다. 대체로 복서의 점은 성실함과 공경함에 그 의미가 있고, 시초와 거북의 껍질 그 자체에 의미가 있는 것은 아니다. 간혹 복서로 점치는 방법을 이해할 수 없는 경우에는, 다만 배교(杯珓)[23]를 사용해서 점을 쳐도 된다. 배교로 점치는 방법은, 큰 대나무 뿌리를 쪼개서 쓰거나 다만 2개의 동전을 쓴다. 쟁반 위에 그것들을 던졌을 때 하나는 위를 향하고 하나는 아래를 향하면 길조이고, 모두 위를 향하면 보통이고, 모두 아래를 향하면 흉조이다. 뒤에 소개하는 혼례 의식에서도 복서의 점은 이것을 기준으로 한다.

《대당개원례(大唐開元禮)》[24]에서 친왕(親王)[25] 이하는 모두 시초점[筮]으로 관례 날짜를 점치거나 빈(賓)을 모시는 일을 점쳤고, 거북점[卜]은 쓰지 않았다.[26]

或不能曉卜筮之術者, 止用杯珓亦可也. 其制, 取大竹根判之, 或止用兩錢, 擲於盤, 以一仰一俯爲吉, 皆仰爲平, 皆俯爲凶. 後昏儀, 卜筮準此.

《開元禮》, 自親王以下, 皆筮日、筮賓, 不用卜. 此云 "西向", 據影堂門南向者言

갑골(거북 배껍질)

배교(청나라 시대)

---

23 배교(杯珓) : 길흉을 점치는 도구. 일반적으로 대나무나 옥(玉)으로 만든다.
24 대당개원례(大唐開元禮) : 중국 당(唐)나라 현종(玄宗) 20년(732)에 제정된 예서. 소숭(蕭嵩) 등의 문신이 황제의 명을 받아 150권으로 편찬했으며 이후의 왕조들은 예제를 정비할 때 모두 이 책을 참조했다.
25 친왕(親王) : 황태자를 제외한 남자 황족에게 부여되는 호칭.
26 친왕(親王)……않았다 : 《大唐開元禮》 卷114 〈親王冠〉《文淵閣四庫全書》 646, 667쪽).

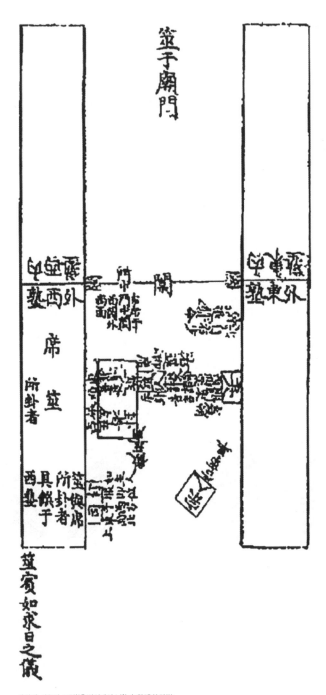

사관례 시초점 그림(《흠정의례의소(欽定儀禮義疏)》)

여기에서 '서쪽을 향하여 선다'란, 영당의 문이 남향이었을 때에 근거하여 말한 것이다. 일반 민가의 당실(堂室)에서 이와 같이 하나하나 방위를 다 맞출 수 없을 경우, 다만 앞은 남쪽, 뒤는 북쪽, 왼쪽은 동쪽, 오른쪽은 서쪽으로 한다. 뒤에 소개하는 혼례의식 가운데서 일반적으로 동서남북이라 하는 말은 모두 이것을 기준으로 한다】

之. 私家堂室不能一一如此, 但以前爲南, 後爲北, 左爲東, 右爲西. 後昏儀中, 凡言東西南北者皆準此】

⑤ 만약 그 날이 길(吉)하지 않다면 다시 시초점으로 점을 쳐서 다른 날을 택한다.

【일반적으로 관례 날짜를 시초점으로 점치려 할 때, 먼저 시간적 여유가 있어서 관례를 치를 수 있는 몇 개의 날을 고른 뒤에 점을 쳐서 그 중에 길한 날을 취하여 쓴다】

若不吉則更筮他日.

【凡將筮日, 先謀得暇可行禮者數日, 然後筮, 取其吉者用之】

⑥ 관례를 치르기 3일 전에 빈을 모시는 일을 시초점으로 점치되, 날짜를 택하는 의례처럼 한다.

【일반적으로 빈은 주인의 친구들 중에서 훌륭하고 예가 있는 사람을 택하여 빈으로 삼아야 한다. 이 또한 몇 명의 빈을 택하고 점을 쳐서 그 중에서 길한 사람으로 정한다. 간혹 날짜를 점쳐서 정하거나 빈을 점쳐서 정할 수 없으면 그 중에서 가능한 날짜나 손님을 택할 뿐이다】

前期三日筮賓, 如求日之儀.

【凡賓, 當擇朋[5]友賢而有禮者爲之, 亦擇數賓, 取吉者. 或不及筮日、筮賓, 則但[6]擇其可者而已】

---

[5] 朋: 저본에는 "日". 오사카본에 근거하여 수정.
[6] 但: 《書儀·冠儀》에는 "日".

⑦ 그제서야 사람을 보내어 빈에게 고한다[戒賓].

【《의례(儀禮)》〈사관례(士冠禮)〉에는 주인이 스스로 빈에게 가서 아뢰고 1일 전에 자제(子弟)를 보내 고한다[宿賓][27]라 했다.[28] 그러나 지금은 간략한 예를 따르고자 하니, 자제만을 보낸다. 만약 동복(僮僕, 어린 종)을 보내어 명(命)을 전하게 하거나, 심부름꾼이 그 말을 기억하지 못하면 의례에 있는 관례적인 말로 하게 한다. 그리고 이후에 '아무개가 올립니다.'로 시작하는 글을 적은 종이 1장을 심부름꾼이 차례로 전달하게 한다. 빈의 답변도 그러한 방식이다. 나중에 감사의 말씀을 드릴 때도 모두 이와 같다】

⑧ 아뢸 때는 다음과 같이 말한다. "아무개는【주인의 이름이다. 심부름꾼이 대놓고 주인의 이름을 말하지 않으려면 관직을 부르거나 아무개의 아버지라고 한다】아들 아무개가【아들의 이름이다】있는데, 아들의 머리에 관을 씌우려고 하오니 우리 선생께서 오셔서 가르쳐 주시기를 바랍니다."

빈은 다음과 같이 대답한다. "아무개가【빈의 이름】불민(不敏)하여 일을 제대로 받들지 못했다가 우리 선생께 욕이 될까[病] 두려우니, 감히 사양하겠습니다[敢辭]."

【병(病)은 욕(辱)과 같다. 예를 갖추어 사양하는

乃遣人戒賓.

【《士冠禮》主人自戒賓, 宿賓. 今欲從簡, 但遣子弟. 若僮僕致命, 或使者不能記其辭, 則爲如儀中之辭. 後云"某上"一辭爲一紙, 使者以次達之, 賓答亦然. 後致辭皆倣此】

曰:"某【主人名也. 使者不欲斥主人名, 卽稱官位, 或云某親】有子某【子名】, 將加冠於其首, 願吾子之教之也."

賓對曰:"某【賓名】不敏, 恐不能供事以病吾子, 敢辭."

【病猶辱也. 禮辭, 一辭而

---

27 1일……고한다[宿賓]: 관례 1일 전에 빈에게 다시 고하는 일을 숙빈(宿賓)이라 한다. 직접 가지 않고 자제를 보내 편지를 전한다.
28 의례(儀禮)……했다:《儀禮注疏》卷1〈士冠禮〉《十三經注疏整理本》10, 15~17쪽).

경우 1번 사양하고 허락하면 '감사(敢辭)'라 하고, 2번 사양하고 허락하면 '고사(固辭, 굳이 사양한다)'라 한다. 3번 사양하면 '종사(終辭, 끝내 사양한다)'라 하니, 이는 허락하지 않는 것이다】

許曰"敢辭", 再辭而許曰"固辭". 三辭曰"終辭", 不許也】

⑨ 주인이 "아무개는 우리 선생께서 끝내 오셔서 가르쳐 주시기를 바랍니다."라 한다. 그러면 빈은 "우리 선생께서 거듭 명하시니 아무개가 감히 따르지 않을 수 있겠습니까?"라 대답한다.

主人曰:"某願吾子之終敎之也." 賓對曰:"吾子重有命, 某敢不從?"

【일반적으로 빈과 주인의 말은 혹 글로 생각을 전하지 않아서 잘못 기억하거나 잊을 수 있으면 홀기(笏記)29에 써야만 한다. 홀기가 없는 경우에는 장부에 기록한다. 뒤에 소개하는 혼례 의식에도 이를 기준으로 하는데, 오직 납채(納采)30에는 반드시 서한을 사용한다】

【凡賓主之辭, 或不以書傳慮有誤忘, 則宜書於笏記. 無笏者, 爲掌記. 後昏儀準此, 惟納采必用書】

시제홀기(국립중앙박물관)

유릉섭행작헌례홀기1(국립고궁박물관)

유릉섭행작헌례홀기2(국립고궁박물관)

---

29 홀기(笏記):관례 등의 의식에서 진행 순서를 적어 낭독하게 하는 의례문서.
30 납채(納采):전통 혼인의 6가지 절차 중 하나. 남자 집에서 혼인을 하고자 기러기와* 사주단자를 갖추어 청하고 여자 집에서 이를 받아들이는 의례.

⑩ 주인은 관례 1일 전에 또 사람을 보내어 빈에게 다시 고하며 다음과 같이 말한다. "아무개가 아들 아무개의 머리에 관을 씌우려고 하는데, 우리 선생께서 그 자리에 오실 것이기에 감히 하루 전에 고합니다." 그러면 빈은 "아무개가 어찌 감히 일찍 일어나지 않겠습니까?"라 대답한다.

【고문(古文)에는 찬관자(贊冠者)[31] 한 사람에게도 하루 전에 고한다고 했다.[32] 그러나 지금은 간략한 예를 따라 단지 빈으로 하여금 스스로 자제나 친척 중에서 예를 익힌 사람 한 사람을 택하게 하여 찬관자로 삼도록 한다. 전날 밤에는 또 청기(請期)[33]나 고기(告期)[34]의 절차가 있지만, 지금은 모두 생략한다】

前一日, 又遣人宿賓, 曰: "某將加冠於某之首, 吾子將莅之, 敢宿賓." 對曰: "某敢不夙興?"

【古文, 宿贊冠者一人, 今從簡, 但令賓自擇子弟、親戚習禮者一人爲之. 前夕又有請期、告期, 今皆省[7]之】

⑪ 관례를 치르는 날에는 일찍 일어나 빈과 주인과 집사자(執事者)가 모두 옷을 잘 차려입는다.

【집사자(執事者)는 집안의 자제나 친척 혹은 남자종과 여자종으로, 예를 행하는 데에 참여하는 사람은 모두 여기에 해당한다. 뒤에서 집사자라고 일컫는 사람은 모두 이것을 기준으로 한다】

其日夙興, 賓、主人、執事者, 皆盛服.

【執事者, 謂家之子弟、親戚或僕妾, 凡豫於行禮者, 皆是也. 後稱執事者準此】

⑫ 집사자가 손 씻는 대야[盥盆]를 청사(廳事, 대청마루)의 동쪽 계단 아래의 동남쪽에 대(臺)를 만들어

執事者設盥盆於廳事阼階下東南有臺, 帨巾在盆北,

---

31 찬관자(贊冠者): 관례 때에 관(冠)을 씌어주는 일을 돕는 사람.
32 고문(古文)에는……했다.《儀禮注疏》卷1〈士冠禮〉《十三經注疏整理本》10, 18쪽).
33 청기(請期): 사당 문 밖에서 빈자(儐者, 예의 진행을 돕는 주인 쪽의 사람)가 주인에게 관례 치를 시간을 묻는 일.
34 고기(告期): 빈자가 주인의 형제와 유사들에게 관례 치를 시간을 알려주는 일.
[7] 省: 저본에는 "有".《書儀·冠儀》에 근거하여 수정.

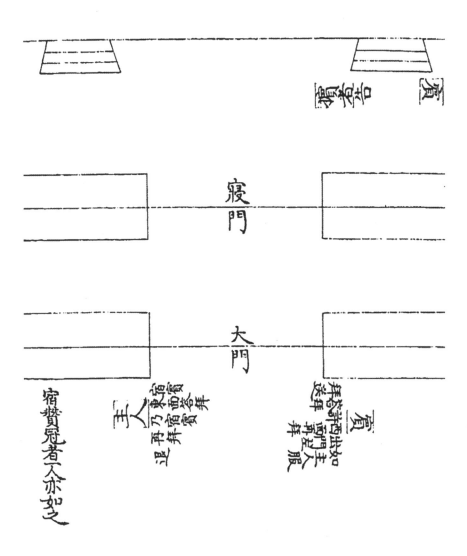

堂

寢門

大門

숙빈도(宿賓圖, 빈에게 하루 전에 알리는 의례 그림) 《흠정의례의소》

설치하고, 수건[帨巾]은 손 씻는 대야의 북쪽에 수건 걸이를 두어 걸어둔다.

【고례(古禮)에서는 근엄한 행사는 모두 사당에서 치렀기 때문에 관례도 사당에서 했다.[35] 그러나 요즘 사람들은 이미 가묘(家廟, 집안의 사당)가 있는 경우가 드물고 그 집의 영당도 좁고 작아서 예를 행하기가 어렵다. 다만 관례는 바깥에 있는 청(廳)에서 치르고 계례(笄禮)는 안에 있는 당(堂)에서 치르는 것이 좋다.《의례》〈사관례〉에는 "세(洗)[36]는 동영(東榮, 동쪽 처마의 끝)에 해당하는 곳에 설치하되, 남북으로는 당심(堂深)[37]만큼 떨어져 있다. 물은 세의 동쪽에 둔다."[38]라 했다.

지금 일반 민가에는 뢰(罍, 의례에 사용되는 물동이)나 세가 없으므로 단지 손 씻는 대야와 수건을 사용할 뿐이다. 관(盥)은 씻는 물이다. 세(帨)는 수건이다. 청사(廳事)에 양쪽 계단이 없으면 계단을 중앙에서 나누어 동쪽은 동쪽 계단으로 삼고 서쪽은 빈의 계단으로 삼는다. 실(室)과 방(房)이 없으면 잠시 장막으로 갈라서 그 북쪽은 실로 삼고 그 동북쪽은 방으로 삼는다. 이는 모두 청사와 당이 남향이었을 때에 근거하여 말한 것이다】

有架.

【古禮, 謹嚴之事, 皆行之於廟, 故冠亦在廟. 今人旣少家廟, 其影堂亦褊隘, 難以行禮. 但冠於外廳, 笄在中堂可也.《士冠禮》: "設洗, 直於東榮, 南北以堂深. 水在洗東."

今私家無罍、洗, 故但用盥盆、帨巾而已. 盥, 濯水也. 帨, 手巾也. 廳事無兩階, 則分其中央, 以東者爲阼階, 西者爲賓階. 無室無房, 則暫以帟[8]幕截, 其北爲室, 其東北爲房. 此皆據廳、堂南向者言之】

35 관례도……했다:《儀禮注疏》卷1〈士冠禮〉(《十三經注疏整理本》10, 5쪽).
36 세(洗):손이나 술잔 씻는 대야.
37 당심(堂深):당의 남쪽 끝에서 북쪽으로 방실의 벽까지의 길이.
38 세(洗)는……둔다:《儀禮注疏》卷1〈士冠禮〉(《十三經注疏整理本》10, 20쪽).
⑧ 帟:《書儀·冠儀》에는 "簾".

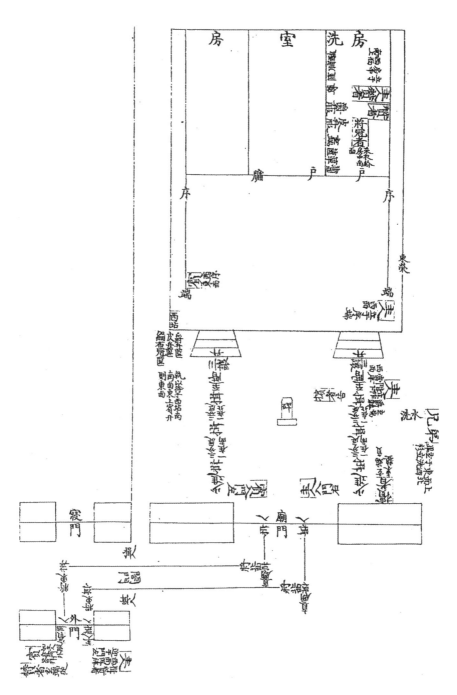

진복기급즉위영빈지도(陳服器及卽位迎賓之圖, 의복과 기물을 벌여 놓고 자리에 나가 빈을 맞이하는 그림)

⑬ 방(房) 안의 서쪽 들창 아래에 의복(衣服)을 벌여 놓는데, 옷깃이 동쪽으로 가게 하고 북쪽이 상석이 되도록 하니, 공복(公服)과 가죽신과 홀(笏)을 벌여 놓는 것이다.

陳服于房中西牖下, 東領, 北上, 公服、靴、笏.

【관직이 없으면 난삼(襴衫)과 가죽신을 사용한다】

【無官則襴衫、靴】

⑭ 다음으로 선을 두른 난삼[旋襴衫]을 벌여 놓고, 다음으로 사계삼(四襟衫)³⁹을 벌여 놓는다.

次旋襴衫, 次⑨四襟衫.

【만약 사계삼이 없다면 일삼(一衫)⁴⁰만 사용한다】

【若無四襟, 止用一衫】

⑮ 허리띠·얼레빗[櫛]⁴¹·참빗[篦]⁴²·총(總, 머리끈)·조두(幧頭, 상투관)를 벌여 놓는다.

腰帶、櫛、篦、總、幧頭.

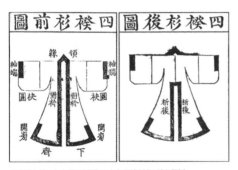

사계삼의 앞모습과 뒷모습(《증보사례편람(增補四禮便覽)》)

사계삼(국립고궁박물관)

---

39 사계삼(四襟衫):관례복의 일종. 남색 비단으로 만든 의복으로, 소매는 검은색이며 맞섶에 옆이 열리고 뒤가 터져 있는 두루마기 형태의 옷. 옷자락이 4개로 나뉜다.

40 일삼(一衫):옆이나 뒤가 터져있지 않은 보통의 두루마기를 말하는 듯하다.

41 얼레빗[櫛]:빗살이 굵고 성긴 큰 빗.《임원경제지 섬용지》191~193쪽에 나온다.

42 참빗[篦]:얼레빗으로 머리를 대강 정리한 뒤 보다 가지런히 하기 위하여 사용하거나 비듬 등의 불순물을 제거하기 위하여 쓴 빗.《임원경제지 섬용지》191~193쪽에 나온다.

⑨ 次:저본에는 없음.《書儀·冠儀》에 근거하여 보충.

얼레빗(국립민속박물관)

참빗(국립민속박물관)

【총(總)은 두수(頭𢅫)[43]이다. 조두(幧頭)는 약두(掠　　【總, 頭𢅫. 幧頭, 掠頭也】
頭)이다】

⑯ 자리 2개는 남쪽에 둔다. 공복의 삼(衫)[44]은 옷　　席二在南. 公服衫設於椸.
걸이[椸]에 걸어 놓는다.

【'椸'는 음이 이(杘)이며, 옷걸이다】　　　　　　　　【椸, 音移, 衣架也】

⑰ 가죽신은 옷걸이의 아래에 두고, 홀·허리띠·　　靴置椸下, 笏、腰帶、篦、
참빗·얼레빗·총·조두는 탁자 위에 둔다. 술단지는　　櫛、總、幧頭、置卓子上.
의복의 북쪽에 둔다. 그 다음 잔과 주전자도 탁자　　酒壺在服北, 次盞、注亦置
위에 둔다. 복두(幞頭)·모자·두건은 각각 쟁반으로　　卓子上. 幞頭、帽、巾, 各
받친 다음 보자기로 덮는다.　　　　　　　　　　　承以盤, 蒙以帕.

주인의 집사자 3명은 그것을 들고서 당 아래 서　　主人執事者三人執之, 立
쪽 계단의 서쪽에 서되, 남쪽을 향하며 동쪽을 상석　　于堂下西階之西, 南向、東
으로 한다. 나중에 빈이 당에 오르면 동쪽을 향하여　　上. 賓升則東向. 主人立
선다. 주인은 동쪽 계단의 아래에서 조금 동쪽에 서　　於阼階下少東, 西向. 子

---

43 두수(頭𢅫): 머리에 두르는 댕기 또는 수건.
44 삼(衫): 일반적으로는 웃옷을 말하는데, 여기서는 공복(公服)의 윗도리를 말한다.

되, 서쪽을 향한다. 자제와 친척은 손 씻는 대야의 동쪽에 서되, 서쪽을 향하며 북쪽을 상석으로 한다.

【친척 중에서 관례에 참여한 사람은 모두 남자(男子)라고 한다. 신분이 높은 사람과 낮은 사람이 모두 함께 한 줄로 선다. 만약 동복(僮僕)이 행사를 진행하는 데에 참여하면 친척의 뒤에 선다. 절하고, 자리에 서고, 줄짓는 절차는 모두 이와 같이 한다】

⑱ 빈자(儐者)[45]는 문 밖에 서서 빈을 기다린다.

【주인이 자제나 친척 중에서 예를 익힌 한 사람을 골라 빈자(儐者)로 삼는다】

⑲ 장관자(將冠者)는 쌍상투[雙紒, 쌍계][46]를 올리고【동자(童子)들이 머리에 하는 상투로서 도환(刀環)[47]과 비슷하다. 지금 민간에서 말하는 '오(吳)의 쌍상투'이다】, 포(袍)를 입고【지금 민간에서 말하는 '오자(襖子, 두루마기)'가 이것이다. 여름에는 한 겹으로, 겨울에

弟、親戚立于盥盆東, 西向北上.

【親戚豫於冠禮者, 皆謂男子也. 尊卑共爲一列. 若有僮僕豫於執事, 則立於親戚之後. 拜立行列皆倣此】

儐者立于門外以俟賓.

【主人於子弟、親戚中, 擇習禮者一人爲儐】

將冠者雙紒【童子紒, 似刀鐶, 今俗所謂"吳雙紒"也】、袍【今俗所謂"襖子"是也. 夏單冬複】、勒帛、素屨【幼時多頭彩屨, 將冠可以素

쌍계머리(한국콘텐츠진흥원)

쌍상투를 한 여인들(한국콘텐츠진흥원)

---

45 빈자(儐者) : 빈을 안내하고 돕는 사람.
46 쌍상투[雙紒, 쌍계] : 머리를 둘로 갈라 틀어 올린 상투.
47 도환(刀環) : 칼자루의 고리 부분.

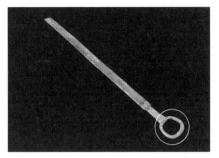

도환(刀環)

는 여러 겹으로 한다】, 늑백(勒帛)[48]을 두르고, 소극(素
展, 무늬 없는 신발)을 신고【어렸을 때는 신발 머리에 무
늬가 많이 있는 신발을 신지만, 관례를 올리는 무렵
에는 소극을 신는다】, 방안에서는 남쪽을 향한다.

展】, 在房中南向.

⑳ 빈이 이르면 찬자(贊者)[49]는 그를 따라가 문밖
에 서되, 동쪽을 향한다. 찬자는 약간 뒤로 물러나
선다. 빈자는 빈의 도착을 주인에게 아뢴다. 주인은
빈을 맞으러 문의 왼쪽으로 나가 서쪽을 향하여 빈
에게 2번 절한다. 빈은 답례로 절한다.

賓至, 贊者從之, 立於門
外, 東向. 贊者少退. 儐者
以告主人. 主人迎賓, 出門
左, 西向再拜. 賓答拜.

주인은 찬자와 서로 읍하고 절은 하지 않으며, 또
빈에게 읍하고 나서야 먼저 문 안으로 들어간다. 빈
은 주인과 나란히 나아가되, 약간 물러난다. 찬자는
빈의 뒤를 따라 문으로 들어간다. 빈과 주인이 뜰을
동과 서로 나뉘어 나아가되, 읍하고 사양한다. 계단
에 이른 다음 또 읍하고 사양하며 당에 오른다.

主人與贊者相揖不拜, 又
揖賓, 乃先入門. 賓竝行,
少退. 贊從賓後, 入門. 賓
主分庭而行, 揖讓而至階,
又揖讓而升.

---

48 늑백(勒帛):옷 위로 허리를 둘러매는 띠.
49 찬자(贊者):의식의 진행을 돕는 사람.

㉑ 주인은 동쪽 계단을 거쳐 먼저 올라가 계단 위 약간 동쪽에 서되, 서쪽을 향한다. 빈은 서쪽 계단을 거쳐 주인을 이어 올라가 계단 위 약간 서쪽에 서되, 동쪽을 향한다. 찬자가 손을 씻고 서쪽 계단을 거쳐 올라가 방안에 서서 서쪽을 향한다.

빈자는 방에서 자리를 가져와 주인의 북쪽에 펼쳐 놓되, 서쪽을 향하도록 한다.

【이는 적장자(嫡長子, 맏아들)의 예이니, 중자(衆子, 맏아들 외의 아들)의 경우는 자리를 방문의 서쪽에 펼쳐 놓되, 남쪽을 향하도록 한다】

主人由阼階先升, 立于階上少東, 西向. 賓由賓階繼升, 立於階上少西, 東向. 贊者盥手, 由賓階升, 立于房中, 西向.

儐者取席於房, 布之於主人之北, 西向.

【此適長子之禮也, 衆子則布席於房戶之西, 南向】

㉒ 장관자는 방에서 나가 자리의 북쪽에 서되, 남쪽을 향한다.

【중자의 경우는 자리의 서쪽에 서되, 동쪽을 향한다】

빈의 찬자는 얼레빗·총(總)·참빗·조두(幧頭)를 가지고 와서 장관자의 자리 남쪽 끝에 두고【중자의 경우 찬자는 자리의 동쪽 끝에 둔다】, 일어나 자리의 북쪽에서 조금 동쪽으로 가 서쪽을 향하여 선다.

【중자의 경우 찬자는 자리의 동쪽에서 조금 북쪽으로 가 남쪽을 향하여 선다】.

將冠者出房, 立于席北, 南向.

【衆子立于席西, 東向】

賓之贊者取櫛、總、篦、幧頭, 置于席南端【衆子置于席東端】, 興, 席北少東, 西向立.

【衆子則席東少北, 南向立】

㉓ 빈이 장관자에게 읍하면 장관자는 자리로 가서 서쪽을 향하여 앉는다.

【중자의 경우는 남쪽을 향하여 앉는다】

賓揖將冠者, 將冠者卽席西向坐.

【衆子南向坐】

㉔ 빈은 장관자의 머리를 얼레빗으로 빗어서 두

爲之櫛, 合紒, 施總, 加幧

갈래로 되어 있던 쌍상투를 하나로 합치고 상투를 틀어 총두로 묶고 그 위에 조두를 씌워준다. 빈이 당에서 서쪽 계단으로 내려가면, 주인도 동쪽 계단으로 내려가 동쪽 계단 아래에 선다. 빈은 주인이 자신을 따라 내려오는 것을 예를 갖추어 사양한다. 빈이 손 씻기를 마치고 나면, 주인은 빈과 1번 읍하고 1번 사양하며 당에 오른다.

頭. 賓降, 主人亦降, 立于 阼階下. 賓禮辭. 賓盥手 畢, 主人一揖一讓.

이때 주인은 동쪽 계단으로 당에 오르고 빈은 서쪽 계단으로 올라 모두 자기의 자리로 돌아간다. 빈이 서쪽 계단을 1계단 내려가면, 수건을 들고 있던 사람이 계단을 1계단 올라가 수건을 빈에게 준다.

升自阼階, 賓升自西階, 皆 復位. 賓降西階一等, 執巾 者, 升一等授賓.

【옛날에는 계단이 반드시 3계단으로 되어 있어서 중간 계단에서 물건을 주고받았다. 그러나 지금은 그 계단의 정해진 수가 없으니, 다만 그 계단을 3으로 나누어 1/3씩 올라가고 내려가면 된다】

【古者, 階必三等, 於中等 相授. 今則無數, 但三分 其階, 升降每分一等可也】

㉕ 빈은 수건을 들고 바른 모습으로 천천히 장관자의 자리 앞으로 나아가 동쪽을 향하여 선다.
【중자의 경우 빈은 북쪽을 향한다】

賓執巾, 正容, 徐詣將冠者 席前, 東向.
【衆子北向】

㉖ 빈은 이어서 다음과 같이 축문(祝文)을 읽는다.
"아름다운 달 길한 날에
처음으로 원복(元服)50을 입게 되네.
자네는 어린 시절의 생각은 버리고,
성인의 덕을 따르게.

祝曰:
"令月吉日,
始加元服.
棄爾幼志,
順爾成德.

---

50 원복(元服) : 정복(正服)이란 의미로, 완전한 성인으로서 입을 수 있는 공식적인 의복.

오래도록 편안하게 살며,
그대에게 큰 복이 함께 할 것이네."

壽考維祺,
介爾景福."

㉗ 그제서야 빈은 꿇어앉아서 장관자에게 건(巾)을 씌우고 일어나 자기의 자리로 돌아간다. 찬자는 참빗을 들어 그것으로 장관자의 머리카락을 가다듬는다. 관자가 일어나면 빈은 그에게 읍한다.

乃跪爲之著巾, 興, 復位. 贊者爲之取篦, 掠髮. 冠者興, 賓揖之.

관자는 방(房)으로 가서 사계삼을 입고【사계삼이 없으면 다만 삼(衫)을 입고 늑백만 두른다】, 허리띠를 두른 다음 방에서 나와 남쪽을 향하여 한참 동안 있는다.

適房, 服四襈衫【無四襈衫, 止用衫、勒帛】, 腰帶, 出房南向良久.

【《의례》〈사관례〉의 주(注)에는 "다시 방을 나와 남쪽을 향하는 이유는 처음으로 관을 써서[一加]⁵¹ 성인이 되는 예가 이루어졌으므로 여러 사람에게 관 쓴 모습을 보여주기 위함이다."⁵²라 했다】

【《士冠禮》注曰:"復出房南面者, 一加禮成, 觀衆以容體"】

㉘ 빈이 관자에게 읍하면 관자는 자기의 자리로 가서 꿇어앉는다. 빈은 처음처럼 손을 씻고 2계단 내려가서 집사자에게 모자[帽]를 받은 다음 관자의 앞으로 나아가 다음과 같이 축문을 읽는다.

賓揖之, 卽席跪. 賓盥如初, 降二等受帽, 進祝曰:

"길한 달 아름다운 날에
자네에게 관을 거듭 씌우네.
자네는 위엄 있는 몸가짐을 잃지 않도록 삼가고
자네의 덕을 맑도록 삼가하게

"吉月令辰,
乃申爾服.
謹爾威儀,
淑愼爾德.

---

51 처음으로……써서[一加]: 시가(始加) 또는 초가(初加)라고도 부른다.
52 다시……위함이다:《儀禮注疏》卷2〈士冠禮〉(《十三經注疏整理本》10, 38쪽).

눈썹이 세도록[眉壽]53 장수하며

오래도록 큰 복을 누리게.”

眉壽萬年,

永受胡福.”

㉙ 이어서 모자를 관자의 머리에 씌우고 처음처
럼 자기의 자리로 돌아가 앉았다 일어선다.

加之, 復位如初, 興.

㉚ 빈이 관자에게 읍하면 관자는 방으로 가서 선
을 두른 난삼(襴衫)을 입고 허리띠를 두른 다음 바
른 모습으로 방에서 나와 남쪽을 향하여 한참 동안
서 있는다. 빈이 관자에게 읍하면 관자는 자리로 가
서 앉는다. 빈은 처음처럼 손을 씻고 3계단 내려가
서 집사자에게 복두를 받은 다음 관자의 앞으로 나
아가 다음과 같이 축문을 읽는다.

賓揖之, 適房, 服旋襴衫、
腰帶, 正容, 出房南向良
久. 賓揖之, 卽席坐. 賓盥
如初, 降三等, 受幞頭, 進
祝曰:

“좋은 해

아름다운 달에

그대에게 3가지 관 모두 씌웠네.

형제 모두 모여

그 덕 이루었네.

백발이 다시 누렇도록[黃耇]54 수명 끝없이 누리고

하늘의 복된 경사를 받게.”

“以歲之正,

以月之令,

咸加爾服.

兄弟具在,

以成厥德.

黃耇無疆,

受天之慶.”

㉛ 찬자는 관자의 모자를 벗긴다. 빈은 관자에게
복두를 씌워주고 처음처럼 자기의 자리로 돌아가고,
관자가 일어난다. 빈이 관자에게 읍하면 관자는 방

贊者徹帽, 賓加幞頭, 復
位如初, 冠者興. 賓揖之,
適房, 改服公服, 若靴、

---

53 눈썹이 세도록[眉壽]:《시경》〈빈풍〉 “칠월(七月)”의 “봄맞이 술 담아, 눈썹이 세도록 장수하길 비네(爲此
春酒, 以介眉壽).”라는 구절에서 유래한 말이다.

54 백발이……누렇도록[黃耇]: 노인이 되어서 하얗게 세었던 머리카락과 털이 다시 누렇게 나는 때를 말한다.
오래도록 건강하게 장수하는 것을 비유하는 말이다.

(房)으로 가서 공복으로 갈아입고 아울러 가죽신을 신고 난삼(襴衫)을 위에 덧입은 다음, 바른 모습으로 방을 나와 서되, 남쪽을 향한다.

주인의 집사자는 모자를 받고 얼레빗·참빗·자리를 거두어 방으로 들어간다. 빈자는 자리를 가져다 당(堂)의 중간에서 약간 서쪽에 펼쳐 놓되, 남쪽을 향하도록 한다.

【중자의 경우는 앞의 자리와 같다】

㉜ 찬자는 술잔을 가져가 방 안에서 술을 따르고 방 밖으로 나와 관자의 남쪽에 서되, 서쪽을 향한다. 빈은 관자에게 읍하고 펴놓은 자리로 나아간다. 관자는 자리의 서쪽에 서되, 남쪽을 향한다. 빈은 찬자에게 술잔을 받아 자리 앞으로 나아가 북향하고 다음과 같이 축문을 읽는다.

"맛 좋은 술 맑게 익었고,

좋은 안주 향기롭네.

절하고 술잔 받아 고수레하여,

자네의 상서로움 온전히 정해졌네.

하늘의 아름다운 뜻 받들어

훌륭한 이름 길이 보전하게."

【옛날에는 관례에 단술[醴]을 썼는데, 간혹 술을 쓰기도 했다.[55] 단술을 쓸 때는 1번 헌(獻)[56]을 하고,

襴, 正容, 出房立, 南向.

主人執事者受帽, 徹櫛、篦、席入于房, 儐者取席, 布於堂中間少西, 南向.

【衆子仍故席】

贊者取盞, 斟酒于房中, 出房, 立於冠者之南, 西向. 賓揖冠者, 就席. 冠者立于席西, 南向. 賓受盞于贊者, 詣席前, 北向, 祝曰:

"旨酒旣清,

嘉薦令芳.

拜受祭之,

以定爾祥.

承天之休,

壽考不忘."

【古者, 冠用醴, 或用酒. 醴則一獻, 酒則三醮. 今

---

55 옛날에는……했다:《의례》〈사관례〉에서는 '만일 예례(醴禮, 단술을 사용하는 의례)를 행하지 않을 경우에는 청주를 사용하여 초례를 거행한다(若不醴, 則醮用酒).'라 했다. 김용천·박례경 역주,《의례 역주》一, 세창출판사, 2012, 203쪽 참조.

56 헌(獻):술을 마시는 의식으로, 빈이 술을 따라 관자에게 주는 일.

술을 쓸 때는 3번 초(醮)[57]를 한다. 지금 일반 민가에서는 단술이 없으면 술로 대신한다. 다만 예사(醴辭, 단술을 사용하는 의례에서 하는 축사)의 "달콤한 단술이 매우 진하여[甘醴惟厚]"를 "맛 좋은 술 맑게 익었고[旨酒旣淸]"라 바꿀 뿐이니, 간략한 예를 따랐기 때문이다】

③③ 관자는 자리의 서쪽에서 2번 절하고 자리에 올라 남쪽을 향하여 잔을 받는다. 빈은 자기의 자리로 돌아가 동쪽을 향하여 답례로 절한다. 관자는 자리로 나아가 남쪽을 향하여 꿇어앉고 술을 고수레한다. 일어나 자리의 끝으로 가서 앉은 다음 술을 맛본다[啐]【쵀(啐)는 자(子)와 대(對)의 반절(反切)[58]이다. 술을 조금 마신다는 뜻이다】.

③④ 관자는 일어나 자리에서 내려와 찬자에게 술잔을 주고 남쪽을 향하여 2번 절한다. 빈은 동쪽을 향하여 답례로 절한다. 관자는 집으로 들어가 어머니께 절하고 어머니는 그 예를 받는다.

【《예기》〈관의(冠義)〉에는 "관자가 어머니를 뵈면 어머니는 그에게 절한다. 형제를 뵈면 형제가 그에게 절한다. 성인(成人)이 되었기 때문에 그와 더불어

私家無醴, 以酒代之. 但改醴辭, "甘醴惟[10]厚"爲 "旨酒旣淸"耳, 所以從簡】

冠者再拜於席西, 升席, 南向受盞. 賓復位, 東向答拜. 冠者卽席, 南向跪, 祭酒, 興, 就席末, 坐, 啐酒【啐, 子對切, 少飮酒也】.

興, 降席, 授贊者盞, 南向再拜. 賓東向答拜. 冠者入家, 拜見于母, 母受之.

【《冠義》曰:"見於母, 母拜之. 見於兄弟, 兄弟拜之[11]. 成人而與爲禮也." 今則難

---

57 초(醮):술을 마시는 의식으로, 빈이 술을 따라 관자에게 헌(獻)의 예만 행하고 수(酬)와 작(酌)의 의절(儀節)이 없다.

58 반절(反切):한자의 소리를 표기하는 방법. 2개의 글자에서 음을 서로 조합하여 표기한다. 일반적으로 앞 글자의 자음과 뒷글자의 모음을 조합하는데, 당(唐)나라부터 중국의 음을 표기하기 위하여 만들었으므로 우리나라에서 읽는 음과는 다른 경우가 많다.

[10] 惟: 저본에는 "旣".《書儀·冠儀》에 근거하여 수정.

[11] 見於母……弟拜之: 저본에는 없음. 오사카본·《書儀·冠儀》에 근거하여 보충.

예를 행하는 것이다."59라 했다. 그러나 지금은 이렇게 행하기 어려우니 다만 관자가 절할 때 어머니는 그를 위하여 일어서면 된다. 아래에서 소개하는 제부(諸父, 백부 및 숙부)와 형을 뵐 때도 이와 같다】

行, 但於拜時, 毋爲之起立可也. 下見諸父及兄倣此】

㉟ 빈은 계단을 내려가 동쪽을 향하여 서고, 주인은 계단을 내려가 서쪽을 향하여 선다. 관자는 서쪽 계단으로 내려가 서쪽 계단의 동쪽에 서되, 남쪽을 향한다. 빈은 관자에게 자(字)60를 주며 다음과 같이 축원한다.

"의례가 이미 갖춰졌으니,

아름다운 달 길한 날에

자네의 자(字)를 밝게 고하네.

이 자(字)는 매우 아름다우니

자네같은 뛰어난 선비에게 알맞지.

자네의 자(字)에 걸맞게 살아야 하니[嘏]【하(嘏)는 고(古)와 아(雅)의 반절이다】

이 자(字)를 받아 길이 보전하게.

자네의 자는 백(伯, 형제 중 맏이) 아무개 보(甫)61이네."

관자의 형제 차례에 따라서 백(伯)62 대신에 중(仲, 형제 중 둘째)·숙(叔, 형제 중 셋째)·계(季, 형제 중 넷째) 등 오직 해당하는 대로 쓴다.

賓降階, 東向；主人階降, 西向. 冠者降自西階, 立於西階東, 南向. 賓字之, 曰：

"禮儀旣備,

令月吉日,

昭告爾字.

爰字孔嘉,

髦士攸宜.

宜之于嘏【嘏古雅切】,

永受保之,

曰伯某甫."

仲、叔、季, 惟所當.

---

59 관자가……것이다：《禮記正義》卷61〈冠義〉《十三經注疏整理本》15, 1884쪽).

60 자(字)：남자가 성인이 되었을 때 본이름 외에 부르는 호칭. 일반적으로 윗사람에게는 자신의 본명을 말하지만 동년배 이하에게는 자를 쓴다.

61 보(甫)：비슷한 지위의 사람이나 손아랫사람을 부를 때 이름 뒤에 붙이는 말.

62 백(伯)：형제의 서열 중 맏이라는 뜻으로, 그의 자에 이를 붙여 서열을 나타낸 것이다. 아래의 중(仲)은 둘째, 숙(叔)은 셋째, 계(季)는 막내를 뜻한다.

㊱ 관자는 이렇게 대답한다. "제가 비록 불민하지만, 어찌 감히 새벽부터 밤까지 그 뜻을 공경히 받들지 않을 수 있겠습니까."

빈은 물러가기를 청한다. 주인은 빈에게 예로 접대하게 해달라고 청하면 빈은 예로 사양하다가 허락한다.

冠者對曰：“某雖不敏，敢不夙夜祗奉.”

賓請退. 主人請禮賓，賓禮辭，許.

㊲ 빈이 그제서야 들어가면 술과 음식을 진설하고 빈과 빈자와 찬자에게 잔치를 벌이되, 이는 일상적인 의례와 같이 한다. 술자리가 끝날 무렵 빈이 물러가면 주인은 빈과 찬자에게 폐백(幣帛)을 나누어준다.

【폐백으로 몇 단(端)[63]·몇 필(匹)·몇 장(丈)·몇 척(尺)의 옷감을 줄 것인지는 그때가 되어 뜻대로 한다. 일반적으로 군자가 사람을 쓰면 반드시 보답해야 한다. 혼례나 상례(喪禮)에 예를 도운 사람들에게는 마땅히 보답이 있어야 한다. 만약 주인이 정말 가난하다면 예를 도운 사람은 또한 받지 말아야 한다】

乃入，設酒饌，延賓及儐、贊，如常儀. 酒罷，賓退，主人酬賓及贊者以幣.

【端、匹、丈、尺，臨時隨意. 凡君子使人，必報之. 至於昏、喪相禮者，當有以酬之. 若主人實貧，相禮者亦不當受也】

㊳ 빈과 찬자는 바로 절하여 사례(謝禮)한다.

【《의례》〈사관례〉에서는 "그제서야 빈에게 단술을 드리는데, 1번 올리는 예[一獻]로 한다."라 했다. 그 주(注)에 "1번 올리는 예[一獻]란 주인이 빈에게 단술을 올리고 그친다는 말이니, 곧 술자리에서 두 번째 잔을 올리는 예[亞獻]가 없다는 말이다. 일반적으

仍拜謝之.

【《士冠禮》：“乃醴賓，以一獻之禮.” 注：“一獻者，主人獻賓而已，即燕無亞獻者. 獻、酢、酬，賓主人各兩爵而禮成.”

---

63 단(端)：직물의 길이를 재는 단위로, 1단의 길이는 포백척(布帛尺)으로 20척(尺, 약 6m)이다. 비단은 2단이 1필(匹)이다. 직물 1단은 2장(丈) 또는 5장·6장·8장이라는 설 등이 있다.

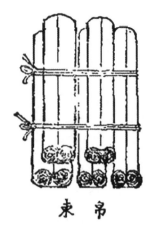

束帛

속백(《삼례사전》)

로는 주인이 빈에게 술을 올리고 작(酢, 빈이 주인에게
답례로 술을 따르는 일)과 수(酬, 주인이 빈에게 술을 권하여 따
르는 일)를 하여 빈과 주인이 각각 2번 술잔을 들어야
예가 이루어진다."64라 했다.

　또 "주인은 빈에게 속백(束帛)과 여피(儷皮)65를 답
례로 준다."라 했다. 그 주(注)에 "빈객에게 술을 대
접하고 재화(財貨)를 딸려 보내는 것을 '수(酬)'라고 말
하는데 주인의 두터운 마음을 펼쳐 보여주기 위함이
다. 속백(束帛)은 비단 10단(端)이다. 여피(儷皮)는 사
슴가죽 2장이다."66라 했다.

　또 "주인의 찬자들도 모두 술자리에 참여한다. 빈
의 찬관자(贊冠者, 관례의 찬자)는 개(介)이다."라 했다.
그 주(注)에 "찬자는 중빈(衆賓)이다. 개(介)는 빈을 보

又曰："主人酬賓束帛、儷
皮." 注："飮賓客而從之以
財貨曰'酬', 所以申暢厚意
也. 束帛, 十端也. 儷皮,
兩鹿皮也."

又曰："贊者皆與. 贊冠者
爲介." 注："贊者, 衆賓也.
介, 賓之輔, 以贊爲之, 尊

64　그제서야……이루어진다.：《儀禮注疏》卷2〈士冠禮〉《十三經注疏整理本》10, 44쪽).
65　여피(儷皮)：암수 한 쌍의 사슴가죽. 예물로 사용되었다.
66　주인은……2장이다：《儀禮注疏》卷2〈士冠禮〉《十三經注疏整理本》10, 45쪽).

좌하는 사람으로, 그를 찬자로 삼아 예를 행하는 이유는 빈을 존중하기 때문이다. 음주의 예에서는 현명한 사람을 빈으로 삼고, 그 다음 가는 사람을 개로 삼는다."[67]라 했다.

또 "빈이 나가면 주인은 바깥 문의 밖에서 배웅하되, 2번 절한다. 빈이 집으로 돌아가면 희생고기를 올린 조(俎)를 보낸다."라 했다. 그 주(注)에 "사람을 시켜서 빈의 집에 보내는 것이다."[68]라 했다.

그러나 지금 여기서는 주인의 집이 가난하여 이러한 것들을 모두 마련하기 힘든 경우를 고려했기 때문에 간략한 예를 힘써 따른 것이다】

㊵ 빈(賓)이 물러가기를 청할 즈음 관자는 동쪽을 향하여 제부(諸父)와 제형(諸兄)에게 절한다【제부는 1줄로 서고 제형도 1줄로 서 있으니, 각 줄마다 2번 절을 할 뿐이다. 아래에 소개하는 제모(諸母, 백모와 숙모)·제고(諸姑, 고모와 이모)·제매(諸妹, 여러 누이)를 뵙는 경우에도 이와 같다】. 관자는 서쪽을 향하여 찬자에게 절을 하고, 찬자는 답례로 절한다.

㊶ 관자는 방에 들어가 제모·제고·제매에게 절한다. 제모·제고·제매는 모두 그를 위하여 일어선다. 이러한 절차를 모두 마치면 이어서 집을 나가 향선생(鄕先生)【향리(鄕里)에서 덕이 드러난 사람이다】

之. 飮酒之禮, 賢者爲賓, 其次爲介."

又曰:"賓出, 主人送于外門外, 再拜, 歸賓俎." 注: "使人歸諸賓家也."

今慮貧家不能辨, 故務從簡易】

於賓之請退也, 冠者東向, 拜見諸父、諸兄【諸父爲一列, 諸兄爲一列, 每列再拜而已. 下見諸母、姑、姊傲此】. 西向, 拜贊者;贊者答拜.

入見諸母、姑、姊. 諸母、姑、姊皆爲之起. 遂出見於鄕先生【鄕里著德】及父之執友. 冠者拜先生、執友,

---

67 주인의……삼는다:《儀禮注疏》, 위와 같은 곳.
68 빈이……것이다:《儀禮注疏》卷2〈士冠禮〉(《十三經注疏整理本》10, 46쪽).

및 아버지의 친구들[執友]⁶⁹을 뵙는다. 관자가 향선생과 아버지의 친구들에게 절을 하면 이들은 모두 답례로 절한다. 만약 향선생과 집우가 관자에게 가르쳐줄 말이 있어 일러주면 관자는 빈(賓)에게 대답한 말과 같이 대답한 다음 다시 절한다. 이때 선생과 아버지의 친구들은 답례로 절하지 않는다.

皆答拜. 若有誨之者, 則對如對賓之辭, 且拜之. 先生、執友不答拜.

㊷ 만약 아버지가 돌아가신 사람[孤子]이 관례를 올렸다면【《의례》〈사관례〉에는 "아버지가 돌아가신 사람의 관례는 주인이 장관자의 상투를 올리고, 빈(賓)을 맞이하여 절을 하고 읍하고 사양하며 당에 오른 다음 동쪽 벽의 남쪽 끝에 서는데, 이런 의례는 모두 친부나 종형이 주인이 되었을 때와 같이 한다."⁷⁰라 했다. 《대당개원례(大唐開元禮)》도 또한 그렇게 한다고 하였다. 아버지가 돌아가셔 안 계신 지금 관례를 치르기 어려울 듯하므로 제부(諸父)나 제형(諸兄) 중의 한 사람이 주인을 맡아야 한다】, 다음날 영당에 향과 술과 음식을 갖추어 놓고서 관자가 북쪽을 향하여 향을 피우고 꿇어앉아 술을 올리고 부복(俛伏)⁷¹하고 일어나 2번 절하고 영당에서 나온다.

若孤子冠【《士冠禮》:"主人紒而迎賓, 拜, 揖讓⑫, 立于序端, 皆如冠主."《開元禮》亦然. 恐於今難行, 故須以諸父、諸兄主之】, 則明日, 量具香、酒、饌於影堂, 冠者北向, 焚香、跪酒, 俛伏興, 再拜而出.

【《예기》〈증자문〉에 "아버지가 돌아가신 뒤에 관례를 치르면 관을 쓰고서 땅을 쓸고 아버지의 사당[禰]에 제사지낸다. 제사를 지내고 난 뒤에 백부와

【《曾子問》:"父沒而冠, 則已冠掃地, 而祭於禰. 已祭而見伯父、叔父, 而後享

숙부를 뵙고, 그 뒤에 관자가 음복한다."[72]라 하였다. 이것은 관자 스스로 관례의 주인이 된 경우를 말한다. 《대당개원례(大唐開元禮)》에는 "아버지가 돌아가신 사람이 관례를 치르는 경우에는 다음 날 가묘(家廟)에 가서 아버지와 할아버지를 뵙되, 관자는 조복(朝服, 조정에 나아가 근무할 때 입는 의복)을 입는다. 가묘가 없는 경우에 정침(正寢)[73]에 할아버지의 위패와 아버지의 위패를 모셔놓고 뵙는다. 그날 아침에 찬례자(贊禮者)는 빈(賓)과 찬자를 인도하여 가묘의 남문(南門)으로 들어가되 뜰 중앙에서 서북쪽을 길로 삼는다. 빈과 찬자가 2번 절을 하고 나면, 찬례자가 그들을 인도하여 나온다."[74]라 했다. 이 내용을 지금 참고하여 쓴다】《서의(書儀)》[75]

冠者." 此謂自爲冠主者也. 《開元禮》: "孤子冠之, 明日見於廟, 冠者朝服. 無廟者, 見祖、禰於寢. 質明, 贊禮者引入廟南門, 中庭道西北, 賓、贊再拜訖, 引出." 今參用之】《書儀》

(2) 계례(笄禮)[76]

① 여자는 혼인을 허락받으면 계례를 올린다.

【여자의 나이가 15살이 되면 비록 혼인을 허락받지 않았어도 계례를 올린다】

② 주부(主婦)[77]와 여빈(女賓)[78]이 그 예를 집행한다.

女子許嫁, 笄.

【年十五, 雖未許嫁, 亦笄】

主婦、女賓執其禮.

---

72 아버지가……음복한다:《禮記正義》卷18〈曾子問〉《十三經注疏整理本》13, 673쪽).

73 정침(正寢):제사를 지내거나 사무를 보는 방.

74 아버지가……나온다:《大唐開元禮》卷118〈三品以上庶子冠〉《文淵閣四庫全書》646, 702쪽).

75 《書儀》卷2〈冠儀〉《文淵閣四庫全書》142, 467~470쪽).

76 계례(笄禮):남자의 관례(冠禮)에 해당하는 여자의 성인(成人) 의식이다. 혼인을 하거나 15세가 된 여자는 머리를 올리고 비녀를 꽂음으로써 성인으로 인정 받는다. 이 표제어는 원문에 없으나 이해의 편의를 위해 앞의 '관례' 표제어와 함께 추가했다.

77 주부(主婦):계례를 주관하는 부녀자.

78 여빈(女賓):계례에서는 여자가 주인과 빈(賓)을 맡기 때문에 여빈(女賓)이라고 한다.

【주부(主婦)란 계자(筓者)[79]의 할머니나 어머니 및 제모(諸母)[80]나 제수(諸嫂)[81]를 말한다. 일반적으로 부녀(婦女)들 가운데 집안의 어른인 사람은 모두 맡을 수 있다. 여빈 또한 친척 중에 현숙(賢淑, 현명하고 정숙함)하고 예가 있는 사람을 택하여 맡기고, 찬자 역시 여빈이 직접 부녀 중에 택하여 맡긴다】

【主婦, 謂筓者之祖母、母及諸母、嫂. 凡婦女之爲家長者皆可也. 女賓亦擇親戚之賢有禮者, 贊亦賓自擇婦女爲之】

③ 계례는 중당(中堂, 대청)에서 치른다. 집사자 또한 집안의 부녀자들과 비첩(婢妾, 계집종과 첩)들을 쓴다. 빈에게 처음 고하는 의례와 계례 1일 전에 다시 고하는 의례의 말은 '우리 선생[吾子]'을 '아무개 친척[某親]' 혹은 '어디 고을 댁[邑封]'으로 고친다.

行之於中堂. 執事者, 亦用家之婦女、婢妾. 戒賓、宿賓之辭, 改"吾子"爲"某親"或"邑封".

【부인의 경우, 부당(婦黨, 친정)에서 항렬이 높거나 나이가 많은 사람에게는 본인을 '아이[兒]'라 해야 한다. 항렬이 낮거나 나이가 어린 사람에게는 본인을 '고모'·'언니[姉]' 류(類)로 해야 한다. 부당(夫黨, 시댁)에서 항렬이 높거나 나이가 많은 사람에게는 본인을 '신부(新婦)'라 해야 한다. 항렬이 낮거나 나이가 어린 사람에게는 본인을 '노부(老婦)'[82]라 해야 한다】

【婦人於婦黨之尊長, 當稱"兒"; 卑幼, 當稱"姑"、"姉"之類. 於夫黨之尊長, 當稱"新婦", 卑幼, 當稱"老婦"】

④ 옷을 진설하되, 배자(背子)[83]만 쓰고, 참빗이나

陳服, 止用背子, 無篦、幓

---

79 계자(筓者): 계례를 올리는 당사자. 앞으로 계례를 올린다는 의미에서 장계자(將筓者)라고도 한다.
80 제모(諸母): 백모와 숙모, 당숙모 등 어머니의 동서(同壻).
81 제수(諸嫂): 친올케와 사촌·육촌 올케 등 같은 항렬의 올케.
82 노부(老婦): 본인을 지칭하는 표현. 우리말에 '아주머니' 정도의 의미와 유사하다.
83 배자(背子): 부녀자들이 저고리 위에 덧입는 조끼 모양의 비단옷. 소매와 섶, 옷고름이 없으며, 깃은 좌우 모양이 같고, 맞닿는다. 여밈은 앞길 양 겨드랑이 밑에 긴 끈을 달아 앞에서 매어 여미도록 되어 있다. 길이에 따라 장배자(長背子)와 단배자(斷背子)로 나뉜다. 방한용은 위 사진과 같이 가장자리와 안감에 토끼나 양이나 너구리 등의 털을 대거나 속을 넣는다.

배자(국립민속박물관)

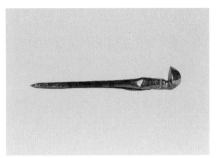
비녀(국립공주박물관)

조두(髽頭)는 없으며, 여러 머리 장신구는 있다.

【머리 장신구란 비녀[釵]84와 빗솔[梳刷, 소쇄]85 류를 말한다】

⑤ 자리 하나를 옷걸이 뒤에 마련한다. 얼레빗과 총(總, 머리끈)과 머리 장신구는 탁자 위에 둔다. 관계(冠筓)86는 쟁반에 담아두고 보자기[帕]로 덮는다.

【계(筓)란 지금의 타자(朶子, 비녀의 일종)와 같은 종류이니, 관(冠)을 고정시키는 도구이다】

⑥ 집사자 한 사람이 관계를 든다.

【집사자 중 자리를 담당하는 배위자(陪位者)와 인도하는 빈자[儐] 또한 부녀자 중에서만 택한다】

頭, 有諸首飾.

【謂釵, 梳之類】

席一, 背設於椸. 櫛、總、首飾置卓子上. 冠筓盛以盤, 蒙以帕.

【筓, 如今朶子之類, 所以綴冠者也】

執事者一人執之.

【陪位者及儐, 亦止於婦女內擇之】

---

84 비녀[釵] : 부녀자가 쪽을 진 머리가 풀어지지 않게 하기 위하여 꽂거나, 관(冠)이나 가체를 머리에 고정시키기 위하여 꽂는 장식품.

85 빗솔[梳刷, 소쇄] : 얼레빗이나 참빗에 낀 때를 벗기는 도구이다. 머리에는 채색한 말총을 감아서 장식한다. 《임원경제지 섬용지》 2, 풍석문화재단, 2016, 194쪽에 보인다.

86 관계(冠筓) : 땋았던 머리를 풀어 빗겨서 틀어 올린 다음 뒤통수에 쪽[髻, 머리카락을 틀어올려 둥그렇게 뭉친 모양]을 지어 붙이고 여기에 씌우는 화관[冠, 쪽을 감싸는 장식된 관]과 이 화관에 꽂는 비녀[筓]를 가리킨다. 남자가 관례를 올릴 때 관(冠)을 착용하는 것처럼, 여자도 계례를 올릴 때 화관과 비녀를 착용하였다. 관계의 정의와 모양에 대해서는 여러 이설(異說)이 있다.

⑦ 빈자는 중문(中門) 안에 선다. 장계자(將笄者, 계자)는 쌍상투를 올리고 저고리[襦]를 입는다.

【저고리[襦]란 지금의 원자(裲子)[87]이다】

儐立于中門內. 將笄者雙紒, 襦【襦, 今之裲子】.

⑧ 주부(主婦)는 중문(中門) 안에서 빈(賓)을 맞이하되, 방 밖에 자리를 펴고 남쪽을 향해 선다.

【서자(庶子)가 관례를 올릴 때의 자리와 같다】

主婦迎賓于中門內, 布席於房外, 南面.

【如庶子之冠席】

⑨ 빈은 축문(祝文)을 읽고서 관을 씌우고 계(笄)를 꽂아준다. 찬자는 계자에게 머리 장신구로 장식을 해준다. 빈이 계자에게 읍하면 계자는 방으로 가서 배자로 갈아입는다. 계례를 했으면 계자가 절하는 사람은 오직 아버지와 제모(諸母)와 제고(諸姑)와 오빠와 언니들뿐이다.

【계례의 축문은 관자에게 처음 건(巾)을 씌울 때의 축문을 쓴다. 자(字)를 주면서 하는 축사에서는 '자네같은 뛰어난 선비에게 알맞지[髦士攸宜]'라는 1구절을 뺀다】

賓祝而冠及笄, 贊者爲之施首飾. 賓揖, 笄者適房, 改服背子. 旣笄, 所拜見者, 惟父及諸母[13]、諸姑、兄姊而已.

【笄祝, 用冠者始[14]加巾祝. 字辭去"髦士攸宜"一句】

⑩ 나머지 의례는 모두 남자의 관례와 같다. 《서의》[88]

餘皆如男子冠禮. 同上

---

87 원자(裲子) : 긴 저고리의 일종으로 추정된다.
88 《書儀》卷2〈笄〉《文淵閣四庫全書》142, 470~471쪽).
13 諸母 : 저본에는 없음. 《書儀·冠儀》에 근거하여 보충.
14 始 : 저본에는 없음. 오사카본·《書儀·冠儀》에 근거하여 보충.

2) 주희(朱熹)[89] 《가례(家禮)》[90]의 관례와 계례 　朱子儀

(1) 관례

① 남자의 나이가 15살에서 20살까지는 모두 관례를 할 수 있다. 반드시 부모에게 기년(朞年) 이상의 상[服]이 없어야 비로소 관례를 치를 수 있다.

【대공복(大功服)을 입는 상에 아직 장례(葬禮)를 치르지 않은 경우에는 역시 관례를 치를 수 없다】

② 관례를 치르기 3일 전에 주인이 사당(祠堂)에 고한다.

【고례(古禮)에는 관례 날짜를 점쳐서 정했는데, 지금은 그렇게 할 수가 없다. 다만 1월 중의 하루를 택하면 된다. 관례의 주인(主人)이란 관자의 할아버지나 아버지로서 그 자신이 고조(高祖)를 이을 종갓집 적장자[宗子][91]를 말한다.

만약 관자가 종갓집 적장자가 아니라면 반드시 고조(高祖)를 이을 종갓집 적장자가 주인이 되어야 한다. 종갓집 적장자에게 사정이 있으면 그가 자기 다음으로 종갓집 적장자의 자격이 되는 이에게 명하

男子年十五至二十, 皆可冠. 必父母無朞以上服[15], 始可行之.

【大功未葬, 亦不可行】

前期三日, 主人告于祠堂.

【古禮筮日, 今不能然. 但正月內擇一日可也. 主人, 謂冠者之祖父, 自爲繼高祖之宗子者.

若非宗子, 則必繼高祖之宗子主之. 有故則命其次宗子. 若其父自主之, 告禮見祭禮[16]《祠堂》章.

89　주희(朱熹):1130~1200. 중국 남송(南宋)의 학자. 당시 불교·도교 철학에 대항하여 유교의 사서(四書, 논어·맹자·대학·중용)를 중심으로 성(性)을 강조한 성리학(性理學)을 정립했다. 저서로 《사서장구집주(四書章句集註)》·《근사록(近思錄)》·《시집전(詩集傳)》·《주역본의(周易本義)》·《의례경전통해(儀禮經傳通解)》 등이 있다.

90　가례(家禮):주희가 《예기(禮記)》와 《의례(儀禮)》 등의 옛 예법을 기초로 해서, 관혼상제(冠婚喪祭)의 절차와 의미 등을 해설한 책. 《문공가례(文公家禮)》라고도 한다.

91　종갓집 적장자[宗子]:고대의 종법(宗法, 종친의 법)에 따르면 고조할아버지가 같은 한 집안에서 큰집의 맏아들이 종갓집 적장자[宗子]이고, 이 적장자 이외의 아들들을 중자(衆子) 또는 서자(庶子)라 하고 제례에서는 이들을 개자(介子)라 한다. 여기의 개(介)는 부(副)의 뜻이고, 감히 종갓집 적장자를 참람히 넘지 않겠다는 뜻을 보이는 호칭이다.

[15]　服:《家禮·冠禮》에는 "喪".

[16]　祭禮:《家禮·冠禮》에는 없음.

여 주인으로 삼는다. 만약 관자의 아버지가 스스로 주인이 된 경우라면 이때 고하는 예(禮)는 〈제례(祭禮)〉92의 "사당(祠堂)"93 장(章)에 보인다.

관례의 축판(祝板)은 다음과 같다. "아무개의 아들 아무개, 또는 아무 친척의 아들 아무개가94 나이가 들고 장성(長成)하게 되어 '몇 월 몇 일'에 그의 머리에 관(冠)을 씌우려고 하므로, 삼가 술과 과일을 차려 놓고 경건히 고합니다. 삼가 고합니다."

祝板云:"某之子某若⑰某親之子某, 年漸長成, 將以某月某日, 加冠於其首, 謹以酒果用伸虔告, 謹告."⑱

만약 족인(族人)95 중의 한 사람이 종갓집 적장자의 명(命)을 받아 스스로 자기 아들의 관례를 하게 되면, 그 축판(祝版)에도 종갓집 적장자를 주인으로 하여 "개자(介子)인 아무개를 시켜서"라 한다.

若族人以宗子之命自冠其子, 其祝板亦以宗子爲主, 曰"使介子某".

만약 종갓집 적장자가 이미 부모를 여의어서 스스로 관례를 한다면 또한 스스로 주인이 되고, 축판은 앞에 있는 내용과 같다. 다만 "아무개가 모월 모일에 머리에 관을 쓰려고 합니다."라 하고, '삼가[謹]' 이후는 같다.

若宗子已孤而自冠, 則亦自爲主人, 祝版前同. 但云"某將以某月某日, 加冠於首", 謹以後同.

---

92 제례(祭禮):주자의 저서 《가례》 권4 〈제례(祭禮)〉편을 말한다.

93 사당(祠堂):주희의 저서 《가례》 권1 〈통례(通禮)〉 "사당(祠堂)" 장(章)을 말한다. 〈제례〉편에는 "사당" 장이 없다. 주희는 "사당" 장 첫머리에서, 이 장은 원래 권5 〈제례〉편에 "사시제(四時祭)"·"초조(初祖)"·"신조(先祖)"·"예(禰)"·"기일(忌日)"·"묘제(墓祭)" 장과 함께 있어야 하지만 사람들이 조상을 높이고 종자(宗子)를 공경하는 일이 근본임을 알도록 하기 위하여 첫 편에 실었다고 밝혔다. 《가례》 〈통례〉 "사당"(《家禮》 1, 45~46쪽).

94 아무개의……아무개가:'아무개의 아들 아무개'라고 말할 때는 관자의 아버지가 종갓집 적장자로 직접 사당에 고하는 경우이고, '아무 친척의 아들 아무개'라고 말할 때는 관자의 아버지가 종갓집 적장자가 아닐 경우에 종갓집 적장자가 친척 아들의 관례를 사당에 고하는 경우이다.

95 족인(族人):성과 본이 같은 사람들 가운데 집안의 상에 상복을 입는 친척의 범주 안에 들지 않는 겨레붙이.

⑰ 若:《家禮·冠禮》에는 "若某之".

⑱ 酒果……謹告:《家禮·冠禮》에는 "後同".

안 축판(祝板)은 〈제례(祭禮)〉에서 일이 있을 때 고하는 글의 형식을 써야 한다. 아래에 보이는 사당(祠堂)에 알현할 때의 축판과 혼례 때 사당에 고하는 축판이 모두 같다】

③ 빈(賓)에게 고한다.

【고례(古禮)에는 빈(賓)을 점을 쳐서 정하였으나 지금은 그렇게 할 수 없다. 다만 친구 중에서 훌륭하고 예(禮)가 있는 사람 1명을 택하면 된다. 빈에게 고하는 날에 주인이 심의(深衣)[96]를 입고 그 집 문에 이르면 초청을 받는 빈이 나와서 뵙기를 평상시의 의례대로 한다.

차 마시기를 마치면 고하는 사람(주인)은 일어나 "아무개에게 아들 아무개 또는 아무개의 아무개 친척에게 아들 아무개가 있는데, 그 머리에 관을 씌우려고 하오니, 우리 선생께서 오셔서 그를 가르쳐 주시기를 바랍니다."라 한다.

이에 빈을 "아무개가 불민(不敏)하여 일을 제대로 받들지 못했다가 우리 선생께 욕이 될까[病] 두려워 감히 사양하겠습니다."라 대답한다.

고하는 사람은 "우리 선생께서 끝내 오셔서 가르쳐 주시기를 바랍니다."라 한다.

"우리 선생께서 거듭하여 명하시니, 아무개가 감히 따르지 않겠습니까?"라 대답한다.

案 祝板當用〈祭禮〉有事告辭式，下見祠堂及昏禮告祠堂祝版並同】

戒賓.

【古禮筮賓，今不能然. 但擇朋友賢而有禮者一人可也. 是日，主人深衣，詣其門，所戒者出見，如常儀.

啜茶畢，戒者起言曰：“某有子某，若某之某親有子某，將加冠於其首，願吾子之敎之也.”

對曰：“某不敏，恐不能供事，以病吾子，敢辭.”

戒者曰：“願吾子之終敎之也.”

對曰“吾子重有命，某敢不從？”

---

96 심의(深衣)：선비가 입던 겉옷이다. 대개 흰 베를 사용하여 두루마기 모양으로 만드는데, 소매를 넓게 하고 검은 비단으로 가선을 두른다. 허리 위는 4폭으로 봄·여름·가을·겨울을 상징하고, 허리 밑은 12폭으로 1년 열두 달을 상징한다.

거리가 먼 곳이면 애초에 초청하는 말을 적은 편지를 써서 자제를 보내어 전한다. 초청을 받은 사람이 사양할 경우, 심부름꾼을 다시 보내어 굳이 청하면 그제야 허락하여 다음과 같이 답장을 보낸다. "우리 선생께서 명하시니 아무개가 감히 따르지 않겠습니까?"

地遠則書初請之辭爲書, 遣子弟致之. 所戒者辭, 使者固請, 乃許, 而復書曰: "吾子有命, 某敢不從?"

만약 종갓집 적장자가 스스로 관례를 하는 경우라면 고하는 말에 단지 "아무개가 머리에 관을 쓰려고 합니다."라 하고, 그 뒤의 말은 위와 같다】

若宗子自冠, 則戒辭但曰 "某將加冠於首", 後同】

④ 1일 전에 빈에게 다시 고한다.

前一日, 宿賓.

【자제를 보내어 편지로 다음과 같은 말을 전한다. "내일 아무개가 아들 아무개에게 또는 아무개 친척 아무개의 아들 아무개의 머리에 관을 씌우려고 합니다. 우리 선생께서 오실 것이기에 감히 하루 전에 고합니다. 아무개가 아무개에게 올립니다."라 한다. 그러면 빈은 답서(答書)에 "아무개가 감히 일찍 일어나 참석하지 않을 수 있겠습니까. 아무개가 아무개에게 올립니다."

【遣子弟以書致辭曰: "來日, 某將加冠於子某若某親某子某之首, 吾子將蒞之, 敢宿. 某上某人." 答書曰: "某敢不夙興. 某上[19]某人."

만약 종갓집 적장자가 스스로 관례를 하는 경우라면 말을 고쳐서 처음 빈에게 고할 때의 말과 같이 한다】

若宗子自冠, 則辭之所改如其戒賓】

⑤ 기물을 진설한다.

陳設.

---

[19] 某上 : 저본에는 없음. 오사카본·《家禮·冠禮》에 근거하여 보충.

【손을 씻는 대야와 수건은 관례를 치를 청사(廳事)의 동쪽 계단 아래의 동남쪽에 진설하고, 역막(帟幕)[97]으로 청사의 동북쪽에 방을 만든다. 혹 청사에 양쪽 계단이 없으면 흰흙으로 줄을 그어 구분한다. 이 뒤도 이와 같다】

【設盥、帨於廳事阼階下東南, 以帟幕爲房於廳事之東北. 或廳事無兩階, 則以堊畫而分之. 後倣此】

⑥ 이튿날 아침에 일찍 일어나서 관(冠)과 의복을 진설한다.

厥明夙興, 陳冠、服.

【관직이 있는 사람은 공복·허리띠·가죽신·홀(笏)을 진설하고, 관직이 없는 사람은 난삼(襴衫)·허리띠·가죽신을 진설한다. 조삼(皁衫)[98]·심의·대대(大帶, 큰 허리띠)·신발[履]·얼레빗·머리띠[帨][99]·망건[掠]은 관직이 있는 사람과 없는 사람이 모두 통용한다. 이들은 모두 역막(帟幕)으로 만든 방 안에 놓인 탁자에 놓되, 옷깃을 동쪽으로 하고, 북쪽을 상석으로 한다. 술주전자[酒注]·술잔을 담은 쟁반도 탁자 위 의복의 북쪽에 진설한다. 복두·모자(帽子)·관·비녀·건(巾)은 각각 하나의 쟁반에 담아 보자기로 덮은 다음 서쪽 계단 아래 탁자에 진설한다. 집사자 1명이 그것을 지킨다.

【有官者公服、帶、靴、笏, 無官者襴衫、帶、靴. 通用皁衫、深衣、大帶、履、櫛、帨、掠, 皆卓子陳于房中, 東領北上. 酒注、盞盤亦以卓子陳于服北. 幞頭、帽子、冠、笄、巾, 各以一盤盛之, 蒙以帕, 以卓子陳于西階下. 執事者一人守之.

맏아들의 경우는 동쪽 계단 위의 동쪽에서 조금 북쪽에 자리를 깔되, 서쪽을 향하도록 한다. 중자(衆子, 장자 이외의 아들들)의 경우는 맏아들의 자리보다

長子則布席于阼階上之東少北, 西向 ; 衆子則少[20]西, 南向.

조금 서쪽에 자리를 깔되, 남쪽을 향하도록 한다.

종갓집 적장자가 스스로 관례를 하는 경우라면 맏아들의 자리와 같지만 조금 남쪽에 자리를 마련한다】

宗子自冠, 則如長子之席, 少南】

⑦ 주인 이하의 사람들은 순서대로 선다.

【① 주인 이하는 옷을 잘 차려입고 각각 자기의 자리로 나아간다. ② 주인은 동쪽 계단 아래에서 조금 동쪽에 서되, 서쪽을 향한다. ③ 자제와 친척과 동복(僮僕)들은 주인의 뒤에 서되, 여러 줄로 서쪽을 향하여 서며 북쪽을 상석으로 한다. ④ 주인이 자제와 친척 중에서 예를 익힌 1명을 택하여 빈자(儐者)로 삼는다. ⑤ 빈자는 문 밖에 서되, 서쪽을 향한다.

主人以下序立.
【主人以下盛服就位, 主人 阼階下少東, 西向, 子弟、親戚、僮僕在其後, 重行西向, 北上. 擇子弟、親戚習禮者一人爲儐, 立於門外西向.

⑥ 장관자는 방 안에서 쌍상투를 올리고, 사계삼 (四䙆衫)을 입고, 늑백(勒帛)을 두르고, 채리(彩履)¹⁰⁰를 신고서 남쪽을 향하여 선다. ⑦ 만약 장관자가 종갓집 적장자의 아들이 아니라면 그 아버지는 주인의 오른쪽에 서되, 그 아버지가 주인보다 항렬이 높으면 주인보다 조금 앞으로 나아가 서며, 항렬이 낮으면 조금 뒤로 물러나 선다.

將冠者雙紒、四䙆衫、勒帛、彩履㉑在房中, 南面. 若非宗子之子, 則其父立於主人之右, 尊則少進, 卑則少退.

⑧ 종갓집 적장자가 스스로 관례를 하는 경우라면 장관자와 같은 의복차림으로 주인의 자리에 나아간다】

宗子自冠, 則服如將冠者, 而就主人之位】

---

100 채리(彩履) : 채색을 한 신발.
㉑ 履 : 저본에는 "屐". 《家禮·冠禮》에 근거하여 수정.

⑧ 빈(賓)이 이르면 주인이 맞아들여 당(堂)에 오른다.

【① 빈은 스스로 자신의 자제와 친척 가운데 예를 익힌 사람을 택하여 찬관자(贊冠者, 찬자)로 삼는다. ② 빈과 찬관자는 모두 옷을 잘 차려입고 대문 밖에 이르러 동쪽을 향하여 선다. ③ 찬자는 빈의 오른쪽에서 조금 물러나 선다. ④ 빈자가 대문 안으로 들어가 주인에게 빈이 이르렀음을 고한다. ⑤ 주인이 대문 밖으로 나가 문의 왼쪽에 서서 서쪽을 향해 2번 절하면 빈은 답례로 절한다. ⑥ 주인은 찬자에게 읍하면 찬자는 답례로 주인에게 읍한다. ⑦ 이어서 주인이 읍하고 가면 빈과 찬자는 주인을 따라 문 안으로 들어간다. 이때 뜰의 동쪽과 서쪽으로 나누어 주인은 동쪽으로 가고 빈과 찬자는 서쪽으로 가면서, 서로 읍하고 사양하며 계단에 이르고, 또 읍하고 사양하면서 당에 오른다.

⑧ 주인은 동쪽 계단으로 먼저 당에 올라 조금 동쪽에서 서쪽을 향하여 선다. ⑨ 빈은 서쪽 계단으로 주인을 뒤이어 당에 올라 조금 서쪽에서 동쪽을 향하여 선다. ⑩ 찬자는 손을 씻고 서쪽 계단으로 당에 올라 방 안에서 서되, 서쪽을 향한다. ⑪ 빈자는 동서(東序, 당 위의 동쪽 담벽)의 조금 북쪽에 자리를 깔되 서쪽을 향하도록 한다. ⑫ 장관자는 방에서 나와 남쪽을 향한다.

賓至, 主人迎入, 升堂.

【賓自擇其子弟、親戚習禮者爲贊冠者. 俱盛服至門外, 東面立. 贊者在右少退. 儐者入告主人. 主人出門左, 西向再拜, 賓答拜. 主人揖贊者, 贊者報揖主人, 遂揖而行, 賓、贊從之入門, 分庭㉒而行, 揖讓而至階, 又揖讓而升.

主人由阼階先升, 少東西向;賓由西階繼升, 少西東向. 贊者盥手㉓, 由西階升, 立於房中, 西向. 儐者筵于東序少北, 西面. 將冠者出房, 南面.

㉒ 庭: 저본에는 "遲". 오사카본·《家禮·冠禮》에 근거하여 수정.
㉓ 手:《家禮·冠禮》에는 "帨."

만약 장관자가 종갓집 적장자의 아들이 아니라면 그 아버지는 주인을 따라 문 밖으로 나가 빈을 맞이하고, 주인을 따라 가되, 빈보다 뒤에 당에 올라 주인의 오른쪽에 서기를 앞의 의례와 같이 한다】

若非宗子之子, 則其父從出迎賓, 入從主人, 後賓而升, 立於主人之右, 如前】

⑨ 빈이 장관자에게 읍하면 장관자는 자리에 나아간다. 빈은 장관자에게 관(冠)과 건(巾)을 씌워준다. 관자는 방으로 가서 심의를 입고 신발을 신고서 나온다.

賓揖, 將冠者就席, 爲加冠, 巾. 冠者適房, 服深衣, 納履出.

【① 빈이 장관자에게 읍하면 장관자는 방에서 나와 자리의 오른쪽에 서되, 자신의 자리를 향한다. ② 찬자는 빗과 머리끈과 망건을 가져다 자리의 왼쪽에 두고 일어나 장관자의 왼쪽에 선다. ③ 빈이 장관자에게 읍하면 장관자는 자리에 나아가 서쪽을 향해 꿇어앉는다. ④ 찬자는 장관자의 자리에 나아가 장관자가 향하고 있는 방향대로 꿇어앉아 장관자의 머리를 빗기면서 쌍상투를 풀고 하나로 합하여 상투를 틀고 망건을 씌운다.

【賓揖, 將冠者出房, 立于席右, 向席. 贊者取櫛、總、掠, 置于席左, 興, 立於將冠者之左. 賓揖, 將冠者卽席, 西向跪. 贊者卽席如其向跪, 爲之櫛, 合紒, 施掠.

⑤ 빈은 그제야 당을 내려가고 주인도 당을 내려간다. ⑥ 빈이 손 씻기를 마치면, 주인은 빈에게 읍한다. ⑦ 주인과 빈은 당으로 올라가 자기의 자리로 돌아간다. ⑧ 집사자는 관과 건이 담긴 쟁반을 빈에게 드린다. ⑨ 빈은 한 계단을 내려가서 관과 계를 받은 다음 바른 자세로 그것을 잡고서 천천히 장관자의 앞으로 나아간다. ⑩ 장관자를 향하여 다음과 같이 축문을 읽는다.

賓乃降, 主人亦降. 賓盥畢, 主人揖. 升復位. 執事者以冠、巾盤進. 賓降一等受冠、笄, 執之正容, 徐詣將冠者前. 向之祝曰:

"길한 달 아름다운 날에

"吉月令日,

처음으로 원복(元服)을 입게 되었네,

자네는 어린 시절의 생각은 버리고

성인의 덕을 따르게.

오래도록 편안하게 살며,

큰 복이 함께 할 것이네."

⑪ 빈은 그제야 꿇어앉아 관을 장관자에게 씌운다. ⑫ 찬자는 건(巾)을 들고 꿇어앉아 빈에게 드린다. ⑬ 빈은 건을 받아 관자에게 씌우고 일어나 자기의 자리로 돌아간다. ⑭ 관자에게 읍하면 관자는 방으로 가서 사계삼을 벗은 다음 심의를 입고 대대(大帶)를 두르고 신을 신고 방을 나온다. 바른 모습으로 남쪽을 향하여 한참 동안 서 있다.

⑮ 만약 종갓집 적장자가 스스로 관례를 하는 경우라면, 빈이 읍하면 자리에 나아가고, 빈이 당을 내려가 손 씻기를 마치더라도 자신이 주인인 관자는 당을 내려가지 않는다. ⑯ 나머지 의례는 모두 같다】

⑩ 두 번째로, 모자(帽子)를 씌운다. 관자는 모자를 쓴 다음 조삼을 입고 혁대(革帶)를 하고 혜(鞋)[101]를 신는다.

【① 빈이 관자에게 읍하면 관자는 자리로 나아가 꿇어앉는다. ② 집사자는 모자가 담긴 쟁반을 빈에게 드린다. ③ 빈은 2계단 내려가서 그것을 받은 다음 모자를 들고 관자의 앞으로 나아가서 다음과 같이 축문을 읽는다.

始加元服.

棄爾幼志,

順爾成德.

壽考維祺,

以介景福."

乃跪加之. 贊者以巾跪進, 賓受, 加之, 興, 復位. 揖, 冠者適房, 釋四揆衫, 服深衣, 加大帶, 納履出房, 正容南向, 立良久.

若宗子自冠, 則賓揖之, 就席, 賓降盥畢, 主人不降, 餘幷同】

再加帽子, 服皂衫、革帶、繫鞋.

【賓揖, 冠者卽席, 跪. 執事者以帽子盤進. 賓降二等受之, 執以詣冠者前, 祝之曰:

---

101 혜(鞋) : 발목이 짧은 가죽신.

"길한 달 아름다운 날에

자네에게 관을 거듭 씌우네.

자네는 위엄 있는 몸가짐을 잃지 않도록 삼가고

그대의 덕을 맑도록 삼가하게.

눈썹이 세도록[眉壽] 장수하며

오래도록 큰 복을 누리시게."

④ 빈은 그제야 꿇어앉아 관자에게 모자를 씌워주고 일어나 자기의 자리로 돌아간다. ⑤ 관자에게 읍하면 관자는 방으로 가서 심의를 벗고 조삼과 혁대를 하고 가죽신[鞋]을 신은 다음 방에서 나가 선다】

⑪ 세 번째로, 복두를 씌운다. 관자는 복두를 쓴 다음 공복을 입고 혁대를 두르고 가죽신을 신고 홀(笏)을 든다. 만약 난삼(襴衫)을 입었다면 가죽신만 신는다.

【① 의례는 두 번째 모자를 씌울 때와 같다. 다만 집사자가 복두가 담긴 쟁반을 들고 빈에게 드리면, 빈은 계단을 다 내려와 그것을 받은 다음 다음과 같이 축원한다.

"좋은 해

아름다운 달에

자네에게 세 관 모두 씌워주었네.

형제가 모두 모여

덕 이루었네.

백발이 다시 누렇도록[黃耇] 끝없이 누리고

하늘의 복된 경사를 받게."

② 찬자는 관자의 모자를 거둔다. ③ 빈은 그제야

"吉月令辰,

乃申爾服.

謹爾威儀,

淑慎爾德.

眉壽永年,

享受嘏福."

乃跪加之, 興, 復位. 揖,

冠者適房, 釋深衣, 服皁

衫, 草帶, 繫鞋, 出房立】

三加幞頭, 公服革帶, 納靴

執笏. 若襴衫, 納靴.

【禮如再加, 惟執事者以幞

頭盤進, 賓降沒階受之,

祝辭曰:

"以歲之正,

以月之令,

咸加爾服.

兄弟具在,

以成厥德.

黃耇無疆,

受天之慶."

贊者徹帽. 賓乃加幞頭.

관자에게 복두를 씌워준다. ④ 집사자는 찬자에게 모자를 받아들고 참빗을 거두어 방으로 들어간다. ⑤ 나머지 절차는 모두 같다】

⑫ 그제야 초례를 한다.

【① 관자가 맏아들이면 빈자는 자신의 자리를 당(堂)의 중간으로 바꿔주되, 조금 서쪽에서 남쪽을 향하도록 한다. ② 관자가 중자(衆子)이면 원래의 자리에서 예를 행한다. ③ 찬자는 방 안에서 술을 따른 다음 방에서 나와 관자의 왼쪽에 선다. ④ 빈이 관자에게 읍하면 관자는 자리 오른쪽에 가서 남쪽을 향하여 선다.

⑤ 빈은 그제야 찬자에게 술을 받아 들고서 관자의 자리 앞에 나아가 북쪽을 향하여 선다. ⑥ 그리고 다음과 같이 축원한다.

"맛좋은 술 이미 맑게 익었고
좋은 안주 향기롭네.
절하고 술잔 받아 고수레하여
자네의 상서로움 온전히 정해졌네.
하늘의 아름다운 뜻 받들어
훌륭한 이름 길이 보전하게."

⑦ 관자는 2번 절하고 자리에 오른 다음 남쪽을 향하여 술잔을 받는다. ⑧ 빈은 자기의 자리로 돌아가 동쪽을 향해 답례로 절한다. ⑨ 관자는 자리 앞으로 나아가 꿇어앉아서 술을 고수레하고 일어난다. 자리 끝으로 가 꿇어앉아서 술을 맛본다. 일어나서 자리에서 내려와 찬자에게 술잔을 준 다음 남

執事受帽, 徹櫛入于房. 餘竝同】

乃醮.

【長子則儐者改席于堂中間, 少西南向. 衆子則仍故席. 贊者酌酒于房中, 出房, 立于冠者之左. 賓揖, 冠者就席右, 南向.

乃取酒就席前, 北向. 祝之曰:

"旨酒旣淸,
嘉薦令芳.
拜受祭之,
以定爾祥.
承天之休,
壽考不忘."

冠者再拜, 升席, 南向受盞. 賓復位, 東向答拜. 冠者進席前, 跪祭酒, 興. 就席末, 跪啐酒. 興, 降席, 授贊者盞, 南向再拜. 賓東向答拜. 冠者遂拜贊者.

쪽을 향해 2번 절한다. ⑩ 빈은 동쪽을 향해 답례로 절한다. 관자는 이어서 찬자에게 절한다. ⑪ 찬자는 빈의 왼쪽에서 동쪽을 향하여 조금 뒤로 물러나 답례로 절한다】

贊者賓左東向少退, 答拜】

⑬ 빈은 관자에게 자(字)를 준다.

賓字冠者.

【① 빈은 계단을 내려가 동쪽을 향하여 선다. 주인은 계단을 내려가 서쪽을 향하여 선다. 관자는 서쪽 계단으로 내려가 조금 동쪽에서 남쪽을 향하여 선다. ② 빈은 관자에게 자(字)를 지어주며 다음과 같이 말한다.

【賓降階, 東向;主人降階, 西向. 冠者降自西階, 少東南向. 賓字之曰:

"의례 이미 갖춰졌으니

아름다운 달 길한 날에

자네의 자(字)를 명백히 고하네.

이 자(字)는 매우 아름다우니,

자네 같은 뛰어난 선비에게 알맞지.

자네의 자(字)에 걸맞게 살아야 하니.

이 자를 받아 길이 보존하게.

자네의 자는 '백(伯) 아무개'이네."

"禮儀既備,

令月吉日,

昭告爾字.

爰字孔嘉,

髦士攸宜.

宜之于嘏.

永受保之,

曰'伯某甫'."

관자의 형제 순서에 따라서 백(伯) 대신에 중(仲)·숙(叔)·계(季) 등은 오직 해당하는 대로 쓴다. ③ 관자는 이렇게 대답한다. "제가 비록 불민하나 어찌 감히 새벽부터 밤까지 그 뜻을 공경히 받들지 않을 수 있겠습니까." ④ 빈은 혹 별도로 글을 지어 자를 지어준 의미를 일러주어도 좋다】

仲、叔、季, 惟所當. 冠者對曰:"某雖不敏, 敢不夙夜祗奉." 賓或別作辭, 命以字之意亦可】

⑭ 빈은 대문을 나가 임시거처[次]¹⁰²로 간다.

【① 빈은 물러가기를 청한다. ② 주인은 예로 빈을 대접하기를 청한다. ③ 빈은 대문을 나가 임시거처로 간다】

出就次.

【賓請退. 主人請禮賓. 賓出就次】

⑮ 주인은 관자를 사당에 알현(謁見)하게 한다.

【《가례》〈제례〉편의, 아들을 낳았을 때 사당에 알현하는 의례와 같이 한다. 다만 고하는 말을 "아무개의 아들 아무개 또는 아무 친척 아무개의 아들 아무개가 오늘 관례를 마쳤기에 감히 알현합니다."라 고친다. 관자는 앞으로 나아가 양쪽 계단 사이에 서서 2번 절한다. 나머지 의례는 모두 같다.

主人以冠者見于祠堂.

【如《祭禮㉔》生子而見之儀. 但改告辭曰: "某之子某, 若某親某之子某, 今日冠畢, 敢見." 冠者進, 立於兩階間, 再拜. 餘竝同.

만약 종갓집 적장자가 스스로 관례를 하는 경우라면 말을 "아무개가 오늘 관례를 마쳤기에 감히 알현합니다."라 고친다. 이어서 2번 절하고 계단을 내려와 자기 자리로 돌아간다. 나머지 의례는 모두 같다.

若宗子自冠, 則改辭曰: "某今日冠畢, 敢見." 遂再拜, 降復位. 餘竝同.

만약 관자의 사실(私室)¹⁰³에 증조(曾祖)와 조부 이하의 사당이 있으면 각각 그 종갓집 적장자를 통하여 알현한다. 스스로 증조(曾祖) 이하를 이은 종갓집 적장자라면 스스로 알현한다】

若冠者私室有曾祖、祖以下祠堂, 則各因其宗子而見, 自爲繼曾祖以下之宗則自見】

⑯ 관자는 항렬이 높거나 나이가 많은 사람을 뵙는다.

冠者見于尊長.

---

¹⁰² 임시거처[次]: 천막을 쳐서 만든 임시 거처. 여기서는 빈이 다음 순서를 기다리는 곳이다.
¹⁰³ 사실(私室): 종가(宗家)나 종실(宗室)이 아닌 지손(支孫)의 집을 말함.
㉔ 祭禮:《家禮·冠禮》에는 "祠堂章內".

【① 관자의 부모는 당 가운데에서 남쪽을 바라보고 앉는다. ② 제숙부(諸叔父, 백부와 숙부)와 제형은 동서(東序)에 있되, 제숙부는 남쪽을 바라보고 앉고, 제형은 서쪽을 향하여 앉는다. ③ 제부(諸婦, 집안의 며느리들)와 제녀(諸女, 집안의 딸들)는 서서(西序, 당 위의 서쪽 담벽)에 있고, 제숙모(諸叔母, 백모와 숙모)와 제고(諸姑, 아버지의 누이들)는 남쪽을 향하여 앉고, 제자(諸姊, 여러 손윗누이)와 제수(諸嫂, 여러 형수들)들은 동쪽을 향하여 앉는다.

【父母堂中南面坐, 諸叔父、兄在東序, 諸叔南面, 諸兄西向. 諸婦、女在西序, 諸叔母、姑南向㉕, 諸姊、嫂東向.

④ 관자가 북쪽을 향해 부모에게 절하면 부모는 그를 위하여 일어선다. ⑤ 함께 사는 항렬이 높거나 나이가 많은 사람이 있으면 부모는 관자를 항렬이 높거나 나이가 많은 사람이 거처하는 방으로 데리고 가서 절하게 한다. 항렬이 높거나 나이가 많은 사람은 그를 위하여 일어선다. ⑥ 다시 동서(東序)와 서서(西序)로 가서 열마다 2번 절한다. 답례로 절해야 할 사람들은 답례로 절한다.

冠者北向拜父母, 父母爲之起. 同居有尊長, 則父母以冠者詣其室拜之. 尊長爲之起. 還就東西序, 每列再拜. 應答拜者答拜.

만약 관자가 종갓집 적장자의 아들이 아니라면 종갓집 적장자와 자신의 아버지보다 항렬이 높은 모든 분들을 당에서 먼저 뵙고, 그제야 사실(私室)로 가서 부모와 나머지 친척들을 뵙는다.

若非宗子之子, 則先見宗子及諸尊於父者於堂, 乃就私室見於父母及餘親.

만약 종갓집 적장자가 스스로 관례를 하는 경우인데 어머니가 계신다면, 어머니를 정해진 의례대로 뵙는다. 족인(族人)들 가운데 관자를 종갓집 적장자로 삼는 사람들은 모두 당 위에 와서 관자를 뵙되,

若宗子自冠, 有母則見于母如儀. 族人宗之者皆來見於堂上, 宗子西向, 拜其尊長, 每列再拜. 受卑幼者

㉕ 諸兄……南向: 저본에는 없음. 오사카본·《家禮·冠禮》에 근거하여 보충.

종갓집 적장자는 서쪽을 향해 선다. 관자가 항렬이 높거나 나이가 많은 사람에게 절하고, 동서와 서서로 가서 열(列)마다 2번 절한다. 항렬이 낮거나 나이가 어린 사람에게는 절을 받는다】

拜】

⑰ 그제야 빈(賓)을 예로 대접한다.

【주인은 술과 음식으로 빈과 빈자와 찬자를 대접한다. 이들에게 폐백을 준 다음 절하고 사례(謝禮)한다. 폐백의 많고 적음은 형편에 맞게 하되, 빈(賓)과 찬자는 차등을 둔다】

乃禮賓.

【主人以酒饌延賓及儐、贊者. 酬之以幣而拜謝之. 幣多少隨宜, 賓、贊有差】

⑱ 관자는 이러한 절차가 끝나고 나서야 대문을 나가서 향선생(鄕先生)과 아버지의 친구들을 뵙는다.

【① 관자가 절하면 향선생과 아버지의 친구들은 모두 관자에게 답례로 절한다. ② 만약 향선생과 아버지의 친구들이 관자에게 가르쳐줄 말이 있어 일러주면, 관자는 빈에게 대답한 말과 같이 대답한 다음 다시 절한다. ③ 이때 선생과 아버지의 친구들은 답례로 절하지 않는다】《가례(家禮)》104

冠者遂出, 見于鄕先生及父之執友.

【冠者拜, 先生、執友皆答拜. 若有誨之, 則對如㉖對賓之辭, 且拜之. 先生、執友不答拜】《家禮》

① 어머니가 주부(主婦)가 된다.

【주인이 종갓집 적장자의 주부라면 중당(中堂)에서 계례(笄禮)를 치른다. 종갓집 적장자의 주부가 아닌데 종갓집 적장자와 함께 살면 사실(私室)에서 계

母爲主.

【宗子主婦則於中堂, 非宗子而與宗同居, 則於私室. 與宗子不同居, 則如上儀】

---

104 《家禮》 卷2 〈冠禮〉 (《家禮》 2, 97~113쪽).
㉖ 對如 : 저본에는 없음. 《家禮·冠禮》에 근거하여 보충.

례를 치른다. 종갓집 적장자와 함께 살지 않으면 위
의 관례의 의례와 같이 한다】

② 계례를 치르기 3일 전에 빈(賓)에게 고하고[戒
賓], 하루 전에 빈에게 다시 고한다[宿賓].

【빈(賓)은 역시 친인척의 부녀자들 중에서 훌륭하
고 예(禮)가 있는 사람을 골라 빈으로 삼는다. 편지
(牋紙)에 빈이 되어달라는 말을 쓴 다음 사람을 시켜
서 편지를 보낸다. 편지에 쓰는 말은 관례 때 쓰는
말과 같다. 다만 '아들[子]'이란 말을 '딸[女]'로 고치
고, '관(冠)'을 '계(笄)'로 고치며, '우리 선생'을 '아무 친
척' 혹은 '아무 봉호[某封]'[105]로 고친다.

일반적으로 부인은 자기 친정의 항렬이 높거나
나이가 많은 사람에게는 자신을 일컫는 경우에는
'아이[兒]'라 하고, 자기보다 항렬이 낮거나 나이가 어
린 사람에게는 자신이 그들과의 관계에서 해당되는
호칭[屬, 고모나 언니 등]으로 말한다. 부당(夫黨, 시댁)의
항렬이 높거나 나이가 많은 사람에게는 '신부(新婦)'
라 하고, 항렬이 낮거나 나이가 어린 사람에게는 '노
부(老婦)'라 한다. 친척이 아니면서 왕래하는 사람에
게는 각각 그 집안을 호칭으로 말한다.[106] 이후의 의
례도 이와 같다】

前期三日, 戒賓；一日, 宿
賓.
【賓亦擇親姻婦女之賢而
有禮者爲之, 以牋紙書其
辭, 使人致之. 辭如冠禮.
但"子"作"女", "冠"作"笄",
"吾子"作"某親"或"某封".

凡婦人[27]自稱於己之尊長
則曰"兒", 卑幼則以屬；於
夫黨尊長則曰"新婦", 卑幼
則曰"老婦"；非親戚而往
來者, 各以其黨爲稱. 後倣
此也】

---

105 아무 봉호[某封] : 남편의 직함을 따라 정경부인 또는 정부인 등의 호칭으로 부르는 것.
106 집안을……말한다 : 송시열은 "김생원가, 이진사가와 같은 종류이다(如金生員家·李進士家之類)."라 했다.
《宋子大全》卷123〈書〉"答晦錫"에 보인다.
[27] 人 : 저본에는 "女". 《家禮·笄》에 근거하여 수정.

③ 기물들을 진설한다.

【관례 때의 의례와 같다. 다만 중당(中堂)에 자리를 펴는 점은 중자(衆子)의 관례 때 자리와 같다】

陳設.

【如冠禮. 但於中堂布席, 如衆子之位】

④ 이튿날 아침에 의복을 진설한다.

【관례 때의 의례와 같다. 다만 배자(背子)와 관과 계를 쓴다】

厥明陳服.

【如冠禮. 但用背子、冠筓】

⑤ 순서대로 선다.

【주부의 자리는 주인의 자리와 같다. 장계자는 머리를 두 갈래로 묶고 삼자(衫子)[107]를 입고서 방 안에서 남쪽을 향하여 선다】

序立.

【主婦如主人之位, 將筓者雙紒、衫子, 房中南面】

⑥ 빈이 이르면 주부가 그를 맞아들여 함께 당에 오른다.

【관례 때의 의례와 같다. 다만 찬자를 쓰지 않는다. 주부는 동쪽 계단으로 당에 오른다】

賓至, 主婦迎入, 升堂.

【如冠禮. 但不用贊者. 主婦升自阼階】

⑦ 빈은 장계자에게 관과 비녀를 씌워준다. 장계자는 방으로 가서 배자를 입는다.

【대체로 관례 때의 의례와 같이 한다. 다만 축사는 관례에서 첫 번째 관을 씌우는 의례[始加]의 말을 쓰고, 이를 할 수 없으면 생략한다】

賓爲將筓者加冠筓. 適房服背子.

【略如冠禮. 但祝用始加之辭, 不能則省】

⑧ 그제야 초례를 행한다.

乃醮.

---

107 삼자(衫子): 소매가 넓고 무릎 위까지 내려오는 여성 상의.

【관례 때의 의례와 같이 한다. 축사도 같다】 【如冠禮, 辭亦同】

⑨ 이어서 자(字)를 지어준다. 乃字.

【관례 때의 의례와 같이 한다. 다만 관례 때 축사 【如冠禮. 但改祝辭"髦士"
(祝辭)의 '모사(髦士, 뛰어난 선비)'라는 말을 '여사(女士, 훌 爲"女士"】
륭한 여인)'로 고친다】

⑩ 그제야 빈을 대접한다. 모두 관례 때의 의례 乃禮賓, 皆如冠儀. 同上
와 같이 한다.《가례》[108]

108《家禮》卷2〈冠禮〉"笄"(《家禮》2, 113~116쪽).

3) 《국조오례의(國朝五禮儀)[109]》에 실린 우리나라의 관례

(1) 문관·무관의 관례

문무관관의(文武官冠儀)

文武官冠儀

① 관례를 치르기 3일 전에 주인은

前三日, 主人

【주인은 관자의 할아버지나 아버지로서 스스로 증조(曾祖)를 이은 종갓집 적장자[宗子]이다. 만약 종갓집 적장자가 아니라면 반드시 증조를 이은 종갓집 적장자가 주인을 맡는다.

【主人冠者之祖父, 自爲繼曾祖之宗子者. 若非宗子, 則必繼曾祖之宗子主之.

종갓집 적장자에게 사정이 있으면 종갓집 적장자가 자기 다음에 종갓집 적장자의 자격이 있는 이에게 명하여 맡게 하거나, 관자의 아버지가 저절로 주인을 맡는다】

有故則命其次宗子若其父自主之】

사당(祠堂)에 고하되, 사당에 고하는 일반적인 의례[110]와 같이 한다.

告于祠堂, 如儀.

【① 1일 전에 마당에 물을 뿌리고 깨끗이 쓸고서 재계(齋戒)하고 혼자서 잔다. ② 관례를 하는 날 집사자는 감실(龕室)마다 과일 1쟁반과 잔(盞) 2개를 진설한다. ③ 주가(酒架, 술 받침대)와 향안(香案, 향을 두는 탁자)과 손 씻는 대야를 진설한다.

【前一日, 灑掃齋宿. 其日, 執事者, 每龕設果一盤及盞二, 設酒架, 香案, 盥洗.

④ 때가 되면 주인 이하의 사람들은 옷을 잘 차려입는다. 손을 씻고 수건으로 닦기를 마친다. ⑤ 이어서 사당(祠堂)으로 들어가서 동쪽 계단 아래에 선다.

時至, 主人以下盛服, 盥帨訖, 入立於東階下, 重行北向, 西上. 主人升自東階,

---

109 국조오례의(國朝五禮儀) : 조선 전기 1474년(성종 5) 문신 신숙주(申叔舟, 1417~1475)와 정척(鄭陟, 1390~1475) 등이 오례(五禮), 즉 길례(吉禮)·가례(嘉禮)·빈례(賓禮)·군례(軍禮)·흉례(凶禮)의 예법과 절차 등을 우리나라 상황에 맞게 서술하여 편찬한 예서(禮書).
110 사당에……의례 : 《가례》 권1 〈통례〉 "사당"에 보인다.

독(櫝)(국립민속박물관)

이때 여러 줄로 북쪽을 향해 서며 서쪽을 상석으로 한다. ⑥ 주인은 동쪽 계단으로 당에 올라간다. ⑦ 신주(神主)를 넣어 두는 독(櫝)[111] 열어 신주를 받들어 꺼낸 다음 각각을 자리에 진설한다. ⑧ 주인은 몸을 구부려 절하고 일어난다. 당에서 내려와 자기의 자리로 돌아간다.

⑨ 주인 이하의 사람들은 2번 절한다. ⑩ 집사자는 각각 자신이 맡은 자리로 나아간다. ⑪ 주인은 당에 올라 향안 앞으로 나아가 꿇어앉아 3번 향을 올린다. ⑫ 집사자가 잔을 들고 술을 따라서 주인에게 드리면 주인은 술을 올리고 조금 물러나 꿇어앉는다. ⑬ 축(祝)은 신위의 오른쪽에 나아가 꿇어앉아서 다음과 같이 축문(祝文)을 읽는다. "엎드려 아뢰옵건대 아무개의 아들 아무개 또는 아무 친척 아무개의 아들 아무개가 나이가 들고 장성하게 되어 아무 월 아무 일에 그 머리에 관(冠)을 씌우려 합니다."

啓櫝, 奉出神主, 各設於座. 俯伏, 興, 降復位.

主人以下再拜. 執事者各就位. 主人升, 詣香案前跪, 三上香. 執事者取盞, 斟酒以進主人, 獻酒少退跪. 祝進神位之右, 跪, 讀祝云:"伏以某之子某, 若某親某之子某, 年漸長成, 將以某月某日, 加冠於其首."

---

111 독(櫝) : 나무로 갑을 짜서 신주를 넣어 두는 함.

⑭ 만약 족인(族人)이 종갓집 적장자의 명(命)을 받아 스스로 자기 아들의 관례에 주인을 하면 그 축판(祝板)에도 종갓집 적장자를 주인으로 삼고 "종갓집 적장자가 개자(介子)인 아무개를 시켜서"라 쓴다. ⑮ 만약 종갓집 적장자가 이미 아버지를 여의어 스스로 관례를 하면 또한 저절로 주인이 된다. 축사(祝辭)에는 "아무개가 아무 월 아무 일에 머리에 관(冠)을 쓰려고 합니다."라 한다.

⑯ 축문(祝文) 읽기를 마치면 주인은 몸을 구부려 절하고 일어난다. ⑰ 그러면 모두 당을 내려와 자기의 자리로 돌아온다. ⑱ 주인 이하의 사람들은 2번 절한다. ⑲ 신주(神主)를 독(櫝)에 들여놓고 물러나온다】

② 빈에게 고한다.

【주인은 친구들 중에 훌륭하고 예가 있는 1명을 골라 빈으로 삼는다】

③ 이날 주인은 옷을 잘 차려 입고 빈의 집 문에 나아간다. ④ 초청 받은 빈은 문을 나가 주인 만나기를 일상적인 의례와 같이 한다. ⑤ 차 마시기를 마치면 빈에게 고하는 사람(주인)은 일어나 다음과 같이 말한다. "아무개의 아들 아무개 또는 아무개의 친척 아무개의 아들 아무개가 있는데, 그 머리에 관을 씌우려고 하오니, 우리 선생께서 오셔서 그를 가르쳐 주시기를 바랍니다."라 한다.

⑥ 청을 받은 빈은 다음과 같이 대답한다. "아무

若族人以宗子之命, 自冠其子, 其祝板亦以宗子爲主, 曰"使介子某". 若宗子已孤而自冠, 則亦自爲主人. 祝辭云"某將以某月某日, 加冠於首".

讀祝訖, 主人俯伏, 興. 俱降復位. 主人以下再拜, 納主而退】

戒賓.

【擇朋友賢而有禮者一人】

是日主人盛服, 詣其門. 所戒者出見如常儀. 啜茶畢, 戒者起言曰:"某有[28]子某, 若某之[29]某親有子某, 將加冠於其首. 願吾子之敎之也."

對曰:"某不敏, 恐不能供

[28] 有: 저본에는 없음. 《國朝五禮儀·賀禮·文武官冠儀》에 근거하여 보충.
[29] 之: 저본에는 "子". 앞뒤의 용례에 따라 수정.

개가 불민(不敏)하여 일을 제대로 받들지 못했다가 우리 선생께 욕이 될까[病] 두려워 감히 사양하겠습니다."

⑦ 고하는 사람은 "우리 선생께서 끝내 오셔서 가르쳐주시길 바랍니다."라 한다. ⑧ 초청 받는 사람은 "우리 선생께서 거듭 명하시니, 아무개가 감히 따르지 않을 수 있겠습니까?"라 대답한다.

【① 거리가 먼 곳이면 처음 초청하는 말을 적은 편지를 써서 자제를 보내어 전한다. ② 초청을 받은 사람이 사양할 경우 심부름꾼을 다시 보내어 굳이 청하면 그제야 허락하여 다음과 같이 답장을 보낸다. "우리 선생께서 명하시니, 아무개가 감히 따르지 않을 수 있겠습니까?"

③ 만약 종갓집 적장자가 스스로 관례를 하는 경우라면 고하여 초청하는 말에 단지 "아무개가 머리에 관을 쓰려고 합니다."라고만 한다. ④ 그 뒤는 같다】

⑨ 관례를 치르기 하루 전에 빈에게 다시 고한다. 자제를 보내어 편지로 다음과 같은 말을 전한다. "내일 아무개가 아들 아무개 또는 아무 친척 아무개의 아들 아무개의 머리에 관을 씌우려고 하오니, 우리 선생께서 오실 것이기에 감히 하루 전에 고합니다[宿]. 아무개가 아무개에게 올립니다." ⑩ 빈은 답서에 "제가 감히 아침 일찍 일어나 참석하지 않을 수 있겠습니까? 아무개가 아무개에게 올립니다."라 한다.

【만약 종갓집 적장자가 스스로 관례를 하는 경우라면 말을 고쳐서 처음 빈에게 고할 때의 말과 같이 한다】

事, 以病吾子, 敢辭."

戒者曰 : "願吾子之終敎之也." 對曰 : "吾子重有命, 某敢不從?"

【地遠則書初請之辭爲書, 遣子弟致之. 所戒者辭, 使者固請, 乃許, 而復書曰 : "吾子有命, 某敢不從?"

若宗子自冠, 則戒辭但曰 : "某將加冠於首." 後同】

前一日, 宿賓. 遣子弟以書致辭曰 : "來日某將加冠於子某, 若某親某子某之首, 吾子將蒞之, 敢宿. 某上某人." 答書 : "某敢不夙興? 某上某人."

【若宗子自冠, 則辭之所改, 如其戒賓】

⑪ 손을 씻는 대야와 수건을 동쪽 계단의 동남쪽에 진설한다. 역막(帟幕)으로 청사의 동북쪽에 방을 만든다.

設盥帨於東階東南, 以帟幕爲房於廳事之東北.

【혹 청사에 양쪽 계단[112]이 없으면, 흰흙으로 줄을 그어 구분한다. 이후의 의례도 이와 같다】

【或廳事無兩階, 則以堊畫而分之. 後倣此】

⑫ 이튿날 아침에 일찍 일어나 삼가(三加)[113]의 의복을 방 안의 탁자 위에 진설하되, 옷깃을 동쪽으로 가게 하며 북쪽을 상석으로 한다.

厥明夙興, 陳三加之服於房中卓上, 東領, 北上.

【초가(初加)[114]를 할 때는 평상복에 조아(條兒, 실띠)[115]를 진설하고, 재가(再加)를 할 때는 평상복에 각대(角帶)[116]를 진설하며, 삼가(三加)를 할 때는 공복과 가죽신을 진설하는데, 이는 문관과 무관이 모두 공통으로 따르는 의례이다】

【初加常服、條兒, 再加常服、角帶, 三加公服、靴, 通用】

조아[또는 조대(條帶)], 국립민속박물관

각대(국립민속박물관)

---

112 양쪽 계단:《국조오례의(國朝五禮儀)》에는 '서쪽 계단[西階]'으로 되어 있다.

113 삼가(三加):남자의 성인의식에 씌워주던 세 관. 고대의 관례 때에는 1차로 치포관(緇布冠)을 씌우는데 이를 초가(初加) 혹은 시가(始加)라 하고, 2차로 피변(皮弁)을 씌우는데 이를 재가(再加)라 하고, 3차로 작변(爵弁)을 씌우는데 이를 삼가(三加)라고 한다. 본문에서는 1차로 입자(笠子, 갓)를, 2차로 사모를, 3차로 복두를 씌우는 것으로 되어 있다. 조선시대의 관례는 고례와 사뭇 달랐음을 알 수 있다. 시대와 신분에 따라 변화된 것으로 보인다.

114 초가(初加):관례의 절차 중 하나로 삼가(三加) 중에 첫 번째인 치포관(緇布冠)을 씌워주는 의식.

115 조아(條兒, 실띠):실을 꼬아 만들어 두루마기 위에 매던 띠.

116 각대(角帶):문무백관이 관복에 두르던 허리띠.

사모(국립중앙박물관)

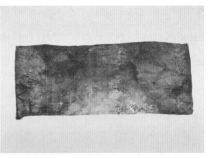

머리싸개[纚](국립공주박물관)

⑬ 아울러 머리싸개[纚, 리]와 얼레빗 담은 상자를 두고, 주탁(酒卓, 술을 올려놓은 탁자)은 그 북쪽에 진설한다. ⑭ 복두와 사모(紗帽)[117]와 입자(笠子, 갓)를 각각 1개의 쟁반에 담은 다음 보자기로 덮어서 탁자에 두되, 탁자들은 서쪽 계단 아래에 진설한다. 집사자 1명이 그것을 지킨다. ⑮ 관(冠)과 대(帶)는 동쪽 계단 위의 동쪽에서 조금 북쪽에 두되, 서쪽을 향하도록 한다.

【장관자가 중자이면 조금 서쪽에 두되, 남쪽을 향하도록 한다. 만약 종갓집 적장자가 스스로 관례를 하는 경우라면 맏아들의 자리와 같지만 조금 남쪽에 둔다】

⑯ 주인 이하의 사람들은 옷을 잘 차려 입는다. ⑰ 주인은 동쪽 계단 아래로 나아가 조금 동쪽에서 서쪽을 향하여 선다. ⑱ 자제와 친척과 동복은 주인의 뒤에 서되, 여러 줄로 서쪽을 향하여 서며 북쪽을 상석으로 한다. ⑲ 빈자는【주인이 자제나 친척

竝實纚、櫛箱, 設酒卓於其北. 幞頭、紗帽、笠子各以一盤盛之, 蒙以帕以卓子, 陳于西階下. 執事者一人守之. 設冠、帶於阼階上之東少北, 西向.

【衆子則少西, 南向. 若宗子自冠, 則如長子之席, 少南】

主人以下盛服. 主人就阼階下, 少東, 西向立. 子弟、親戚、僮僕在其後, 重行西向, 北上. 儐者【主人擇子弟、親戚習禮者爲之】立於

---

117 사모(紗帽): 조선 시대에 벼슬아치들이 관복을 입을 때에 쓰던 모자. 검은 사(紗)로 만들어 오사모(烏紗帽)라 불렸다.

중에서 예를 익힌 사람을 골라 빈자로 삼는다】문 밖에서 서되, 서쪽을 향한다.

⑳ 장관자는 시복(時服)[118]을 입고 방 안에서 남쪽을 향하여 선다.

【① 만약 장관자가 종갓집 적장자의 아들이 아니면, 그의 아버지는 주인의 오른쪽에 선다. 장관자의 아버지가 주인보다 항렬이 높으면 조금 앞으로 나아가 서고, 항렬이 낮으면 조금 뒤로 물러나서 선다. ② 만약 종갓집 적장자가 스스로 관례를 하는 경우라면 장관자와 같은 의복차림으로 주인의 자리에 나아간다】

㉑ 빈과 찬관자(贊冠者, 찬자)는【빈은 자신의 자제나 친척 중에서 예를 익힌 사람을 골라 찬관자로 삼는다】모두 옷을 잘 차려 입고, 청사의 문 밖에 이르러 동쪽을 향하여 선다. 찬자는 빈의 오른쪽에서 조금 뒤로 물러나 있는다. ㉒ 빈자는 문 안으로 들어가 주인에게 빈이 도착했음을 고한다. ㉓ 주인은 문 밖으로 나가 문 왼쪽에서 서쪽을 향하여 2번 절한다. 빈은 답례로 절한다. ㉔ 빈과 주인은 서로 읍하고서 주인이 먼저 들어간다. 빈과 찬자는 주인을 따라 문 안으로 들어가되, 뜰의 동쪽과 서쪽으로 나누어 각각 간다. ㉕ 읍하고 사양하면서 계단에 이르면 또 읍하고 사양하면서 당에 오른다.

㉖ 주인은 동쪽 계단으로 먼저 당에 올라 조금

門外, 西向.

將冠者以時服在房中, 南面.

【若非宗子之子, 則其父立於主人之右, 尊則少進, 卑則少退. 若宗子自冠, 則服如將冠者而就主人之位】

賓及贊冠者【賓擇子弟、親戚習禮者, 爲贊冠】俱盛服, 至門外、東向立. 贊者在右少退. 儐者入, 告主人. 主人出門左, 西向, 再拜. 賓答拜. 賓主相揖而行. 賓、贊從之, 入門, 分庭而行, 揖讓而至階, 又揖讓而升.

主人由阼階先升, 少東, 西

---

118 시복(時服):조선 시대 관리들이 입궐할 때나 공무를 집행할 때 입는 관복. 문관 무관의 관례 조항이라 시복을 입는 것으로 보인다.

동쪽에서 서쪽을 향하여 선다. 빈은 서쪽 계단으로 주인을 뒤이어 당에 올라 조금 서쪽에서 동쪽을 향하여 선다.

【만약 장관자가 종갓집 적장자의 아들이 아니라면, 그 아버지는 주인을 따라 문 밖으로 나가 빈을 맞이하고, 주인을 따라 빈보다 뒤에 들어가며 당에 올라 주인의 오른쪽에 서기를 앞의 의례와 같이 한다】

㉗ 찬자는 손을 씻고 수건으로 닦는다. 서쪽 계단으로 올라가 방 안에 서되, 서쪽을 향한다. ㉘ 빈자는 동서(東序)의 조금 북쪽에 자리를 깔되, 서쪽을 향하도록 한다. ㉙ 장관자는 방에서 나와 관례를 치르는 자리 동쪽에 서되, 서쪽을 향한다.

㉚ 찬자는 머리싸개와 얼레빗이 든 상자를 들고 와서 관례를 치르는 자리의 왼쪽에 둔다. 일어나 장관자의 왼쪽에 선다. ㉛ 빈이 장관자에게 읍하면 장관자는 자리로 나아가 서쪽을 향해 앉는다. 찬자는 자리 앞으로 나아가 동쪽을 향해 꿇어앉는다. 이어서 얼레빗으로 장관자의 머리 빗겨주기를 마치고 머리싸개를 둘러준다. ㉜ 장관자는 일어나 조금 북쪽에서 남쪽을 향해 선다.

㉝ 빈은 그제야 당에서 내려간다. 주인도 내려간다. 빈이 손씻기를 마치면, 주인은 빈에게 읍한다. 주인과 빈은 당 위로 올라가 자기의 자리로 돌아간다.

【만약 종갓집 적장자가 자신의 관례를 하는 경우라면 빈이 당에서 내려가 손을 씻을 때 주인은 당에서 내려가지 않는다. 나머지 의례는 모두 같다】

㉞ 초가(初加)의 관(冠)을 든 집사자가 서쪽 계단

向；賓由西階繼升, 少西, 東向.

【若非宗子之子, 則其父從出迎賓, 入從主人, 後賓而升, 立於主人之右, 如前】

贊者盥帨, 由西階立於房中, 西向. 儐者筵于東序少北, 西向. 將冠者出, 立於冠席東, 西向.

贊者取纚、櫛箱, 置于席左, 興, 立於將冠者之左. 賓揖, 將冠者卽席, 西向坐. 贊者進席前, 東向跪. 櫛畢, 設纚, 興, 少北, 南向立.

賓乃降. 主人亦降. 賓盥畢, 主人揖. 升復位.

【若宗子自冠, 則賓降盥, 主人不降. 餘竝同】

執初加冠者升西階. 賓降

으로 올라간다. 빈은 1계단 내려가 관을 받는다. 빈은 바른 자세로 그것을 들고서 관자의 앞으로 나아간다. ㉟ 이어서 관자를 향하여 아래와 같이 축문을 읽는다.

"길한 달 아름다운 날에
처음으로 원복(元服)을 입게 되었네,
자네는 어린 시절의 생각은 버리고
성인의 덕을 따르게.
오래도록 편안하게 살며,
그대에게 큰 복이 함께 할 것이네."

㊱ 빈은 그제야 꿇어앉아 입자(笠子, 갓)를 관자에게 씌워주고 일어나 자기의 자리로 돌아온다. 빈이 관자에게 읍하면 관자는 방으로 가서 단령(團領)[119]을 입고 조아(絛兒)를 두르고 가죽신을 신고서 밖으로 나온다. 바른 모습으로 자리의 동쪽에 서서 서쪽을 향한다. ㊲ 빈이 관자에게 읍하면 관자는 자리로 나

一等, 受之. 正容執, 詣冠者前, 向之祝曰:

"吉月令日,
始加元服.
棄爾幼志,
順爾成德.
壽考維祺,
以介景福."

乃跪加笠子, 興, 復位. 揖, 冠者適房, 服團領, 加絛兒, 納靴以出, 正容, 立於席東, 西向. 賓揖, 冠者卽席坐.

단령(국립민속박물관)

---

119 단령(團領): 목깃을 둥글게 만든 옷. 깃의 색깔에 따라 흑단령, 홍단령, 청단령 등이 있다.

아가 앉는다.

㊳ 재가(再加)의 관을 든 집사자가 서쪽 계단으로 올라온다. 빈은 2계단 내려가 관을 받는다. ㊴ 관을 들고서 관자에게 나아가 다음과 같이 축문을 읽는다.

"길한 달 아름다운 날에

자네에게 관을 거듭 씌우네.

자네는 위엄 있는 몸가짐을 잃지 않도록 삼가고

자네의 덕을 맑도록 삼가하게.

눈썹이 세도록[眉壽] 장수하며

오래도록 큰 복을 누리시게."

㊵ 찬자는 앞으로 나아가 꿇어앉은 다음 초가(初加)의 관을 벗겨서 상자에 둔다. ㊶ 빈은 그제야 꿇어앉아서 사모를 씌워주고 일어나 자기의 자리로 돌아간다. 빈이 관자에게 읍하면 관자는 방으로 가서 단령을 입고 각대를 두르고 나온다. 자리의 동쪽에 서되, 서쪽을 향한다.

㊷ 빈이 관자에게 읍하면 관자는 자리에 나아가 앉는다. ㊸ 삼가(三加)의 관을 든 집사자는 서쪽 계단으로 올라간다. ㊹ 빈은 계단을 모두 내려가서 관을 받는다. ㊺ 관을 들고 관자의 앞으로 나아가 다음과 같이 축문을 읽는다.

"좋은 해

아름다운 달에

자네에게 3가지 관 모두 씌워주었네[120].

執再加冠者, 升西階. 賓降二等受之, 執詣冠者, 祝曰:

"吉月令辰,

乃申爾服.

謹爾威儀,

淑愼爾德.

眉壽永年,

享受胡福."

贊者進跪, 脫初加冠, 置於箱. 賓乃跪, 加紗帽, 興, 復位. 揖, 冠者適房, 服團領、角帶以出, 立於席東, 西向.

賓揖, 冠者卽席坐. 執三加冠者升西階. 賓降沒階, 受之. 執詣冠者前, 祝曰:

"以歲之正,

以月之令,

咸加爾服.

---

120 좋은……씌워주었네: '以歲以正'의 '正'은 좋다[善]는 뜻이고, '咸加爾服'은 관례 때 쓰는 세 가지 관을 다 썼다는 뜻이다. 《의례도(儀禮圖)》〈사관례(士冠禮)〉 "관삼가(冠三加)"를 참조하여 번역하였다.

형제가 모두 모여

덕 이루었네.

백발이 다시 누렇도록[黃耈] 끝없이 누리고

하늘의 복된 경사를 받게."

⑭ 찬자는 앞으로 나아가 꿇어앉은 다음 재가(再加)의 관을 벗겨서 상자(箱子)에 넣어둔다. 이어서 일어나 자기의 자리로 돌아간다. ⑰ 빈은 그제야 꿇어앉아 관자에게 복두를 씌운 다음 일어나 자기의 자리로 돌아간다. ⑱ 관자는 일어난다. ⑲ 빈이 관자에게 읍하면 관자는 방으로 간다. ⑳ 찬자는 머리싸개와 얼레빗이 든 상자를 거두어 방 안으로 들어간다.

㉑ 빈자는 초례할 자리를 당 가운데에서 조금 서쪽에 진설하되, 남쪽을 향하도록 한다【관자가 중자이면 원래의 자리에서 초례를 행한다】 ㉒ 진설이 끝나면, 관자는 공복(公服)을 입고 방에서 나온다. ㉓ 빈이 관자에게 읍하면 관자는 자리의 오른쪽으로 나아가서 남쪽을 향하여 선다. ㉔ 찬자는 방 안에서 술을 따른 다음 술을 들고 밖으로 나와서 관자의 왼쪽에 선다.

㉕ 빈은 그제야 이 술을 들고서 자리 앞으로 나아가 북쪽을 향해 서서 다음과 같이 축문을 읽는다.

"맛좋은 술 이미 맑게 익었고

좋은 안주 향기롭네.

절하고 술잔 받아 고수레하여

자네의 상서로움 온전히 정해졌네.

하늘의 아름다운 뜻 받들어

훌륭한 이름 길이 보전하게."

兄弟具在,

以成厥德.

黃耈無疆,

受天之慶."

贊者進跪, 脫再加冠, 置於箱, 興, 復位. 賓乃跪, 加幞頭, 興, 復位. 冠者興. 賓揖, 冠者適房. 贊者徹纚、櫛箱, 入于房內.

儐者設醮席于堂中少西, 南向【衆子則仍古席】設訖, 冠者著公服以出. 賓揖, 冠者就席右, 南向. 贊者酌酒于房中, 出立于冠者之左.

賓乃取酒, 詣席前, 北向, 祝曰:

"旨酒旣清,

嘉薦令芳.

拜受祭之,

以定爾祥.

承天之休,

壽考不忘."

㊼ 관자는 2번 절하고 자리에 오른 다음 남쪽을 향하여 서서 술잔을 받는다. ㊄ 빈은 자기의 자리로 돌아가 동쪽을 향하여 답례로 절한다. ㊅ 관자는 자리 앞으로 나아가서 꿇어앉아 술을 고수레하고 일어난다. 자리 끝으로 가서 꿇어앉아 술을 맛보고 일어난다. ㊉ 자리에서 내려가 찬자에게 술잔을 주고 남쪽을 향하여 2번 절한다.

㊿ 빈은 동쪽을 향해 답례로 절한다. ㉑ 관자는 이어서 찬자에게 절한다. 찬자는 빈의 왼쪽에서 동쪽을 향해 조금 뒤로 물러나 답례로 절한다.

㉒ 빈은 계단을 내려가 동쪽을 향하여 선다. 주인은 계단을 내려가 서쪽을 향하여 선다. ㉓ 관자는 서쪽 계단으로 내려가 조금 동쪽으로 가서 남쪽을 향하여 선다. ㉔ 빈은 관자에게 자(字)를 지어주며 다음과 같이 말한다.

"의례 이미 갖춰졌으니

아름다운 달 길한 날에

자네의 자(字)를 명백히 고하네.

이 자(字)는 매우 아름다우니,

자네 같은 뛰어난 선비에게 알맞지.

자네의 자(字)에 걸맞게 살아야 하니.

길이 이 자를 받아 보존할지니,

자네의 자는 '백(伯) 아무개'이네."

【관자의 형제 순서에 따라서 백(伯) 대신에 중(仲)·숙(叔)·계(季) 등은 오직 해당하는 대로 쓴다】

冠者再拜, 升席[31], 南向受盞. 賓復位, 東向答拜. 冠者進席前, 跪祭酒, 興. 就席末, 跪啐酒, 興. 降席授贊者盞, 南向再拜.

賓東向答拜. 冠者遂拜贊者. 贊者賓左東向少退, 答拜.

賓降階, 東向；主人降階, 西向. 冠者降自西階, 少東, 南向. 賓字之曰：

"禮儀旣備,

令月吉日.

昭告爾字,

爰字孔嘉.

髦士攸宜,

宜之于嘏.

永受保之,

曰'伯某甫'."

【仲、叔、季, 惟所當】

⑥⑤ 관자는 "제가 비록 불민하나 감히 새벽부터 밤까지 그 뜻을 공경히 받들지 않을 수 있겠습니까?"라 대답한다.

【빈은 혹 별도로 글을 지어 자(字)를 지어준 의미를 일러주어도 좋다】

⑥⑥ 빈은 물러가기를 청한다. 주인은 예로 빈을 대접하기를 청한다. ⑥⑦ 빈은 대문을 나가 임시거처[次]로 간다.

⑥⑧ 주인은 관자를 사당에 알현시키되, 고하는 의례와 같이 한다. 다만 축(祝)[121]을 사용하지는 않는다. ⑥⑨ 주인은 향탁 앞에 서서 "아무개의 아들 아무개, 또는 아무 친척 아무개의 아들 아무개가 오늘 관례를 마쳤기에 감히 알현합니다."라 고한다. ⑦⑩ 관자는 앞으로 나아가 양쪽 계단 사이에 서서 2번 절한다. 내려와 자기의 자리로 돌아간다.

【만약 종갓집 적장자가 스스로 관례를 한 경우라면 말을 고쳐서 "아무개가 오늘 관례를 마쳤기에 감히 알현합니다."라 한다. 이어서 2번 절한다. 만약 관자의 사실(私室)에 증조나 조부 이하의 사당이 있으면 각각 그 종갓집 적장자를 통하여 알현하고, 스스로 조부[122] 이하를 이은 종갓집 적장자라면 스스로 알현한다】

⑦⑪ 관자는 항렬이 높거나 나이가 많은 사람을 뵙

冠者對曰："某雖不敏, 敢不夙夜祗奉?"

【賓或別作辭, 命以字之之意亦可】

賓請退, 主人請禮賓. 賓出, 就次.

主人以冠者見于祠堂, 如告儀, 但不用祝. 主人立於香卓前, 告曰："某之子某若某親某之子某, 今日冠畢, 敢見." 冠者進, 立於兩階間, 再拜, 降復位.

【若宗子自冠, 則改辭曰："某今日冠畢, 敢見." 遂再拜. 若冠者私室有曾祖、祖以下祠堂, 則各因其宗子而見, 自爲繼祖以下之宗則自見】

冠者見于尊長. 父母堂中南

---

121 축(祝)：종이에 제문을 써서 축판(祝板)에 붙이고 축관(祝官)이 주인의 왼쪽에서 제문을 읽는 의례. 의례가 끝나면 종이는 떼어서 태운다. 《가례》 권1 〈통례〉 "사당"에 보인다.

122 조부：'주희《가례》의 관례와 계례'에는 '증조(曾祖)'로 되어 있다. 저본과 오사카본·《國朝五禮儀·嘉禮·文武官冠儀》는 "祖".

는다. ㉒ 관자의 부모는 당 가운데에서 남쪽을 바라보고 앉는다. ㉓ 제숙부와 제형은 동서(東序)에 있되, 제숙부는 남쪽을 바라보고 앉고, 제형은 서쪽을 바라보고 앉는다. ㉔ 제부(諸婦, 집안의 며느리들)와 제녀(諸女, 집안의 딸들)는 서서(西序)에 있되, 여러 제숙모(諸叔母, 백모와 숙모)와 제고(諸姑, 아버지의 누이들)는 남쪽을 향하여 앉고 제자(諸姊, 여러 손윗누이)와 제수(諸嫂, 여러 형수들)는 동쪽을 향하여 앉는다.

㉕ 관자가 부모에게 절하면 부모는 그를 위하여 일어선다. ㉖ 함께 사는 항렬이 높거나 나이가 많은 사람이 있으면 부모는 관자와 함께 항렬이 높거나 나이가 많은 사람이 거처하는 방에 나아가서 절하게 한다. 그러면 항렬이 높거나 나이가 많은 사람은 그를 위하여 일어선다. ㉗ 관자는 다시 동서(東序)와 서서(西序)로 가서 열마다 2번 절한다. 답례로 절해야 할 사람들은 답례로 절한다.

【만약 관자가 종갓집 적장자의 아들이 아니라면 먼저 종갓집 적장자와 자신의 아버지보다 항렬이 높은 모든 분들을 당에서 뵙고, 그제야 사실로 가서 부모와 나머지 친족들을 뵙는다. 만약 종갓집 적장자가 스스로 관례를 하는 경우인데 어머니가 계신다면, 어머니를 정해진 의례대로 뵙는다. 족인(族人)들 가운데 관자를 종갓집 적장자로 삼는 사람들은

面坐. 諸叔父、兄在東序, 諸叔父南面, 諸兄西面. 諸婦女在西序, 諸叔母、姑南向, 諸姊、嫂東向.

冠者拜父母, 父母爲之起. 同居有尊長, 則父母以冠者詣其室拜之. 尊長[31]爲之起. 還就東西序, 每列再拜[32]. 應答拜者答拜[33].

【若非宗子之子, 則先見宗子及諸尊於父者於堂, 乃就私室, 見於父母及餘親. 若宗[34]子自冠有母, 則見于母, 如儀. 族人宗之者皆來見於堂上, 宗子西向, 拜其尊長, 每列再拜. 受

[31] 則父……尊長 : 저본에는 없음. 오사카본·《國朝五禮儀·嘉禮·文武官冠儀》에 근거하여 보충.
[32] 再拜 : 저본에는 없음. 오사카본·《國朝五禮儀·嘉禮·文武官冠儀》에 근거하여 보충.
[33] 者答拜 : 저본에는 없음. 오사카본·《國朝五禮儀·嘉禮·文武官冠儀》에 근거하여 보충.
[34] 宗 : 저본에는 없음. 오사카본·《國朝五禮儀·嘉禮·文武官冠儀》에 근거하여 보충.

모두 와서 당 위에서 관자를 뵙되, 종갓집 적장자는
서쪽을 향해 선다. 항렬이 높거나 나이가 많은 사람
에게 관자가 절하고, 동서와 서서로 가서 열(列)마다
2번 절한다. 항렬이 낮거나 나이가 어린 사람에게는
절을 받는다】

卑幼者拜】

⑱ 그제야 빈을 예로 대접한다. 주인은 술과 음
식으로 빈과 빈자와 찬자를 대접한다. ⑲ 폐백을 드
린 다음 절하여 사례(謝禮)한다.

乃禮賓. 主人以酒饌延賓
及儐、贊者, 酬㉟之以幣而
拜謝之.

【폐백의 많고 적음은 형편대로 하되, 빈과 찬자
는 차등을 둔다】

【幣多少隨宜, 賓、贊有差】

⑳ 관자는 이러한 절차가 끝나고 나서야 대문을
나가 향선생과 아버지의 친구들을 뵙는다. ㉑ 관자
가 절하면 향선생과 아버지의 친구들 모두 답례로
관자에게 절한다.

冠者逐出, 見于鄕先生及
父之執友. 冠者拜, 先生、
執友, 皆答拜.

【① 만약 그들이 관자에게 가르쳐줄 말이 있어
일러주면, 관자는 빈에게 대답한 말과 같이 대답한
다음 다시 절한다. ② 선생과 아버지의 친구들은 답
례로 절하지 않는다】《국조오례의(國朝五禮儀)》[123]

【若有誨之, 則對如對賓之
辭, 且拜之. 先生、執友不
答拜】《五禮儀》

[123]《國朝五禮儀》卷3〈賀禮〉"文武官冠儀"(《國朝五禮儀》3, 131~140쪽).

㉟ 酬 : 저본에는 "酧". 오사카본·《國朝五禮儀·賀禮·文武官冠儀》에 근거하여 수정.

2. 혼례

昏禮

1) 사마광《서의(書儀)》[1]의 혼례

남자는 16세부터 30세까지, 여자는 14세부터 20세까지 혼인을 한다.

【고례(古禮)에 '남자는 30세에 아내를 얻고, 여자는 20세에 시집을 간다.'[2]라 했다.《공자가어(孔子家語)[3]》를 살펴보면 "공자는 19세에 송(宋)의 기관씨(亓官氏)[4]를 아내로 맞아 1년이 지난 뒤에 백어(伯魚)[5]를 낳았고, 백어(伯魚)는 50세에 공자보다 먼저 죽었다"[6]라 했다.

그렇다면 옛사람들이 아내를 얻는 일을 반드시 모두 30세에 하지는 않은 것이다. 예(禮)는 대개 그 한계를 말하는 법이다. '몇 세까지[至]'라는 말은 남

司馬儀

男子年十六至三十, 女子十四至二十.

【古禮"男三十而娶, 女二十而嫁". 案《家語》, "孔子十九娶于宋之亓官氏, 一歲而生伯魚, 伯魚年五十先孔子卒".

然則古人之娶未必皆三十也. 禮蓋言其極. 至者, 謂男不過三十, 女不過二十耳,

---

1 서의(書儀) : 중국 송(宋)나라 사마광(司馬光, 1019~1086)이 편찬한 예서(禮書).《의례(儀禮)》·《예기(禮記)》를 바탕으로 관례(冠禮)·혼례(婚禮)·상례(喪禮)·제례(祭禮) 및 각종 예의 규범, 각종 문서의 서식 등을 현실에 맞게 정리했다. 이후《주자가례(朱子家禮)》에 깊은 경향을 주었다.

2 남자는……간다 :《周禮注疏》卷14〈地官〉"媒氏"(《十三經注疏整理本》7, 425쪽).

3 공자가어(孔子家語) : 중국 한(漢)나라 공안국(孔安國, ?~?)이 공자의 언행과 문답을 정리하여 편찬하고, 왕숙(王肅, 195~256)이 이를 주해했다.《논어(論語)》에 담기지 않은 공자의 일화에서 당시의 문물제도를 살필 수 있다.

4 기관씨(亓官氏) : ?~B.C. 485. 공자의 아내. B.C. 533년에 공자와 결혼했다고 한다.

5 백어(伯魚) : ?~?. 공자의 아들. 공자는 19세에 송나라 기관씨의 딸과 결혼한 후 20세에 아들을 낳았는데 그때 마침 노나라 소공이 잉어를 하사하였으므로 이를 기념하여 아들의 이름을 이(鯉), 자를 백어(伯魚)라고 지었다.

6 공자는……죽었다 :《新編孔子家語句解》卷9〈本姓解〉39(《續修四庫全書》931, 47쪽).

자는 30세를 넘기지 않고 여자는 20세를 넘기지 않는다는 말일 뿐이다. 이 나이를 넘기면 제때를 잃은 것이 된다.

지금 법령(法令)의 조문에는 일반적으로 남자는 15세, 여자는 13세 이상이면 모두 혼인을 허락한다.[7] 이는 민간에서 조혼(早婚)하는 폐단을 갑자기 고칠 수 없고, 또 간혹 부모가 돌아가시고 나이가 어려 의지할 사람이 없는 경우도 있으므로 인정(人情)을 따라 이러한 제도를 세워 형벌에 걸리지 않도록 만든 제도일 뿐이다. 만약 고금의 도(道)를 참고하고, 예경(禮經, 예에 대한 경전)과 법령 사이의 중도(中道)를 참작하며, 천지의 이치를 따르고, 인정(人情)의 마땅함에 부합하고자 한다면, 이와 같은 설(說)[8]이 타당하다】

혼인하는 당사자와 혼인을 주관하는 혼주에게 기년복(朞年服)[9] 이상의 상(喪)이 없으면 모두 혼례를 치를 수 있다.

【《의례(儀禮)》〈사혼례(士婚禮)〉에서 혼인할 날짜를 청하는[請期] 말에, '삼족(三族)에게 근심이 없다.'[10]라는 말이 있다. 삼족이란 아버지의 형제·자신의 형

過此則爲失時矣.

今令文, 凡男年十五、女年十三以上, 竝聽昏嫁. 蓋以世俗早昏之弊不可猝革, 又或孤弱無人可依, 故順人情, 立此制, 使不麗於刑耳. 若欲參古今之道, 酌禮令之中, 順天地之理, 合人情之宜, 則若此之說當矣】

身及主昏者無期以上服, 皆可成昏.

【《士昏禮》請期之辭, "惟是三族之不虞." 三族, 謂父、己、子之昆弟, 是期服皆不

---

7 지금……허락한다 : "남자는 15세, 여자는 14세가 되면 비로소 혼인을 허락한다【아들과 딸의 나이가 13세가 되면 의혼(議婚, 혼인의 의논)을 허락한다】(男年十五, 女十四, 方許婚嫁【子女年滿十三歲, 許議婚】)". 《經國大典》卷3〈禮典〉"婚嫁"(《經國大典》2, 111쪽).

8 이와……설(說) : 남자는 16세부터 30세까지, 여자는 14세부터 20세까지 혼인을 할 수 있다는 사마광 자신의 설을 말한다.

9 기년복(朞年服) : 초상을 치를 때 상복을 입는 제도 중 하나. 아내의 상을 당하였거나 아버지가 생존하신 상황에서 모친상을 당했을 때 1년 상에 입는 상복.

10 삼족(三族)에게……없다 : 《儀禮注疏》卷6〈士昏禮〉(《十三經注疏整理本》10, 118쪽).

제·자식의 형제를 말한다. 이들 중에 기년복 이상의 상이 있으면 모두 혼례를 치를 수가 없다.

《예기(禮記)》〈잡기(雜記)〉에 "대공복(大功服)이 끝날 무렵에는 자식을 시집보내도 된다."[11]라 했다. 그렇다면 대공복을 입는 상에 아직 장례를 치르지 않은 경우라면 또한 혼인을 주관할 수 없는 것이다. 지금은 법령에 따라 간략한 예를 따른다】

可以昏也.

《雜記》曰:"大功之末可以嫁子."然則大功未葬, 亦不可以主昏也. 今依律文以從簡易】

반드시 먼저 중매인을 시켜 왕래하며 말을 전하게 하고, 여자 집안에서 허락한 뒤에야 사자(使者, 심부름꾼)를 보내어 납채(納采)[12]한다.

【사자는 집안의 자제 중에서 골라 삼는다. 일반적으로 혼인을 의논할 때에는 사위나 며느리[壻婦][13]가 될 사람의 성품과 행실 및 가법(家法, 집안의 법도)이 어떠한지를 먼저 살펴야 하지, 구차하게 그 집안의

必先使媒氏往來通言, 俟女氏許之, 然後遣使者納采.

【使者擇家之子弟爲之. 凡議昏姻, 當先察其壻與婦之性行及家法何如, 勿苟慕其富貴. 壻苟賢矣, 今雖

---

11 대공복(大功服)이……된다:《禮記正義》卷42〈雜記〉下《十三經注疏整理本》14, 1413쪽).

12 납채(納采):전통 혼인의 6가지 절차 중 하나. 남자 집에서 혼인을 하고자 기러기와 사주단자를 갖추어 청하고 여자 집에서 이를 받아들이는 의례.

13 사위나 며느리[壻婦]:이 용어는《향례지》전체 중에 여기서 처음 나온다. 하지만 이 "혼례" 항목에서 가장 많이 나오는 용어이기도 하고, 이 항목 이외에서는 전혀 나오지 않는다. 이 용어를 임원경제연구소에서는 처음에 '신랑'과 '신부'로 옮겼다. 그러나 혼례 전체에서 가장 많이 나오는, 따라서 가장 중요하다고 판단할 수밖에 없는 이 용어를 본뜻과는 다른 말로 옮기는 데 대한 미묘한 불편함이 있었다. 혼례에 대한 중국이나 조선의 여러 기록을 번역해 놓은 책에는 대부분 壻는 신랑으로, 婦는 신부로 번역되어 있다. 하지만 전통 시대의 예서(禮書)에서 신랑(新郞)이나 신부(新婦)로 표현된 사례를 찾지 못했다. '신랑'과 '신부'로 옮겨야 한다는 여러 설득력 있는 의견이 임원경제연구소에서도 있었지만, 결국 단어의 원래 의미를 살리기로 했다. 따라서 여기서는 혼례의 주인이 되는 양가 혼주의 입장에서 본의를 살려 '서(壻)'를 사위로 '부(婦)'를 며느리로 번역할 것이다. '신랑과 신부'라는 말이 신혼부부에게 보편적으로 통용되는 지금 시대의 상식과는 매우 이질적인 용어임에도 불구하고, 조선 시대 5백 년의 사회상의 근저를 보여줄 수 있다는 가느다란 기대 때문이기도 하다.

'서(壻)'와 '부(婦)'는 신랑 측의 입장도 아니고, 신부 측의 입장도 아니었다. 그리고 하객의 입장도 아니었다. 이 용어는 양가의 입장이 동시에 반영된 말이다. 따라서 조선 시대에, 그리고 중국의《의례(儀禮)》와《예기(禮記)》에서 시작하여 11세기 북송 대(즉《향례지》에서 소개된《서의》가 저술된 시기)에 본격적인 문헌상의 근거를 두고 있는 이 '인륜지대사(人倫之大事)'를 바라보는 입장을 확인할 수 있을 것이다.

부귀를 바라서는 안 된다. 사위가 진실로 훌륭한 사람이라면 지금은 비록 빈천하지만, 나중에 부귀하게 되지 않으리라고 어찌 알겠는가. 하지만 사위가 진실로 못난 사람이라면 지금 비록 부유하지만 나중에 빈천하게 되지 않으리라고 어찌 알겠는가.

《논어》〈공야장〉편에서는 "공자께서 남용(南容)[14]에 대해 말씀하시길 '나라에 도(道)가 있을 때는 버려지지 않을 것이며, 나라에 도가 없을 때도 형벌로 죽는 일은 면할 수 있다.'라 평가하셨다. 그러면서 형의 딸을 그에게 시집보냈다."[15]라 했다. 그의 행실이 다른 사람보다 뛰어난 점이 있었기 때문에 나라에 도가 있을 때는 버려지지 않을 것이며, 말이 적고 일을 신중히 삼가서 처리하기 때문에 나라에 도가 없을 때에도 형벌로 죽는 일은 면할 수 있는 것이다. 사위를 택하는 길은 이보다 좋은 방법이 없을 것이다.

며느리는 그 자신으로 말미암아 집안이 성하거나 쇠하는 존재이다. 사위 집안에서 구차하게 신부 집안의 한 때의 부귀를 바라서 혼인한다면, 그 여자는 자기 집안의 부귀를 믿고 남편을 무시하며 시부모에게 오만하게 굴지 않는 경우가 드물 것이다. 또한 교만하고 투기하는 성품을 길러 뒷날에 근심이 되리니, 어찌 근심에 끝이 있겠는가. 설사 처가의 재물을 가지고 부를 이루거나 처가의 세력에 의지하여

貧賤, 安知異時不富貴乎; 苟爲不肖, 今雖富盛, 安知異時不貧賤乎.

"孔子謂南容, '邦有道, 不廢;邦無道, 免於刑戮.' 以其兄之子妻之." 彼行能必有過人者, 故邦有道, 不廢也;寡言而愼事, 故邦無道, 免於刑戮也. 擇壻之道, 莫善於是矣.

婦者家之所由盛衰也. 苟慕一時之富貴而娶之, 彼挾其①富貴, 鮮有不輕其夫而傲其舅姑. 養成驕妬之性, 異日爲患, 庸有極乎. 借使因婦財以致富, 依婦勢以取貴, 苟有丈夫之志氣者, 能無愧乎.

---

14 남용(南容):?~?. 공자(孔子)의 제자. 언행을 조심하려고 노력했다.
15 공자께서……시집보냈다:《論語注疏》卷5〈公冶長〉(《十三經注疏整理本》23, 59쪽).
① 其:저본에는 없음. 오사카본·《書儀·婚儀》에 근거하여 보충.

귀하게 된다 하더라도, 진실로 장부의 의지와 기백
을 가진 사람이라면 부끄러움이 없을 수 있겠는가.

　또 민간에서는 포대기에 싸인 어린아이일 때 곧
잘 가볍게 혼인을 허락하고, 또한 배 속의 아이를
지목하여 혼사를 정하는 경우도 있다. 그런데 그 아
이가 장성하였을 때, 못나서 무뢰한이 되거나, 몸에
나쁜 병이 있거나, 집안이 가난하여 추위에 얼고 굶
주림에 시달릴 정도이거나, 상복을 끊임없이 입어야
하거나, 관직을 따라 먼곳으로 가게 되는 경우이면,
결국 신의를 저버리고 혼인의 약속을 번복하게 된
다. 이런 일로 소송이 생기는 경우가 허다하다.

　이 때문에 우리 선조이신 태위공(太尉公)16께서 일
찍이 다음과 같이 말씀하셨다. "우리 집안의 아들과
딸은 반드시 장성하기를 기다린 뒤에야 혼인을 의논
하였고, 혼서(婚書)17를 주고받았으면 몇 달 안으로 반
드시 혼례를 치렀다. 그러므로 평생 이러한 후회가
없었으니, 이에 자손들이 본받아야 할 원칙이다."】

又世俗好於襁褓童幼之時,
輕許爲昏, 亦有指腹爲昏
者, 及其旣長, 或不肖無
賴, 或身有惡疾, 或家貧凍
餒, 或喪服相仍, 或從宦②
於遠方, 遂至棄信負約, 速
獄致訟者多矣.

是以先祖太尉嘗曰 : "吾家
男女必俟旣長, 然後議昏
姻, 旣通書, 不數月必成
昏. 故終身無此悔, 乃子孫
所當法也."】

(1) 납채(納采)

【채택(采擇)18을 받아들이는 의례이다】

① 납채일 하루 전에 주인은【주인이란 사위의 할

納采

【納其采擇之禮】

前一日主人【謂壻之祖父若

16　태위공(太尉公) : 미상. 김장생의 《가례집람》에 다음과 같은 주석이 있다. "사마광의 행장을 보면, 사마광
　의 증조부 이름은 사마정(司馬政)으로 태자태보(太子太保)에 추증되었고, 조부의 이름은 사마현(司馬炫)
　으로 태자태부(太子太傅)에 추증되었다. 여기에서 말하는 태위는 미상이다(按溫公《行狀》, 曾祖政贈太子
　太保, 祖炫贈太子太傅. 此云先祖太尉未詳)."《사계전서》권26〈가례집람〉 "혼례"의'혼' 참조.
17　혼서(婚書) : 혼인 증빙문서로 신랑 집에서 예단을 갖추어 신부집으로 보내는 서간. 예서(禮書)·예장(禮狀)
　또는 납폐서(納幣書)라고도 하는데, 두꺼운 종이를 편지 모양으로 접어 만들며 혼수함의 맨 밑에 넣는다.
18　채택(采擇) : 사위가 될 사람을 선택하고 며느리가 될 사람을 선택하는 일.
②　宦 : 저본에는 "官".

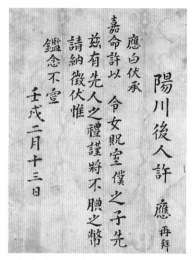

조선의 혼서(국립중앙도서관)

아버지나 아버지를 말한다. 만약 이들이 없으면 납채일에 남자 집안의 어른이 맡는다. 여자 집안의 주인도 이를 기준으로 한다】향·술·포·고기젓갈을 준비하여【포와 고기젓갈이 없는 경우에는 단지 1~2가지 음식을 써도 된다】 먼저 영당(影堂, 조상의 영정을 모신 사당)에 고한다.

② 주인은 북쪽을 향하여 서서 향을 피우고 술을 땅에 붓고【酹酒】[19] 부복(俛伏)하고 일어나 선다.

③ 축관(祝官)[20]이 사(辭)를 가슴에 품고【축관은 집안의 자제가 맡는다. 뒤에도 이를 기준으로 한다.

父也. 如無則以卽日男家長爲之. 女家主人準此】, 以香、酒、脯、醢【無脯、醢者, 止用食一二味可也】, 先告於影堂.

主人北向立, 焚香, 酹酒, 俛伏興立.

祝懷辭【祝以家之子弟爲之. 後準此. 辭爲寫祝文

---

19 술을……붓고[酹酒] : 제사를 지낼 때에 강신(降神)하기 위해 땅에 술을 붓는 의식.
20 축관(祝官) : 제사 때에 축문(祝文)을 읽는 사람.

사(辭)란 종이에 써놓은 축문(祝文)이다】주인의 왼쪽을 지나 앞으로 나아가 동쪽을 향하여 선다.

④ 홀(笏)을 띠의 오른쪽에 꽂고 사(辭)를 꺼내어 꿇어앉은 다음 아래와 같이 읽는다. "아무개의【사위 아버지의 이름이다】아들 아무개는【사위의 이름이다】【안 원본의 '아들 아무개(子某)' 이하의 몇 글자가 빠졌다[21]】감히 고합니다." ⑤ 축관은 일어난다. ⑥ 주인은 2번 절하고 나온다.

⑦ 진설했던 제물을 거두고 영당의 문을 닫고 나서야 사자에게 명하여 여자의 집으로 가게 한다.

【《의례》〈사혼례(士婚禮)〉에는 먼저 가묘(家廟)에 고한다는 구절이 없으나, 육례(六禮)[22]는 모두 예묘(禰廟)[23]에서 고유제(告由祭)[24]를 행하는 것이다.

《춘추좌씨전(春秋左氏傳)》에 "정(鄭)나라 공자(公子) 홀(忽)[25]은 먼저 배필을 얻고 나서 이후에 조상의 사당에 고했다. 이에 진(陳)나라의 대부 침자(鍼子)[26]는 '이런 경우에는 부부(夫婦)가 된 것이 아니니, 그 조

於紙】, 由主人之左進, 東向.

搢笏出辭, 跪, 讀之曰: "某【壻父名】之子某【壻父名】之子某【壻名】【案 原本, "子某"以下缺幾字】敢告." 祝興. 主人再拜出.

徹③, 闔影堂門, 乃命使者如女氏.

【《士昏禮》無先告廟之文, 而六禮皆行之於禰廟.

《春秋傳》: "鄭 忽先配而後祖. 陳 鍼子曰: '是不爲夫婦, 誣其祖矣.'" "楚 公子圍④娶于鄭, 布几筵, 告于

---

21 원본의……빠졌다: 사당에 고하는 구체적인 내용이 없다는 뜻이다. 이는 저자 사마광이 생략한 것이다. 축문의 양식은 '주희《주자가례》의 혼례'에 보인다.

22 육례(六禮): 혼인절차의 6가지 의식으로, 납채(納采)·문명(問名)·납길(納吉)·납폐(納幣)·청기(請期)·친영(親迎)을 말한다.

23 예묘(禰廟): 돌아가신 아버지를 모신 사당. 고묘(考廟)라고도 한다.

24 고유제(告由祭): 국가나 가정에서 중요한 일을 치르거나 또는 일을 치른 뒤에 종묘(宗廟)나 가묘(家廟)에 그 사유를 고하는 제례 의식.

25 홀(忽): ?~B.C. 695. 중국 춘추 시대 정(鄭)나라의 소공(昭公)을 말한다.

26 침자(鍼子): ?~?. 중국 춘추 시대 진(陳)나라의 대부.

③ 徹: 《書儀·婚儀》에는 "撤".

④ 圍: 저본에는 "團". 오사카본·규장각본·《書儀·婚儀》에 근거하여 수정.

상을 속였기 때문이다.'라 했다."27라 했다. 또 "초(楚)나라 공자(公子) 위(圍)28는 정(鄭)나라에서 아내를 얻으려 할 때 궤(几)와 대나무자리[筵]를 펴고 장공(莊共)29의 사당에 고하고 왔다."30라 했다.

莊共之廟而來."

그렇다면 옛날의 혼인에서는 모두 할아버지와 아버지의 사당에 먼저 고했다. 무릇 혼인이란 집안의 중대한 일이니, 그 뜻을 조상께 고하지 않을 수 없다】

然則古之昏姻, 皆先告於祖禰也. 夫昏姻家之大事, 其義不可不告】

⑧ 여자 집안의 주인도 할아버지와 아버지의 사당에 "아무개의 딸 아무개가 아무개 씨의 집안으로 시집을 가려 합니다."라 고하는데, 이는 사위의 아버지가 했던 의례와 같게 행한다.

女家主人亦告于祖禰曰"某之女某將嫁于某氏", 如壻父之儀.

⑨ 납채를 행하는 날 아침 해가 뜰 때【혼례에서 마지막 절차인 친영(親迎)을 제외하고 청기(請期)31 이전의 절차는 모두 해가 뜰 때에 행한다】, 사자는 옷을 잘 차려 입고 산 기러기를 왼쪽에 든다. ⑩ 기러기의 머리는 청색과 홍색 실끈으로 꾸민다.

其日日出【昏禮自請期以上, 皆用昕日出時也】, 使者盛服, 執生雁左. 首飾以繢.

【기러기를 폐백으로 사용하는 이유는 기러기가 음양(陰陽)의 왕래에 순응하는 뜻을 취하기 위함이다. 만약 산 기러기가 없으면 나무를 기러기모양으로 깎아서 대신한다. 청색과 홍색 실끈으로 꾸민다

【用雁爲贄者, 取其順陰陽往來之義. 若無生雁, 則刻木爲之. 飾以繢⑤, 謂以生色繒交絡縛之】

---

27 정(鄭)나라……때문이다:《春秋左傳注疏》卷4 隱公 8年 夏 4月《十三經注疏整理本》16, 127~128쪽).
28 위(圍):?~?. 중국 춘추 시대 초(楚)나라 장공(莊公)의 아들.
29 장공(莊共):?~B.C. 591. 공자 위(圍)의 아버지인 초(楚)나라 장공(莊公)을 말한다.
30 초(楚)나라……왔다:《春秋左傳注疏》卷44 昭公 元年 春《十三經注疏整理本》18, 1310쪽).
31 청기(請期):정혼을 한 뒤에 혼인 날짜를 택일하여 알리고 허락을 받는 절차.
⑤ 繢:저본에는 "續". 오사카본·규장각본·《書儀·婚儀》에 근거하여 수정.

는 말은 청색과 홍색의 찌지 않고 물들인 비단실끈
을 교차하여 묶는 것을 뜻한다】

⑪ 사자가 여자의 집 문 밖에 이르면, 문 밖에서　　止于女氏之門外, 門者入
기다리고 있던 사람이 들어가 고한다. ⑫ 여자 집안　　告. 女家主人盛服出迎.
의 주인은 옷을 잘 차려 입고 문 밖으로 나와 맞이　　揖讓入門, 揖讓升堂.
한다. ⑬ 서로 읍하고 사양하며 문 안으로 들어간
다. ⑭ 읍하고 사양하며 당에 오른다.

⑮ 주인은 동쪽 계단 위쪽에서 서되, 서쪽을 향　　主人立阼階上, 西向;賓立
한다. ⑯ 빈(賓, 사자)은 서쪽 계단 위쪽에서 조금 북　　西階上稍北, 東向.
쪽으로 가서 서되, 동쪽을 향한다.

【《의례》〈사혼례(士昏禮)〉에 "빈은 서쪽 계단으로　　【《士昏禮》: "賓升西階, 當⑥
올라가 아(阿, 마룻대)와 마주하는 곳에서 서되, 동쪽　　阿, 東面." 注云: "阿, 棟
을 향한다."라 했다. 그 주(注)에 "아(阿)란 마룻대이　　也. 入堂深, 示親親." 今
다. 당 안으로 깊이 들어가는 이유는 가까운 이를　　之室堂, 必不合禮, 故稍
친애함을 보이기 위함이다."32라 했다. 그러나 지금　　北而已】
실(室)이나 당(堂)에 들어오면 결코 예(禮)에 합당하지
않다. 그러므로 조금 북쪽에 설 따름이다】

⑰ 빈은 "우리 선생께서 은혜롭게도 따님을 아무　　賓曰: "吾子有惠, 貺室某
개에게【사위의 이름이다】아내로 삼도록 주시니,　　【壻名】也, 某【壻父名】有先
아무개는【신랑 아버지의 이름이다】선인들의 예를　　人之禮, 使某【使者名】請
따라 아무개【사자의 이름】를 시켜 납채를 청합니　　納采."
다."라 한다.

---

32 빈은……위함이다:《儀禮注疏》卷4〈士昏禮〉《十三經注疏整理本》10, 71쪽).
⑥ 當: 저본에는 "堂". 오사카본·규장각본·《書儀·婚儀》에 근거하여 수정.

⑱ 이에 주인이 "아무개의【여자 아버지의 이름이다】딸이【딸이 아닌 경우 여자와의 관계에 따라서 여동생·조카딸·손녀 등 오직 해당하는 대로 쓴다】어리석은데다 또 제가 잘 가르치지 못했으나 우리 선생께서 며느리로 받으시겠다고 명하시니, 아무개는 감히 사양할 수 없습니다."라 대답한다.

主人對日:"某【女父名】之子【妹、姪、孫惟其所當】憃愚, 又弗能教, 吾子命之, 某不敢辭."

【《의례(儀禮)》에서는 먼저 빈자(儐者)를 시켜 왕래하면서 명(命)을 전하게 하며, 별도로 명을 전달하는 말이 있다.[33] 그러나 지금은 간략한 예를 따른다】⑲ 이어서 주인은 북쪽을 향하여 2번 절한다【이는 사위 아버지의 명을 공경하기 위함이지 빈에게 절하는 것이 아니다】

【《儀禮》先使儐往來傳命, 別有致命之辭. 今從簡】北向再拜【此敬壻父之命, 非拜賓也】

⑳ 빈은 자리를 피하여 서 있고, 답례로 절하지 않는다.

賓避席立, 不答拜.

【명을 받들어 심부름 온 입장이라서 감히 존장(尊長)인 여자의 아버지와 대등한 예를 행할 수가 없기 때문이다】

【奉使, 不敢與尊長抗禮】

㉑ 주인과 빈은 모두 앞으로 나아가 각각 당의 양쪽 기둥 사이에 나란히 서되, 남쪽을 향한다. ㉒ 빈은 주인에게 기러기를 드린다. ㉓ 주인은 그것을 받아서 집사자에게 준다. ㉔ 그제야 혼서를 서로 주고 받는다.[34]

主人、賓皆進就兩楹間竝立, 南向. 賓授雁. 主人受之以授執事者. 乃交授書.

---

33 의례(儀禮)에서는……있다:'빈자는 대문 밖에 나가 무슨 일로 왔는지 묻고 들어가서 주인에게 고한다(儐者出請事, 入告).'라는 내용이 있다.《儀禮注疏》卷4〈士昏禮〉(《十三經注疏整理本》10, 70쪽)에 보인다.

34 혼서를……받는다:납채를 행하면서 주고 받는 혼서에는 사위 집안에서는 청혼의 의사를 알리고, 여자 집안에서는 청혼을 승낙하는 내용이 담긴다. 이를 납채서(納采書)라 한다.

【혼서란 납채와 문명(問名)35의 말을 별도로 종이
에 적고, 그 뒤에 연월일(年月日)과 혼주(婚主)의 관위
(官位, 벼슬의 직위)와 이름까지를 덧붙여 놓은 문서이
다. 빈과 주인이 각각 품속에 지니고 있다가, 사위
집안에서 기러기를 주면 이때 혼서를 서로 주고받는
다. 사위 집안의 혼서는 여자 집안에 보관하고, 여
자 집안의 혼서는 사위 집안에 보관하는 식으로 교
환한다. 그러나 지금 민간에서는 간략한 편지[書]를
주고 받는다】

㉕ 주인과 빈은 혼서를 품속에 넣고 물러난다.
㉖ 각자 혼서를 집사자에게 준다. ㉗ 빈은 당에서
내려와 문 밖으로 나가 동쪽을 향해 선다.

【書者, 別書納采、問名之
辭於紙, 後繫年月日、昏主
官位·姓名止, 賓、主各懷
之, 旣授雁, 因交相授書.
壻家書藏女家, 女家書藏
壻家以代. 今之世[7]俗行
書[8]】

納于懷退, 各以授執事者.
賓降出門, 東向立.

(2) 문명(問名)

① 주인은 계단을 내려와 문 안의 동쪽에서 기다
리되, 서쪽을 향한다. ② 빈자(儐者)를 시켜 문 밖으
로 나가 빈에게 무슨 일로 왔는지 묻도록 한다.

【빈자는 주인이 자제 중에서 택하여 맡긴다】

③ 빈은 "문명(問名)을 청합니다."라 한다. ④ 빈자
는 들어가 주인에게 고한다. ⑤ 주인은 문 밖으로 나
가 빈을 맞이한다. ⑥ 빈은 기러기를 들고 다시 문으
로 들어간다. ⑦ 빈은 주인과 읍하고 사양하다 당에

問名

主人降階, 立俟于門內之
東, 西向, 使儐者出請事.

【儐者主人擇子弟爲之】

賓曰:"請問名." 儐者入告,
主人出延賓. 賓執雁復入
門, 與主人揖讓, 升堂, 復
前位.

---

35 문명(問名):납채를 하면서 동시에 이루어지는 일로, 신부의 이름을 묻는 절차. 신부 어머니의 성을 묻는
　　일이라고 하기도 한다.
[7] 世 : 저본에는 "也". 오사카본·규장각본·《書儀·婚儀》에 근거하여 수정.
[8] 書 :《書儀·婚儀》에는 "禮書".

올라 전에 서 있던 자리로 돌아간다.

⑧ 빈은 "아무개【사자의 이름이다】가 이미 명을 받았으니, 이름을 가지고 점을 치려 합니다. 여자의 성씨가 무엇인지 감히 여쭙니다."[36]라 한다. ⑨ 주인은 "우리 선생께서 명하시고 또 몇몇 신부감 중에서 택하셨으니, 아무개가 감히 사양할 수 없습니다. 딸아이는 저의 몇째 아이입니다."라 대답한다.

賓曰:"某【使者名】既受命, 將加諸卜, 敢問女爲誰氏." 對曰:"吾子有命, 且以備數而擇之, 某不敢辭, 女子第幾."

⑩ 빈은 주인에게 기러기를 준다. ⑪ 혼서를 서로 주고 받는다.[37] ⑫ 당에서 내려와 문 밖으로 나간다. ⑬ 주인은 처음처럼 문 안에 선다. ⑭ 빈자는 문 밖으로 나가 빈을 맞아들이면서 "함께 온 분들에게 단술을 대접하기를 청합니다."라 한다. ⑮ 빈은 "아무개는 이미 일을 마쳤으니, 감히 사양합니다."라 대답한다. ⑯ 주인은 "감히 거듭 청합니다."라 한다.

賓授雁. 交授書, 降出. 主人立于門內如初. 儐者出延賓, 曰:"請醴從者." 對曰:"某既得將事矣, 敢辭." 主人曰:"敢固以請."

⑰ 빈은 "아무개는 사양하였으나 허락하신다는 명을 받지 못하였으니, 감히 따르지 않을 수 있겠습니까."라 한다. ⑱ 이어서 문 안으로 들어가 주인과 읍하고 사양하다 당에 오르고 절하고 일어선다.

賓曰:"某辭不得命, 敢不從." 遂入, 與主人揖讓, 拜起.

【이전에는 사자의 자격으로 주인에게 절했기 때문에 이때에 이르러서 사자 개인의 예(禮)를 행하는 것이다】

【使者舊拜主人, 於此方敍私禮】

⑲ 술을 3차례 주고받거나 혹 음식을 베풀어 대

飮酒三行, 或設食而退, 如

---

36 여자의……여쭙니다:《의례주소(儀禮注疏)》의 주(注)에는 "성씨가 무엇이냐고 묻는 말은 겸사이다. 신부가 주인의 딸임에 틀림없다고 확신하지 않기 위함이다(誰氏者, 謙也, 不必其主人之女)."라 했다.《의례주소》 권6〈사혼례(士昏禮)〉《十三經注疏整理本》10, 117쪽).

37 혼서를……받는다: 문명을 행할 때에 주고 받는 혼서에는 앞에서 언급한 대로 문명의 말과 신랑과 신부의 사주(四柱), 혼주의 관위·성명 등이 담긴다.

접하면 대접을 받고서 물러 나오는데, 주인과 빈이
행하는 일상적인 의례(儀禮)대로 한다.

常儀.

(3) 납길(納吉)38

【사자는 돌아간다. 주인은 점을 쳐서 길한 징조
를 얻었으니, 다시 사자에게 신부집에 가서 고하게
한다. 혼인의 일이 여기에서 그 계획을 정하게 된다.
납채하기 전에 미리 점을 쳐 두었으나, 이때 여자 집
안에 고하여 육례(六禮)를 이루는 것이다】

① 기러기를 쓴다. ② 빈은 "우리 선생께서 이름
을 주시어, 아무개가【신랑 아버지의 이름이다】이
름을 가지고 점을 쳤는데, 점이 '길하다'라 나왔습니
다. 이에 아무개를【사자의 이름이다】보내 감히 고
합니다."라 한다. ③ 주인은 "아무개의【신부 아버지
의 이름이다】딸을 제대로 가르치지 못하여 오직 제
대로 해내지 못할까 걱정스러운데, 딸의 점이 길하
다고 하니 저희도 함께 길할 듯합니다. 아무개는【신
부 아버지의 이름이다】감히 사양하지 않습니다."라
한다.

【나머지는 납채의 의례와 같게 한다】

納吉

【歸. 卜得吉兆, 復使使者
往告. 昏姻之事於是定計.
納采之前已卜矣, 於此告女
家以成六禮也】

用雁. 賓曰:"吾子有貺, 命
某【壻父名】加諸卜, 占曰
'吉'. 使某【使者名】也, 敢
告." 主人對曰:"某【女父
名】之子不教, 惟恐不堪,
子有吉, 我與在. 某【女父
名】不敢辭."

【餘如納采禮】

(4) 납폐(納幣)39

【《의례》〈사혼례(士婚禮)〉에 "현훈속백(玄纁束帛)40

納幣

【《士昏禮》:"納徵玄纁束帛、

---

38 납길(納吉):신랑 집안에서 혼인의 길흉을 점쳐서 길한 결과를 신부 집안에 알리는 절차.
39 납폐(納幣):혼인 날짜가 정해진 뒤, 신랑 집안에서 신부 집안에 예물을 보내는 절차. 납징(納徵)이라고도 한다.
40 현훈속백(玄纁束帛):검은색과 옅은 진홍색의 비단 10단(端).

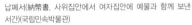

납폐서(納幣書). 사위집안에서 여자집안에 예물과 함께 보낸
서간(국립민속박물관)

납폐함(納幣函). 사위집안에서 여자집안에 예물을 담아 보내는 함)(국립
민속박물관)

과 여피(儷皮)[41]를 납징(納徵, 납폐)하되, 납길(納吉)하는
의례와 같게 한다."라 했다.

　그 주에 "징(徵)은 이룬다는 뜻이다. 사자가 납폐
(納幣)로 혼인의 예를 이루는 것이다. 현훈(玄纁)을 쓰
는 이유는 음양이 갖추어진 것을 상징하기 위함이
다. 속백(束帛)이란 비단 10단(端)[42]이다. 려(儷)란 2장
이다. 속백을 들어 명을 전하고, 가죽 2장으로 뜰에
늘어놓는 예물[庭實][43]로 삼는다. 가죽은 사슴가죽
이다."[44]라 했다】

儷皮, 如納吉禮."

注："徵, 成也. 使者納幣以
成昏禮. 用玄纁者, 象陰
陽備也. 束帛, 十端. 儷,
兩也. 執束帛以致命, 兩皮
爲庭實. 皮, 鹿皮."】

41　여피(儷皮)：암수 한 쌍의 사슴가죽. 예물로 사용되었다.
42　단(端)：직물의 길이를 재는 단위로, 1단의 길이는 포백척(布帛尺)으로 20척(尺, 약6m)이다. 비단은 2단이
　　1필(匹)이다.
43　뜰에……예물[庭實]：예물에는 말[馬], 짐승가죽[皮], 희생[牲], 쌀[米], 젓갈[醢] 등이 포함된다.
44　현훈속백(玄纁束帛)과……사슴가죽이다：《儀禮注疏》卷6〈士昏禮〉(《十三經注疏整理本》10, 77쪽).

① 여러 가지 색으로 된 비단 5필(匹)을 1속(束)으로 삼는다.

【분홍색 비단이 이미 물들어 현훈(玄纁)이 된 것이니, 다른 용도로는 감당할 수 없다. 게다가 가난한 집에서는 현훈속백을 마련할 수 없을까 우려된다. 그러므로 이를 고쳐서 단지 여러 가지 색으로 된 비단 5필을 그 양쪽 끝단을 말고 합하여 1속(束)으로 삼아서 쓸 뿐이다】

② 사슴가죽 2장은 사자가 들고, 속백은 집사자 2명이 든다. 가죽은 뒤집어 무늬가 안쪽으로 가도록 하되, 왼손으로 두 앞다리를 들고, 오른손으로 두 뒷다리를 든다. ③ 빈을 따라 문 안으로 들어간다. ④ 뜰의 1/3 되는 지점에 이르면 멈추되 북쪽을 향하며 서쪽을 상석으로 한다. ⑤ 빈과 주인은 읍하고 사양하다 당에 오른다.

⑥ 빈은 "우리 선생께서 아름다운 명을 내려 따님을 아내로 삼도록 주시니, 아무개는【사자의 이름이다】납폐하기를 청합니다."라 한다.

⑦ 주인은 "우리 선생께서 옛 법도를 따라 아무개에게【신부 아버지의 이름이다】귀중한 예물을 주시므로, 아무개가 감히 사양할 수 없으니, 어찌 명을 받들지 않겠습니까?"라 대답한다.

⑧ 빈이 명을 전달할 때, 사슴가죽을 들고 있는 사람은 바깥쪽 다리를 놓고 가죽을 원래대로 돌려 놓아서, 무늬가 바깥쪽으로 가도록 한다. ⑨ 주인이 예물을 받을 때, 주인의 집사자 2명은 동쪽에서 와

用雜色繒五匹爲束.

【纁旣染爲玄纁, 則不堪他用. 且恐貧家不能辦, 故改但雜色繒五匹, 卷其兩端合爲一束而已】

兩鹿皮, 使者執；束帛, 執事者二人執. 皮反之, 令文在內. 左手執前兩足, 右手執後兩足. 隨賓入門, 及庭三分之一而止, 北向, 西上. 賓與主人揖讓升堂.

賓曰："吾子有嘉命, 貺室某【使者名】也請納幣."

主人對曰："吾子順先典, 貺某【女父名】重禮, 某不敢辭, 敢不承命？"

於賓之致命也, 執皮者釋外足復之, 令文在外. 於主人之受幣也, 主人之執事者二人, 自東來, 出於執皮

서 사슴가죽을 들고 있는 사람의 뒤로 나온다. ⑩ 사슴가죽을 들고 있는 사람의 왼쪽에서 가죽을 받고, 거꾸로 돌아 동쪽으로 나간다. ⑪ 나머지는 납길(納吉)의 의례와 같게 한다.

者之後, 受皮於執皮者之左, 逆從東出. 餘如納吉禮.

(5) 청기(請期)

【신랑의 집안에서 점을 쳐서 길일을 얻으면 사자를 시켜 신부의 집에 가서 고하게 한다】

請期

【夫家卜得吉日, 使使者往告之】

① 기러기를 쓴다. ② 빈은 "우리 선생께서 명을 내리셔서 아무개가【사위 아버지의 이름이다】이미 거듭 명을 받았습니다. 이에 아무개【사자의 이름이다】를 보내어 길일을 청하고자 합니다."라 한다.

用雁. 賓曰:"吾子有賜命, 某【壻父名】旣申受命矣. 使某【使者名】也請吉日."

③ 주인은 "아무개가 앞에서 이미 명을 받았습니다. 오직 명하시는 대로 따르겠습니다."라 한다.

主人曰:"某旣前受命矣. 惟命是聽."

④ 빈은 "아무개가【사위 아버지의 이름이다】아무개에게【사자의 이름이다】우리 선생의 명대로 따르라 하셨습니다."라 한다.

賓曰:"某【壻父名】命某【使者名】聽命於吾子."

⑤ 주인은 "아무개는 거듭 명하시는 대로 따르겠습니다."라 한다.

主人曰:"某固惟命是聽."

⑥ 빈은 "아무개가 아무개를 시켜 명을 받으라 하셨으나, 우리 선생께서 허락하지 않으시니 감히 기일(期日)을 고하지 않을 수 있겠습니까? 모일(某日)입니다."라 한다.

賓曰:"某使某受命, 吾子不許, 敢不告期? 曰某日."

⑦ 주인은 "아무개가 감히 삼가며 기다리지 않을 수 있겠습니까?"라 한다.

主人曰:"某敢不謹須?"

⑧ 나머지는 납폐의 의례와 같게 한다.

餘如納幣禮.

(6) 친영(親迎)45

① 친영을 하기 1일 전에 여자 집안에서 사람을 시켜 사위의 방에 물건들을 펼쳐서 진열하게 한다.

【민간에서는 이를 '포방(鋪房)46'이라 한다. 고례(古禮)에는 비록 없었지만, 지금 민간에서 쓰는 절차이므로 없앨 수는 없다. 상탑(牀榻)47·천석(薦席, 자리)·의탁(倚卓)48 종류는 사위 집안에서 갖추어야 하고, 전욕(氈褥, 털담요)·장만(帳幔, 장막)·금도(衾綯, 이불) 종류는 여자 집안에서 갖추어야 한다. 펼쳐서 진열하는 물건은 단지 전욕·장만·유막(帷幕, 휘장)종류와 같이 꼭 필요한 물건들이다.

의복과 버선이나 신발 등 쓰지 않는 물건은 모두 상자에 넣어 자물쇠를 채워둔다. 민간에서는 이것들을 모두 진열하여 부유함을 자랑하려고 한다. 하지만 이러한 일은 비첩이나 소인배가 하는 짓이니, 할 만한 일이 못 된다. 《문중자(文中子)》49에 "혼인하여 아내를 맞으면서 재물을 따지는 일은 오랑캐[夷虜]의 도(道)이다."50라 했다.

무릇 혼인이란 두 성씨의 우호 관계를 합하는 일로, 위로는 종묘(宗廟)를 섬기고, 아래로는 후세를

親迎

前期一日, 女氏使人張陳其壻之室.

【俗謂之"鋪房". 古雖無之, 然今世俗所用, 不可廢也. 牀榻、薦席、倚卓之類, 壻家當具之;氈褥、帳幔、衾綯之類, 女家當具之. 所張陳者, 但氈褥、帳幔、帷幕之類, 應用之物.

其衣服、襪、履等不用者, 皆鎖之篋笥. 世俗盡陳之, 欲矜誇富多, 此乃婢妾、小人之態, 不足爲也. 《文中子》曰:"昏娶而論財, 夷虜之道也."

夫昏姻者, 所以合二姓之好, 上以事宗廟, 下以繼後

45 친영(親迎):신랑이 신부집에서 혼례를 올리고 신부를 맞아오는 절차.

46 포방(鋪房):신부집에 신방을 꾸미는 일.

47 상탑(牀榻):깔기도 하고 눕기도 하는 평상이나 침상.

48 의탁(倚卓):앉을 때 벽에 세워 몸을 기대는 도구인 의자(倚子)나 탁자.

49 문중자(文中子):중국 수(隋)나라의 왕통(王通, 584~617)이 지은 유서(儒書). 《중설(中說)》이라고도 한다. 《논어(論語)》의 형식처럼 왕통이 그 제자들과 왕도(王道)·천지(天地)·사군(事君)·주공(周公)·문역(問易)·예악(禮樂)·술사(述史)·위상(魏相)·입명(立命)·관랑(關朗)에 대해 대화 형식으로 논한 내용이다.

50 혼인하여……도(道)이다:《中說》卷3〈事君〉《文淵閣四庫全書》696, 540쪽).

잇는 일이다. 지금 민간에서 탐욕스럽고 상스러운
자들은 며느리를 얻으려고 하면서 먼저 지참금[資裝]
이 많은 지 적은 지를 묻고, 딸을 시집보내려고 하면
서는 먼저 빙재(聘財)[51]가 많은 지 적은 지를 묻는다.

심지어는 계약을 맺어 '어느 물건 얼마만큼, 어
느 물건 얼마만큼'이라고 하여 자기 딸을 팔려고 하
는 경우가 있다. 또한 이미 시집을 갔는데도 다시 속
이고 계약을 어기는 경우도 있다. 이는 곧 노비 중개
인[駔儈, 장쾌]이 노비의 값을 흥정하면서 노비를 파는
방법이니, 이를 어찌 사대부의 혼인이라고 말할 수
있겠는가?

그 시부모가 신부집에서 주기로 한 재물을 받지
못해 속았다면 자기 며느리를 학대하여 그들의 분
노를 풀 것이다. 이로 말미암아 자기 딸을 사랑하는
친정 부모는 혼인할 때 지참금을 많이 보내서 그 시
부모를 기쁘게 하려고 힘쓸 것이다. 그러나 이는 저
탐욕스럽고 상스러운 사람들은 만족하지 못한다는
사실을 전혀 모르고 하는 일이다.

며느리가 가져온 지참금이 떨어지면 당신의 딸을
어디에다 쓰겠는가? 그리하여 그 딸을 인질로 삼아
친정집에 재물을 요구하기 마련이다. 재물은 다함
이 있는데 요구는 끝이 없다. 그러므로 혼인한 집안
끼리 간혹 끝끝내 원수가 되는 것이다. 이런 까닭에
민간에서는 아들을 낳으면 기뻐하고 딸을 낳으면 슬
퍼한다. 심지어 그 딸을 시집보내지 않는 경우가 있

世也. 今世俗之貪鄙者,
將娶婦, 先問資裝之厚薄;
將嫁女, 先問聘財之多少.

至於立契約, 云"某物若干,
某物若干", 以求售其女者.
亦有旣嫁而復欺紿負約者.
是乃駔儈鬻奴賣婢之法,
豈得謂之士大夫昏姻哉?

其舅姑旣被欺紿, 則殘虐
其婦以攄其忿. 由是愛其
女者, 務厚其資裝以悅其
舅姑, 殊不知彼貪鄙之人不
可盈厭.

資裝旣竭, 則安用汝女哉?
於是質其女, 以責貨於女
氏. 貨有盡而責無窮. 故婚
姻之家往往終爲仇讎矣.
是以世俗生男則喜, 生女則
戚, 至有不擧其女者, 因此
故也. 然則議昏姻有及於

---

51 빙재(聘財): 혼인할 남자 집에서 여자 집에 보내는 예물이다. 빙정(聘定)·재례(財禮)라고도 한다.

는 것은 이러한 이유 때문이다. 그렇다면 혼인을 의 논하면서 재물을 밝히는 경우 모두 그 집안과는 혼 인하지 않는 것이 좋다.

財者, 皆勿與爲昏姻可也.

도(綯)는 음이 도(陶)이다. 장(駔)은 조(祖)와 랑(朗) 의 반절이다. 쾌(儈)는 공(工)과 외(外)의 반절이다】

綯, 音陶. 駔, 祖朗切. 儈, 工外切】

② 친영을 치르는 날이 되면 사위 집안에서는 성 찬(盛饌, 풍성한 음식)을 마련한다.

及期壻具盛饌.

【옛날에 동뢰(同牢)[52]를 하며 음식을 먹을 때에는 반드시 희생(犧牲)을 잡았다. 《대당개원례(大唐開元 禮)》에 "벼슬이 1품(品) 이하인 사람은 소뢰(小牢)[53]를 쓰고, 6품(品) 이하인 사람은 특생(特牲)[54]을 쓴다."[55] 라 했다. 이는 아마도 가난한 집에서 편하게 장만할 수 있는 음식이 아닐까 우려되기 때문에 단지 성찬 (盛饌)을 마련한다고 했을 뿐이다】

【古者同牢而食, 必殺牲. 《開元禮》"一品以下用少牢, 六品以下用特牲". 恐非貧 家所便, 故止具盛饌而已】

③ 대야와 물동이 2개를 동쪽 계단의 동남쪽에 마련하되, 거기에는 모두 수건을 둔다. ④ 대야와 물동이의 중앙에는 국자를 둔다. ⑤ 의자와 탁자 각 각 2개씩을 실(室)의 중앙에 마련하되, 동쪽과 서쪽 으로 서로 마주하도록 한다. ⑥ 각 탁자에는 잔·수 저·채소·과일을 놓고 덮어둔다.

設盥、盆二於阼階東南, 皆 有巾[9]. 盥、盆中央有勺, 設倚、卓各二於室中, 東西 相向, 各置杯、匕箸、蔬果 於卓子上罩之.

---

52 동뢰(同牢):신랑과 신부가 함께 음식을 먹는 의례. 신랑과 신부가 교배(交拜)한 뒤에 술잔을 나누어 마시 는 의례를 말하기도 한다.
53 소뢰(小牢):양과 돼지 1마리씩 2마리를 희생(犧牲)으로 쓰는 일.
54 특생(特牲):가축 1마리만 희생으로 쓰는 일.
55 벼슬이⋯⋯쓴다:《大唐開元禮》卷117〈嘉禮〉《文淵閣四庫全書》646, 695쪽).
[9] 巾:저본에는 "二".《書儀·婚儀》에 근거하여 수정.

【《의례》〈사혼례(士昏禮)〉에 "신부의 시종[滕, 잉]은 실(室)의 서남쪽 모퉁이[奧, 오]에 자리를 깐다. 그러면 신랑은 실(室)에 들어가서 신랑의 자리로 나아간다. 신부는 술동이 서쪽에서 남쪽을 향하여 선다."라 했다. "음식을 차렸으면 신랑의 시종[御, 어]이 신부의 자리를 신랑과 마주보도록 깐다."[56]라 했다. 그러나 지금은 실(室)과 당(堂)의 제도가 옛날과 다르므로 단지 동쪽과 서쪽을 향할 뿐이다.

　옛날에는 명사(命士)[57] 이상은 부자(父子)가 모두 다른 집에서 살았다. 그러므로 각각 실(室)·당(堂)·오(奧)·조(阼, 동쪽 계단)가 있었다. 그러나 지금은 그렇지 않다. 아들의 집이 좁은지 동향(東向)인지 혹 서향(西向)인지 북향(北向)인지, 모두 알 수가 없다. 따라서 지금은 남향의 실이라 가정하고 말한 것이다. 이렇게 하면 왼쪽이 동쪽이고 오른쪽은 서쪽이며, 앞이 남쪽이고 뒤는 북쪽이다】

　⑦ 술단지는 동쪽 자리 뒤 담장 아래에 둔다. ⑧ 합근(合졸)[58]과 술주전자 1개를 술단지 남쪽에 있는 탁자 위에 둔다.

　【근(졸)은 박을 갈라서 둘로 만든 술잔이다. 음은 근(謹)이다】

　⑨ 또 술단지를 실(室) 밖에 마련하되, 마찬가지로

　《士昏禮》："滕布席于奧, 夫[10]入于室, 卽席. 婦尊西南面." "旣設饌, 御布對席." 今室堂之制異於古, 故但東西向而已.

　古者命士以上, 父子皆異宮. 故各有室、堂、奧、阼. 今則不然. 子舍隘狹, 或東、西、北向, 皆不可知. 今假設南向之室而言之. 左爲東, 右爲西, 前爲南, 後爲北】

　酒壺在東席之後墻下. 置合졸、一注於其南卓子上.

　【졸, 以匏剖而爲二, 音謹】

　又設酒壺於室外, 亦一注

56　신부의 잉(滕)은……깐다:《儀禮注疏》卷4〈士昏禮〉(《十三經注疏整理本》10, 92~93쪽).
57　명사(命士):천자로부터 사(士) 작위를 받는 일, 혹은 그 사람.
58　합근(合졸):표주박 1개를 둘로 나눈 술잔.
⑩　夫:《書儀·婚儀》에는 "夫婦".

머리꾸미개(국립중앙박물관)

술주전자 1개와 잔을 함께 둔다.

【이는 시종들을 마시게 하기 위함이다. 실(室) 밖이 좁으면 가까운 곳에 있는 별실에 둔다. 잔의 숫자는 그때 있는 사람의 수를 헤아려서 거기에 맞게 한다】

⑩ 또 술단지·술잔·술주전자를 당 위에 마련한다. ⑪ 저물녘에 사위는 옷을 잘 차려 입는다.

【민간에서는 새사위는 화승(花勝, 머리의 꽃장식)[59]을 화려하게 머리에 꽂아 그 머리를 가린다. 그러나 이는 장부(丈夫)의 용모와 체신을 전부 잃는 풍속이다. 굳이 부득이하게 민간의 풍습을 따르게 된다면, 꽃 1~2가지와 머리 장식 1~2개 정도 꽂는 것은 괜찮다】

⑫ 주인 또한 옷을 잘 차려 입는다. ⑬ 주인은 당

有杯.

【此所以飮從者也. 室外隘則於側近別室置之. 其杯數爲時量人之多少也】

又設酒壺、杯、注於堂上. 初昏, 壻盛服.

【世俗新壻盛戴花勝, 擁蔽其首, 殊失丈夫之容體. 必不得已且隨俗, 戴花一兩枝、勝一兩枚可也】

主人亦盛服, 坐於堂之東

---

59 화승(花勝, 머리의 꽃장식):장수와 복을 비는 꽃모양 머리꾸미개. 원래는 여인들이 생화로 머리를 꾸미는 것을 의미했다. 아래에서는 생화[花]와 머리꾸미개[勝]를 분리해서 설명하고 있다.

의 동서(東序, 당 위의 동쪽 담 벽)에서 앉되, 서쪽을 향한다. ⑭ 사위의 자리는 주인의 자리에서 서북쪽에서 남쪽을 향하도록 한다. ⑮ 사위는 서쪽 계단으로 당에 올라 자기 자리의 서쪽에 서되, 남쪽을 향한다. ⑯ 찬자(贊者)는【양가에서 친척 부인들 중에 예에 익숙한 사람을 각각 택하여 찬자를 맡게 한다. 일반적으로 사위와 며느리가 예를 행할 때 모두 찬자(贊者)가 서로 도와 인도한다】술잔을 들어 거기에 술을 따른다. ⑰ 그런 다음 잔을 잡고 사위의 자리 앞에 가서 북쪽을 향하여 선다. ⑱ 사위는 2번 절한다. ⑲ 사위는 자리에 올라 남쪽을 향하여 서서 술잔을 받는다. ⑳ 꿇어앉아 술을 고수레한다. ㉑ 사위는 일어나 자리의 끝으로 간 다음, 앉아서 술을 맛본다. ㉒ 다시 일어나 서쪽으로 내려간다. ㉓ 찬자(贊者)에게 술잔을 준 다음, 또 2번 절한다.

【이 의례를 '초례(醮禮)[60]'라 한다】

序西向. 設壻席於其西北南向. 壻升自西階, 立于席西, 南向. 贊者【兩家各擇親戚婦人習於禮者爲之. 凡壻及婦行禮, 皆贊者相導之】取杯斟酒, 執之詣壻席前, 北向立. 壻再拜, 升席南向受杯, 跪祭酒, 興, 就席末, 坐啐酒, 興, 降西. 授贊者杯, 又再拜.

【此所謂"醮"也】

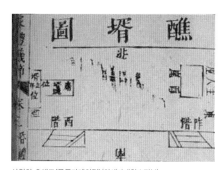

사위의 초례도《문공가례의절》(와세다대학소장본)

초례상(국립민속박물관)

---

60 초례(醮禮):관례나 혼례 중에 윗사람이 아랫사람에게 술을 따라주면 아랫사람이 술을 받고 예를 표한 뒤 남기지 않고 마시는 절차이다. 이때 답례로 술을 따라 올리지는 않으므로 '초(醮)'라고 한다.

㉔ 사위는 아버지가 계신 자리 앞으로 가서 동쪽을 향하여 꿇어앉는다. ㉕ 그러면 아버지가 그에게 다음과 같이 명한다.

"가서 너를 도울 배필을 맞아
우리 집안의 종사(宗事)61를 받들어라.
삼가함으로써 힘써 이끌고,
너는 행동에 떳떳한 법도가 있어야 한다."
【할아버지가 살아계시면 할아버지가 명한다】

㉖ 아들은 "예. 오직 명(命)을 감당하지 못할까 두려우나, 감히 명을 잊지 않겠습니다."라 한다. ㉗ 아들은 부복(俛伏)하고 일어나 2번 절한다. ㉘ 나간 다음 말을 탄다.

㉙ 신부의 집 대문 밖에 이르면 말에서 내려 임시거처[次]에서 기다린다.

【여자 집안에서는 반드시 먼저 사위가 머물 임시거처를 문 밖에 마련해두어야 한다】

㉚ 여자 집안에서도 술단지·술잔·술주전자를 당에 마련한다. ㉛ 사위가 이를 즈음에 여자는 용모를 화려하게 꾸민다. ㉜ 여자의 스승[姆, 무]62은 여자의 예를 돕는다.

【무(姆)는 음이 무(茂)이다. 유모나 늙은 여자종이 무를 맡는다】

進詣父座前, 東向跪. 父命之曰:

"往迎爾相,
承我宗事.
勉率以謹,
若則有常."
【祖父在則祖父命之】

子曰:"諾. 惟恐弗堪, 不敢忘命." 俛伏, 興, 再拜, 出, 乘馬.

至于女氏之門外, 下馬, 俟于次.

【女家必先設壻次于外】

女家亦設酒壺、杯、注於堂上. 於壻之將至, 女盛飾. 姆相其禮.

【姆, 音茂. 以乳母或老女僕爲之】

---

61 종사(宗事):가문의 제사를 지내고 유지하는 일.
62 여자의 스승[姆, 무]:신부의 몸가짐을 가르치는 여자 스승, 또는 혼례에서 신부를 돕는 직책.

㉝ 여자의 스승[姆]은 신부를 부축하여 실(室)의 문 밖에 서되, 남쪽을 향한다. ㉞ 여자의 스승은 그 오른쪽에 선다. ㉟ 시종들은 뒤에 앉는다. ㊱ 여자의 아버지는 동서(東序)에 앉되, 서쪽을 향한다. ㊲ 여자의 어머니는 서서(西序, 당 위의 서쪽 담벽)에 앉되, 동쪽을 향한다.

【조부모가 살아계시면 조부모가 초례를 하고 명(命)한다】

㊳ 며느리의 자리는 친정 어머니의 동북쪽에 마련하되, 남쪽을 향한다. ㊴ 찬자는 술로 초례를 하되, 사위의 아버지가 아들에게 초례를 하는 의례와 같다. ㊵ 여자의 스승[姆]이 여자를 인도하여 어머니의 왼쪽으로 나오게 한다. ㊶ 아버지가 조금 앞으로 나아가 딸에게 "조심하고 삼가서 밤낮으로 너의 시부모님의 명을 어기지 말아라."라 명한다.

㊷ 어머니는 딸을 보낼 때 서쪽 계단 위쪽에 이르러 관을 정돈해주고 치마를 추슬러주면서, "부지런히 힘쓰고 삼가서 밤낮으로 너의 규문(閨門)[63]의 예를 어기지 말아라."라 명한다. ㊸ 제모(諸母)·제고(諸姑)·제수(諸嫂)·제자(諸姊, 언니들)가 중문(中門) 안에서 여자를 보내며 치마와 적삼을 정돈해주면서 부모가 명하신 말로 거듭하여 "네 부모님의 말씀을 삼가 따라 밤낮으로 어김이 없도록 해라."라 명한다.

奉女立於室戶外, 南向. 姆在其右, 從者坐後. 父坐於東序, 西向 ; 母坐於西序, 東向.

【祖父母在, 則祖父母醮而命之】

設婦席於母之東北, 南向. 贊者醮以酒, 如壻父醮子之儀. 姆導女, 出於母左. 父少進命之曰 : "戒之謹之, 夙夜無違爾舅姑之命."

母送女, 至于西階上, 爲之整冠斂帔, 命之曰 : "勉之謹之, 夙夜無違爾閨門之禮." 諸母·姑·嫂·姊送于中門之內, 爲之整裙衫, 申以父母之命曰 : "謹聽爾父母之言, 夙夜無愆."

---

63 규문(閨門) : 부녀자가 거처하는 공간. 여기서는 아내와 며느리로서의 도리를 의미한다.

함남 북청 군수댁 혼례 장면(아래 꿇어앉은 이가 주인의 시종. 위 사진은 일제강점기 사진이라 옛 의례와는 차이가 있다. 신랑이 나무기러기를 들고 있고 주인과 시종이 받을 준비를 하고 있는 모습을 보여준다)(국립민속박물관)

㊹ 여자의 아버지는 여자에게 초례를 치른 뒤에 곧 먼저 나가 문 밖에서 사위를 맞이한다. ㊺ 서로 읍하고 사양하다가 문 안으로 들어가되, 사위는 기러기를 들고 따라 간다. ㊻ 청사(廳事, 대청마루가 있는 건물)에 이르면, 주인은 동쪽 계단으로 올라서서, 서쪽을 향한다. ㊼ 사위는 서쪽 계단으로 올라 북쪽을 향하여 꿇어앉는다. ㊽ 사위는 기러기를 땅에 내려놓는다. ㊾ 주인의 시자(侍者)가 기러기를 받는다.

父旣醮女, 卽先出, 迎壻于門外. 揖讓以入, 壻執雁以從, 至于廳事, 主人升自阼階立, 西向. 壻升自西階, 北向跪, 置雁於地. 主人侍者受之.

㊿ 사위는 부복(俛伏)하고 일어나 2번 절한다. (51) 주인은 답례로 절하지 않는다. (52) 여자의 스승[姆]은 여자를 부축하여 중문으로 나온다. (53) 사위는 읍하고 서쪽 계단으로 내려가서 대문 밖으로 나간다. (54) 며느리는 사위의 뒤를 따른다. (55) 주인은 계단을 내려가지 않은 채 그들을 보낸다.

壻俛伏興, 再拜. 主人不答拜. 姆奉女出于中門. 壻揖之, 降自西階以出. 婦從後. 主人不降送.

⑤⑥ 사위는 며느리의 전거(氊車)[64] 뒤편의 오른쪽에 이른다. ⑤⑦ 전거에 드리운 발[簾]을 걷어 올리고 기다린다. ⑤⑧ 여자의 스승이 사양하기를 "아직 가르치지 못하여 함께 예를 행하기에 부족합니다."라 한다.

【《의례》〈사혼례(士昏禮)〉에 "사위가 여자의 전거를 몰 때 수(綏, 전거 손잡이 줄)를 여자에게 주면, 여자의 스승은 사양하여 받지 않는다."라 했다. 그 주(注)에 "사위가 전거를 모는 이유는 직접 몰아 자신을 낮추기 위함이다. 수(綏)란 잡고서 수레에 오르는 줄이다. 마부의 예는 반드시 수레에 타는 사람에게 수(綏)를 주는 것이다."[65]라 했다. 그러나 지금의 수레에는 수(綏)가 없으므로 발[簾]을 걷어 올리는 의례로 그것을 대신한다】

壻至婦氊車後之右, 擧簾以俟. 姆辭曰:"未敎, 不足與爲禮也."

【《士昏禮》:"壻御婦車, 授綏, 姆辭不受." 注:"壻御者, 親而下之. 綏, 所以引升車者. 僕人之禮, 必授人綏." 今車無綏, 故擧簾以代之】

⑤⑨ 사위는 그제야 전거의 오른쪽으로부터 전거의 앞쪽을 지나 왼쪽 끌채 옆에 선다. ⑥⓪ 여자의 스승이 며느리를 받들어 전거에 오르게 하고 발[簾]을 내린다. ⑥① 사위는 오른손으로 채찍을 들고 왼손으로 끌채를 어루만지며 전거를 몰아간다. ⑥② 전거 바퀴가 3바퀴 구르면 전거를 멈추고서 기다린다.

【지금 부인은 다행히 전거(氊車)가 있어서 탈 수 있지만, 민간에서는 가마[轎子]를 귀중하게 여기고 전거는 경시한다. 설령 친영할 때 잠깐 전거를 탄다고 해서 어찌 나쁠 것이 있겠는가? 그러나 사람들 중에

壻乃自車右由車前過, 立於左轅側. 姆奉婦登車, 下簾. 壻右執策, 左撫轅, 行驅. 車輪三周, 止車以俟.

【今婦人⑪幸有氊車可乘, 而世俗重轎子輕氊車. 借使親迎時暫乘氊車, 庸何傷哉? 然人亦有性不能乘

---

64 전거(氊車):안쪽 바닥에 양탄자를 깐 수레.
65 사위가……것이다:《儀禮注疏》卷5〈士昏禮〉(《十三經注疏整理本》10, 92쪽).
⑪ 人:저본에는 "幸". 오사카본·《書儀·婚儀》에 근거하여 수정.

는 또한 천성적으로 전거를 탈 수 없어서 전거를 타면 바로 구토를 하는 사람도 있다. 이와 같은 경우라면 여자가 가마를 탄 이후로는 사위가 전거를 몰아 바퀴가 3바퀴 구른 뒤에 멈추는 예는 다시 시행할 일이 없고, 전거에서의 여자 스승의 역할도 소용이 없게 되었다】

車, 乘之卽嘔吐者. 如此則自乘檐子, 其御輪三周之禮, 更無所施, 姆亦無所用矣】

㉓ 사위는 말을 타고 앞에 간다. ㉔ 며느리는 전거를 타고 사위의 뒤를 따르되, 등불 2개로 앞에서 인도한다.

【남자가 여자를 이끌고, 여자가 남자를 따르니, 부부가 음양[剛柔]의 조화를 이루는 뜻이 이로부터 시작된다】

壻乘馬在前, 婦乘車在後, 二⑫燭前導.

【男率女, 女從男, 夫婦剛柔之義, 自此始也】

㉕ 사위는 먼저 청사에 이르러 있다가 며느리가 전거에서 내리면 며느리에게 읍한다. ㉖ 이어서 며느리를 인도하여 문 안으로 들어간다. ㉗ 며느리는 사위를 따라간다. ㉘ 집사자는 이보다 먼저 영당(影堂)66에 향(香)·술·포·고기젓갈을 진설한다.

【포와 고기젓갈이 없으면 형편을 헤아려 맛있는 음식[殽羞] 1~2가지를 갖춘다】

壻先至廳事, 婦下車, 揖之, 遂導以入, 婦從之. 執事先設香、酒、脯醢於影堂.

【無脯醢, 量具殽羞一兩味】

㉙ 시부모는 옷을 잘 차려 입고 영당 위에 서되, 시아버지는 동쪽에 서고, 시어머니는 서쪽에 서서

舅姑盛服, 立於影堂之上, 舅在東, 姑在西, 相向. 贊

---

66 영당(影堂):영정(影幀)을 모셔둔 사당.
⑫ 二:오사카본·《書儀·婚儀》에는 "亦以二".

마주 본다. ⑰ 찬자가 사위와 며느리를 인도하여 계단 아래에 이르되, 북쪽을 향하며 동쪽을 상석으로 한다.

【계단이 없으면 영당 앞에 선다】

⑪ 주인은 앞으로 나아가 북쪽을 향하여 선다. ⑫ 주인은 향을 피우고 꿇어앉아 술을 땅에 부은 다음 부복(俛伏)하고 일어선다. ⑬ 축관은 축사(祝辭)를 가슴에 품고 주인의 왼쪽을 지나 앞으로 나아가 동쪽을 향한다. ⑭ 홀(笏)을 허리띠의 오른쪽에 꽂고 축사를 꺼낸다. ⑮ 꿇어앉아서 다음과 같이 읽는다. "아무개가【사위의 이름이다】아름다운 달 길한 날에 며느리 아무개를【며느리의 성(姓)이다】를 맞이하여 혼사를 치르게 되어, 할아버지와 아버지의 사당에 알현합니다." ⑯ 축관은 축사를 가슴에 품고 홀(笏)을 꺼내고서 일어난다. ⑰ 주인은 2번 절하고 물러나 자신의 자리로 돌아간다. ⑱ 사위와 며느리는 일상적인 의례대로 절한다. ⑲ 사위와 며느리는 나간다. ⑳ 진설한 음식을 거두고 영당(影堂)의 문을 닫는다.

【옛날에는 이 의례가 없었으나, 지금 조상의 혼령들께 절하는 것이라고 하니, 또한 없앨 수는 없다】

㉑ 찬자(贊者)는 사위가 며느리에게 읍하고 앞서가도록 인도한다. ㉒ 며느리는 사위를 따라간다. ㉓ 두

者導壻與婦, 至于階下, 北向東上.

【無階則立於影堂前】

主人進北向立, 焚香跪[13] 酹酒, 俛伏, 興立. 祝懷辭, 由主人之左進, 東面, 搢笏出辭, 跪讀之曰:"某 【壻名】以令月吉日, 迎婦某 【婦姓】昏事, 見祖禰." 祝懷辭, 出笏, 興. 主人再拜, 退, 復位. 壻與婦拜如常儀, 出. 徹, 闔影堂門[14].

【古無此禮, 今謂之拜先靈, 亦不可廢也】

贊者導壻揖婦而先. 婦從之. 適其室. 壻立于南盥

---

[13] 跪:저본에는 "跽". 오사카본·《書儀·婚儀》에 근거하여 수정.
[14] 門:《書儀·婚儀》에는 "前".

사람은 실(室)로 들어간다. ⑧⑧ 사위는 남쪽에 있는 손 씻는 대야[盥]의 서쪽에 서고 며느리는 북쪽에 있는 손 씻는 대야의 서쪽에 서되, 모두 동쪽을 향한다. ⑧⑤ 며느리의 시종은 남쪽에서 사위가 손 씻는 대야에 물을 부어주고, 사위의 시종은 북쪽에서 며느리가 손 씻는 대야에 물을 부어준다.

【시종은 각각 그 집안의 여자 하인이 맡는다. 앞에서도 이것을 기준으로 한다】

⑧⑥ 사위와 며느리는 손을 씻고 수건으로 손을 닦은 다음 서로 읍하고 나아가 서쪽 계단으로 당에 오른다.

【《의례》〈사혼례(士婚禮)〉에 "사위와 며느리가 침문(寢門)67에 이르면 사위는 며느리에게 읍하고 침문 안으로 들어간 다음 서쪽 계단으로 당에 올라간다. 며느리의 시종[媵, 잉]과 사위의 시종[御, 아]은 상대의 주인에게 손 씻는 대야에 물을 부어준다."라 했다. 그 주(注)에 "잉(媵)은 보낸다는[送] 의미이니, 여자의 시종을 말한다. 아(御)는 음이 아(迓)이다. 아는 맞이한다는[迎] 의미이니, 사위의 시종을 말한다. 잉(媵)은 남쪽 세(洗)에서 사위의 대야에 물을 부어주고, 아(御)는 북쪽 세(洗)에서 며느리의 대야에 물을 부어준다. 여기에서 처음으로 부부가 가까이 대하게 되어 마음에 부끄러움[廉恥]이 있으므로 며느리의 시종[媵]과 사위의 시종[御]이 그 뜻을 서로 인도하기

之西, 婦立于北盥之西, 皆東向. 婦從者沃壻盥于南, 壻從者沃婦盥于北.

【從者各以其家之女僕爲之. 前準此】

帨巾畢, 揖而行, 升自西階.

【《士昏禮》:"及寢門, 揖入, 升自西階. 媵、御沃盥交." 注:"媵, 送也, 謂女從者也. 御, 音迓. 御, 迎也, 謂壻從者也. 媵沃壻盥於南洗, 御沃婦盥於北洗. 夫婦始接, 情有廉恥, 媵、御交導其志."

---

67 침문(寢門) : 집안 제일 안쪽 내실에 있는 문. 고례(古禮)에 의하면 천자는 5문, 제후는 3문, 대부는 2문이 있었다. 노문(路門)이라고도 한다.

위함이다."[68]라 했다.

이를 살펴보면, 세(洗)는 동쪽 계단의 동남쪽 아래에 있고 사위와 며느리는 이미 계단을 올라가 있는데, 계단을 내려온다고 말하지 않았으니, 무슨 경로로 사위와 며느리가 다시 세가 있는 곳에 이르렀겠는가? 그러므로 지금 먼저 손 씻는 대야에서 손을 씻고 계단을 오르는 것이다】

按, 洗在阼階東南, 旣升階, 不云降階, 何由復至洗所? 故今先盥而升階】

⑧⑦ 며느리의 시종은 문지방 안의 동쪽에 자리를 펴고, 사위의 시종은 서쪽에 자리를 편다. ⑧⑧ 사위와 며느리는 문지방을 넘는다. ⑧⑨ 사위는 동쪽 자리에 서고, 며느리는 서쪽 자리에 선다.

⑨⓪ 며느리가 사위에게 절한다. ⑨① 사위가 답례로 절한다.

【옛날에는 부인과 장부(丈夫)가 의례를 행하게 되면 협배(俠拜)[69]를 했다. 시골[鄕里]의 옛 풍속에는, 남녀가 서로 절하는 경우, 여자가 먼저 1번 절하면 남자가 여자에게 1번 절하고, 여자가 다시 1번 절했다. 대개 남자는 2번 절하기를 의례로 여기고, 여자는 4번 절하기를 의례로 여겼기 때문이다.

옛날에는 사위와 며느리가 교배(交拜)[70]하는 의례가 없었으나, 지금 민간에서는 처음 서로 만났을 때

婦從者布席於閾內[15]東方, 壻從者布席於西方. 壻婦踰閾. 壻立于東席, 婦立于西席.

婦拜, 壻答拜.

【古者, 婦人與丈夫爲禮, 則俠[16]拜. 鄕里舊俗, 男女相拜, 女子先一拜, 男子拜女一拜, 女子又一拜. 蓋男子以再拜爲禮, 女子以四拜爲禮故也.

古無壻婦交拜之儀, 今世俗始相見交拜. 拜致恭, 亦事

---

68 사위와……위함이다:《儀禮注疏》卷4〈士昏禮〉《十三經注疏整理本》10, 92쪽).

69 협배(俠拜):고대에 여자와 남자가 의례를 행할 때, 여자가 먼저 절하면 남자가 답배를 한 다음 여자가 또 1번 절하는 일.

70 교배(交拜):사위와 며느리가 서로 마주 보고 함께 절하는 일.

[15] 內: 저본에는 "向".《書儀·婚儀》에 근거하여 수정.

[16] 俠: 저본에는 "狹".《書儀·婚儀》에 근거하여 수정.

교배를 한다. 절은 공손한[恭] 마음을 드러내는 절차이며 또한 사리(事理)에도 합당하므로, 없애서는 안 된다. 협(俠)은 음이 협(夾)이다】

理之宜, 不可廢也. 俠⑰, 音夾】

(92) 사위는 며느리에게 읍하고 자리 자리로 나아가 앉되, 사위는 동쪽에 앉고 며느리는 서쪽에 앉는다.

壻揖婦就坐, 壻東婦西.

【옛날 동뢰(同牢)의 예에서는 사위가 서쪽에서 동쪽을 향하고 며느리가 동쪽에서 서쪽을 향했다. 대개 옛사람들은 오른쪽을 숭상하였으므로 사위가 서쪽(오른쪽)에 있었으니 그를 높이기 위함이다. 그러나 요즘 사람들은 이미 왼쪽(동쪽)을 숭상하니, 또한 민간의 풍속을 따른다】

【古者同牢之禮, 壻在西東面, 婦在東西面. 蓋古人尙右, 故壻在西, 尊之也. 今人旣尙左, 且從俗】

(93) 사위의 시종은 보[冪][71]를 거두고 음식을 차린다. (94) 사위와 며느리 모두 먼저 고수레를 하고 난 뒤에 음식을 먹는다. (95) 음식을 다 먹으면 사위의 시종은 술단지를 열어 술주전자에 술을 담는다. (96) 술잔에 술을 따른다. (97) 사위는 며느리에게 읍을 한다. (98) 사위와 며느리는 술을 고수레한다. (99) 둘 다 술을 마신 다음 술잔을 놓고 둘 다 안주[殽]를 먹는다.

壻從者徹冪置饌. 壻婦皆先祭後食. 食畢, 壻從者啓壺入酒于注, 斟酒. 壻揖婦, 祭酒, 擧飮, 置酒擧殽.

【효(殽)는 곧 지금의 안주[下酒][72]이다】

【殽者乃今之下酒也】

(100) 또 술을 따르고 술잔을 들고 마신다. 고수레를 하지 않고, 안주는 없다. (101) 또 합근(合巹)을 들어 나눈 다음 사위와 며느리 앞에 각각 놓는다. (102) 여기

又斟酒, 擧飮, 不祭, 無殽. 又取巹分, 置壻婦之前. 斟酒, 擧飮, 不祭, 無殽.

71 보[冪]：술동이나 정(鼎) 등 음식 용기의 덮개. 술동이의 멱은 네모난 철판 위에 삼베를 씌워 만든다.

72 안주[下酒]：술 마실 때 곁들어 먹는 음식인 안주(按酒)를 중국에서는 하주(下酒)라고도 하였다.

⑰ 俠：저본에는 "狹". 오사카본·《書儀·婚儀》에 근거하여 수정.

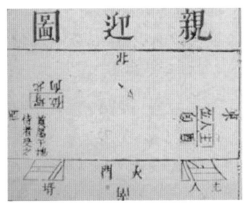

친영도《문공가례의절》(와세다대학소장본)

에 술을 따른 다음 들고 마신다. 고수레를 하지 않고
안주는 없다.

⑩ 사위는 나가서 다른 방[室]으로 가고, 여자의
스승과 며느리는 방 안에 머물러 있다. ⑭ 그제야
음식을 거두어 방 밖에 놓아두고 자리를 마련한다.
⑩ 사위의 시종은 며느리가 남긴 음식을 먹고[餕],
며느리의 시종은 사위가 남긴 음식을 먹는다. ⑩ 사
위가 다시 방으로 들어가서 의복을 벗으면, 며느리
의 시종이 그것을 받는다. 며느리가 의복을 벗으면
사위의 시종이 그것을 받는다. ⑩ 등불을 내간다.

【고시(古詩)에 "머리 묶는 나이에[結髮]⁷³ 부부 되
네."⁷⁴라 했는데, 어린아이였다가 처음으로 머리를
묶어 올린 이후로 부부가 되었다는 말이다. 그것은

壻出就他室, 姆與婦留室
中. 乃徹饌置室外, 設席.
壻從者餕婦之餘, 婦從者
餕壻之餘. 壻復入室脫服,
婦從者受之 ; 婦脫服, 壻從
者受之. 燭出.

【古詩云 "結髮爲夫婦", 言
自穉齒始結髮以來, 卽爲
夫婦, 猶李廣云 "廣結髮,

---

73 머리……나이에[結髮] : 남자가 상투를 틀고, 여자가 쪽을 찌는 일. 성인이 되는 절차를 의미하는 말.
74 머리……되네 : 중국 한(漢)나라의 시인 소무(蘇武, B.C.140~B.C.60)가 지은 〈유별처(留別妻, 아내와 이별
하며)〉라는 시의 첫 구절에 나오는 글이다.

이광(李廣)[75]이 "나는 머리를 묶고서부터 흉노(匈奴)[76]
와 전쟁을 했다."[77]라 한 말의 '묶다'와 의미가 같다.
지금 민간에서 혼례 때 머리를 묶어 올리는 의식이
있으니, 이것은 매우 우스운 일이다】

與匈奴戰也". 今世俗有結
髮之儀, 此尤可笑】

⑩ 사위와 며느리가 방으로 갈 때 주인은 술과 음
식으로 남자 손님들을 외청(外廳, 바깥 대청마루)에서 예
에 맞게 대접하고, 주부(主婦, 주인의 부인)는 술과 음
식으로 여자 손님들을 중당(中堂)에서 예에 맞게 대
접하되, 일상적인 의례대로 행한다.

於壻婦之適其室也, 主人
以酒饌禮男賓於外廳, 主
婦以酒饌禮女賓於中堂,
如常儀.

【고례에는 혼례를 올린 다음날 시부모가 그제야
보낼 사람들을 대접했다. 그러나 지금은 민간의 풍
속을 따른다】

【古禮明日, 舅姑乃享送者.
今從俗】

⑩ 음악은 연주하지 않는다.

不用樂.

【《예기(禮記)》〈증자문(曾子問)〉에 "며느리를 얻은
집에서는 3일 동안 음악을 연주하지 않으니, 어버
이의 대를 이을 것을 생각하기 때문이다."[78]라 했다.
지금 민간에서 혼례를 하며 음악을 연주하는 일은
전혀 바른 의례가 아니다】

【《曾子問》曰: "取婦之家,
三日不擧樂, 思嗣親也."
今世俗昏禮用樂, 殊爲非
禮】

(7) 며느리가 시부모를 뵙는다[婦見舅姑, 부현구고]

婦見舅姑

① 며느리는 혼례를 올린 다음 날 일찍 일어나 옷

婦明日夙興, 盛服飾, 俟

---

75 이광(李廣): ?~B.C. 119. 중국 한(漢)나라의 장수. 70여 차례 이상 흉노족을 격퇴하며 많은 공을 쌓았다.
76 흉노(匈奴): 기원전 4세기부터 기원후 5세기까지 북아시아 스텝지역(중국 북부 및 몽골 지역 일대)에서 활
약했던 유목민족.
77 나는……했다:《史記》卷109〈李將軍列傳〉49(《文淵閣四庫全書》244, 732쪽).
78 며느리를……때문이다: 공영달의 소에 "결혼해서 자식을 낳아 어버이의 대를 이음으로써 세대가 교체되기
때문에 슬프기도 하다."라고 설명했다.《禮記正義》卷18〈曾子問〉(《十三經注疏整理本》13, 681~682쪽).

을 잘 차려입고 꾸민 다음 시부모 뵙기를 기다린다.
② 집사자가 당의 동쪽 계단 아래에 손 씻는 대야를
마련하고, 수건걸이를 그 북쪽에 둔다. ③ 사위의 형
제와 자매는 물동이의 동쪽에 서되, 관례 때와 같게
한다. ④ 남녀가 다른 줄에 서되, 남자는 서쪽에 서
고 여자는 남쪽에 서며 모두 북쪽을 상석으로 한다.

⑤ 날이 밝으면 시부모는 당 위에 앉되, 동쪽과
서쪽으로 마주 향하도록 한다. ⑥ 각각의 앞에 탁자
를 둔다. ⑦ 찬자가 며느리를 인도하여 시부모에게
보인다. ⑧ 며느리는 당 아래에서 북쪽을 향하여 시
아버지께 절한다.

【옛날에는 당 위에서 절을 했는데, 지금의 풍속
이 더 공손하니 대중의 풍속을 따라도 괜찮다】

⑨ 며느리는 폐백상자[筲]를 들고【옛날 폐백상자
의 제도는 한(漢)나라 때 이미 알 수가 없었다. 지금
은 단지 조그마한 상자를 비단으로 싸되, 검은 비단
[皁]으로 겉을 싸고 붉은 비단[緋]으로 안을 싸서 폐
백상자를 대신해도 괜찮다】거기에 대추와 밤을 채
운다.

見舅姑. 執事者設盥盆於
堂阼階下, 帨架在北. 兄
弟、姊妹立于盆東, 如冠
禮. 男女異列, 男在西, 女
在南, 皆北上.

平明舅姑坐于堂上, 東西
相向, 各置卓子於前. 贊者
見婦于舅姑. 婦北向拜舅
于堂下.

【古者拜于堂上, 今恭也,
可從衆】

執筲【古筲制度, 漢世已不
能知. 今但取小箱, 以帛
衣之, 皁表緋裏以代筲可
也】, 實以棗栗.

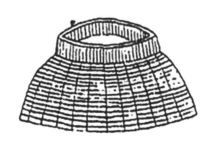

폐백상자[筲] 《삼례도(三禮圖)》

⑩ 며느리는 이 폐백상자를 들고 서쪽 계단으로 당에 오른다. ⑪ 앞으로 나아가 시아버지 앞에 이르러 북쪽을 향하여 선다. ⑫ 이어서 탁자 위에 폐백상자를 놓는다. ⑬ 시아버지는 폐백상자를 어루만진다. ⑭ 시자(侍者)는 폐백상자를 거두어 간다. ⑮ 며느리는 당에서 내려와 또 시아버지께 절한다.

升自西階, 進至舅前, 北向. 奠于卓子上. 舅撫之. 侍者徹去. 婦降, 又拜舅.

⑯ 절을 마치고 나서야 시어머니께 절한다. ⑰ 폐백상자를 별도로 받아 거기에 단수(腶脩)79를 채운다【단수(腶脩)란 지금의 햇볕에 말린 포(脯)가 이것이다】. ⑱ 이를 들고 당에 올라간 다음 나아가 시어머니 앞에 이르러 북쪽을 향하여 선다. ⑲ 탁자 위에 폐백상자를 놓는다. ⑳ 시어머니는 그것을 들어 시자에게 준다. ㉑ 며느리는 당에서 내려와 또 절한다.

畢乃拜姑. 別受笄, 實以腶脩【腶脩, 今之暴脯是也】. 升, 進至姑前, 北向, 奠于卓子上. 姑擧之以授侍者. 婦降, 又拜⑱.

㉒ 집사자가 시어머니의 북쪽에 며느리의 자리를 마련하되, 남쪽을 향한다. ㉓ 술단지 및 술주전자·술잔 놓을 탁자를 당 위에 마련한다. ㉔ 며느리는 당에 올라가 자리의 서쪽에 서되, 남쪽을 향한다. ㉕ 찬자는 며느리에게 예식을 행하되80, 친정 부모가 딸에게 초례를 치르는 의례와 같게 한다.

執事者設席於姑之北, 南向. 設酒壺及注、杯卓子于堂上. 婦升立於席西, 南面. 贊者醴婦, 如父母醮女之儀.

㉖ 며느리는 서쪽 계단으로 내려와 사위의 형제

婦降西階, 就兄弟、姊妹之

---

79 단수(腶脩):고기를 썰어 얇게 두드려서 다지고, 생강과 계피를 가루를 내어 거기에 뿌려서 말린 포(脯). 약포(藥脯)라고도 한다.

80 찬자는……행하되:《의례》〈사혼례(士婚禮)〉의 "찬자는 며느리에게 예식을 행한다[贊醴婦]."는 구절을 정현(鄭玄)이 주석하면서 "예(醴)자는 예(禮)자로 되어야 한다(醴當作禮)."라 하였다. 《儀禮注疏》卷5〈士昏禮〉《十三經注疏整理本》10, 100쪽). 이를 따라 번역했다.

⑱ 拜:《書儀·婚儀》에는 "別".

와 자매 앞으로 나아간다. ㉗ 사위보다 나이가 많아 절을 받아야 할 부류에 속하는 사람들은 조금 앞으로 나아가 선다. ㉘ 며느리는 그제야 이들에게 절한다. 이때 폐백은 없다. ㉙ 절을 마치면 사위보다 나이가 많은 부류에 속하는 이들은 뒤로 물러난다.

【사위보다 나이가 많은 부류에 속하는 이들이 비록 그 수가 많더라도, 모두 한 줄로 서서 절을 받아 간략한 예를 따른다】

㉚ 사위보다 나이가 어려서 서로 절해야 할 부류에 속하는 사람들은【지금 민간에서는 사위의 남동생[小郎]이나 사위의 여동생[小姑]도 모두 며느리와 서로 절한다】조금 앞으로 나와 며느리와 서로 절한다. ㉛ 사위의 남동생이나 사위의 여동생은 절을 마치면 뒤로 물러난다. 이때 폐백은 없다.

【만약 사위보다 항렬이 높은 부류에 속하는 어른이 계시면 며느리는 그들이 거처하는 방으로 가서 절한다. 사위보다 항렬이 낮은 부류에 속하는 사람이 있으면, 그들이 며느리의 방으로 찾아와서 절한다】

㉜ 며느리는 물러나와 자신의 방에서 쉰다. ㉝ 식사 때가 되면 관궤(盥饋)[81] 의례를 행한다. ㉞ 며느리 집안에서 성찬(盛饌)과 술단지를 마련한다.

【《의례》〈사혼례(士昏禮)〉에 "며느리의 관궤(盥饋)

前. 其長屬應受拜者少進立. 婦乃拜之, 無贊. 拜畢長屬退.

【長屬雖多, 共爲一列受拜以從簡易】

幼屬應相拜者【今世俗小郎、小姑皆相拜】, 少進相拜. 畢退. 無贊.

【若有尊屬, 則婦往拜於其室. 有卑[19]屬則來拜於婦室】

婦退, 休于其室. 至食時, 行盥饋之禮. 婦家具盛饌、酒壺.

《士昏禮》: "婦盥饋, 特豚,

---

81 관궤(盥饋): 손 씻는 대야에서 손을 깨끗이 씻고서 시부모에게 음식을 차려 드리는 일. 며느리가 혼례를 올린 뒤에 며느리로서 해야 할 도리를 시작하는 상징적인 의식. 이것에 대하여 정현(鄭玄)은 "궤(饋)란 며느리의 도가 이미 이루어졌으니, 음식을 올림으로써 효도와 봉양을 완성하는 것이다(饋者, 婦道旣成, 成以孝養)."라고 주(注)를 달았다. 《儀禮注疏》卷5〈士昏禮〉《十三經注疏整理本》10, 101쪽).

[19] 卑: 저본에는 "畢". 오사카본·《書儀·婚儀》에 근거하여 수정.

의 의례를 행할 때에는 돼지 1마리를 올리되, 세발솥에 담았던 희생[슴升]의 몸체를 좌우 한쪽씩 나누어 조(俎, 도마형태의 그릇)에 담아[側載]82 올린다."라 했다. 그 주(注)에 "측재(側載)란, 희생의 오른쪽 반은 시아버지의 조에 올리고, 희생의 왼쪽 반은 시어머니의 조에 올리는 것이다."83라 했다. 그러나 지금은 아마도 가난한 집에서는 돼지 1마리를 잡기가 쉽지 않을 듯하므로 성찬만을 마련한다】

合升, 側載." 注 : "側載者, 右胖載之舅俎, 左胖載之姑俎." 今恐貧者不便殺特, 故但具盛饌】

㉟ 며느리의 시종은 채소와 과일이 놓인 탁자를 당 위의 시부모님 앞에 차린다. ㊱ 동쪽 계단의 동남쪽에는 손 씻는 대야를 차리고, 수건걸이는 그 동쪽에 둔다. ㊲ 며느리는 동쪽 계단 아래에서 손을 씻는다. ㊳ 이어서 음식을 들고서 서쪽 계단으로 당에 올라【일반적으로 며느리들이 당에 오르내릴 때는 모두 서쪽 계단으로 다녀야 한다. 하지만 총부(冢婦)84만은 관궤의 의례를 마치고 나면 동쪽 계단으로 당에서 내려간다】시부모에게 음식을 올린다. ㊴ 시어머니의 뒤에서 모시고 선다.

婦從者設蔬, 果卓子于堂上舅姑之前, 設盥盆于阼階東南, 帨架在東. 婦盥于阼階下. 執饌自西階升【凡子婦升降, 皆應自西階, 惟冢婦受享畢, 降自阼階】, 薦于舅姑, 侍立于姑之後.

㊵ 이어 나오는 음식이 있으면, 시자가 서쪽 계단에서 며느리에게 전달해준다. ㊶ 시자에게 마지막한 계단이 남았을 때 며느리가 가서 음식을 받은 다음 시부모에게 올린다. ㊷ 시자는 남은 음식을 거두어 곁에 있는 별실에 둔다.

饌有繼至者, 侍者傳致於西階, 不盡一級, 婦往受之, 薦于舅姑. 侍者徹餘饌, 置於傍側別室.

---

82 세발솥에……담아[側載]: 희생을 세발솥에 담는 일은 승(升)이라 하고, 도마 위에 올려놓는 일은 재(載)라한다. 《儀禮注疏》卷5〈士昏禮〉《十三經注疏整理本》10, 51쪽).

83 며느리의……것이다:《儀禮注疏》, 위와 같은 곳.

84 총부(冢婦): 적장자(嫡長子)의 아내. 집안의 가통(家統)을 잇는 맏며느리를 말한다.

㊸ 시부모의 시자는 시부모 앞에 각각 탁자를 1개씩 놓는다. ㊹ 음식을 올리는 일이 끝나면, 며느리는 당에서 내려가 시아버지께 절한다. ㊺ 다시 당에 올라 술잔을 씻고 술잔에 술을 따라 시아버지의 탁자에 놓는다. ㊻ 당에서 내려간다. ㊼ 시아버지가 술잔을 들고 다 마시기를 기다렸다가 며느리는 또 시아버지께 절한다. ㊽ 이어서 시어머니께 술을 올린다. ㊾ 시어머니는 술잔을 받아서 마신다. ㊿ 나머지 절차는 시아버지께 술을 올리는 의례와 같다.

舅姑侍者各置一卓子. 上食畢, 婦降拜舅, 升洗杯, 斟酒, 置舅卓子上, 降. 俟舅擧酒, 飮畢, 又拜. 遂獻姑. 姑受而飮之. 餘如獻舅之儀.

(51) 며느리는 당에 올라 음식을 거둔다. (52) 시자는 그 나머지를 거두어 모두 별실에 둔다. (53) 며느리가 별실로 나아가서 시어머니가 남긴 음식 먹기를 마치면, 며느리의 시종은 시아버지가 남긴 음식을 먹고, 사위의 시종은 며느리가 남긴 음식을 먹는다.

婦升徹飯. 侍者徹其餘, 皆置別室. 婦就餕姑之饌畢, 婦從者餕舅之餘, 壻從者餕婦之餘.

(54) 시부모가 당 위에서 며느리에게 연향을 베푼다. (55) 이때 아침에 며느리에게 예식을 행했던 위치와 같이 자리를 마련한다. (56) 며느리는 당으로 올라가 자리의 서쪽에 서되, 남쪽을 향한다. (57) 찬자는 술잔을 들어 술을 따른 다음 며느리에게 준다. (58) 나머지는 모두 아침에 며느리에게 행한 예식의 의례와 같다.

舅姑共饗婦於堂上, 設席如朝來醴婦之位. 婦升立于席西, 南向. 贊者取杯, 斟酒, 授婦, 皆如朝來醴婦之儀.

(59) 시부모는 먼저 서쪽 계단으로 내려간다. (60) 며느리는 동쪽 계단으로 내려간다.

舅姑先降自西階. 婦降自阼階.

【이것은 총부(冢婦, 맏며느리)의 경우를 말한다. 나머지 며느리들의 경우는 시부모가 당을 내려가지 않고, 며느리는 서쪽 계단으로 당에서 내려간다. 옛

【此謂冢婦也. 餘婦則舅姑不降, 婦降自西階. 古者庶婦不饋. 然饋主供養, 雖

날에는 맏며느리가 아닌 며느리들[庶婦]은 관궤(盥饋) 의례를 행하지 않았다. 그러나 관궤는 시부모 공양을 위주로 하므로, 비록 맏며느리가 아닌 며느리들의 경우라도 없앨 수는 없다. 만약 시부모께서 이미 돌아가셨다면, 옛날에는 시집온 지 3개월이 지난 뒤에 사당에 뵙는 의례가 있었다.[85] 하지만 지금은 이미 조상의 혼령에 절하였으니, 다시 행하지 않는다. 만약 시부모 중에서 한 분만 살아계신 경우라면, 시아버지의 경우는 동서(東序)에 앉고 시어머니의 경우는 서서(西序)에 앉는다. 며느리의 자리는 시어머니가 앉을 곳의 북쪽에 마련한다】

庶婦, 不可闕也. 若舅姑已沒, 則古有三月廟見之禮. 今已拜先靈, 更不行. 若舅姑止一人, 則舅坐於東序, 姑坐於西序. 席婦於姑坐之北】

(8) 사위가 며느리의 부모를 뵙다[壻見婦之父母, 서현부지부모]

壻見婦之父母

① 혼례를 올린 다음 날에 사위는 며느리의 친정에 가서 며느리의 부모를 뵙는데, 두 분께 모두 폐백을 드린다. ② 며느리의 친정아버지는 사위를 맞이하고 배웅하면서 읍하고 사양하기를 모두 손님에게 하는 의례와 같게 한다. ③ 사위가 절하면 꿇어앉았다가 그를 부축하여 일으켜준다. ④ 사위는 중당(中堂)으로 들어가 며느리의 친정어머니를 뵙는다. ⑤ 며느리의 친정어머니는 문의 왼쪽 문짝을 닫고 문 안에 서 있고, 사위는 문 밖에서 절한다.

明日壻往見婦之父母, 皆有幣. 婦父迎送揖讓, 皆如客禮, 拜卽跪[20]而扶之. 入見婦母, 婦母闔門左扉, 立于門內, 壻拜于門外.

---

85 만약……있었다: "만약 부모가 이미 돌아가셨다면 며느리는 시집온 지 3개월이 지난 뒤에야 채소를 올려 제사지낸다(若舅姑既沒, 則婦入三月, 乃奠菜)."《儀禮注疏》卷6〈士昏禮〉《十三經注疏整理本》10, 106쪽).)

[20] 跪: 저본에는 "跽". 오사카본·《書儀·婚儀》에 근거하여 수정.

⑥ 다음으로 처가[妻黨]의 여러 친척들을 뵙는다. ⑦ 절하고 일어나는 일은 모두 민간의 의례대로 하며, 폐백은 없다. ⑧ 처가의 친척 중에서 여러 부녀자를 뵐 때는 며느리의 친정어머니를 뵐 때의 의례와 같게 한다. ⑨ 며느리 집안에서는 술과 음식을 마련한다【안 아마도 이 부분에는 빠진 글자가 있는 듯하다】. ⑩ 사위를 대접하되, 일상적인 의례와 같게 한다.

【친영하는 날 저녁에는 사위가 며느리의 친정어머니와 여러 친척을 뵙는 일이 마땅하지 않고, 며느리 집안에서도 사적인 예를 행하면서 술과 음식을 마련하는 일이 마땅하지 않다. 이는 며느리가 아직 시부모를 뵙지 않았기 때문이다】《서의(書儀)》[86]

次見妻黨諸親, 拜起皆如俗儀而無幣. 見諸婦女, 如見婦母之禮. 婦家設酒饌【案 疑有缺字】, 壻如常儀.

【親迎之夕, 不當見婦母及諸親, 亦不當行私禮設酒饌, 以婦未見舅姑故也】《書儀》

86 《書儀》卷3〈婚儀〉上(《文淵閣四庫全書》142, 473~478쪽);《書儀》卷3〈婚儀〉下(《文淵閣四庫全書》142, 478~479쪽).

2) 주희(朱熹) 《가례(家禮)》의 혼례

(1) 의혼(議昏)[87]

남자는 16세부터 30세까지, 여자는 14세부터 20세까지 혼인을 한다. 혼인하는 당사자와 혼인을 주관하는 혼주에게 기년복(期年服) 이상의 상(喪)이 없어야만 혼례를 치를 수 있다.

【대공복(大功服)을 입는 상(喪)에 아직 장례를 치르지 않은 경우라면 또한 혼인을 주관할 수 없다. 일반적으로 혼인을 주관하는 사람을 정하는 법은 관례의 주인을 정하는 법과 같다. 다만 종갓집 적장자가 자신의 혼례를 치르는 경우라면 족인들 중에 나이가 많은 사람을 혼례의 주인으로 삼는다】

반드시 먼저 중매인을 시켜 왕래하며 말을 전하게 하고 여자 집안에서 허락한 뒤에야 납채(納采)를 행한다.

(2) 납채(納采)

【채택(采擇)을 받아들이는 의례이니, 바로 지금 민간에서 말하는 '언정(言定)[88]'이다】

① 주인은 혼서를 갖춘다.

【주인은 곧 혼례를 주관하는 사람이다. 혼서는 전지(牋紙, 편지지)를 사용하되 민간의 의례와 같이 한다. 혼례를 할 당사자가 족인의 아들인 경우는 그 아

朱子儀

議昏

男子年十六至三十, 女子年十四至二十. 身及主昏者無期以上服[21], 乃可成昏.

【大功未葬, 亦不可主昏. 凡[22]主昏如冠禮主人之法, 但宗子自昏, 則以族人之長爲主】

必先使媒氏往來通言, 俟女氏許之, 然後納采.

納采

【納其采擇之禮, 卽今世俗所謂"言定"也】

主人具書.

【主人卽主昏者. 書用牋紙, 如世俗之禮. 若族人之子則其父具書, 告于宗子】

---

87 의혼(議昏) : 사위와 며느리가 양가 집안에서 서로 혼사를 의논하는 절차.
88 언정(言定) : 양가에서 혼례의 약속을 정하는 일.
[21] 服 : 《家禮·昏禮》에는 "喪".
[22] 凡 : 저본에는 "兄". 오사카본·《家禮·昏禮》에 근거하여 수정.

버지가 혼서를 갖추어 종갓집 적장자에게 고한다】

② 아침 일찍 일어나 혼서를 받들고 사당(祠堂)에 고한다.

【사당에 관례를 고하는 의례와 같다. 그 축판(祝板)의 내용은 앞 의례(즉 관례)의 내용과 같다. 단지 '아무개의 아들 아무개, 또는 아무 친척의 아들 아무개가 나이가 들고 장성하게 되었는데도 아직 짝이 없습니다. 아무 관직 아무 군(郡) 아무개(성명을 쓴다)의 딸을 아내로 맞이하기로 이미 의논하여, 오늘 납채를 행하려 하니, 감격스러우면서도 슬픈 마음을 이길 수가 없습니다.'라 한다. '삼가[謹]' 이후는 같다. 만약 종갓집 적장자가 자신의 혼례를 치르는 경우라면 스스로 사당에 고한다】

③ 그제야 주인의 자제를 사자(使者)로 삼아 여자 집안에 가게 한다. ④ 여자 집안의 주인은 나가서 사자를 뵙는다.

【① 사자(使者)는 옷을 잘 차려입고 여자 집안으로 간다. ② 여자 집안 역시 종갓집 적장자가 주인이 된다. 주인은 옷을 잘 차려입고 나가서 사자를 뵙되, 여자가 종갓집 적장자의 딸이 아니면, 그 아버지는 주인의 오른쪽에 자리한다. ③ 이때 여자의 아버지가 주인보다 항렬이 높으면 조금 앞으로 나아가 선다. 항렬이 낮으면 조금 뒤로 물러나 선다. ④ 차 마시기를 마치면 사자는 일어서서 "우리 선생께서 은혜롭게도 따님을 아무개에게 아내로 삼도록 주시니, 아무개의 아무 친척, 아무 관직에 있는 아무개는 선인(先人)들의 예법에 따라 아무개를 시켜 납채를 청

夙興, 奉以告祠堂.

【如告冠儀. 其祝板前同. 但云: "某之子某若某之某親之某, 年已長成, 未有伉儷, 已議娶某官某郡姓名之女, 今日納采, 不勝感愴." "謹" 以後同. 若宗子自昏則自告】

乃使子弟爲使者如女氏. 女氏主人出見使者.

【使者盛服, 如女氏. 女氏亦宗子爲主. 主人盛服出見使者, 非宗子之女, 則其父位於主人之右. 尊則少進, 卑則少退. 啜茶畢, 使者起致辭曰: "吾子有惠, 貺室某也, 某之某親某官, 有先人之禮, 使某請納采." 從者以書進, 使者以書授主人.

합니다."라 치사(致辭)한다. ⑤ 시종이 혼서를 사자에게 드리면, 사자는 그 혼서를 주인에게 준다.

⑥ 주인은 "아무개의 딸, 또는 여동생, 또는 조카 딸, 또는 손녀가 어리석은 데다 또 제가 잘 가르치지 못했으나 우리 선생께서 며느리로 받으시겠다고 명하시니, 아무개가 감히 사양할 수 없습니다."라 대답한다. ⑦ 주인은 북쪽을 향하여 2번 절한다. ⑧ 사자는 자리를 피하고 답례로 절하지 않는다. ⑨ 사자는 물러가 명을 기다리기를 청하고 나가서 임시거처로 간다. ⑩ 만약 혼인을 허락받은 당사자가 주인에게 고모나 누나이면 '어리석은데다 제가 잘 가르치지 못했다'라는 말은 하지 않는다. ⑪ 나머지 말은 모두 같다】

⑤ 이어서 주인은 혼서를 받들고 사당에 고한다.

【사위의 집안에서 하는 의례와 같게 한다. 축판의 내용은 앞 의례의 내용과 같다. 단지 '아무개의 몇째 딸, 또는 아무 친척 아무개의 몇째 딸이 나이가 점차 차고 장성하게 되어 아무 관직 아무 군(郡) 아무개(성명을 쓴다)의 아들, 또는 아무 친척 아무개에게 이미 혼인을 허락하여 오늘 납채를 행하려 하니, 감격스러우면서도 슬픈 마음을 이길 수가 없습니다.'라 한다. '삼가[謹]' 이후는 같다】

⑥ 주인은 문 밖으로 나가 혼서의 답장[復書]을 사자에게 준다. ⑦ 이어서 사자를 예로 대접한다.

【① 주인은 문 밖으로 나가서 임시거처에 있는 사자를 맞이하여 들어온다. ② 당에 올라 사자에게 혼서의 답장을 준다. ③ 사자는 그것을 받고 물러가기

主人對曰:"某之子若妹、姪、孫惷愚, 又不能敎, 吾子命之, 某不敢辭." 北向再拜. 使者避不答拜. 使者請退俟命, 出就次. 若許嫁者於主人爲姑、姊, 則不云'惷愚, 又不能敎'. 餘辭竝同】

遂奉書以告于祠堂.

【如壻家之儀. 祝板同前, 但云:"某之第幾女若某親某之第幾女, 年漸長成, 已許嫁某官某郡姓名之子若某親某, 今日納采, 不勝感愴." "謹"以後同】

出以復書授使者, 遂禮之.

【主人出延使者, 升堂, 授以復書. 使者受之, 請退. 主人請禮賓, 乃以酒饌禮

를 청한다. ④ 주인은 사자에게 빈의 예로써 대접하기를 청한다. ⑤ 그제야 술과 음식으로 사자를 예로써 대접한다. ⑥ 사자는 이때가 되어서야 비로소 주인과 교배(交拜)하고 읍하되, 주인과 빈(賓)이 행하는 일상적인 의례와 같이 한다. ⑦ 그의 시종들도 또한 별실에서 예로 대접한다. ⑧ 그들 모두에게 폐백으로 보답한다】

⑧ 사자가 돌아가 결과를 보고하면, 사위 집안의 주인은 다시 이를 사당에 고한다.

【이때는 축을 쓰지 않는다】

使者. 使者至是, 始與主人交拜揖, 如常日賓客之禮. 其從者亦禮之別室, 皆酬以幣】

使者復命, 壻氏主人復以告于祠堂.

【不用祝】

(3) 납폐(納幣)

【고례(古禮)에는 문명(問名)과 납길(納吉)의 의례가 있었다. 그러나 지금은 그 의례를 다 행할 수는 없다. 단지 납채(納采)와 납폐(納幣)의 의례만을 행하여 간편한 예를 따른다. 폐백은 색색의 비단을 쓰되, 집안 형편에 맞게 한다. 아무리 적어도 1필[兩] 이하로는 내려가지 않고, 아무리 많아도 10필을 넘지 않게 한다.[89] 요즘 사람들은 또 비단 대신 비녀[釵]·팔찌[釧]·양고기·술·과일과 같은 종류를 폐백으로 쓰는데, 이 또한 괜찮다】

① 혼서를 갖추고 사자를 보내 여자 집에 가게 한다. ② 여자 집안에서는 혼서를 받고 혼서의 답장을

納幣

【古禮有問名、納吉, 今不能盡用. 止用納采、納幣以從簡便. 幣用色繪, 貧富隨宜. 少不過兩, 多不踰十. 今人更用釵釧、羊酒、果實之屬亦可】

具書遣使, 如女氏. 女氏受書, 復書, 禮賓. 使者復

---

89 아무리……한다: 중국의 고대 도량형 단위를 기준으로, 비단 길이 단위 중의 "兩"은 1필(匹)을 의미한다. 1필의 길이는 40척(尺)이다. 1척은 포백척(布帛尺)으로 대략 30cm 정도의 길이인데, 8척이 1심(尋)이고, 5심이 1필이다.

사자에게 준 다음, 빈의 예로 사자를 대접한다. ③ 사자는 돌아가 결과를 보고한다. ④ 이상의 절차는 모두 납채의 의례와 같다.

【① 납폐의 의례는 납채의 의례와 같다. 다만 사당에는 고하지 않는다. ② 또 사자가 치사(致辭)할 때에 납채(納采)의 채(采)를 폐(幣)로 고친다. ③ 시종은 혼서와 폐백을 사자에게 드린다. ④ 사자는 혼서를 주인에게 준다. ⑤ 주인은 "우리 선생께서 옛 법도를 따라 아무개에게 귀중한 예물을 주시므로 아무개가 감히 사양할 수 없으니, 어찌 명을 받들지 않겠습니까?"라고 대답한다. 그제야 혼서를 받는다. ⑥ 집사자는 폐백을 받는다. ⑦ 주인은 2번 절한다. ⑧ 사자는 자리를 피하여 있다가, 다시 나아가 명을 청한다. ⑨ 주인은 사자에게 답장을 준다. ⑩ 나머지 절차는 모두 같다】

命. 竝同納采之儀.

【禮如納采, 但不告廟. 使者致辭, 改采爲幣. 從者以書、幣進. 使者以書授主人. 主人對曰:"吾子順先典, 貺某重禮, 某不敢辭, 敢不承命?"乃受書. 執事者受幣. 主人再拜. 使者避之, 復進請命. 主人授以復書. 餘竝同】

(4) 친영(親迎)

① 친영을 행하기 1일 전에 여자 집안에서는 사람을 시켜 사위집의 사위 방에 기물을 진설하게 한다.

【① 민간에서는 이를 '포방(鋪房)'이라 한다. ② 그러나 진설해 놓는 기물은 단지 전욕(氈褥, 털담요)·장만(帳幔, 장막)·유막(帷幕, 휘장)과 같이 꼭 필요한 물건들일 뿐이다. ③ 의복은 모두 상자에 넣어 자물쇠를 채워둘 뿐 굳이 진설할 필요는 없다】

② 다음날 새벽에 사위 집안에서는 방 안에 신랑과 신부의 자리를 마련한다.

【① 의자와 탁자를 양쪽 자리에 마련하되, 동쪽

親迎

前期一日, 女氏使人張陳其壻之室.

【世俗謂之"鋪房". 然所張陳者但氈褥、帳幔、帷幕應用之物. 其衣服鎖之篋笥, 不必陳也】

厥明, 壻家設位于室中.

【設倚、卓子兩位, 東西相

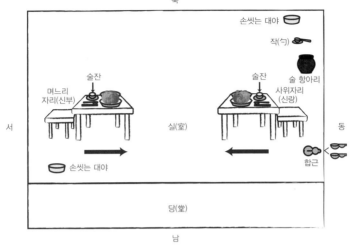

북

손씻는 대야

작(勺)

술 항아리

며느리
자리(신부)　　술잔　　　　　　　　　　　술잔　　사위자리
　　　　　　　　　　　　　　　　　　　　　　(신랑)

서　　　　　　　　　　　　실(室)　　　　　　　　　　　　동

손씻는 대야　　　　　　　　　　　　　　　　　合근

당(堂)

남

친영하는 날 사위 집 방에 마련하는 신랑과 신부 자리

과 서쪽으로 서로 마주하도록 한다. ② 나물·과일·
반잔(盤盞, 잔받침대와 술잔)·숟가락·젓가락은 빈객을
대접하는 의례와 같게 둔다. ③ 술단지는 동쪽 신랑
자리 뒤에 둔다. ④ 또 탁자에 합근(合巹) 1개를 놓고
술단지 남쪽에 둔다. ⑤ 또 방의 남쪽과 북쪽에 손
씻는 대야[盥盆]를 1개씩 진설해두고, 국자는 방의
동쪽 모퉁이에 둔다. ⑥ 또 술잔과 술단지와 술주전
자를 방 바깥이나 별실(別室)에 마련하여 시종들이
마실 수 있도록 한다. 합근의 근(巹)은 음이 근(謹)으
로, 작은 박을 한번 갈라서 2개로 만든 술잔이다】

③ 여자 집안에서는 임시거처를 문 밖에 설치한
다. ④ 초저녁에 사위는 임시거처에서 옷을 잘 차려
입는다.

向. 蔬、果、盤盞、匙筯如
賓客之禮. 酒壺在東位之
後, 又以卓子置合巹一於其
南, 又南北設二盥盆, 勺於
室東隅. 又[23]設酒盞、壺、
注於室外或別室以飮從者.
巹, 音謹, 以小匏一判而兩
之也】

女家設次于外. 初昏壻盛
服.

[23] 又:《家禮·昏禮》에는 "右".

【민간에서는 새 사위가 화승(花勝, 머리 꽃장식)을 머리에 꽂아 그 얼굴을 가린다. 그러나 이는 장부의 용모와 체신을 전부 잃는 풍속이니, 화승은 쓰지 않아야 좋다】

⑤ 주인은 사당에 고한다.

【① 납채(納采) 때의 의례와 같다. ② 축판의 내용은 앞 의례의 내용과 같다. 다만 "아무개의 아들 아무개, 또는 아무 친척의 아들 아무개가 오늘 아무 관직 아무 군(郡) 아무개 성씨 집안에 친영을 가려고 하니, 감격스러우면서도 슬픈 마음을 이길 수가 없습니다."라 한다. ③ '삼가[謹]' 이후는 같다. ④ 만약 종갓집 적장자가 자신의 혼례를 치르는 경우라면 스스로 사당에 고한다】

⑥ 이어서 그 아들에게 초례(醮禮)를 행하고 친영할 것을 명한다.

【① 먼저 탁자에 술주전자·잔반(盤盞)을 진설하여 당 위에 둔다. ② 주인은 옷을 잘 차려입고 당의 동서(東序, 당의 동쪽 벽 앞)에 앉되, 서쪽을 향한다. ③ 사위의 자리는 주인 자리의 서북쪽에 마련하되, 남쪽을 향하도록 한다. ④ 사위는 서쪽 계단으로 당에 올라 자기 자리의 서쪽에 서되, 남쪽을 향한다. ⑤ 찬자(贊者)는 술잔을 들어 거기에 술을 따른다. ⑥ 그런 다음 잔을 잡고 사위의 자리 앞으로 간다. ⑦ 사위는 2번 절한다. ⑧ 사위는 자리에 올라 남쪽을 향하여 서서 술잔을 받는다. ⑨ 꿇어앉아 술을

主人告于祠堂.

【如納采儀. 祝板前同, 但云: "某之子某若某親之子某, 將以今日親迎于某官某郡某氏, 不勝感愴." "謹"以後同. 若宗子自昏則自告】

遂醮其㉔子而命之迎.

【先以卓子設酒注、盤盞於堂上. 主人盛服, 坐於堂之東序, 西向. 設壻席於其西北, 南向. 壻升自西階, 立於席西, 南向. 贊者取盞, 斟酒. 執之詣壻席前. 壻再拜. 升席, 南向, 受盞. 跪, 祭酒. 興, 就席末, 跪啐酒. 興, 降席西. 授贊者盞, 又再拜.】

㉔ 其: 저본에는 "某". 오사카본·규장각본·《家禮·昏禮》에 근거하여 수정.

고수레한다. ⑩ 사위는 일어나 자리의 끝으로 간 다음, 꿇어앉아서 술을 맛본다. ⑪ 다시 일어나 자리의 서쪽으로 내려간다. ⑫ 찬자에게 술잔을 준 다음, 또 2번 절한다.

⑬ 아버지가 계신 자리 앞으로 가서 동쪽을 향하여 꿇어앉는다. ⑭ 그러면 아버지가 그에게 다음과 같이 명한다.

進詣父坐前, 東向跪. 父命之曰:

"가서 너를 도울 배필을 맞아
우리 집안의 종사(宗事)를 받들어라.
삼가함으로써 힘써 이끌고,
너는 행동에 떳떳한 법도가 있어야 한다."

"往迎爾相,
承我宗事.
勉率以敬,
若則有常."

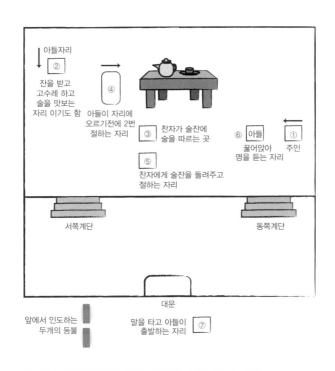

친영하는 날 사위집에서 행하는 사위의 초례 그림(→ 표시는 바라보는 방향)

15 사위는 "예. 오직 명을 감당하지 못할까 두려우나, 감히 명을 잊지 않겠습니다."라 한다. 16 부복(俛伏)하고 일어나 문 밖으로 나온다. 17 사위가 종갓집 적장자의 아들이 아니라면, 종갓집 적장자가 사당에 고하고, 그 아버지는 아들에게 사실(私室)에서 초례(醮禮)를 행하되, 일반적인 의례와 같게 한다. 18 이때 아버지가 명하는 말에서 '종사(宗事)'만은 '집안일[家事]'로 고친다.

19 만약 종갓집 적장자의 부모가 이미 돌아가셔서 자신이 직접 혼례를 치르는 경우라면 이 의례는 쓰지 않는다】

⑦ 사위는 문 밖으로 나가 말을 탄다.

【2개의 등불로 앞에서 인도한다】

⑧ 사위가 여자 집안에 도착한 다음 임시거처에서 기다린다.

【사위는 대문 밖에서 말에서 내려 임시거처로 들어가 기다린다】

⑨ 여자 집안의 주인은 사당에 고한다.

【1 납채 때의 의례와 같게 한다. 2 축판의 내용은 앞 의례의 내용과 같다. 다만 "아무개의 몇째 딸, 또는 아무 친척 아무개의 몇째 딸이 오늘 아무 관직 아무 군(郡) 아무개(성명을 쓴다)에게 시집가려 하니, 감격스러우면서도 슬픈 마음을 이길 수가 없습니다."라 한다. 3 '삼가[謹]' 이후는 같다】

⑩ 이어서 시집가는 여자에게 초례를 행하고 명한다.

【1 여자는 화려하게 꾸민다. 2 여자 스승[姆]

壻曰:"諾. 惟恐不堪, 不敢忘命." 俛伏, 興, 出. 非宗子之子則宗子告于祠堂, 而其父醮于私室, 如儀. 但改宗事爲家事.

若宗子已孤而自昏, 則不用此禮】

壻出, 乘馬.

【以二燭前導】

至女家, 俟于次.

【壻下馬于大門外, 入俟于次】

女家主人告于祠堂.

【如納采儀. 祝板前同. 但云:"某之第幾女若某親某之第幾女, 將以今日歸于某官某郡姓名, 不勝感愴." "謹"以後同】

遂醮其女而命之.

【女盛飾. 姆相之, 立於室

은 여자를 도와 실(室)의 밖에 서되, 남쪽을 향한다. ③ 여자의 친정아버지는 동서(東序)에 앉되, 서쪽을 향한다. ④ 친정어머니는 서서(西序)에 앉되, 동쪽을 향한다. ⑤ 여자의 자리는 친정어머니 자리의 동북쪽에 마련하되, 남쪽을 향하도록 한다. ⑥ 찬자는 술로 초례를 행하되, 사위의 아버지가 아들에게 초례를 하는 의례와 같게 한다. ⑦ 여자 스승은 여자를 인도하여 친정어머니의 왼쪽으로 나오게 한다. ⑧ 친정아버지는 일어나 딸에게 "조심하고 삼가서 밤낮으로 너의 시부모님의 명을 어기지 말아라."라 명한다.

⑨ 어머니는 딸을 보낼 때 서쪽 계단 위쪽에 이르러 관(冠)을 정돈해주고 치마를 추슬러주면서, "부지런히 힘쓰고 삼가서 밤낮으로 너의 규문(閨門)의 예를 어기지 말아라."라 명한다. ⑩ 제모(諸母, 백모와 숙모)・제고(諸姑, 아버지의 누이들)・제수(諸嫂, 올케들)・제자(諸姊, 언니들)가 중문(中門) 안까지 와서 여자를 보내며 치마와 적삼을 정돈해주면서 부모가 명하신 말로 거듭하여 "네 부모님 말씀을 삼가 따라 밤낮으로 어김이 없도록 해라."라 명한다.

⑪ 여자가 종갓집 적장자의 딸이 아니라면, 종갓집 적장자가 사당에 고하고, 그 아버지는 사실(私室)에서 딸에게 초례(醮禮)를 행하되, 일반적인 의례와 같게 한다】

⑪ 주인은 문 밖으로 나가 사위를 맞이하여 집으로 들어간다. ⑫ 사위는 기러기를 올린다.

【① 주인은 문 밖에서 사위를 맞이한다. ② 서로

外南向. 父坐東序, 西向; 母坐西序, 東向. 設女席於母之東北, 南向. 贊者醮以酒, 如壻禮. 姆導女, 出於母左, 父起命之曰: "敬之戒之, 夙夜無違爾舅姑之命."

母送, 至西階上, 爲之整冠斂帔, 命之曰: "勉之敬之, 夙夜無違爾閨門之禮." 諸母、姑、嫂、姊送至中門之內, 爲之整裙衫, 申以父母之命曰: "謹聽爾父母之言, 夙夜無愆."

非宗子之女, 則宗子告于祠堂, 而其父醮於私室如儀】

主人出, 迎壻入. 奠雁.

【主人迎壻于門外, 揖讓以

읍하고 사양하다가 문 안으로 들어가되, 사위는 기러기를 들고 주인을 따라 간다. ③ 청사(廳事)에 이르면, 주인은 동쪽 계단으로 올라가서 서쪽을 향하여 선다. ④ 사위는 서쪽 계단으로 올라가서 북쪽을 향하여 꿇어앉는다. ⑤ 사위는 기러기를 땅에 내려놓는다. ⑥ 주인의 시자(侍者)가 기러기를 받는다.

⑦ 사위는 부복(俛伏)하고 일어나 2번 절한다. ⑧ 주인은 답례로 절하지 않는다. ⑨ 만약 여자가 족인의 딸이면 여자의 친정아버지는 주인을 따라 문 밖으로 나가 사위를 맞이하되, 주인의 오른쪽에 선다. ⑩ 여자의 친정아버지가 주인보다 항렬이 높으면 조금 앞으로 나아가 서고, 항렬이 낮으면 조금 뒤로 물러나 선다. ⑪ 일반적으로 예물[贄]은 산 기러기를 쓰되, 머리를 왼쪽으로 가도록 하고, 여러 빛깔의 생 비단으로 엇갈리게 묶는다. ⑫ 산 기러기가 없으면 나무를 기러기 모양으로 깎아서 대신한다. ⑬ 이는 기러기가 음양(陰陽)의 왕래에 순응하는 뜻을 취한 것이다. ⑭ 정자(程子)⁹⁰는 "기러기가 짝을 두 번 얻지 않는 뜻을 취한 것이다."⁹¹라 했다】

⑬ 여자 스승은 여자를 부축하고 나와서 가마[氈車, 전거]에 오르게 한다.

【① 여자 스승은 여자를 부축하여 중문을 나온다. ② 사위는 읍하고, 서쪽 계단으로 내려간다. ③ 주인은 내려가지 않는다. ④ 사위는 이어서 문 밖으로

入. 壻執雁以從, 至于廳事, 主人升自阼階立, 西向. 壻升自西階, 北向跪, 置雁於地. 主人侍者受之.

壻俛伏興, 再拜. 主人不答拜. 若族人之女則其父從主人出迎, 立於其右. 尊則少進, 卑則少退. 凡贄用生雁, 左首, 以生色繒交絡之. 無則刻木爲之. 取其順陰陽往來之義. 程子曰: "取其不再偶也."】

姆奉女出, 登車.

【姆奉女出中門. 壻揖之, 降自西階. 主人不降. 壻遂出. 女從之. 壻舉轎簾以

90　정자(程子) : 중국 송(宋)나라의 정명도(程明道, 1032~1085)·정이천(程伊川, 1033~1107) 형제를 말한다.
91　기러기가……것이다 : 《二程遺書》 卷24 〈鄒德久本〉 《文淵閣四庫全書》 698, 253쪽).

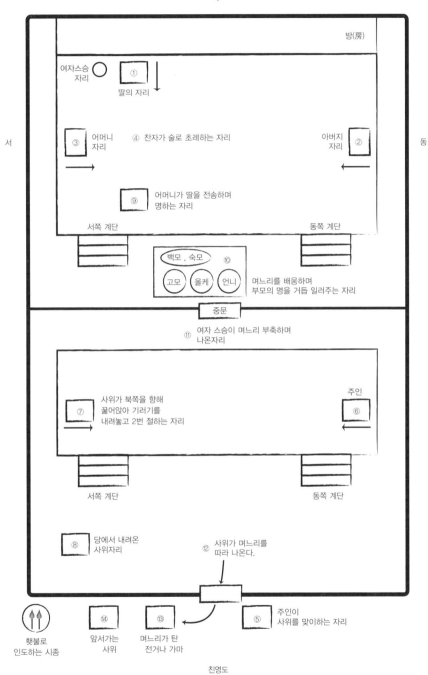

북

방(房)

여자스승 ⃝
자리

① ↓
딸의 자리

③ 어머니 ④ 찬자가 술로 초례하는 자리 아버지 ②
자리 자리
→ ←

⑨ 어머니가 딸을 전송하며
명하는 자리

서쪽 계단 동쪽 계단

백모 · 숙모 ⑩

고모 올케 언니 며느리를 배웅하며
부모의 명을 거듭 일러주는 자리

중문

⑪ 여자 스승이 며느리 부축하며
나온자리

주인

사위가 북쪽을 향해
⑦ 꿇어앉아 기러기를 ⑥
내려놓고 2번 절하는 자리
→ ←

서쪽 계단 동쪽 계단

⑧ 당에서 내려온
사위자리

⑫ 사위가 며느리를
따라 나온다.

주인이
⑤ 사위를 맞이하는 자리

햇불로
인도하는 시종

⑭ ⑬
앞서가는 며느리가 탄
사위 전거나 가마

친영도

서

동

I. 관례와 혼례(冠婚禮) 131

나간다. ⑤ 여자는 사위의 뒤를 따른다. ⑥ 사위는 가마에 드리운 발[簾]을 걷어 올리고 여자를 기다린다. ⑦ 여자 스승은 사양하며 "아직 가르치지 못하여 함께 예를 행하기에 부족합니다."라 한다. ⑧ 여자는 그제야 가마에 오른다】

俟. 姆辭曰: "未敎, 不足與 爲禮也." 女乃登車】

⑭ 사위는 말을 타고 며느리의 가마보다 앞에 간다.

壻乘馬, 先婦車.

【며느리의 가마도 2개의 등불로 앞에서 인도한다】

【婦車亦以二燭前導】

⑮ 사위가 자기 집에 도착하면, 사위는 며느리를 인도하여 안으로 들어간다.

至其家, 導婦以入.

【사위는 자신의 집에 도착하면, 청사(廳事)에 서서 며느리가 가마에서 내리길 기다렸다가 내리면 며느리에게 읍한다. 이어서 며느리를 인도하여 문 안으로 들어간다】

【壻至家, 立于廳事, 俟婦 下車, 揖之, 導以入】

⑯ 사위와 며느리가 교배(交拜)한다.

壻婦交拜.

【① 며느리의 시종은 동쪽에 사위의 자리를 펴고, 사위의 시종은 서쪽에 며느리의 자리를 편다. ② 사위는 남쪽에서 손을 씻되, 며느리의 시종이 물을 부어주고 수건을 준다. ③ 며느리는 북쪽에서 손을 씻되, 사위의 시종이 물을 부어주고 수건을 준다. ④ 사위는 며느리에게 읍하고, 자리로 나아간다. ⑤ 며느리가 사위에게 절한다. ⑥ 사위는 답례로 절한다】

【婦從者布壻席於東方, 壻 從者布婦席於西方. 壻盥 于南, 婦從者沃之, 進帨; 婦盥于北, 壻從者沃之, 進 帨. 壻揖婦, 就席. 婦拜, 壻答拜】

⑰ 사위와 며느리는 자기 자리로 나아가 앉아서 음식을 먹는다. 음식 먹기를 마치면, 사위는 문 밖으로 나간다.

就坐, 飮食. 畢, 壻出.

【① 사위는 며느리에게 읍하고 자기 자리로 나아가 앉되, 사위는 동쪽에 앉고 며느리는 서쪽에 앉는

【壻揖婦就坐, 壻東婦西. 從者斟酒, 設饌. 壻婦祭

다. ② 시종은 술을 따르고 음식을 진설한다. ③ 사위와 며느리는 술을 고수레하고 둘 다 안주를 먹는다. ④ 시종은 또 술을 따른다. ⑤ 사위가 며느리에게 읍하고 둘 다 술을 마시되, 고수레하지 않는다. 안주는 없다. ⑥ 또 합근(合卺)을 들어 나눈 다음 사위와 며느리 앞에 각각 놓는다. ⑦ 여기에 술을 따른다. ⑧ 사위는 며느리에게 읍하고 둘 다 술을 마시되, 고수레하지 않는다. 안주는 없다.

酒, 擧肴. 又斟酒. 壻揖婦, 擧飮, 不祭. 無肴. 又取卺分, 置壻婦之前, 斟酒. 壻揖婦, 擧飮, 不祭. 無肴.

⑨ 사위는 나가서 다른 방[室]으로 가고, 여자 스승과 며느리는 방 안에 머물러 있는다. ⑩ 음식을 거두어 방 밖에 놓아두고 잠자리를 마련한다. ⑪ 사위의 시종은 며느리가 남긴 음식을 먹고, 며느리의 시종은 사위가 남긴 음식을 먹는다】

壻出就他室, 姆與婦留室中. 徹饌, 置室外, 設席. 壻從者餕婦之餘, 婦從者餕壻之餘】

⑱ 사위와 며느리는 다시 방으로 들어간다. ⑲ 사위와 며느리는 의복을 벗는다. ⑳ 등불을 내간다.

復入. 脫服. 燭出.

【사위가 의복을 벗으면 며느리의 시종이 그것을 받는다. 며느리가 의복을 벗으면 사위의 시종이 그것을 받는다】

【壻脫服, 婦從者受之 ; 婦脫服, 壻從者受之】

㉑ 주인은 손님들을 예에 맞게 대접한다.

主人禮賓.

【① 남자 손님들을 외청(外廳, 바깥 대청마루)에서 대접하고, 여자 손님들을 중당(中堂)에서 대접한다. ② 고례(古禮)에는 혼례를 올린 다음날, 보낼 사람들을 대접했다. 그러나 지금은 민간의 풍속을 따른다】

【男賓於外廳, 女賓於中堂. 古禮, 明日享送者. 今從俗】

(5) 며느리가 시부모를 뵙는다[婦見舅姑, 부현구고]

婦見舅姑

① 다음날 일찍 일어나 며느리는 시부모를 뵙는다.

明日夙興, 婦見于舅姑.

【① 며느리는 아침 일찍 일어나 옷을 잘 차려입은

【婦夙興, 盛服俟見. 舅姑

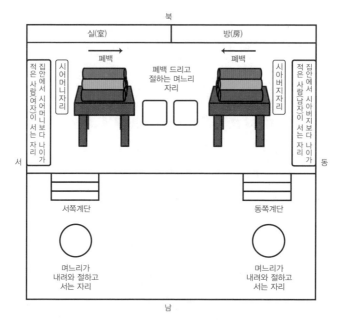

북

| 실(室) | 방(房) |

폐백 → 폐백 드리고 절하는 며느리 자리 ← 폐백

집안에서 시어머니보다 나이가 적은 사람여자이 서는 자리 | 시어머니자리

시아버지자리 | 집안에서 시아버지보다 나이가 적은 사람남자이 서는 자리

서 동

서쪽계단 동쪽계단

며느리가 내려와 절하고 서는 자리 며느리가 내려와 절하고 서는 자리

남

며느리가 시부모를 뵙는 그림(→ 표시는 바라보는 방향)

다음 시부모 뵙기를 기다린다. ② 시부모는 당 위에 앉되, 동쪽과 서쪽으로 마주 향하도록 한다. ③ 각각의 앞에 탁자를 둔다. ④ 집안의 남녀들 중에 시부모보다 나이가 적은 사람들은 양쪽 동서와 서서에 서되, 관례 때 서는 순서와 같다.

⑤ 며느리는 앞으로 나아가 동쪽 계단 아래에 서서 북쪽을 향하여 시아버지께 절한다. ⑥ 당에 올라 탁자 위에 폐백을 올린다. ⑦ 시아버지는 폐백을 어루만진다. ⑧ 시자는 폐백을 거두어 들고 들어간다. ⑨ 며느리는 당에서 내려와 또 시아버지께 절한다.

⑩ 절을 마치면 서쪽 계단 아래로 나아가서 북쪽을 향하여 시어머니께 절한다. ⑪ 며느리가 당에 올라 폐백을 올린다. ⑫ 시어머니는 이를 모두 시자

坐於堂上, 東西相向. 各置 卓子於前. 家人男女少於舅 姑者, 立於兩序, 如冠禮之 敍.

婦進立於阼階下, 北面拜 舅. 升奠贄幣于卓子上. 舅 撫之. 侍者以入. 婦降, 又 拜.

畢, 詣西階下, 北面拜姑. 升奠贄幣. 姑舉以授侍者. 婦降, 又拜.

에게 준다. ⑬ 며느리는 당에서 내려와 또 시어머니
께 절한다.

⑭ 만약 사위가 종갓집 적장자의 아들이 아닌데,
종갓집 적장자와 함께 살면 먼저 이 예를 시부모가
거처하는 사실(私室)에서 행한다. ⑮ 만약 사위가 종
갓집 적장자와 함께 살지 않으면 위의 의례와 같게
한다】

② 시부모는 며느리를 예로 대접한다.

【친정부모가 딸에게 초례를 행하는 의례와 같게
한다】

③ 며느리는 집안의 여러 항렬이 높거나 나이가
많은 사람들을 뵙는다.

【① 며느리는 시부모에게서 예로 대접을 받고나서
서쪽 계단으로 내려간다. ② 시부모보다 항렬이 더
높은 어른이 함께 살고 있으면 시부모는 며느리를 데
리고 그분들이 거처하는 방으로 가서 뵙게 하되, 시
부모를 뵙는 예와 같게 한다. ③ 며느리는 돌아와 양
쪽 동서와 서서에 있는 여러 항렬이 높거나 나이가
많은 사람들에게 절하되, 관례의 의례와 같게 하고,
폐백은 없다. ④ 시동생이나 시누이와는 모두 서로
절한다.

⑤ 사위가 종갓집 적장자의 아들이 아닌데, 종갓
집 적장자와 함께 살면 시부모에게 예로 대접을 받
고 난 뒤에, 당 위에 올라가 종갓집 적장자에게 절
하되, 시부모에게 하는 예와 같게 한다. 그런 뒤에
돌아와 양쪽 동서와 서서에 있는 친척들을 뵙는다.
⑥ 사위가 종갓집 적장자 및 집안의 항렬이 높거나

若非宗子之子而與宗子同
居，則先行此禮於舅姑之
私室．與宗子不同居，則如
上儀】

舅姑禮之．

【如父母醮女之儀】

婦見于諸尊長．

【婦既受禮，降自西階．同
居有尊於舅姑者，則舅姑
以婦見於其室，如見舅姑
之禮．還拜諸尊長于兩序，
如冠禮，無贄．小郎、小姑
皆相拜．

非宗子之子而與宗子同居，
則既受禮，詣其堂上拜之，
如舅姑禮，而還見于兩序．
其宗子及尊長不同居，則廟
見而後往】

나이가 많은 사람과 같이 살지 않는다면, 사당에서
조상을 뵌 뒤에 찾아 간다】

④ 만약 며느리가 총부(冢婦, 집안의 맏며느리)라면
시부모에게 관궤(盥饋, 손을 씻고 음식을 대접함) 의례를
행한다.

【① 이날 식사 때 며느리 집안에서는 성찬(盛饌,
풍성한 음식)과 술단지를 마련한다. ② 며느리의 시종
은 나물과 과일이 놓인 탁자를 당 위의 시부모 앞에
차린다. ③ 동쪽 계단의 동남쪽에는 손 씻는 대야를
차리고 수건걸이는 그 동쪽에 둔다.

④ 시부모는 자리에 나아가 앉는다. ⑤ 며느리는
손을 씻고 서쪽 계단으로 당에 올라 술잔을 씻고 술
잔에 술을 따라 시아버지의 탁자에 놓는다. ⑥ 당에
서 내려간다. ⑦ 시아버지가 술을 다 마시기를 기다
렸다가 또 시아버지께 절한다. ⑧ 이어서 시어머니께
술잔을 드리고 술잔에 술을 따라 올린다. ⑨ 시어머
니가 술잔을 받아서 다 마시면 며느리는 당에서 내
려가 절한다. ⑩ 이어서 음식을 들고 당에 올라가 시
부모의 앞에 음식을 올리고, 시어머니의 뒤에 모시
고 서서 음식을 다 드시기를 기다렸다가 음식을 거
둔다.

⑪ 시자는 음식을 거두어 별실에 나누어 둔다.
⑫ 며느리는 별실로 나아가서 시어머니가 남긴 음식
을 먹는다. ⑬ 며느리의 시종은 시아버지가 남긴 음
식을 먹고, 사위의 시종은 또 며느리가 남긴 음식을
먹는다.

⑭ 사위가 종갓집 적장자의 아들이 아니라면 이

若冢婦則饋于舅姑.

【是日食時, 婦家具盛饌、
酒壺. 婦從者設蔬、果卓子
于堂上舅姑之前. 設盥盆
于阼階東南, 帨架在東.

舅姑就坐. 婦盥, 升自西
階, 洗盞, 斟酒, 置舅卓子
上, 降. 俟舅飮畢, 又拜.
遂獻姑進酒. 姑受飮畢,
婦降, 拜. 遂執饌, 升薦于
舅姑之前, 侍立姑後以俟
卒食, 徹饌.

侍者徹飯, 分置別室. 婦
就餕姑之餘, 婦從者餕舅
之餘, 壻從者又餕婦之餘.

非宗子之子則於私室如儀】

의례를 사실(私室)에서 행하되, 일반적인 의례와 같게 한다】

⑤ 시부모는 손님들에게 잔치를 베푼다.　　舅姑饗之.

【① 시부모가 며느리에게 예로 대접하는 의례와 같게 한다. ② 예를 마치면 시부모는 먼저 서쪽 계단으로 내려간다. ③ 며느리는 동쪽 계단으로 내려간다】

【如禮婦之儀. 禮畢, 舅姑先降自西階. 婦降自阼階】

(6) 사당에 알현하다[廟見, 묘현]　　廟見

혼례를 치른 지 3일 뒤에 주인은 며느리를 데리고 사당에 가서 알현한다.

三日, 主人以婦見于祠堂.

【옛날에는 혼례를 치른 지 3개월이 지난 뒤에 사당에 알현했다. 그러나 지금은 그 기간이 너무 길기 때문에 3일로 고쳐서 하니, 아들이 관례를 하고 사당에 알현하는 의례와 같다. 다만 고하는 말을 "아들 아무개의 처 아무개 성씨가 감히 알현합니다."라 한다. 나머지는 모두 같다】

【古者三月而廟見. 今以其太遠, 改用三日, 如子冠而見之儀. 但告辭曰:"子某之婦某氏敢見." 餘竝同】

(7) 사위가 며느리의 친정 부모님을 뵙다[壻見婦之父母, 서현부지부모]

壻見婦之父母

① 혼례를 치른 다음날에 사위는 며느리의 친정에 가서 며느리의 친정부모를 뵙는다.

明日, 壻往見婦之父母.

【① 며느리의 친정아버지는 사위를 맞이하고 배웅하면서 읍하고 사양하기를 모두 손님에게 하는 의례와 같게 한다. ② 사위가 절하면 꿇어앉았다가 그를 부축하여 일으켜준다. ③ 사위는 중당(中堂)으로 들어가 며느리의 친정어머니를 뵙는다. ④ 며느리의

【婦父迎送揖讓如賓禮. 拜則跪而扶之. 入見婦母. 婦母闔門左扉, 立於門內, 壻拜于門外. 皆有幣.

친정어머니는 문의 왼쪽 문짝을 닫고 문 안쪽에 서 있고, 사위는 문 밖에서 절한다. ⑤ 며느리의 친정 부모에게 모두 폐백을 드린다.

⑥ 며느리의 친정아버지가 종갓집 적장자가 아니라면 먼저 종갓집 적장자 부부를 뵙고, 폐백은 쓰지 않되, 위의 의례와 같게 한다. 그런 뒤에 며느리의 친정부모를 뵙는다】

② 다음으로 처가[婦黨]의 여러 친척들을 뵙는다.

【폐백을 쓰지 않는다. 처가의 부녀자와 서로 뵐 때도 위에서 며느리의 친정어머니를 뵐 때의 의례와 같게 한다】

③ 며느리 집에서 사위를 예로 대접하되, 일상적인 의례와 같게 한다.

【친영하는 날 저녁에는 사위가 며느리의 친정어머니와 여러 친척을 뵙는 일이 마땅하지 않고 며느리 집에서 술과 음식을 마련하는 일도 마땅하지 않다. 이는 며느리가 아직 시부모를 뵙지 않았기 때문이다】《가례(家禮)》92

婦父非宗子, 卽先見宗子夫婦, 不用幣, 如上儀, 然後見婦之父母】

次見婦黨諸親.

【不用幣. 婦女相見, 如上儀】

婦家禮壻, 如常儀.

【親迎之夕, 不當見婦母及諸親及設酒饌. 以婦未見舅姑故也】《家禮》

---

92 《家禮》卷3〈昏禮〉(《家禮》2, 1~27쪽).

3)《국조오례의(國朝五禮儀)》의 혼례

3-1) 종친(宗親, 임금의 친족)·문관(文官)·무관(武官)의 혼례

(1) 납채(納采)

① 주인은 혼서를 갖춘다.

【혼서에 혼인할 아들의 직함과 성명을 갖추어 쓴다. "맹춘(孟春, 정월) 시절에〔계절은 당시의 절기에 맞추어 쓴다〕93 태후(台候)께서는〔2품(二品) 이상은 '태후'라 하고, 3품 이상은 '중후(重候)'라 하며, 4품에서 6품까지는 통틀어 '아후(雅候)'라 하고, 7품 이하는 '재후(裁候)'라 한다〕 다복(多福)하시리라 생각됩니다. 아무개의 아들, 또는 아무 친척 아무개의 아들 아무개가 나이가 들고 장성하게 되었는데도 아직 짝이 없습니다. 삼가 납채(納采) 의례를 행하려 하니, 엎드려 바라옵건대 밝게 살펴주십시오. 세세하게 적지 않습니다. 몇 년 몇 월 몇 일."】

② 아침 일찍 일어나 사당에 고하기를 일반적인 의례와 같게 한다.

【사당에 고하는 의례는 "관례(冠禮)"에 보인다.94 축문은 다음과 같다. "엎드려 생각하건데 아무개의 아들 아무개, 또는 아무 친척 아무개의 아들 아무개가 나이가 들고 장성하게 되었는데도 아직 짝이 없습니다. 이윽고 아무 관직 아무 군(郡) 아무개(성명을

國朝儀

宗親、文武官[25]昏禮

納采

主人具書.

【具銜、姓名. "時維孟春〔隨時候稱〕, 台候〔二品以上稱'台候', 三品以上稱'重候', 四品至六品通稱'雅候', 七品以下稱'裁候'〕多福. 某之子若某親某之子某, 年已長成, 未有伉儷, 謹行納采之禮, 伏惟照鑑. 不宣. 年月日."】

夙興, 告于祠堂, 如儀.

【見《冠禮》. 祝詞云: "伏以某之子某若某親某之子某, 年已長成, 未有伉儷, 已謹娶某官某郡姓名之女, 今日納采, 不勝感愴."】

---

93 〔계절은……쓴다〕: 이 기호(〔 〕) 안에 들어 있는 내용은 주석 안의 주석이다. 아래도 이와 같다.
94 사당에……보인다:《향례지》권4〈관례(冠禮)〉 "《국조오례의》에 실린 우리나라의 관례"에 보인다.
[25] 官:《國朝五禮儀·嘉禮·宗親文武官一品以下昏禮》에는 "官一品以下".

쓴다)의 딸을 삼가 이미 아내로 맞이하기로 하여 오늘 납채의 의례를 행하려 하니, 감격스러우면서도 슬픈 마음을 이길 수가 없습니다."】

③ 그제야 주인의 자제를 사자(使者)로 삼아 옷을 잘 차려입고 여자 집안에 가게 한다. ④ 여자 집안의 주인 또한 옷을 잘 차려입고 나가서 사자를 맞이한다.

乃使子弟爲使者, 盛服如女家. 主人亦盛服, 出迎.

【일반적으로 빈과 주인이 예를 행할 때는 모두 찬자(贊者)가 인도한다】

【凡賓主行禮, 皆贊者相導之】

⑤ 사자는 정청(正廳, 대청마루)에 오른다. ⑥ 사자는 "우리 선생께서 은혜롭게도 따님을 아무개에게 아내로 삼도록 주시니, 아무개의 아무 친척 아무 관직에 있는 아무개는 선인들의 예에 따라 아무개를 시켜 납채를 청합니다."라 치사한다. ⑦ 시종이 혼서를 사자에게 드리면, 사자는 그 혼서를 주인에게 준다.

使者升正廳. 使者致辭曰: "吾子有惠, 贶室某也, 某之某親某官, 有先人之禮, 使某請納采." 從者以書進, 使者以書授主人.

⑧ 주인은 "아무개의 딸, 또는 여동생, 또는 조카딸, 또는 손녀가 어리석은데다 또 제가 잘 가르치지 못했으나【만약 혼인을 허락받은 당사자가 주인에게 고모나 누나이면 '어리석은데다 또 제가 잘 가르치지 못했다'라는 말은 하지 않는다】우리 선생께서 며느리로 받으시겠다고 명하시니, 아무개가 감히 사양할 수 없습니다."라 대답한다. ⑨ 그제야 혼서를 받고 북쪽을 향하여 2번 절한다.

主人對曰: "某之子若妹、姪、孫蠢愚, 又不能敎【若許嫁者於主人爲姑、姊, 則不云'蠢愚, 又不能敎'】, 吾子命之, 某不敢辭." 乃受書, 北向再拜.

⑩ 사자는 자리를 피하고 답례로 절하지 않는다. ⑪ 사자는 물러가 명을 기다리기를 청하고, 나가서 임시거처로 간다.

使者避不答拜. 使者請退俟命, 就次.

⑫ 주인은 이어서 사당에 고하되, 사위 집안에서 고하는 의례와 같게 한다.

【축사(祝詞)의 내용은 다음과 같다. "아무개의 몇째 딸, 또는 아무 친척 아무개의 몇째 딸이 나이가 점차 차고 장성하게 되어 아무 관직 아무 군(郡) 아무개(성명을 쓴다)에게 이미 혼인을 허락하여 오늘 납채를 행하려 하니, 감격스러우면서도 슬픈 마음을 이길 수가 없습니다."】

⑬ 주인은 문 밖으로 나가서 임시거처에 있는 사자를 맞이하고 정청(正廳)에 올라 사자에게 혼서의 답장[復書]을 준다.

【답장에는 직함과 성명을 갖춘다. "보내주신 혼서를 받들어 납채(納采)의 예에 관한 글을 살펴보았습니다. 아무개의 딸, 또는 아무 친척 아무개의 딸이 어리석은데다 또 제가 잘 가르치지 못했습니다."라 한다. 만약 혼인을 허락받은 당사자가 주인에게 고모나 누나이면 "나이가 점차 차고 장성하게 되어 지금 존명(尊命, 사위 집안 주인의 명)을 받들어 감히 사양할 수가 없습니다. 엎드려 바라옵건대 밝게 살펴주십시오. 세세하게 적지 않습니다. 몇 년 몇 월 몇 일."이라 한다】

⑭ 주인과 사자는 교배하되, 주인과 빈이 행하는 일상적인 의례와 같게 한다. ⑮ 그제야 주인은 술과 음식으로【음식의 가짓수는 과일 3가지를 넘지 않도록 한다】예에 맞도록 사자를 대접한다. ⑯ 돌아가 결과를 보고한다.

主人遂告祠堂, 如壻家之儀.
【祝詞云: "某之第幾女若某親某之第幾女, 年漸長成, 已許嫁某官某郡姓名, 今日納采, 不勝感愴."】

出迎使者, 升正廳, 授以復書.

【具銜、姓名. "奉書得審納采之禮. 某之女若某親某之女蠢愚, 又不能教." 若許嫁者於主人爲姑、姊, 則云: "年漸長成, 今承尊命, 不敢辭, 伏惟照鑑. 不宣. 年月日."】

交拜如常日賓客之禮. 乃以酒饌【饌品不過三果】禮使者. 使者復命.

(2) 납폐(納幣)

【폐백은 명주나 베를 쓴다. 2품 이상은 검은 비단 3필, 붉은 비단 2필을 쓰고, 3품 이하부터 서인(庶人)까지는 검은 비단과 붉은 비단을 각각 1필씩 쓴다】

① 주인은 아침 일찍 일어나 사자를 보내【만약 길이 멀거나 사정이 있으면 납채와 납폐를 같은 날에 같은 사자를 시켜서 행한다】여자 집안에 가게 한다.

② 여자 집안 주인은 문 밖으로 나가서 사자를 맞이하여 정청(正廳)에 오른다. ③ 사자는 "우리 선생께서 은혜롭게도 따님을 아무개에게 아내로 삼도록 주시니, 아무개의 아무 친척, 아무 관직에 있는 아무개는 선인들의 예에 따라 아무개를 시켜 납폐를 청합니다."라 한다. ④ 시종이 폐백을 사자에게 드리면, 사자는 주인에게 폐백을 준다.

⑤ 주인은 "우리 선생께서 옛 법도를 따라 아무개에게 귀중한 예물을 주시므로 아무개가 감히 명을 받들지 않을 수 있겠습니까?"라 한다. ⑥ 그제야 폐백을 받고 2번 절한다. ⑦ 사자는 자리를 피한다. ⑧ 그 빈객을 예로 대접하는 일과 사자가 돌아가 결과를 보고하는 일은 모두 납채의 의례와 같다.

(3) 친영(親迎)

【만약 처가가 먼데 친영례를 행해야 하는 경우, 처가로 하여금 가까운 곳에 사위의 숙소[館舍]를 마련하게 하고, 사위가 여자 집에 가서 며느리를 맞이

納幣

【幣用紬㉖或布. 二品以上玄三、纁二, 三品以下至庶人玄、纁各一】

主人夙興, 遣使【若路遠或有故, 則納采、納幣同日同使】, 如女家.

主人出迎使者, 升正廳. 使者致辭曰："吾子有惠, 貺室某也, 某之某親某官, 有先人之禮, 使某請納幣." 從者以幣進, 使者以幣授主人.

主人對曰："吾子順先典, 貺某重禮, 某敢不承命?" 乃受幣, 再拜. 使者避之. 其禮賓及使者復命, 竝同納采之儀.

親迎

【若妻家遠要行禮, 令妻家就近處設壻之館, 壻往之女家, 迎歸, 所館行禮】

㉖ 紬: 저본에는 "納". 오사카본·규장각본·《國朝五禮儀·嘉禮·宗親文武官一品以下昏禮》에 근거하여 수정.

해 돌아온 다음 관사에서 예를 행한다】

① 친영을 하기 1일 전에 여자 집에서는 사람을 시켜 사위집의 사위 방에 기물을 진설하게 한다.

【이불과 요는 비단과 무명을 쓰고, 병풍·자리·장만(帳幔, 장막) 등의 물건은 사위 집에서 준비하여 진설해둔다】

② 친영하는 날 사위 집에서는 방 안에 자리 2개를 마련하되, 동쪽과 서쪽으로 마주하도록 한다.

【사위의 자리는 동쪽에 있고, 며느리의 자리는 서쪽에 있다】

③ 또 절하는 자리[拜席]를 앉는 자리의 남쪽에 마련한다. 방 안의 약간 남쪽에 술을 놓는 탁자를 마련하고, 2개의 술잔과 근(졸)을 그 위에 놓는다. ④ 여자 집안에서는 임시거처를 문 밖에 설치한다. ⑤ 저물녘에 사위는 임시거처에서 옷을 잘 차려입는다.

【관직에 있는 사람은 시복(時服, 관복의 일종)과 공복(公服)을 따지지 않고 입고, 문무 양반의 자손과 생원시(生員試)[95]에 급제한 사람은 사모(紗帽)와 각대(角帶)를 하며, 서인은 갓[笠子]을 쓰고 조아(條兒)를 맨다. 사모와 각대를 준비할 수 없는 경우에는 갓을 쓰고 조아를 매도 괜찮다. 의복은 모두 비단과 무명을 쓴다】

⑥ 주인은 사당에 고하되, 납채 때의 의례와 같게 한다.

前期一日, 女家使人張陳其壻之室.

【衾、褥用綿紬、木綿, 其屛、席、帳幔等物, 壻家備陳】

其日, 壻家於室內, 設席兩位, 東西相向.

【壻席在東, 婦席在西】

又設拜席於座之南, 酒卓於室內稍南, 置兩盞、졸於其上. 女家設次于外. 初昏壻盛服.

【有職者不拘時服、公服, 文武兩班子孫與及第生員紗帽、角帶, 庶人笠子、條兒. 其不能備紗帽、角帶者, 笠子、條兒亦可. 衣服皆用綿紬、木綿】

主人告于祠堂, 如納采儀.

---

95 생원시(生員試): 조선 시대 소과(小科)이자 유교 경전을 과목으로 하는 과거시험의 하나. 이 생원시와 부(賦)와 시(詩)를 시험보는 진사시(進士試)에 합격하면 요즘의 대학이라 할 수 있는 성균관에 입학할 자격이 주어진다.

【축사(祝詞)의 내용은 다음과 같다. "아무개의 아들, 또는 아무 친척 아무개의 아들 아무개가 오늘 아무 관직 아무 군(郡) 아무개 씨의 집안에 친영을 가려고 하니, 감격스러우면서도 슬픈 마음을 이길 수가 없습니다."】

⑦ 고하기를 마치면, 탁자에 술동이와 술잔을 진설하여 당 위에 둔다. ⑧ 아버지는 당의 동쪽에 앉되, 서쪽을 향한다. ⑨ 사위의 자리는 그 서북쪽에 마련하되, 남쪽을 향하도록 한다. ⑩ 사위는 서쪽 계단으로 당에 올라 자기 자리의 서쪽에 서되, 남쪽을 향한다. ⑪ 집사자는 술잔을 들고 술을 따른 다음 사위의 자리 앞으로 가서 북쪽을 향하여 선다. ⑫ 사위는 4번 절하고, 자리에 올라 남쪽을 향한다. ⑬ 사위는 꿇어앉아 술잔을 받고, 술을 고수레한다. ⑭ 사위는 일어나 자리의 끝으로 간 다음, 꿇어앉아서 술을 맛본다. ⑮ 술잔을 집사자에게 준 다음 또 4번 절한다.

⑯ 아버지가 계신 자리 앞으로 가서 동쪽을 향하여 꿇어앉는다. ⑰ 그러면 아버지가 그 아들에게 다음과 같이 명한다.

"가서 너를 도울 배필을 맞아

우리 집안의 종사(宗事)를 받들어라.

【사위가 종갓집 적장자의 아들이 아니라면, '종사(宗事)'를 '집안일[家事]'로 고친다】

삼가함으로써 힘써 이끌고,

너는 행동에 떳떳한 법도가 있어야 한다."

⑱ 사위는 "예. 오직 명을 감당하지 못할까 두려

【祝詞云: "某之子若某親某之子某, 將以今日親迎于某官某郡某氏, 不勝感愴."】

訖, 以卓設酒尊、盞於堂上. 父坐於堂之東方, 西向. 設壻席於其西北, 南向. 壻升自西階, 立於席西, 南向. 執事者取盞, 斟酒, 詣壻席前, 北向立. 壻四拜, 升席, 南向. 跪受盞, 祭酒. 興, 就席末, 跪啐酒, 授執事者, 又四拜.

進詣父座前, 東向跪. 父命之曰:

"往迎爾相,

承我宗事.

【非宗子之子則改宗事爲家事】

勉率以敬,

若則有常."

壻曰: "諾. 惟恐不堪, 不敢

우나, 감히 명을 잊지 않겠습니다."라 한다. ⑲ 부복(俯伏)하고 일어난다.

【만약 종갓집 적장자의 부모가 이미 돌아가셔서 자신의 혼례를 직접 치르는 경우라면 이 의례는 쓰지 않는다】

⑳ 사위는 문 밖으로 나간다. ㉑ 주인은 그 친척들을 시켜서 사위를 전송하게 한다. ㉒ 사위는 말에 오른다. ㉓ 횃불을 들고 앞에서 사위를 인도한다.

【2품 이상 관원의 집에서는 횃불 10자루를 쓰고, 3품 이하 관원의 집에서는 횃불 6자루를 쓴다】

㉔ 의례 기물[儀物]를 준비한다.

【교상(交床, 의자)과 안롱(鞍籠)96 같은 종류이다. 의례 기물이 없는 경우에는 쓰지 않는다】

㉕ 사위는 여자 집안의 대문 밖에 이르러 말에서 내리고, 임시거처에 들어가 기다린다. ㉖ 여자 집안의 주인은 사당에 고하되, 납채 때의 의례와 같게 한다.

【축사(祝詞)의 내용은 다음과 같다. "아무개의 몇째 딸, 또는 아무 친척 아무개의 몇째 딸이 오늘 아무 관직 아무 군(郡) 아무개(성명을 쓴다)에게 시집가려하니, 감격스러우면서도 슬픈 마음을 이길 수가 없습니다."】

㉗ 여자는 화려하게 꾸민다.

【의복은 비단과 무명을 쓴다】

㉘ 여자 스승은 여자를 도와 방 밖으로 나오게

忘命." 俯伏, 興.

【若宗子已孤而自昏, 則不用此禮】

出. 主人使其屬送之. 壻乘馬, 以炬前導.

【二品以上炬十柄, 三品以下炬六柄】

備儀物.

【交床、鞍籠之類. 無儀物者不用】

至女家大門外, 下馬, 入俟于次. 主人告于祠堂如納采儀.

【祝詞云 : "某之第幾女若某親某之弟幾女, 將以今日歸于某官某郡姓名, 不勝感愴."】

女盛飾.

【衣服用綿紬、木綿】

姆相之以出. 父坐於堂之

---

96 안롱(鞍籠) : 비가 올 때 수레나 가마를 덮는 가리개. 두꺼운 기름종이로 만든다.

한다. ㉙ 여자의 친정아버지는 당의 동쪽에 앉되, 서쪽을 향한다. 친정어머니는 당의 서쪽에 앉되, 동쪽을 향한다. ㉚ 여자의 자리는 친정어머니 자리의 동북쪽에 마련하되, 남쪽을 향하도록 한다. ㉛ 여자는 자리의 서쪽에 서되, 남쪽을 향한다. ㉜ 집사자는 술로 초례(醮禮)를 행하되, 사위의 아버지가 아들에게 초례를 행하는 의례와 같다.

㉝ 주인은 문 밖으로 나가 사위를 맞이한다. ㉞ 서로 읍하고 사양하다가 집 안으로 들어가되, 사위는 기러기를【산 기러기는 머리를 왼쪽으로 가도록 하고, 여러 빛깔의 비단으로 엇갈리게 묶는다. 산 기러기가 없으면 나무를 기러기모양으로 깎아서 대신한다】들고서 주인을 따라 간다.

㉟ 당에 이르면 주인은 동쪽 계단으로 당에 올라서되, 서쪽을 향한다. ㊱ 사위는 서쪽 계단으로 당에 올라선 다음 북쪽을 향하여 꿇어앉는다. ㊲ 기러기를 땅에 내려놓는다. ㊳ 주인의 시자가 기러기를 받는다.

㊴ 사위는 부복(俯伏)하고 일어나 2번 절한다. ㊵ 주인은 답례로 절하지 않는다. ㊶ 사위는 서쪽 계단으로 당에서 내려간다. ㊷ 주인은 당에서 내려가지 않는다.

㊸ 여자 스승은 여자를 인도하여 친정어머니의 왼쪽으로 나오게 한다. ㊹ 친정아버지는 앞으로 나아가 딸에게 "조심하고 삼가서 밤낮으로 너의 시부모님의 명을 어기지 말아라."라 명한다.

㊺ 어머니는 딸을 보낼 때 서쪽 계단 위쪽에서

東方, 西向 ; 母坐於西方, 東向. 設女席於母之東北, 南向. 女立於席西, 南向. 執事者醮以酒如壻禮.

主人出, 迎壻于門外. 揖讓以入. 壻執雁【生雁左首, 以色紬交絡之. 無則刻木爲之】以從.

至于堂, 主人升自東階, 西向立. 壻升自西階, 北向跪, 置雁於地. 主人侍者受之.

壻俯伏, 興, 再拜. 主人不答拜. 壻降自西階. 主人不降.

姆導女, 出於母左, 父進命之曰:"敬之戒之, 夙夜無違舅姑之命."

母送之, 西階上, 爲之整冠

관을 정돈해주고 치마를 추슬러주면서 "부지런히 힘쓰고 삼가서 밤낮으로 너의 규문(閨門)의 예를 어기지 말아라."라 명한다. ⑭ 제모(諸母, 백모와 숙모)·제고(諸姑, 아버지의 누이들)·제자(諸姊, 언니들)·제수(諸嫂, 올케들)가 중문(中門) 안까지 와서 여자를 보내며 치마와 적삼을 정돈해주면서 부모가 명하신 말을 거듭하여 "네 부모님 말씀을 삼가서 따라 밤낮으로 어김이 없도록 해라."라 명한다.

斂帔, 命之曰: "勉之敬之, 夙夜無違爾閨門之禮." 諸母·姑·姊·嫂送至于中門之內, 爲之整裙衫, 申以父母之命曰: "謹聽爾父母之言, 夙夜無愆."

⑰ 여자 스승은 여자를 부축하여 나온다. ⑱ 사위는 이어서 중문(中門)을 나온다. ⑲ 여자는 사위의 뒤를 따른다. ⑳ 사위는 가마에 드리운 발[簾]을 걷어 올리고 여자를 기다린다. ㉑ 여자 스승은 사양하며 "아직 가르치지 못하여 함께 예를 행하기에 부족합니다."라 한다. ㉒ 여자는 그제야 가마에 오른다. ㉓ 횃불로 앞에서 인도한다.

姆奉女出. 壻遂出中門[27]. 女從之. 壻擧轎簾以俟. 姆辭曰: "未敎, 不足與爲禮." 乃乘轎. 以炬前導.

【횃불 수는 각각 남편의 횃불 수를 기준으로 한다】

【炬數各準其夫】

㉔ 사위는 말을 타고 앞에 간다. ㉕ 며느리는 그 다음으로 간다. ㉖ 주인은 그 친척들을 시켜 전송하게 한다.

壻乘馬先行. 女次之. 主人使其屬送之.

㉗ 사위가 자기 집에 도착하면, 며느리가 도착하기를 기다렸다가 며느리를 인도하여 안으로 들어간다. ㉘ 사위는 며느리에게 읍하고, 자기 자리로 나아간다. ㉙ 며느리는 2번 절한다. ㉚ 사위는 답례로 절

壻至其家, 俟婦至, 導以入. 壻揖婦, 就席. 婦再拜. 壻答拜. 壻揖婦, 就座.

---

[27] 壻遂出中門: 이 부분은 《서의》나 《주자가례》에는 "사위가 읍하고 서쪽 계단을 내려온다(壻揖之, 降自西階)."로 되어 있다. 《국조오례의》가 위 두 책과 달리 되어 있는 까닭은 알 수 없지만 사위가 중문 안까지 들어갔다가 나올 만한 이유는 없다. '중문'은 '대문'의 오기가 아닌가 생각된다. 후대에 의례절차가 달라져서 바뀐 것으로 볼 수도 있을 것이다.

한다. ⑥ 사위는 며느리에게 읍하고 자기 자리로 나
아간다.

⑥ 시종은 음식과 과일【음식 중에 과일은 7가지
를 넘지 않는다. 서인은 음식의 가짓수를 형편에 따
르거나 5가지 과일을 쓴다】을 진설하고 술을 따른
다. ⑥ 사위와 며느리는 술을 고수레하고 둘 모두
술을 마시고, 둘 모두 안주를 먹는다. ⑥ 시종은 또
술을 따른다. ⑥ 사위와 며느리는 모두 술을 마시고
모두 안주를 먹는다. ⑥ 시종이 또 근(卺)에다 술을
따른다. ⑥ 사위와 며느리는 모두 술을 마시고 모두
안주를 먹는다. ⑥ 시종은 음식을 거두어 방 밖에
둔다.

⑥ 사위는 나가서 다른 방으로 가고, 여자 스승
과 며느리는 방 안에 머물러 있는다. ⑦ 사위가 다
시 원래 있던 방으로 들어가 의복을 벗으면 며느리
의 시종이 그것을 받는다. ⑦ 며느리가 의복을 벗으
면 사위의 시종이 그것을 받는다. ⑦ 시종은 등불을
내간다. ⑦ 사위의 시종은 며느리가 남긴 음식을 먹
고, 며느리의 시종은 사위가 남긴 음식을 먹는다.

(4) 며느리가 시부모를 뵙는다[婦見舅姑, 부현구고]

① 다음날 며느리는 아침 일찍 일어나 화려하게
꾸며입은 다음 시부모 뵙기를 기다린다. ② 시부모
는 당 위에 앉되, 동쪽과 서쪽으로 마주 향하도록
한다. ③ 각각의 앞에 탁자를 둔다. ④ 며느리는 앞
으로 나아가 동쪽 계단 아래에 서서 북쪽을 향하여
시아버지께 4번 절한다. ⑤ 당에 올라 대추와 밤이

從者設饌果【饌品不過七
果. 庶人隨宜或五果】, 斟
酒. 壻婦祭酒, 擧飮擧肴.
又斟酒. 壻婦擧飮擧肴.
又取卺斟酒. 壻婦擧飮擧
肴. 徹饌, 置室外.

壻就出他室, 姆與婦留室
中. 壻復入脫服, 婦從者受
之 ; 婦脫服, 壻從者受之.
燭出. 壻從者餕婦之餘,
婦從者餕壻之餘.

婦見舅姑

明日, 婦夙興, 盛飾俟見,
舅姑坐於堂上, 東西相向.
各置卓於前. 婦進立於阼
階下, 北向四拜. 升奠棗、
栗盤于卓上. 舅撫之. 侍
者以入. 婦降, 又拜. 詣西

든 쟁반을 탁자 위에 올린다. ⑥ 시아버지는 이를 어루만진다. ⑦ 시자는 그것을 거두어 들고 들어간다. ⑧ 며느리는 당에서 내려와 또 시아버지께 절한다. ⑨ 며느리는 서쪽 계단 아래에 나아가서 북쪽을 향하여 시어머니께 4번 절한다. ⑩ 며느리가 당에 올라 단수(腶脩, 양념한 육포)가 든 쟁반을 탁자 위에 올린다.

【대추와 밤이 없으면, 제철 과일을 쓰고, 단수가 없으면 말린 고기를 쓴다】

⑪ 시어머니는 단수를 모두 시자에게 준다. ⑫ 며느리는 당에서 내려와 또 시어머니께 절한다.

⑬ 시부모는 며느리를 예로 대접하되, 친정부모가 딸에게 초례를 행하는 의례와 같게 한다. ⑭ 만약 시부모가 모두 돌아가셨으면, 며느리는 혼례를 주관했던, 항렬이 높거나 나이가 많은 사람들을 뵙되, 시부모를 뵙는 의례와 같게 한다.

【이때는 2번만 절한다】

階下, 北向四拜. 升奠腶脩盤.

【棗、栗無則用時果, 腶脩無則用乾肉】

姑擧以授侍者. 婦降, 又拜.

舅姑禮之, 如醮女之儀. 若舅姑俱亡, 則婦見于主昏尊長, 如見舅姑之禮.

【惟再拜】

(5) 며느리가 사당에 알현하다[婦見祠堂, 부현사당]

① 혼례를 치른 지 3일 뒤에 주인은 사당의 향탁(香卓) 앞에 꿇어앉아 "아무개의 아들, 또는 아무 친척 아무개의 아들 아무개의 며느리 아무개 성씨가 감히 알현합니다."라 고한다. ② 고하기를 마치면 향탁의 동남쪽에 서되, 서쪽을 향한다. ③ 주부(主婦)는 며느리를 데리고 나아가 사당의 양쪽 계단의 사이에 서게 한다. ④ 며느리는 2번 절하고 그제야 물

婦見祠堂

三日, 主人詣香卓之前跪, 告曰: "某之子若某親某之子某之婦某氏, 敢見." 告畢, 立於香卓東南, 西向. 主婦以婦進, 立於兩[28]階之間. 婦再拜, 乃退.

---

[28] 兩: 저본에는 "西". 오사카본·《國朝五禮儀·嘉禮·宗親文武官一品以下婚禮》에 근거하여 수정.

러간다.

　【만약 사위가 종갓집 적장자의 아들이 아니라서 사당이 다른 곳에 있으면, 며느리가 사당에 알현하는 일은 3일 뒤에 한다】《국조오례의(國朝五禮儀)》[97]

　【若非宗子之子而祠堂在別處, 則婦見在三日之後】《五禮儀》

향례지 권제4 끝

鄕禮志卷第四

97 《國朝五禮儀》卷4〈賀禮〉"宗親文武官一品以下婚禮"《國朝五禮儀》4, 89~97쪽);《世宗實錄》卷133〈五禮〉"嘉禮儀式"'宗親及文武官一品以下昏禮', 30a~31b면.

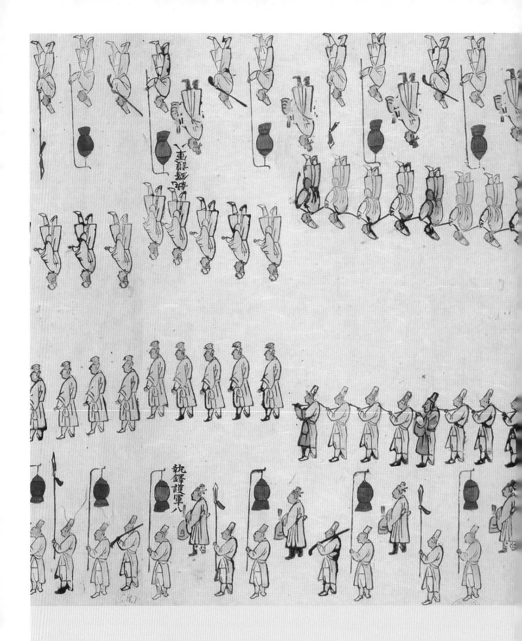

5

향례지 권제 5

鄕禮志 卷第五

임원십육지 92

林園十六志九十二

I. 상례와 제례(喪祭禮)

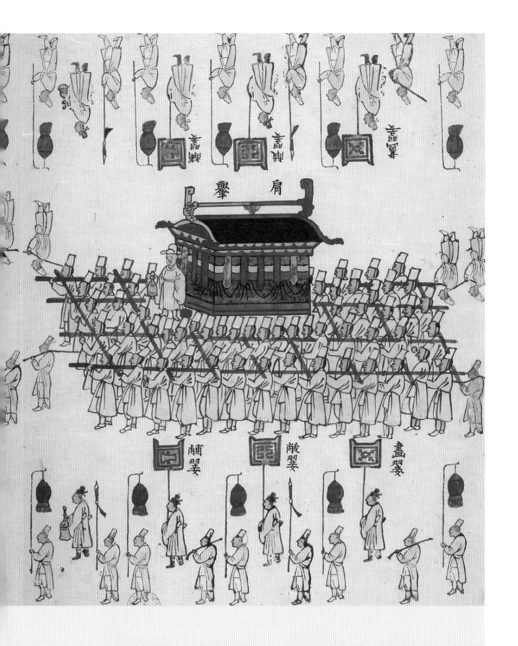

시자(侍者) 1명이 사자(死者)가 평소 입었던 상의를 왼손으로는 옷깃을 잡고 오른손
으로는 허리춤을 잡고서 전영(前榮)으로 지붕의 한 가운데로 올라간다. 북쪽을 바라
보고 혼령을 부르되, 옷을 흔들며 "아무개여 돌아오소서."라고 3번 외친다. 초혼(招
魂, 혼 부르기)을 마치면 옷을 말아서 지붕에서 내려온다. 그 옷을 시신 위에 덮어준
다. 아들과 딸들은 곡을 하며 수없이 가슴을 치며 슬퍼한다.

- Ⅰ -

상례와 제례

喪祭禮

1. 상례(喪禮)

喪禮

1) 복(復, 혼 부르기)[1]

復

(1) 병이 위독해지면 정침(正寢)[2]으로 거처를 옮긴다.

疾病, 遷居正寢.

【① 일반적으로 병자가 병이 위독해지면 정침(正寢)으로 거처를 옮긴다. ② 집의 안팎을 편안하고 조용하게 하고서 병자의 기운(氣運)이 끊어지기를 기다린다. ③ 남자는 여자의 손에서 기운이 끊어지지 않게 하고, 여자는 남자의 손에서 기운이 끊어지지 않게 한다.[3]

【凡疾病, 遷居正寢. 內外安靜以俟氣絕. 男子不絕於婦人之手, 婦人不絕於男子之手.

문공가례의절(文公家禮儀節)[4][5] 정침(正寢)이란 곧 지금의 정청(正廳)[6]이다. 정침으로 거처를 옮기는 일은

儀節 正寢卽今正廳. 遷居正寢, 惟家主爲然. 餘人

---

1 복(復, 혼 부르기) : 금방 죽은 사람의 혼을 부르는 일. 초혼(招魂)이라고도 한다. 여기서는 "(1) 병이 위독해지면 정침으로 거처를 옮긴다[疾病, 遷居正寢]"부터 "(10) 친척들과 동료들 및 친구들에게 부고한다[訃告于親戚, 僚友]"까지를 포함하여 말한다. (1)에서부터 (10)까지의 《가례(家禮)》본문(주석 제외)은 다음과 같다. "疾病, 遷居正寢. 旣絕乃哭. 復. 立喪主, 主婦, 護喪, 司書, 司貨. 乃易服不食. 治棺. 訃告于親戚, 僚友." 여기 인용된 원문 중 일부는 《상례비요(喪禮備要)》에서 편집된 구절을 재인용하였으므로 인용서적 출전(出典)과 일치하지 않는 경우가 많다. 《상례비요》는 조선 중기의 학자 신의경(申義慶, 1557~1648)과 김장생(金長生, 1548~1631)이 《가례(家禮)》를 중심으로 이전 학자들의 예설(禮說)을 참조하여 상례와 관련된 의례를 해설한 예서이다. 처음에는 신의경이 혼자서 1권 1책 분량으로 저술하였다. 이후 신의경과 학술적으로 오래 교류했던 김장생이 1620년(광해군 12) 내용을 증보하여 새로 편집하였고, 1648년(인조 26) 김집(金集, 1574~1656)이 다시 교정하여 2권 1책으로 간행하면서 서문을 추가했다.
2 정침(正寢) : 집의 주요 부분에 자리 잡은 방.
3 《家禮》卷4〈喪禮〉"初終"(《家禮》2, 29쪽).
4 문공가례의절(文公家禮儀節) : 중국 명(明)나라의 학자 구준(邱濬, 1421~1495)이 《가례(家禮)》를 재구성하고 보완하여 편찬한 책으로, 대표적인 가례 주석서이다. 1518년(중종 13)에 조선으로 수입되어 간행되었으며 전국적으로 널리 보급되어 큰 영향을 끼쳤다. 일본에서는 '주자가례'란 책명으로 통용되기도 하였다.
5 《文公家禮儀節》卷4〈喪禮〉"初終"(《文公家禮儀節》2, 69~70쪽).
6 정청(正廳) : 관사(官舍)나 민가(民家)의 여러 건물 중에서 중앙에 위치한 건물.

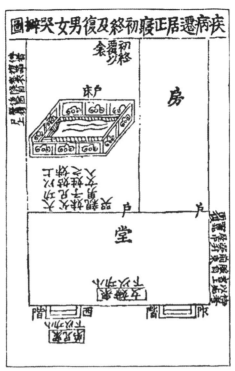

천거정침(遷居正寢, 정침으로 거처를 옮긴다) 그림《사계전서(沙溪全書)》
권24〈가례집람도설(家禮輯覽圖說)〉

병자가 가주(家主, 집주인)일 경우에만 그렇게 한다. 　各遷於其所居室中. 問病
나머지 사람들의 경우에는 각각 그 사람이 거처했었 　者有何言, 有則書.
던 방 안으로 옮긴다. 병자에게 무슨 할 말이 있는
지 물어보고, 하는 말이 있으면 종이에 써둔다.

[사상기(士喪記)]⁷ ⁸ ① 정침의 북쪽 창 아래에 머리를 　　　　[士喪記] 寢東首於北牖下.

7　사상기(士喪記):《의례(儀禮)》〈기석례(旣夕禮)〉편의 이칭. 〈기석례〉편은 바로 앞 〈사상례(士喪禮)〉편의
　　하편(下篇)에 해당하며, 사상기(士喪記)는 〈기석례〉편의 뒷부분에 '경(經)'에 대한 해설 부분인 '기(記)'를
　　지칭하는 말이다.
8　《儀禮注疏》卷40〈旣夕禮〉《十三經注疏整理本》11, 884~885쪽).

동쪽으로 하여 눕힌다. ② 정침의 안팎을 모두 빗자루로 쓴다. ③ 평소에 입고 있던 옷을 벗기고 새 옷을 입힌다. ④ 모시는 사람[御者] 4명이 모두 앉아서 몸을 잡고 촉광(屬纊)[9]을 한다】

內外皆掃, 徹褻衣, 加新衣. 御者四人, 皆坐持體, 屬纊】

(2) 숨이 끊어졌으면 곧 곡(哭)을 한다.
　【문공가례의절[10] ① 시신을 이불로 덮어준다. ② 아들과 딸들은 모두 곡을 하면서 가슴을 치며 슬퍼한다】

旣絶乃哭.
【儀節 以衾覆之, 男女哭擗】

(3) 복(復, 혼 부르기)을 한다.
　【① 시자(侍者) 1명이 사자(死者)가 평소 입었던 상의를 왼손으로는 옷깃을 잡고 오른손으로는 허리춤을 잡고서 전영(前榮)[11]으로부터 지붕의 한 가운데로 올라간다. ② 북쪽을 바라보고 혼령을 부르되, 옷을 흔들며 "아무개여 돌아오소서."라고 3번 외친다. ③ 초혼(招魂, 혼 부르기)을 마치면 옷을 말아서 지붕에서 내려온다. ④ 그 옷을 시신 위에 덮어준다. ⑤ 아들과 딸들은 곡을 하면서 수없이 가슴을 치며 슬퍼한다.

復.
【侍者一人, 以死者之上服嘗經衣者, 左執領, 右執要, 自前榮升屋中霤, 北面招, 以衣三呼曰"某人復". 畢, 卷衣降, 覆尸①上. 男女哭擗無數.

서의(書儀)[12] 지금은 지붕에 올라가 외치면 여러 사람을 놀라게 할 것을 우려하여 다만 정침(正寢)의 뜰

書儀 今升屋而號, 慮其驚衆, 但就寢庭之南. 男

9　촉광(屬纊) : 햇솜을 환자(患者)의 코밑과 입 위에 놓는 일. 사람의 숨이 끊어졌는가를 확인하는 절차이다.

10　《文公家禮儀節》 卷4 〈喪禮〉 "初終"(《文公家禮儀節》 2, 69쪽) ; 《沙溪全書》 卷31 〈喪禮備要〉 "初終"(《沙溪·愼獨齋全書》 上, 535쪽).

11　전영(前榮) : 앞쪽 처마의 동쪽 끝.

12　《書儀》 卷5 〈喪儀〉 "復"(《文淵閣四庫全書》 142, 484쪽).

①　尸 : 저본에는 "戶". 《家禮·喪禮·初終》에 근거하여 수정.

남쪽으로 나아가 외친다. 고인(故人)이 남자라면 이름을 부르고, 여자라면 자(字)를 부른다. 혹은 관직이나 봉호(封號, 왕이 봉하여 내려준 호), 혹은 평상시에 불리던 호칭을 따른다.

子稱名, 婦人稱字, 或稱官封, 或依常時所稱.

안 《의례》〈사상례〉에는 설치(楔齒)[13]와 철족(綴足)[14]에 관한 글이 있다.[15] 그러나 지금은 쓰는 곳이 적다. 그 설명은 아래 복(復)에 갖춰야 할 기물과 사람[具][16] 항목에 보인다】

案 《士喪禮》有楔齒、綴足之文, 而今尠用. 說見復具】

(4) 상주(喪主)를 세운다.

立喪主、

【일반적으로 주인(主人, 상주)은 죽은 사람의 장자(長子, 큰아들)를 말한다. 장자가 없으면 장손(長孫)이 승중(承重)[17]하여 상례의 궤전(饋奠)[18]을 올린다. 빈객(賓客, 조문객)과 더불어 예를 행하는 일은 고인과 함께 살았던 친척이나 존자(尊者, 항렬이 높은 사람)가 주관한다.

【凡主人, 謂長子. 無則長孫承重以奉饋奠. 其與賓客爲禮則同居之親且尊者主之.

분상(奔喪) [19] [20] 일반적으로 상례에서, 아버지가 살아계시면 아버지가 상주(喪主)를 맡는다.

奔喪 凡喪, 父在, 父爲主.

---

13 설치(楔齒):죽은 사람의 턱이 벌어지지 않도록 각사(角柶, 뿔숟가락)를 끼우는 일.
14 철족(綴足):죽은 사람의 두 발이 벌어지지 않도록 조(組, 끈)를 사용해서 묶는 일.
15 설치(楔齒)와⋯⋯있다:《儀禮》卷35〈士喪禮〉《十三經注疏整理本》11, 764쪽).
16 복(復)에⋯⋯사람[具]:아래에 각사(角柶, 뿔숟가락), 안석[几, 궤] 항목 참조.
17 승중(承重):아버지가 죽고 없어서 맏아들 또는 맏손주가 조부모나 증조부모의 상례·제례를 주관하여 받드는 일.
18 궤전(饋奠):상례 절차에서 염습(殮襲)부터 장사(葬事)까지 아침저녁으로 신위 앞에 올리는 제물 음식. 궤전(饋奠)을 전(奠)으로 약칭하기도 한다.
19 분상(奔喪):《예기(禮記)》의 한 편명. 상례에 대한 규정이 수록되어 있다.
20 《禮記正義》卷56〈奔喪〉《十三經注疏整理本》15, 1788쪽).

잡기(雜記) 21 22 고모(姑母)·누나·여동생의 경우 그 남편이 죽었는데, 남편의 친척 중에 형제가 없으면, 남편의 친척으로 하여금 상례를 주관하게 한다. 그 처의 친척들이 비록 가까워도 상례를 주관하지는 않는다】

雜記 姑、姊、妹, 其夫死, 而夫黨無兄弟, 使夫之族 人主喪. 妻之黨雖親, 弗 主】

(5) 주부(主婦)를 세운다.23

【주부는 망자의 처를 말한다. 처가 없으면 상례를 주관하는 사람의 처가 맡는다】

主婦、

【謂亡者之妻. 無則主喪者 之妻】

(6) 호상(護喪)24을 세운다.

【자제 중에서 예를 잘 알아서 일을 잘 처리할 수 있는 사람에게 맡긴다. 일반적으로 상사(喪事)는 모두 호상에게 여쭈어 확인한 다음에 처리한다】

護喪、

【以子弟知禮能幹者爲之. 凡喪事皆稟之】

(7) 사서(司書)25와 사화(司貨)26를 세운다.

【자제나 하인[吏僕]에게 시킨다】

司書、司貨.

以子弟或吏僕爲之】

(8) 그제야 옷을 바꿔 입고 음식을 먹지 않는다.

【처와 딸과 며느리와 첩은 모두 관(冠)과 겉옷을

乃易服不食.

【妻、子、婦、妾皆去冠及上

---

21 잡기(雜記):《예기》의 한 편명. 상하(上下)편으로 구성되어 있다. 상편은 대체로 상례에 대한 내용이 많고, 하편은 관혼상제 등의 의례 전반에 대한 내용이 수록되어 있다.

22 《禮記正義》卷43〈雜記〉下《十三經注疏整理本》14, 1415쪽).

23 주부(主婦)를 세운다: 앞의 '상주를 세운다[立喪主]'와 같이 '세운다[立]'를 보충하여 번역했다. 이하 사화 (司貨)까지의 구문도 이와 같다.

24 호상(護喪): 상례의 전반적인 절차를 맡아서 지휘하고 감독하는 사람. 친족이나 친지 중에서 상례의 경험 이 많고 의례에 대한 지식이 있는 사람이 주로 맡는다.

25 사서(司書): 상례 기간 동안 상가(喪家)에 필요한 문서를 작성하거나 부의록(賻儀錄) 등을 담당하는 사람.

26 사화(司貨): 상례 기간 동안 상가의 상례 관련한 물품의 출납과 회계를 담당하는 사람.

벗고 머리를 풀어헤친다. 남자들은 상의의 옷섶을 걷어 올리고 맨발을 한다. 상복을 입는 나머지 사람들은 모두 화려한 장식을 없앤다. 다른 사람의 후사(後嗣, 양자)가 된 사람이 자신을 낳아준 부모의 상을 당한 경우와 이미 시집을 간 딸은 모두 머리를 풀어헤치거나 맨발을 하지 않는다. 모든 자식들은 3일 동안 음식을 먹지 않고, 기년복(朞年服)과 9개월의 대공복(大功服)을 입는 사람은 세 끼를 먹지 않으며, 5개월이나 3개월의 복을 입는 사람은 두 끼를 먹지 않는다. 친척이나 이웃 사람들이 죽을 쑤어서 먹게 하거나, 항렬이 높거나 나이가 많은 사람이 억지로 음식을 권하면 조금 먹어도 된다. 상의의 옷섶을 걷어 올리는 일은 옷의 앞옷섶[前襟]을 허리띠에 꽂는 일을 말한다.

服被髮. 男子扱上衽徒跣. 餘有服者, 皆去華飾. 爲人後者, 爲本生父母及女子已嫁者, 皆不被髮徒跣. 諸子三日不食, 期、九月之喪三不食, 五月、三月之喪再不食. 親戚、隣里, 爲糜粥以食之, 尊長强之, 少食可也. 扱上衽 ②, 謂挿衣前襟於帶.

사상기주(士喪記注)²⁷²⁸ 심의(深衣)를 입는다.

士喪記注 服深衣.

상복도식(喪服圖式)²⁹³⁰ 성복(成服)³¹을 할 때까지 심의

喪服圖式 至成服, 不改深

---

27 사상기주(士喪記注):《의례(儀禮)》권40 〈기석례(旣夕禮)〉뒷부분의 '경(經)'에 대한 해설 부분인 '기(記)'를 사상기(士喪記)라 하고, 그 본문에 대한 주(注)는 "사상기주(士喪記注)", 소(疏)는 "사상기소(士喪記疏)"라 한다.

28 《儀禮注疏》卷40 〈旣夕禮〉《十三經注疏整理本》11, 886쪽) ;《沙溪全書》卷31 〈喪禮備要〉"初終"《沙溪·愼獨齋全書》上, 535쪽).

29 상복도식(喪服圖式):《의례경전통해속(儀禮經傳通解續)》권16 〈의례상복도식(儀禮喪服圖式)〉의 줄임말. 상례에서 입어야 하는 의복에 대한 그림과 해설을 수록하고 있다.

30 《儀禮經傳通解續》卷16上 〈儀禮喪服圖式〉 "喪禮"14上 '五服式'《文淵閣四庫全書》132, 212쪽).

31 성복(成服):상례(喪禮)에서 대렴(大殮)을 한 다음날 상주 및 상제들이 복제(服制)에 따라 상복을 입는 절차. 일반적으로는 초상이 나고 3~5일 뒤 처음으로 상복을 입는 절차를 의미하기도 한다. 상례를 치르는 과정에서 망자의 죽음을 애도하는 사람들이 비통한 감정을 표현하는 의례 형식의 하나가 성복이다. 관례(冠禮)나 혼례(婚禮) 시에 옷을 잘 차려입는다는 의미의 '성복(盛服)'과 음은 같으나 한자가 다르다.

② 衽 : 저본에는 "衽". 오사카본·《家禮·喪禮·初終》에 근거하여 수정.

를 입고 다른 옷으로 바꾸지 않는다. 심의가 없으면 직령의(直領衣)32를 입는다. 여자는 흰 장의(長衣)33를 입는다.

衣. 無則直領衣. 婦人用白長衣.

문상(問喪)34 35 3일 동안 불을 때서 밥을 하지 않는다】 問③喪 三日不舉火】

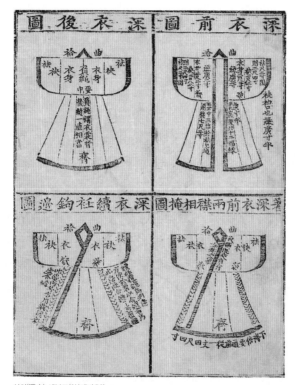

심의(深衣) 세부도(《상례비요》)

---

32 직령의(直領衣):옷깃을 일직선으로 곧게 만든 옷. 조선 시대에 관복이나 혼례복으로도 사용되었으나, 주로 상례복으로 입었다. 직령포(直領袍)라고도 한다.

33 장의(長衣):외출복으로 입던 평상복의 하나로, 장례시에도 착용했다.

34 문상(問喪):《예기(禮記)》의 한 편명. 상례 때에 조문하는 절차 및 방법이 수록되어 있다.

35 《禮記正義》卷56〈問喪〉(《十三經注疏整理本》15, 1790쪽).

③ 問:저본에는 "聞".《喪禮備要·初終》·《禮記·問喪》에 근거하여 수정.

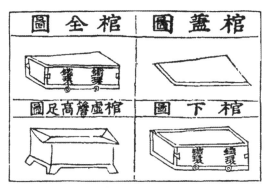

관(棺)(《사계전서·가례집람도설》)

<table>
<tr><td>(9) 관(棺)을 만든다.</td><td>治棺.</td></tr>
</table>

【호상(護喪)이 목수에게 명하여 나무를 골라 관을 만들게 한다. 그 제도는 네모나고 곧게 하되 머리쪽은 크고 발쪽은 작게 한다.

【護喪命匠擇木爲棺. 其制方直, 頭大足小.

[상례비요(喪禮備要)]³⁶³⁷ 높이와 너비와 길이는 소렴(小斂)한 시신의 크기에 근거하여 마름질할 수치를 정한다. 대렴(大斂)³⁸에 만일 옷을 8~9벌을 쓰면, 사방(四方)과 높이를 각각 0.03척의 여분을 두고, 10여 벌을 쓰면 0.05~0.06척의 여분을 둔다. 나머지는 모두 그것을 미루어 판단한다. 높이는 칠성판(七星板, 관 바닥에 까는 얇은 널판)과 요와 자리 및 회(灰)의 두께를 제외하고 말하는 것이다】

[喪禮備要] 高廣長短, 据小斂裁定, 大斂如用衣八九稱, 則四方及高各有剩三分許;用十餘稱, 則剩五六分. 餘皆推之. 高則計除七星板、褥、席及灰之厚而言也[4]】

---

36 상례비요(喪禮備要):조선 중기의 학자 신의경(申義慶, 1557~1648)과 김장생(金長生, 1548~1631)이 《가례(家禮)》를 중심으로 이전 학자들의 예설(禮說)을 참조하여 상례와 관련된 의례를 해설한 예서.

37 《沙溪全書》卷31〈喪禮備要〉"初終"(《沙溪·愼獨齋全書》上, 535쪽).

38 대렴(大斂):소렴(小斂)을 마친 다음 시신에 옷을 입히고 이불과 교포(絞布)로 싸서 입관하는 의식.

[4] 也:저본에는 "之". 오사카본·규장각본·《喪禮備要·治棺》에 근거하여 수정.

(10) 친척들과 동료들 및 친구들에게 부고(訃告)한다.　訃告于親戚、僚友.

【호상(護喪)과 사서(司書)가 글을 써서 보낸다. 만약 호상과 사서가 없으면 주인이 스스로 친척들에게 부고를 써서 보내고, 동료나 벗들에게는 부고를 보내지 않는다. 자중하여 그 이외의 편지나 문안은 모두 중지한다. 편지로 조문한 사람들에게는 모두 졸곡(卒哭) 뒤에 답해야 한다】《가례(家禮)》[39]

【護喪、司書爲之發書. 若無則主人自訃于親戚, 不訃僚友. 自餘書問悉停. 以書來弔者, 竝須卒哭後答之】《家禮》

1-1) 갖춰야 할 기물과 사람[具][40]　具

(1) 햇솜[纊, 광]　纊

【사상기소(士喪記疏)[41][42] 지금의 새 솜은 쉽게 움직이기 때문에 병자의 입과 코 위에 두어 숨이 끊어졌는지의 징후로 삼는다】

【士喪記疏 今之新綿, 易動搖, 置口鼻之上以爲候】

(2) 새 옷[新衣]　新衣

【상례비요[43] 새 옷을 병자에게 입힌다】

【喪禮備要 用加病者】

(3) 이불[衾, 금]　衾

【상례비요[44] 솜이 든 이불로 시신(屍身)을 덮는 데 쓰는 기물이다. 이를 그대로 대렴(大斂)에 쓴다】

【又 有絮, 所以覆尸, 仍用於大斂者】

---

39 《家禮》卷4〈喪禮〉"初終"《《家禮》2, 29~36쪽).

40 갖춰야……사람[具] : 이상의 절차에서 쓰이는 장례 기물들과 사람이다. 상례 절차에 대한 설명 이후 각 상례 절차에서 쓰이는 장례 기물들에 대한 설명이 나온다. 여기서는 시자(侍子)도 포함되어 있어서 "기물과 사람"으로 옮겼다.

41 사상기소(士喪記疏) : 《의례(儀禮)》 권40 〈기석례(旣夕禮)〉 뒷부분의 '경(經)'에 대한 해설 부분인 사상기(士喪記)에 달린 소(疏)를 "사상기소(士喪記疏)"라 한다.

42 《儀禮注疏》卷40〈旣夕禮〉《《十三經注疏整理本》11, 885쪽).

43 《沙溪全書》卷31〈喪禮備要〉"初終"《《沙溪·愼獨齋全書》上, 535쪽).

44 《沙溪全書》, 위와 같은 곳.

(4) 웃옷[上服]

【상례비요】45 사(士) 이상은 공복(公服)을 입히거나 심의(深衣)를 입힌다. 서인(庶人)도 심의를 입힌다. 심의가 없으면, 직령의(直領衣)를 입힌다. 부인의 경우에는 원삼(圓衫)을 입히는데, 혹 민간에서는 장오자(長襖子)46를 아울러 입히기도 한다. 웃옷은 죽은 사람이 평소에 입었던 옷으로, 복(復)을 할 때 썼다가 시신을 덮는 데 쓰는 기물이다. 몸을 씻길 때에 그것을 벗기고, 염습할 때는 쓰지 않는다】

上服

【又】士以上公服或深衣. 庶人亦深衣, 無則直領衣. 婦人圓⑤衫, 或俗長襖子竝用. 死者嘗經衣者, 所以復而覆尸也⑥. 浴則去之, 不以襲斂】

(5) 각사(角柶, 뿔숟가락)

【상례비요】47 뿔을 써서 만든다. 길이는 0.6척이다. 멍에처럼 구부린다. 가운데 부분을 입에 넣으면 양쪽 끝이 위로 휘어 있어 치아가 닫히지 않도록 하

角柶

【又】用角爲之. 長六寸, 屈之如軛. 中央入口, 兩末向上, 所以楔齒.

각사(角柶)

중국 상(商)나라 청동사(青銅柶)

---

45 《沙溪全書》, 위와 같은 곳.

46 장오자(長襖子):주로 여인들이 겉옷 안에 껴입는 옷으로, 속칭 장의(長衣)라고도 한다.

47 《沙溪全書》, 위와 같은 곳.

⑤ 圓:저본에는 "團". 오사카본·규장각본·《喪禮備要·初終之具》에 근거하여 수정.

⑥ 也:《喪禮備要·初終之具》에는 "者".

는[楔齒] 데 쓰는 기물이다.

| 문공가례의절 [48] 젓가락을 입 안에 가로질러 입이 닫히지 않게 해서 함(含)[49]을 할 수 있게 한다】 | 儀節 以筯橫口中, 使不合, 可以含】

(6) 안석[几, 궤]

【상례비요 [50] 다리가 있다. 시신의 발을 고정하는[綴足] 데 쓰는 기물이다.

几

【喪禮備要 有足, 所以綴足者.

　　사상례주(土喪禮注) [51] 신발을 신길 때 벗겨져서 어긋날까 걱정되기 때문이다】

土喪禮注 爲將屨, 恐其辟戾也】

(7) 시자(侍者)

【상례비요 [52] 안팎의 심부름을 하는 사람이다. 여자들의 상에는 여어(女御, 여자 일꾼)[53]를 써야 한다.

侍者

【喪禮備要 卽內外給使令者. 內喪當用女御.

안 이상은 복(復)에 갖춰야 할 기물들과 사람이다】

案 已上復具】

(8) 송판(松板, 소나무널판)

【상례비요 [54] 흰 테두리가 없는 송판이 상품(上

松板

【又 無白邊者爲上. 厚二

---

48 《文公家禮儀節》卷4〈喪禮〉"初終"(《文公家禮儀節》2, 71쪽);《沙溪全書》, 위와 같은 곳.

49 함(含):옛날 상례(喪禮)에서 시신의 입에 구슬·옥·조개껍데기·쌀·동전 등을 넣는 절차. 반함(飯含)이라고도 한다.

50 《沙溪全書》, 위와 같은 곳.

51 《儀禮注疏》卷35〈土喪禮〉(《十三經注疏整理本》11, 764쪽).

52 《沙溪全書》, 위와 같은 곳.

53 여어(女御, 여자 일꾼):안팎의 대소사를 맡아서 하는 여자 일꾼. 본래 궁중에서 일하는 여자의 관직명이었으나 후대에는 여자 일꾼의 의미로 확대되었다.

54 《沙溪全書》卷31〈喪禮備要〉"初終"(《沙溪·愼獨齋全書》上, 536쪽).

品)이다. 두께는 0.25척 혹은 0.3척이고, 길이와 너비는 적절히 조절한다.

寸半或三寸, 長廣隨宜.

안 강원도의 산골짜기에서 나는 소나무로서 나뭇결이 조밀하며, 단단하면서 질기고, 기름도 나오지 않고, 마디도 없는 것이 가장 좋다. 섬에서 벌목한 소나무[島松]와 잣나무[海松子木]도 쓸 만하나, 부드럽고 물러서 쉽게 썩는다. 그러므로 그다지 귀하게 여기지는 않는다. 어떤 사람은 오동나무가 물과 습기에 잘 견뎌 관의 재목으로는 매우 알맞다고 하지만, 지금 민간에서는 그것을 쓰는 사람이 드물다】

案 關東峽産松, 細理堅靭, 不油無節者爲最. 島松及海松子木亦可用, 而柔脆易腐, 故不甚珍. 或云桐木耐水濕甚合棺材, 而今俗鮮有用者】

(9) 임(袵, 허리 잘록한[小腰] 나무 장부)

【상례비요[55] 민간에서는 '은정(銀釘)'이라 한다. 8개를 쓴다. 관의 아래와 위를 연결시켜 봉합하는 데 쓰는 기물이다. 그 제도는 소나무를 쓰며, 길이는 0.3척 혹은 0.28척이고, 너비는 0.16척이며, 두께는 0.22척 또는 0.2척이다. 길이 쪽의 한가운데가 되는 지점을 양쪽 면에서 두께 방향으로 각각 0.08~0.09척을 톱질하되, 가운데 부분의 0.08척은 남기고 톱질을 멈춘다. 그제야 네 귀퉁이로부터 비스듬하게 깎아 깎인 양쪽 면을 내버린다. 이렇게 톱질하여 가운데 0.08척을 남긴 곳에 이르면, 양쪽 끝은 크고 가운데는 작게 된다. 지판(地板, 관의 하판)의 좌우(左右)에도 각각 2개의 임(袵)을 만들고, 천개(天

袵
【又 俗稱"銀釘". 用八, 所以連合棺之上下縫者. 其制, 用松木, 長三寸或二寸八分, 廣一寸六分, 厚二寸二分或二寸. 就中央從兩邊, 各鋸八九分, 留中八分不動, 乃自四角斜劈去其兩邊, 至中間八分處, 則兩端大而中小. 地板左右, 各設二袵, 天蓋合縫處則預備漆袵用之.

---

55 《沙溪全書》, 위와 같은 곳.

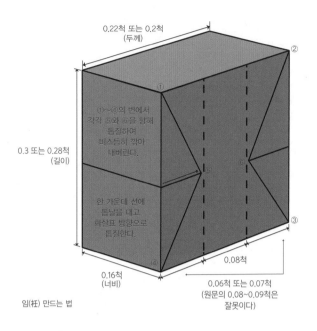

0.22척 또는 0.2척
(두께)

②

①

①~④의 변에서
각각 ⑤와 ⑥을 향해
톱질하여
비스듬히 깎아
내버린다.

0.3 또는 0.28척
(길이)

⑤ ⑥

한 가운데 선에
톱날을 대고
화살표 방향으로
톱질한다.

③

④

0.08척

0.16척
(너비)

0.06척 또는 0.07척
(원문의 0.08~0.09척은
잘못이다)

임(衽) 만드는 법

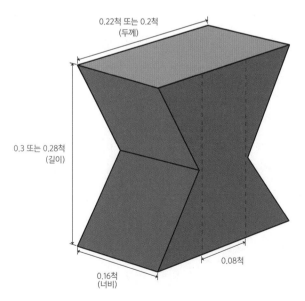

0.22척 또는 0.2척
(두께)

0.3 또는 0.28척
(길이)

0.08척

0.16척
(너비)

임(衽)의 제도

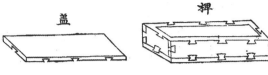

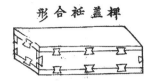

뚜껑[蓋]과 관[椑]을 연결하는 임(衽)(임의 개수는 본문과 다르다)《국조상례보편》

蓋, 관의 상판)를 합하여 잇는 곳에는 역시 좌우에 각각 2개의 임을 만들고 옻칠한 임(衽)을 미리 준비하여 쓴다.

안 지금은 대부분 임 12개를 사용하니, 상판과 하판 좌우에 각각 3개의 임을 마련한다】

案 今多用十二. 上下板左右, 各設三衽】

(10) 송진[松脂]

【상례비요】[56] 관 내부의 이음새[合縫]에 바르는 것이다. 기름이나 밀납을 섞어 녹여서 붓는다. 혹은 가루를 만들어 관의 안팎에 고르게 펴서 바른 다음 쇠붙이를 달구어 그 가루를 지져서 송진가루가 나뭇결에 스며들게 한다】

松脂

【又】 以塗棺內合縫者. 和以油、蠟熔瀉, 或作末均鋪於內外, 以鐵物烙之, 使熔入木理】

(11) 칠(漆, 옻)

【상례비요】[57] 밀가루와 섞어서 관의 이음새에 칠하는 데 쓰는 기물이다.

漆

【又】 所以和眞末塗棺縫者.

---

56 《沙溪全書》, 위와 같은 곳.
57 《沙溪全書》, 위와 같은 곳.

안 《상례비요》에 "송연(松煙, 소나무 태운 그을음) 1승 정도를 술이나 풀에 섞어서 관에 칠한다. 만약 순전히 옷[漆]만을 쓰고 또 칠포(漆布, 옷칠을 한 베)를 쓰면 옷의 경우는 2승 정도를 쓴다."58라 했다. 아마도 옛사람들은 송연을 많이 썼던 듯하다. 하지만 지금은 모두 순전히 옷만을 써서 두터워 보이며 광택과 윤기가 나게 하는 데에 힘을 쓴다. 이는 비단 보기에 아름다운 것 때문만이 아니라 또한 오래 견디고 습기를 막는 점을 취한 것이다. 송연의 경우에는 가난하거나 검소한 사람이 쓴다. 칠포는 지금은 모두 쓰지 않지만 혹 이장[遷葬]할 때, 관판(棺板)이 썩어서 손상된 곳을 보완하기 위해서 쓴다】

案 《喪禮備要》有云 : "松煙一升許, 和以酒或糊以漆棺. 若用全漆, 又用漆布, 則漆用二升許." 疑古人多用松煙, 而今皆用全漆, 務令肥厚光潤, 不但爲觀美也, 亦取其耐久禦濕也. 至如松煙, 寒儉者用之. 漆布今皆不用, 而或用於遷葬之時, 爲其補完棺板之腐損處也】

(12) 칠성판(七星板)59

【상례비요 60 송판을 쓴다. 두께는 0.05척이고, 판(板) 위에 북두칠성 모양처럼 7개의 구멍을 뚫고, 검은 비단이나 종이를 그 윗면에 붙인다.

안 종이를 붙이는 것은 요즘 민간에서는 거의 하지 않는다. 《상례비요》에 "검은 비단을 관에 바르고 무늬가 들어간 녹색 비단을 관의 네 귀퉁이에 붙인

七星板

【又 用松板. 厚五分, 板上穿七孔如北斗狀, 以黑繒或紙貼其上面.

案 貼紙, 今俗尠用, 而《喪禮備要》又有 "以繒塗棺, 綠綾貼四角"之文, 然今竝

---

58 송연(松煙, 소나무 태운 그을음)……쓴다:《沙溪全書》, 위와 같은 곳.

59 칠성판(七星板):관(棺) 속에 넣어 시신을 안치하기 위한 기물. 그 발상은 전한(前漢) 말기에 황제를 참칭(僭稱)한 왕망(王莽, B.C. 45~A.D. 23)에게서 시작된 것으로 추정된다. 왕망은 북두칠성(北斗七星)의 위엄을 빌려 군대를 호령하기 위해 구리[銅]로 거대한 국자[斗] 모양을 만들어 '위두(威斗)'라 칭하고 자신이 출입할 때마다 사람을 시켜 지고 따르게 하였다고 한다. 그 이후로 구리나 나무로 만든 북두칠성 모양 기물을 묘지에 묻어 지하의 사귀(邪鬼)를 누르려는 일이 유행하였고 후대에 칠성판 양식으로 변화되었다. 칠성판은 관 속에 넣기 용이한 크기의 송판(약 1~2cm 두께)으로 만들며 북두칠성 모양이 되도록 7개의 구멍을 뚫되, 끌이나 칼을 이용해 뚫으며 불을 쓰지 않는다. 입관할 때 관 바닥에 차조 태운 재[秫灰]를 적당히 간 다음 그 위에 칠성판을 놓고 시신을 안치한다.

60 《沙溪全書》, 위와 같은 곳.

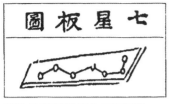

칠성판도(七星板圖)(《사계전서·가례집람도설》)

칠성판(국립민속박물관)

다.[61]"는 글이 있으나, 지금은 모두 쓰지 않는다】

不用】

(13) 목공(木工)과 칠장(漆匠)

木工、漆匠

【안 모두 조심스럽고 신중하며 일을 잘하는 사람을 골라서 맡긴다.

【案 竝擇謹愼善事者, 任之.

이상은 관을 만드는 데 갖춰야 할 기물과 사람이다】

已上治棺具】

1-2) 부고(訃告, 부음 알리기)의 서식

訃書式

(1) 아무개 친척 아무개가

某親某人,

【안 지금 민간에서는 호상을 반드시 비천한 사람이 하도록 시킨다. 그러므로 반드시 주인의 성명을 써서 "아무개 성씨(姓氏) 아무개 관작(官爵) 아무개씨, 아무개 친척 아무개 관작(官爵) 공(公)"이라 하고, 부인일 경우에는 "아무개 봉호 아무개 씨"라고 한다. 주인과 같은 집안[同宗]인 사람에게 부고할 경우에는 성(姓)을 쓰지 않는다】

【案 今俗, 護喪必使卑賤爲之. 故必書主人姓名, 云"某姓某官某名氏某親某官公", 婦人則"云某封某氏". 告于主人之同宗, 則不書姓】

---

61 검은……붙인다:《沙溪全書》, 위와 같은 곳.

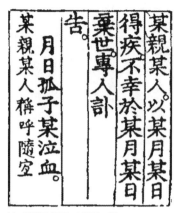

부고서식((사계전서·가례집람도설))

(2) 몇 월 몇 일에 병을 얻어

　【안 민간에서는 "모 질환(疾患)"이라 말한다】

以某月某日得疾,

【案 俗云以"某患"】

(3) 불행하게도[不幸] 몇 월 몇 일에[於]

　【안 민간에서는 "불행어(不幸於, 불행하게도 ~에)" 세
글자를 쓰지 않는다】

不幸於某月某日,

【案 俗無"不幸於"三字】

(4) 세상을 떠나셔서[棄世]

　【안 민간에서는 "별세(別世)"라 한다】

棄世,

【案 俗云"別世"】

(5) 사람을 보내 부음(訃音)을 고합니다.

專人訃告.

(6) 연호(年號)62 몇 월 몇 일.

年號月日.

---

62 연호(年號) : 독자적인 정치세력을 이룬 국가 또는 군주가 자신의 치세(治世) 시기를 구분하기 위해 쓰는 용
어. 연호를 붙이는 행위는 '건원(建元)'이라 한다.

【案 민간에서는 연호를 쓰지 않고, 단지 연(年)·월(月)·일(日)만을 쓴다. 일반적으로 축문(祝文)과 조장(弔狀)63 등의 서식(書式)은 모두 이와 같다】

【案 俗不用年號, 只書年、月、日. 凡祝文、弔狀等式皆倣此】

(7) 호상(護喪) 성명 아무개(성명을 쓴다)가 올립니다.

護喪姓名上

(8) 아무개님 좌전(座前)64

某位座前.

【案 민간에서는 "올립니다[上]"라는 글자가 없다. 겉표지에는 "부음(訃音)을 아무개님 좌전(座前)에 고합니다"라 쓴다】《문공가례의절(文公家禮儀節)》65

【案 俗無"上"字. 封皮書云"告訃某位座前"】《儀節》

---

63 조장(弔狀) : 상가에 보내는 편지 또는 글로, 상을 당한 슬픔을 위로하는 내용을 담는다.

64 좌전(座前) : 편지나 부고 등의 글에서 받는 사람을 높여 그 이름이나 호칭 아래 붙여 쓰는 용어.

65 《文公家禮儀節》 卷4 〈喪禮〉 "初終"(《文公家禮儀節》 2, 83~84쪽) ; 《沙溪全書》 卷31 〈喪禮備要〉 "初終"(《沙溪·愼獨齋全書》 上, 536쪽).

2) 염습[襲]

(1) 집사자(執事者)가 휘장[幃]과 평상[牀]을 진설하여, 시신(屍身)을 옮기고 구덩이를 판다.

【① 집사자는 휘장을 쳐서 시신이 있는 내실[臥內]을 가린다. ② 시자(侍者)는 평상을 시신 앞에 진설하되 세로로 두고, 대자리[簀]를 펴고 깔았던 거적[薦]은 걷는다. ③ 여기에 자리와 베개를 진설하고 시신을 그 위에 옮기되, 남쪽으로 머리가 가도록 하며 이불[衾]로 덮는다. ④ 외진 곳[屛處] 깨끗한 땅에 구덩이[坎]를 판다.

사상기(士喪記)[66] 창문이 나있는 곳에 평상을 진설한다.

상례비요[67] 만약 더운 계절이라면 이불의 네 자락을 여며 틈이 없게 해서 파리를 막는다】

(2) 습의(襲衣, 염습할 때 입히는 옷)하는 기물을 진설하고,

【습의가 놓인 탁자를 당(堂) 앞의 동쪽 벽 아래에 진설하되, 옷깃을 서쪽으로 향하게 하며 남쪽을 상석으로 한다】

(3) 시신을 목욕(沐浴)시키는 기물과 반함(飯含)[68]하는

襲

執事者設幃及牀, 遷尸, 掘坎.

【執事者以幃障臥內. 侍者設牀於尸前, 縱置之, 施簀去薦, 設席, 枕, 遷尸其上, 南首, 覆以衾. 掘坎于屛處潔地.

土喪記 設牀當牖.

喪禮備要 若暑月, 斂衾四裔, 使之無隙以辟蠅】

陳襲衣、

【以卓子陳于堂前東壁下, 西領, 南上】

沐浴、飯含之具.

---

66 《儀禮注疏》卷40〈旣夕禮〉(《十三經注疏整理本》11, 887쪽).
67 《沙溪全書》, 위와 같은 곳.
68 반함(飯含): 옛날 상례(喪禮)에서 시신의 입에 구슬·옥·조개껍데기·쌀·동전 등을 넣는 절차. 죽은 사람이 저승까지 가는 동안 먹을 양식과 노잣돈을 챙겨준다는 의미를 지닌다.

기물을 진설한다.

【기물들이 놓인 탁자를 당 앞의 서쪽 벽 아래에 진설하되, 남쪽을 상석으로 한다】

【以卓子陳于堂前西壁下, 南上】

(4) 그제야 시신을 목욕시킨다.

【① 시자는 탕(湯)[69]을 들여온다. ② 주인 이하의 사람은 모두 장막 밖으로 나가서, 북쪽을 향해 선다. ③ 시자는 시신의 머리를 감기고 머리카락을 빗으로 빗긴 다음 수건으로 말리고 머리카락을 모아 상투를 만들어준다. ④ 이불을 들어 올려 시신을 목욕시키고 수건으로 닦아준 다음 칼로 손톱과 발톱을 잘라준다. ⑤ 시신을 목욕시키고 남은 물과 함께 수건과 빗은 파 놓은 구덩이에 던져 넣고 묻는다.

乃沐浴.

【侍者以湯入. 主人以下, 皆出帷外, 北面. 侍者沐髮櫛之, 晞以巾, 撮爲髻. 抗衾而浴, 拭以巾[7], 剪爪. 其沐浴餘水幷巾、櫛, 棄于坎而埋之.

상대기주(喪大記注)[70][71] 아플 때 입혔던 새 옷과 복의(復衣)[72]를 벗긴다.

喪大記注 去病時所加新衣及復衣.

상례비요[73] 주인 이하의 사람들은 북쪽을 향하여 곡을 한다.

喪禮備要 主人以下, 北面哭.

---

69 탕(湯): 향탕(香湯)을 말하는데, 향나무나 쑥을 삶은 물이다.

70 상대기주(喪大記注): 《예기(禮記)》의 한 편인 〈상대기(喪大記)〉에 달려 있는 주석. 〈상대기〉에는 상례의 세부 절차가 기록되어 있다.

71 《禮記正義》卷44〈喪大記〉(《十三經注疏整理本》14, 1461쪽).

72 복의(復衣): 복(復, 혼 부르기)할 때 사용했던 옷.

73 《沙溪全書》卷31〈喪禮備要〉"襲"(《沙溪·愼獨齋全書》上, 538쪽).

[7] 巾: 저본에는 "中". 오사카본·규장각본·《家禮·喪禮·初終》에 근거하여 수정.

사상례(士喪禮)[74] 목욕이 끝나면 주인은 안으로 들 어가 자신의 자리로 간다.

士喪禮 浴畢, 主人入, 卽 位.

안 《의례》〈사상례〉에는 "얼음을 진설한다[設氷]"[75] 는 구절이 있고 그 소(疏)에 "먼저 얼음이 담긴 쟁반 [氷槃]을 들여 놓고서, 그제야 그 위에 평상을 진설 한 다음 '대자리는 펴되 자리는 치우고[祖簀去席]' 시 신을 옮겨서 얼음의 한기(寒氣)를 시신에 잘 통하게 한다."[76]라 했다.

案 《士喪禮》有"設氷"之文 而疏云:"先納氷槃, 乃設 牀於其上, 祖簀去席而遷 尸, 通氷之寒氣."

《상대기주》에는 "이는 목욕시킨 이후이고 염습 하기 전의 일이다. 사(士)에게는 얼음이 없으니, 토기 쟁반에 물을 담아서 쓴다."[77]라 했다.

《喪大記注》云:"沐浴以後 襲斂以前之事. 士無氷, 瓦 槃盛水."

《상례비요》에는 "여름에 얼음을 사용한다."[78]라 했다. 지금도 간혹 매우 무더운 여름날에 사용하는 데, 목욕시키고 염습할 때만 사용하는 것이 아니라, 촉광(屬纊, 솜을 코밑에 대기) 이후부터 대렴(大斂, 소렴 이 후 시신을 이불로 싸는 의식) 전까지는 시신을 모신 평상

《喪禮備要》:"夏月用之." 今或用之於盛暑, 而不特 用之浴襲之時, 屬纊後大 斂前, 設氷於尸牀左右】

---

74 《儀禮注疏》卷36 〈士喪禮〉《十三經注疏整理本》11, 784쪽).

75 얼음을 진설한다[設氷]:《의례》〈사상례〉의 원문에 "사(士)에게 얼음이 있을 때는 이반(夷槃, 시신의 부패 를 방지하기 위해 평상 밑에 얼음을 담아 두는 쟁반)을 사용할 수 있다(士有氷, 用夷槃可也)."라 했고, 정 현(鄭玄)의 주(注)에 "여름에 상례가 있을 때 군주가 얼음을 하사하는 일을 말한다(謂夏月而君加賜氷也)." 라 했다. 《儀禮注疏》卷36 〈士喪禮〉《十三經注疏整理本》11, 782쪽).

76 먼저……한다:이 문장은 《의례》〈사상례〉 해당 구절의 소(疏) 원문과는 차이가 있다. 원문에는 '대자리는 펴되 자리는 치우고[祖簀去席]'의 구절은 없다. 원문은 다음과 같다. "상례에서 중춘(仲春, 음력 2월) 이후 로 시신의 염습을 마치고 소렴(小斂)을 마쳤을 때는 먼저 얼음을 쟁반 안에 넣고서, 그제야 그 위에 평상을 진설한 다음 자리는 깔지 않고[不施席] 시신을 옮긴다. 가을이 되어 서늘해지면 그렇게 하지 않는다. (중 략) 자(第, 대자리의 일종)는 책(簀, 대자리)이니, 목욕할 때 쓰는 평상처럼 자리가 없는[無席] 기물을 말 한다. 자리가 없는 까닭은 다만 얼음의 한기(寒氣)를 시신에 잘 통하게 하기 위해서다(禮自仲春之後, 尸旣 襲, 旣小斂, 先納氷槃中, 乃設牀於其上, 不施席而遷尸焉, 秋凉而止. (중략) 第爲簀, 謂無席如浴時牀也, 特欲通氷之寒氣)."《儀禮注疏》卷36 〈士喪禮〉《十三經注疏整理本》11, 783쪽).

77 이는……쓴다:《禮記正義》卷44 〈喪大記〉《十三經注疏整理本》14, 1460쪽).

78 여름에……사용한다:《沙溪全書》卷31 〈喪禮備要〉"襲"《沙溪·愼獨齋全書》上, 537쪽).

의 좌우에 얼음을 진설한다】

(5) 염습(斂襲)한다.

【시자는 염습에 쓰는 평상을 휘장 밖에 따로 진설하고 거적·자리·요·베개를 놓는다. 먼저 대대(大帶, 긴 허리띠)·심의(深衣)·도포[袍]79·오(襖)80·한삼(汗

襲.

【侍者別設襲牀於幃外, 施薦、席、褥、枕. 先置大帶、深衣、袍、襖、汗衫、袴、襪、

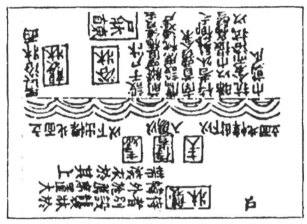

염습 도식1(《사계전서·가례집람도설》)

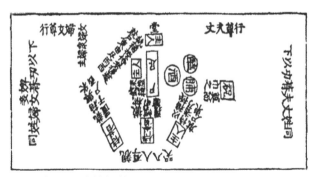

염습 도식2(《사계전서·가례집람도설》)

79　도포[袍] : 상의와 하의가 붙어 있어 몸 전체에 길게 걸치는 겉옷.

80　오(襖) : 도포[袍]보다 짧고 저고리[襦]보다 긴 겹옷.

衫)[81] · 바지[袴] · 버선[襪] · 늑백(勒帛)[82] · 과두(裹肚)[83] 따위를 그 위에 둔다. 이어서 그것들을 들어서 안으로 들인 다음 목욕시키는 평상의 서쪽에 둔다. 시신을 그 위에 옮긴다. 다만 복건(幅巾)[84] · 심의 · 신발은 아직 착용시키지 않는다.

勒帛、裹肚之類於其上. 遂舉以入, 置浴牀之西. 遷尸於其上. 但未着幅巾、深衣、履.

상례비요 [85] 옷의 겉섶이 모두 오른쪽으로 오도록[右衽] 옷을 입힌다. 만약 두 팔이 뒤틀려 있어서 소매를 꿸 수가 없으면, 시신을 옮길 때 시신의 허리를 옷의 옷깃에 똑바로 놓은 뒤, 함께 시신을 들었다가 차츰차츰 아래로 내리면 팔을 소매에 넣는다. 혹은 두 사람으로 하여금 옷의 옷깃을 함께 잡도록 하여 시신의 아래로부터 위로 올리면서 팔을 소매에 넣는다.

喪禮備要 衣之皆右衽. 若兩臂辟戾, 不得穿袖, 遷尸之時, 令尸腰正在衣領上, 共舉尸, 漸漸下之, 而納手于袖. 或使兩人共執衣領, 由尸下而上, 以手納于袖.

상례비요 [86] 상중(喪中)에 죽은 사람은 염습할 때 모두 길복(吉服)[87]을 쓴다. 그가 입었던 상복은 영상(靈牀)[88]에 진설했다가, 장례를 마친 뒤에 치운다.

又 喪中死者, 襲斂皆用吉服. 喪服則陳於靈牀, 旣葬而徹.

안 심의 · 도포[袍] · 오(襖) · 한삼(汗衫) 따위는 들쭉날쭉하게 포개지기 때문에, 염습할 때에 가지런하게

案 深衣、袍、襖、汗衫之屬, 參差重疊, 襲時有難

---

81 한삼(汗衫):주로 땀[汗]을 흡수하기 위해 속옷 용도로 입던 윗도리. 여름에는 겉옷으로도 착용했다.
82 늑백(勒帛):바지를 입을 때 정강이에 감아 무릎 아래에 매도록 하는 헝겊.
83 과두(裹肚):성인 남성이 입던 속옷의 일종. 흰색 명주나 얇은 비단으로 만들며 겹저고리의 형태이다.
84 복건(幅巾):검은 천으로 만든 두건[巾]으로, 관례 및 상례 때에 착용한다. 복건(幞巾)이라고도 한다.
85 《沙溪全書》卷31〈喪禮備要〉"襲"(《沙溪·愼獨齋全書》上, 538쪽)
86 《沙溪全書》, 위와 같은 곳.
87 길복(吉服):상복(喪服)을 벗은 다음에 입는 평상복으로, 검은색의 단령(團領) 복장이다.
88 영상(靈牀):상례를 치르는 절차 중에 대렴(大殮)한 뒤에 시신을 두는 곳.

정리하기가 어렵다. 그러므로 실로 대략 안팎[表裏]
을 꿰매어 놓는다. 옷은 등이 있는 쪽이 평상에 놓
이도록 해야 한다】

整齊, 故用線略綴表裏.
衣當背處以置牀】

(6) 시신이 놓인 평상을 옮겨 당(堂)의 중간에 둔다.

　【항렬이 낮거나 나이가 어린 사람이라면 각각 그
가 거처하던 방의 중간에 놓는다. 이외에도 '당에 있
다(在堂)'고 말한 경우는 이와 같게 한다】

徙⑧尸牀, 置堂中間.

【卑幼則各於室中間. 餘言
"在堂"者放此】

(7) 그제야 전(奠, 제물)을 진설한다.

　【① 집사자는 탁자에 포(脯)와 고기젓갈[醢]을 둔
다.[89] ② 축(祝)은 손을 씻고 잔을 씻어 거기에 술을 따
른다. ③ 시신의 동쪽 어깨쯤에 해당하는 곳에 술잔
을 올리고, 보로 덮는다[巾]. 축은 친척이 맡게 한다.

乃設奠.

【執事者, 以卓子置脯醢.
祝盥手洗盞斟酒, 奠于尸
東當肩, 巾⑨之. 祝以親戚
爲之⑩.

|상례비요|[90] 포와 고기젓갈은 곧 《예기(禮記)》〈단궁
(檀弓)〉에서 말한 '여각(餘閣)'[91]이다. 포와 고기젓갈이
없으면 있는 대로 음식을 차린다.

|喪禮備要| 脯醢, 卽《檀
弓》所謂"餘閣". 無則隨
所有.

89　집사자는……둔다:《가례(家禮)》에는 이 문장 뒤로 "동쪽 계단을 거쳐 당(堂)에 오른다(升自阼階)."는 구절
　　이 더 있다.
90　《沙溪全書》, 위와 같은 곳.
91　여각(餘閣):기각(庋閣)에 차린 밥상. 죽은 사람이 살아 있을 때 병상에서 음식을 받아먹던 식탁을 '기각'이
　　라고 한다. 사람이 막 죽었기 때문에 살아서 먹던 음식이 갑자기 바뀌게 되면 그것을 받아먹지 못할 것으
　　로 여길까 염려하여 살아서 먹던 밥상에 음식을 차려준다고 한다.《禮記正義》卷7〈檀弓〉上《十三經注疏整
　　理本》12, 231쪽)에 보인다.
⑧　徙:저본에는 "徒". 오사카본·규장각본·《家禮·喪禮·初終》에 근거하여 수정.
⑨　巾:저본에는 "中". 오사카본·규장각본·《家禮·喪禮·初終》에 근거하여 수정.
⑩　之:저본에는 "也". 오사카본·규장각본·《家禮·喪禮·初終》에 근거하여 수정.

안 도암(陶菴) 이재(李縡)[92]가 "고례(古禮)에는 이제 막 죽은 사람에게 올리는 전(奠)이 있었는데, 《가례(家禮)》에는 염습할 때 전(奠)이 있으니, 염습이 당일에 있었기 때문이다. 만약 여러 날 염습을 하지 못한 경우라면 매일 한 번 전(奠)을 올려야 마땅하다."[93]라 했다. 이 설이 합당한 듯하다.

그러나 지금 민간에서는 비록 며칠이 지나서 염습을 하더라도 염습 이전에는 전(奠)을 올리지 않는다. 염습이란 곧 소렴(小斂)인데, 염습을 하고 나서야 비로소 전(奠)을 올린다면 인정과 예법을 크게 잃게 된다】

案 陶菴云:"古禮有始死奠, 而《家禮》有襲奠, 襲在當日故也. 若累日未襲者, 每日一奠爲當." 此說似得之.

而今俗雖經日而襲, 襲前不奠. 襲卽小斂, 斂後始奠, 大失情、禮】

(8) 주인 이하의 사람들은 자리를 만들어 곡을 한다.

【① 주인은 시신을 모신 평상의 동쪽, 전(奠)의 북쪽에 앉는다. ② 나머지 여러 아들들로서 3년 상복을 입어야 하는 사람은 그 아래에 앉는다. 이때 모두 짚[薰]을 깐다. ③ 동성(同姓)으로 기년복(朞年服)·대공복(大功服)·소공복(小功服)을 입어야 하는 사람들 이하로는 각각 상복의 차례에 따라 그 뒤에 앉되, 모두 서쪽을 향하고 남쪽을 상석으로 한다.

④ 항렬이 높은 사람은 장유(長幼)에 따라 평상의 동쪽 벽 아래에 앉되, 남쪽을 향하며 서쪽을 상석

主人以下爲位而哭.

【主人坐於牀東奠北. 衆男應服三年者, 坐其下, 皆藉以薰. 同姓期、功以下各以服次, 坐於其後, 皆西向, 南上.

尊行以長幼, 坐于牀東北壁下, 南向, 西上, 藉以席、

---

92 이재(李縡):1680~1746. 조선 중기의 학자·문신. 자(字)는 희경(熙卿), 호는 도암(陶菴)·한천(寒泉), 시호는 문정(文正). 대사헌·이조참판·대제학 등을 역임했다. 저서로는 《도암집(陶菴集)》·《도암과시(陶菴科詩)》·《사례편람(四禮便覽)》·《어류초절(語類抄節)》 등이 있다. 특히 《사례편람》은 간행 뒤에 그 영향력이 커서 이후 관혼상제의 예를 실천하는 기준이 되었다.
93 고례(古禮)에는……마땅하다:《四禮便覽》卷3〈喪禮〉"初終"《增補四禮便覽》2, 9~10쪽).

으로 한다. 이때는 자리나 거적을 깔고 앉는다. ⑤ 주부와 여러 며느리와 딸은 시신을 모신 평상의 서쪽에 앉되, 짚을 깐다. ⑥ 동성(同姓)으로서 상복을 입는 부녀자들은 상복의 차례에 따라 그 뒤에 앉되, 모두 동쪽을 향하며 남쪽을 상석으로 한다. ⑦ 부녀자로서 항렬이 높은 사람들은 장유에 따라 평상의 서북쪽 벽 아래에 앉되, 남쪽을 향하며 동쪽을 상석으로 한다. 이때는 자리나 거적을 깔고 앉는다.

⑧ 첩과 여자종은 며느리와 딸의 뒤에 선다. ⑨ 휘장을 따로 쳐서 안팎을 가로막는다. ⑩ 이성(異姓)의 친족들로서 남자들은 휘장 밖의 동쪽에 앉되, 북쪽을 향하며 서쪽을 상석으로 한다. ⑪ 여자들은 휘장 밖의 서쪽에 앉되, 북쪽을 향하며 동쪽을 상석으로 한다. 모두 자리를 깔고 앉는다. ⑫ 상복에 따라 줄을 지어 앉고 상복이 없는 사람은 뒤로 간다.

⑬ 만약 부녀자의 초상이면 동성인 남자들은 항렬의 높고 낮음에 따라 휘장 밖의 동쪽에 앉되, 북쪽을 향하며 서쪽을 상석으로 한다. ⑭ 이성인 남자들은 휘장 밖의 서쪽에 앉되, 북쪽을 향하며 동쪽을 상석으로 한다.

⑮ 삼년상(三年喪)을 지내는 사람은 밤이 되면 시신의 곁에서 잠을 자는데, 짚을 깔고 흙덩이[塊]를 베고 잔다. ⑯ 쇠약하거나 병든 사람은 풀로 짠 거적[草薦]을 깔아도 괜찮다. ⑰ 기년복(朞年服) 이하의 복

薦. 主婦及衆婦女, 坐于牀西, 藉以藁. 同姓婦女以服次, 坐于其後, 皆東向, 南上. 尊行以長幼, 坐于牀西北壁下, 南向, 東上, 藉以席, 薦.

妾, 婢立於婦女之後. 別設幃以障內外. 異姓之親, 丈夫, 坐於幃[11]外之東, 北向, 西上. 婦人, 坐於幃外之西, 北向, 東上, 皆藉以席. 以服爲行, 無服在後.

若內喪則同姓丈夫尊卑, 坐于幃外之東, 北向, 西上. 異姓丈夫, 坐于幃外之西, 北向, 東上.

三年之喪, 夜則寢於尸旁, 藉藁枕塊. 羸病者, 藉以草薦可也. 期以下, 寢於側近. 男女異室. 外親歸家

---

[11] 幃: 저본에는 "幛". 《家禮·喪禮·初終》에 근거하여 수정. 이하의 "幛"은 "幃"로 고치며 교감기를 달지 않음.

을 입는 사람은 시신이 있는 곳과 가까운 곳에서 잠
을 잔다. ⑱ 남녀는 다른 방에서 잔다. ⑲ 외가(外家)
의 친족은 집으로 돌아가도 괜찮다】

可也】

(9) 그제야 반함(飯含)을 한다.

乃飯含.

【① 주인은 슬픔을 다하도록 곡을 하고, 옷의 왼
쪽을 벗어 어깨를 드러내고, 벗은 옷을 앞으로 둘러
허리의 오른쪽에 끼운다. ② 손을 씻고 상자를 들고
서 안으로 들어간다. ③ 시자 1명이 쌀주발에 숟가
락을 꽂고 쌀주발을 들고 주인을 따라가서 시신의
서쪽에 둔다. ④ 멱건(幎巾)94을 들고 들어가서 베개
를 치우고 얼굴을 덮는다.

【主人哭盡哀, 左袒, 自前
扱於腰之右. 盥手執箱以
入. 侍者一人, 揷匙于米盌,
執以從, 置于尸西. 以幎巾
入, 徹枕覆面⑫.

⑤ 주인은 시신의 동쪽으로 나아가 시신의 발쪽
을 거쳐 서쪽으로 간 다음 평상 위에서 동쪽을 향하
여 앉는다. ⑥ 덮었던 멱건을 들고 숟가락으로 쌀을
조금 떠서 시신의 입 오른쪽을 채우고 아울러 동전
한 닢을 채운다. ⑦ 또 시신의 입 왼쪽과 가운데에
도 그와 같이 한다. ⑧ 주인은 어깨를 드러냈던 옷
을 다시 입고서 자신의 자리로 돌아온다.

主人就尸東, 由足而西, 牀
上坐東面. 擧巾以匙抄米,
實于尸口之右, 幷實一錢.
又於左於中, 亦如之. 主人
襲所袒衣, 復位.

안 '동전 한 닢[一錢]'은 《상례비요》에는 '구슬 하나
[一珠]'로 되어 있다.95 옛날에는 동전이나 조개껍질
을 썼지만, 지금은 구슬을 쓴다.

案 "一錢",《喪禮備要》作
"一珠". 古用錢、貝, 今用
珠.

---

94 멱건(幎巾) : 시신의 얼굴을 덮는[幎] 헝겊[巾].
95 《상례비요》에는……있다:《沙溪全書》卷31〈喪禮備要〉"襲"(《沙溪·愼獨齋全書》上, 539쪽).
⑫ 以幎巾入, 徹枕覆面 : 저본에는 "徹枕以幎巾覆面".《家禮·喪禮·初終》에 근거하여 수정.

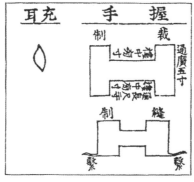

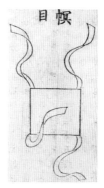

충이(充耳)와 악수(握手)(《사계전서·가례집람도설》)　　　멱목(幎目)(《상례비요》)

사상례(士喪禮) ⁹⁶ 시신의 입에 물린 설치(楔齒)를 거 둔다】　　　土喪禮 徹楔】

(10) 시자(侍者)는 염습을 끝내면 이불로 시신을 덮는다.　侍者卒襲, 覆以衾.

　【① 복건(幅巾)을 씌우고 충이(充耳, 귀막이)를 한 다 음 멱목(幎目)⁹⁷으로 얼굴을 가리고 신발을 신긴다. ② 그제야 심의를 입히고 대대(大帶)를 두르고 두 손 은 악수(握手)⁹⁸로 싼다. ③ 그제야 이불로 덮는다.

【加幅巾、充耳, 設幎目納 履. 乃襲深衣, 結大帶, 設 握手. 乃覆以衾.

상례비요 ⁹⁹ 멱건(幎巾)을 걷어서 치울 때, 먼저 착용 시켰던 망건과 설치(楔齒) 및 멱건을 모두 함께 구덩 이에 묻는다.

喪禮備要　去幎巾, 先着 網巾、楔及幎巾, 竝埋於 坎.

---

96 《儀禮注疏》卷36〈士喪禮〉《十三經注疏整理本》11, 786쪽).

97 멱목(幎目):소렴(小斂)할 때 시신의 얼굴을 임시로 덮었던 멱건(幎巾)을 걷은 다음 시신의 눈[目] 및 얼굴을 덮는[幎] 기물. 네 귀퉁이에 끈이 달려 있어 머리 뒤로 끈을 묶어 고정시킨다.

98 악수(握手):시신의 손을 싸는 기물로, 비단으로 겉감을 하고 베로 안감을 대서 솜을 속에 넣는다. 길이는 1.2척이고 폭은 0.05척 정도이다.

99 《沙溪全書》卷31〈喪禮備要〉"襲"(《沙溪·愼獨齋全書》上, 539쪽).

100 밤에는 중정(中庭, 안마당)에 화톳 宵設燎于中庭】

불을 피운다】

(11) 영좌(靈座)101를 만들어두고, 혼백(魂帛)102을 진 置靈座, 設魂帛.

설한다.

【① 횃대를 시신의 남쪽에 설치하고 휘장으로 덮 【設椸於尸南, 覆以帕. 置

는다. ② 의자와 탁자를 그 앞에 두고, 흰 명주를 엮 倚、卓其前, 結白絹爲魂帛,

어 혼백(魂帛)을 만든 다음 의자 위에 둔다. ③ 향로· 置倚上. 設香爐、盒、盞、

향합·잔·술주전자·술·과일을 탁자 위에 진설한 注、酒、果於卓子上. 侍者

다. ④ 시자(侍者)는 아침저녁으로 머리를 빗어주고 朝夕設櫛頮奉養之具, 皆

세수를 해주는 등의 봉양 기물들을 진설해 놓고, 모 如平生.

두 생전에 하던 식으로 해준다.

안 수암(遂菴) 권상하(權尙夏)103가 "혼백(魂帛)은 서쪽 案 遂庵曰: "魂帛以西爲

을 상석으로 한다."104라 했다】 上."】

(12) 명정(銘旌)105을 세운다. 立銘旌.

【진홍색비단[絳帛]으로 명정을 만들고, '아무 관직 【以絳⑬帛爲銘旌, 書曰"某

---

100 《儀禮注疏》卷36〈士喪禮〉《十三經注疏整理本》11, 805쪽).

101 영좌(靈座): 망자의 혼령을 상징하는 영위(靈位), 곧 혼백(魂帛)을 올려놓는 자리.

102 혼백(魂帛): 상례 절차에서 신주(神主)를 만들기 이전 죽은 사람의 혼을 상징하기 위하여 비단으로 만든 물
건. 자세한 내용은 뒤의 "갖춰야할 기물" '백견(帛絹)'에 나온다.

103 권상하(權尙夏): 1641~1721. 조선 중기의 학자. 자는 치도(致道), 호는 수암(遂菴)·한수재(寒水齋), 시호
는 문순(文純). 송시열(宋時烈)·송준길(宋浚吉)을 스승으로 하여 학문에 전심했으며, 송시열의 수제자가
되었다. 저서로《한수재집(寒水齋集)》·《삼서집의(三書輯疑)》등이 있다.

104 혼백(魂帛)은……한다: 출전 확인 안 됨.

105 명정(銘旌): 장사지낼 때 죽은 사람의 신분을 밝히기 위해 품계·관직·성씨 등을 적은 기(旗). 상여 앞에서
길을 인도하는 역할을 하며 하관(下棺)이 끝난 뒤에는 관 위에 씌워서 묻는다.

⑬ 絳: 저본에는 "降". 오사카본·규장각본·《家禮·喪禮·初終》에 근거하여 수정.

조선 시대 명정(국립민속박물관)

아무 공(公)의 구[柩, 영구(靈柩)]106'라 쓴다. 관직이 없으면 살아 있을 때 불리던 호칭에 따라 쓴다. 영좌의 오른쪽에 기대어 놓는다.

官某公之柩". 無官則隨其生時所稱. 倚於靈座之右.

상례비요 107 부인은 남편의 관직에 따라서 '아무 관작 부인(夫人) 아무 관향(貫鄉, 본관) 아무 씨의 영구'라 쓴다. 봉해진 관작이 없으면 '유인(孺人)'108이라 쓴다.

안 우암(尤菴) 송시열(宋時烈)109은 "성인(成人)이 되

喪禮備要 婦人從夫[14]職, 云"某封夫人某貫某氏之柩". 無封, 云"孺人",

案 尤菴曰"未成人男子書

---

106 구[柩, 영구(靈柩)]: 시신을 넣는 나무 상자.

107 《沙溪全書》卷31〈喪禮備要〉"襲"(《沙溪·愼獨齋全書》上, 540쪽).

108 유인(孺人): 조선 시대 외명부 중 문무관의 처에게 내린 정·종9품 작호(爵號).

109 송시열(宋時烈): 1607~1689. 조선 중기의 학자·문신. 자는 영보(英甫), 호는 우암(尤菴), 시호는 문정(文正). 이조판서 및 좌의정 등을 역임했다. 저서로는 《주자대전차의(朱子大全箚疑)》·《주자어류소분(朱子語類小分)》·《이정서분류(二程書分類)》·《논맹문의통고(論孟問義通攷)》·《경례의의(經禮疑義)》·《심경석의(心經釋義)》·《찬정소학언해(纂定小學諺解)》·《주문초선(朱文抄選)》·《계녀서(戒女書)》 등이 있다.

[14] 夫: 저본에는 "失". 오사카본·규장각본·《喪禮備要·襲》에 근거하여 수정.

지 못하고 죽은 남자는 '아무개 수재(秀才)'라 쓰고, 여자는 '아무개 낭(娘)'이라 쓴다."[110]라 했다.

우안 지금 민간에서는 영좌와 혼백을 습(襲)[111]을 마치고 난 뒤에 진설하지 않고, 대렴을 한 뒤 성복(成服)을 할 때에야 비로소 진설한다. 그러나 그 잘못이 매우 크다】

以'某秀才', 女子書以'某娘'."

又案 今俗靈座、魂帛不設於卒襲之後, 始設於大斂後成服時, 其謬甚矣】

(13) 불사(佛事, 불공)를 하지 않는다. 집우(執友)[112]나 친분이 두터웠던 사람은 이때가 되어 안으로 들어가 곡(哭)을 해도 괜찮다.

【① 주인이 아직 성복(成服)을 하지 않았는데 와서 곡을 하는 사람은 심의(深衣)를 입어야 한다. ② 시신 앞에서 슬픔을 다하도록 곡을 한다. 밖으로 나와서 영좌에 절을 한 다음 향을 올리고 2번 절한다. ③ 그렇게 하고서 주인에게 조문하는데, 서로 마주 보고 슬픔을 다하도록 곡을 한다. ④ 주인은 곡으로 응대하되 말은 하지 않는다.

안 지금 민간에서는 성복을 하기 전에는 영좌를 진설하지 않으니, 조문하는 사람은 단지 시신 앞에서 곡을 하고 절은 하지 않는다.

우안 《문공가례의절》에는 조문하는 사람의 말과 주인이 답례로 하는 말에 대한 글이 있으나, 지금은 모두 쓰지 않고, 단지 호상(護喪)을 시켜 맞이하고 배

不作佛事. 執友、親厚之人, 至是入哭可也.

【主人未成服而來哭者, 當服深衣. 臨尸哭盡哀, 出拜靈座, 上香再拜. 遂弔主人, 相向哭盡哀. 主人以哭對無辭.

案 今俗成服前, 不設靈座, 則弔者只臨尸哭, 無拜.

又案《儀節》有弔者致辭、主人答辭之文, 而今竝不用, 只使護喪迎送】《家禮》

---

110 성인(成人)이……쓴다:《宋子大全》卷119〈書〉"答李仲擧".
111 습(襲):소렴(小斂) 이전의 염습(斂襲).
112 집우(執友):뜻을 같이하는 친한 벗. 때로는 아버지의 친우(親友)를 뜻하기도 한다.

웅하게만 한다】《가례(家禮)》[113]

2-1) 갖춰야 할 기물[具][114]　　　　　　　具

(1) 휘장[幃, 위]　　　　　　　　　　　幃

【 상례비요 [115] 흰 베를 이어서 만든다. 병풍을 쓰　【 喪禮備要 聯白布爲之,
기도 한다. 시신을 가리는 데 쓰는 기물이다】　或用屛. 所以障尸者】

(2) 평상[牀, 상]　　　　　　　　　　　牀

【 상례비요 [116] 시신을 옮기는 데 쓰는 기물이다.　【 又 所以遷尸者.　無則用
평상이 없으면 문짝을 쓴다】　　　　　　門扇】

(3) 자리[席, 석]　　　　　　　　　　　席

【 안 쓸 때 평상에 펼쳐놓는다】　　　【 案 用鋪牀】

(4) 베개[枕, 침]　　　　　　　　　　　枕

【 안 옷을 접어서 만들되, 낮게 만든다】　【 案 摺衣爲之, 令低】

(5) 이불[衾, 금]　　　　　　　　　　　衾

【 상례비요 [117] 숨이 끊어졌을 때 덮었던 이불을　【 喪禮備要 仍用始死所覆
그대로 쓴다】　　　　　　　　　　者】

【 안 이상은 시신을 옮기는 데 쓰는 기물들이다】　【 案 已上遷尸具】

113《家禮》卷4〈喪禮〉"初終"(《家禮》2, 36~50쪽).
114 오사카본에는 여기서부터 '동이[盆, 분] 2개' 전까지의 내용이 빠져 있고, "具 釜【喪禮備要 用煖沐浴水】"의
　　원문은 줄을 그어 지웠다.
115《沙溪全書》卷31〈喪禮備要〉"襲"(《沙溪·愼獨齋全書》上, 536쪽).
116《沙溪全書》, 위와 같은 곳.
117《沙溪全書》, 위와 같은 곳.

(6) 가마솥[釜, 부]　　　　　　　　　　　　釜

【상례비요[118] 목욕시킬 물을 데우는 데 쓴다】　【又 用煖沐浴水】

(7) 동이[盆, 분] 2개　　　　　　　　　　　盆二

【상례비요[119] 쌀뜨물과 물을 담는 데 쓰는 기물　【又 所以盛潘及水者】
이다】

(8) 쌀뜨물[潘, 반]　　　　　　　　　　　　潘

【상례비요[120] 쌀을 씻은 뜨물이다. 시신의 머리　【又 淅米汁[15], 所以沐髮
를 감기는 데 쓰는 기물이다. 《국조오례의》에는 임　者. 《五禮儀》君喪用香湯,
금이 돌아가셨을 때 향탕(香湯)을 쓴다[121]고 하였다.　今士庶家或用之, 僭也.
그러나 지금은 사서가(士庶家, 사대부와 서인 가문)에서도
간혹 쓰고 있으니, 분수에 넘치는 일이다.

案 지금은 신분의 높고 낮음에 관계없이 자단(紫　案 今無貴賤, 用紫[16]檀香
檀)[122] 삶은 향탕(香湯)을 쓴다】　　　　　　湯】

(9) 머리 닦는 수건 1장　　　　　　　　　　沐巾一

【案 시신의 머리를 말릴 때 쓴다】　　　　　【案 用晞髮】

118 《沙溪全書》, 위와 같은 곳.
119 《沙溪全書》, 위와 같은 곳.
120 《沙溪全書》, 위와 같은 곳.
121 임금이……쓴다 : 《국조오례의(國朝五禮儀)》 권(卷)7 〈흉례(凶禮)〉 "목욕(沐浴)"에 '단향수(檀香水)'를 사용
　한다는 기록이 있다.
122 자단(紫檀) : 콩과에 속하는 열대지방 교목(喬木). 특유의 향이 있어 향료(香料)로 사용하고, 목재(木材)가
　아름답고 단단하여 고급가구를 제작하는 용도로도 쓴다. 자단을 활용하는 여러 사례가 《섬용지》에 수록
　되어 있다. 풍석 서유구 지음, 임원경제연구소 옮김, 《임원경제지 섬용지(林園經濟志 贍用志)》 2, 풍석문화
　재단, 2016, 135·175쪽 등 참조.
[15] 汁 : 저본에는 "泔". 《喪禮備要·沐浴之具》에 근거하여 수정.
[16] 紫 : 저본에는 "緊". 오사카본에 근거하여 수정.

(10) 몸 닦는 수건 2장

【상례비요】[123] 모두 베 1척(尺)을 쓴다. 상체와 하체에 각각 1장씩 쓴다.

【안】 민간에서는 명주[綿紬][124]를 쓴다】

(11) 얼레빗[梳, 소]

【안】 시신의 머리카락을 빗기는 데 쓴다】

(12) 머리끈[組, 조]

【상례비요】[125] 검은색 비단[緞]이나 증(繪, 비단의 일종)을 쓴다. 머리카락을 묶는 데 쓰는 기물이다】

(13) 비녀[笄, 계]

【사상례(士喪禮)】[126] 뽕나무로 만든다. 길이는 0.4척이다. 머리카락을 고정시키는 데 쓰는 기물이다. 양쪽 머리 부분은 넓고 가운데는 좁다. 남녀 모두 쓴다. 【안】 지금 민간에서는 거의 쓰지 않는다】

(14) 칼[刀, 도] 2개

【안】 손톱과 발톱을 자르는 데 쓴다】

浴巾二

【喪禮備要】皆用布一尺, 上下體各用一.

【案】俗用綿紬】

梳

【案】用櫛髮】

組

【喪禮備要】用黑緞或繪, 所以束髮者】

笄

【士喪禮】用桑木爲之, 長四寸, 所以安髮者. 兩頭闊中央狹. 男女俱用.

【案】今俗鮮用】

刀二

【案】用剪手足爪甲】

---

123 《沙溪全書》, 위와 같은 곳.
124 명주[綿紬]: 명주실로 무늬 없이 짠 피륙.
125 《沙溪全書》, 위와 같은 곳.
126 《儀禮注疏》 卷35 〈士喪禮〉(《十三經注疏整理本》 11, 773쪽); 《沙溪全書》, 위와 같은 곳.

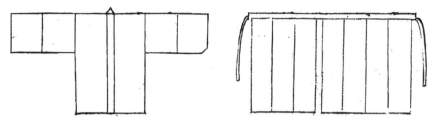

명의(明衣)(《국조상례보편(國朝喪禮補編)》)

(15) 주머니[囊, 낭] 5개

【상례비요】127 색깔이 있는 명주로 만든다. 4개
의 주머니에는 왼손[左手]·오른손[右手]·왼발[左足]·오
른발[右足]이라는 글자를 각각 적는다. 해당되는 쪽
의 손톱과 발톱을 담는 데 쓰는 기물이다. 나머지
하나는 머리카락을 담는 데 쓰는 기물이다】

안 머리카락을 담는 주머니에도 글자를 적어 표시
한다】

(16) 명의(明衣)128

【사상기(士喪記)】129 목욕을 시킨 뒤 시신의 몸에
제일 먼저 입히는 데 쓰는 기물이다.

안 지금은 쓰지 않는다】

囊五

【喪禮備要】 以色紬爲之.
四囊各書手足、左右字, 所
以盛爪者. 一所以盛頭髮
者.

案 頭髮囊亦標識之】

明衣

【士喪記】 所以浴後貼⑰身
者.

案 今不用】

---

127 《沙溪全書》 卷31 〈喪禮備要〉 “襲”《沙溪·愼獨齋全書》 上, 536~537쪽).

128 명의(明衣) : 시신을 목욕시킨 이후에 입히는 깨끗한 내복.

129 《儀禮注疏》 卷40 〈旣夕禮〉《十三經注疏整理本》 11, 890~891쪽） ; 《沙溪全書》 卷31 〈喪禮備要〉 “襲”《沙
溪·愼獨齋全書》 上, 537쪽). 원문은 〈喪禮備要〉의 내용이며 기석례 원문은 생략되었다.

⑰ 貼 : 《喪禮備要·襲》에는 “帖”.

(17) 구덩이[坎, 감]　　　　　　　　　　　　　　　　坎

　【사상기(士喪記)】130 수건과 빗 그리고 목욕시킨　【又】所以埋巾、櫛及沐浴水
물을 묻는 데 쓰기 위함이다】　　　　　　　　　者】

　【안】 이상은 목욕시키는 기물들이다】　　　　　【案】已上沐浴具】

(18) 평상[牀, 상]　　　　　　　　　　　　　　　　牀

　【안】 민간에서는 살평상[箭平牀]131을 쓴다. 없으면　【案】俗用箭平牀，無則只
단지 거적이나 자리만 깔기도 한다】　　　　　藉薦、席】

(19) 거적[薦, 천]　　　　　　　　　　　　　　　　薦

(20) 자리[席, 석]　　　　　　　　　　　　　　　　席

(21) 요[褥, 욕]　　　　　　　　　　　　　　　　　褥

(22) 베개[枕, 침]　　　　　　　　　　　　　　　　枕

　【안】 제도는 시신을 옮길 때 쓰던 대로 한다】　【案】制如遷尸時所用】

(23) 대대(大帶, 예복용 긴 허리띠)　　　　　　　　大帶

　【가례(家禮)】132 흰색 증(繒, 비단의 일종)을 쓴다. 너　【家禮】用白繒，廣四寸，
비는 0.4척이고 증 2장을 겹쳐 바느질한다. 길이는，夾縫之. 其長圍腰而結於

---

130 《儀禮注疏》卷40〈旣夕禮〉《十三經注疏整理本》11, 890쪽）；《沙溪全書》, 위와 같은 곳. 원문은〈喪禮備
　要〉의 내용이며〈旣夕禮〉원문은 생략되었다.
131 살평상[箭平牀]：바닥에 좁은 나무오리나 대오리의 살을 일정하게 사이를 두고 박아 만든 평상. 평상의 윗
　면, 즉 사람이 앉거나 물건을 올려놓을 수 있는 면을 넓은 널빤지를 쓰지 않고 화살대를 늘어놓은 것처럼
　이은 평상을 말한다. 통풍을 원활하게 하려는 용도로 사용한다.
132 《家禮》卷1〈通禮〉"深衣制度"《家禮》1, 76~77쪽).

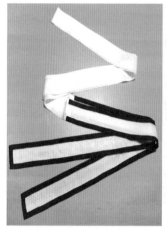

대대와 오채조(임원경제연구소)

대대도(大帶圖)(《상례비요》)

허리를 두르고 앞에서 묶을 수 있을 정도로 하고 2번 묶어 고[耳]¹³³ 2개(∞ 모양)를 만든 뒤 그 나머지를 드리워 신(紳)¹³⁴으로 삼는다. 아래로 치마의 끝자락과 가지런하게 한다. 검은색 증(繒)으로 가선을 둘러 그 신을 장식한다. 다시 오채조(五采條)¹³⁵를 쓴다. 너비는 0.03척이다. 대대를 묶은 부분에 매되, 길이는 신(紳)과 가지런하게 한다.

前, 再繚之, 爲兩耳, 乃垂其餘, 爲紳, 下與裳齊, 以黑繒飾其紳. 復以五采條, 廣三分, 約其相結之處, 長與紳齊.

안 민간에서는 대부분 검은색 증(繒)으로 만들어서 신(紳)에 가선을 따로 두르지는 않는다.

案 俗多用黑繒爲之, 不緣紳.

---

133 고[耳]: 고름이나 끈을 묶을 때 후에 쉽게 풀 수 있도록 내는 고리.
134 신(紳): 대대를 허리에 매고 난 나머지를 아래로 늘어뜨린 부분.
135 오채조(五采條): 5가지 색깔의 실을 꼬아 만든 색실끈. 대대로 2개의 고를 내 묶은 매듭에 다시 묶어 장식 효과를 낸다.

고

색실끈

이채(李采, 1745~1820)의 심의 착용 초상(국립중앙박물관)

| 상례비요 136 대대가 없으면 죽은 사람이 평소에 두르던 허리띠[帶]를 쓴다. 부인의 허리띠는 상고해보아야 한다. | 喪禮備要 無則用平日所帶. 婦人帶當考. |

| 안 지금 민간에서는 부인의 대대(大帶)는 진홍색[絳]증(繒)으로 만든다. 그 제도는 남자의 대대와 같다】 | 案 今俗婦人大帶, 用絳繒爲之, 制如男子大帶】 |

(24) 심의(深衣)137

深衣

【 가례(家禮) 138 희고 고운 베를 써서 마름질하고,　【 家禮 裁用白細布, 度 18

---

136 《沙溪全書》, 위와 같은 곳.

137 심의(深衣) : 고대의 평상복으로, 상의와 하의가 연결되어 있어 몸을 깊숙이[深] 감쌀 수 있다는 뜻을 취하여 이름을 붙인 의복이다. 중국에서 심의는 한대(漢代)에 남녀의 상복(常服)으로 착용했고, 한대 말기부터 사라졌지만, 송나라의 사마광(司馬光)이 고례(古禮書)의 내용을 고증하여 다시 제작해 입기 시작했다. 우리나라에서는 《주자가례(朱子家禮)》의 전래와 함께 착용하기 시작했고, 조선 시대 유학자들은 의례복과 일상복으로 착용했다. 심의의 고증에 대한 기록은 《섬용지》에 상세하게 수록되어 있다. 풍석 서유구 지음, 임원경제연구소 옮김, 《임원경제지 섬용지(林園經濟志 贍用志)》 2, 풍석문화재단, 2016, 55~96쪽 참조.

138 《家禮》 卷1 〈通禮〉 "深衣制度"(《家禮》 1, 70~76쪽).

18 度 : 저본에는 "席". 오사카본·규장각본·《家禮·通禮·深衣制度》에 근거하여 수정.

심의(《가례》)

심의(《文公家禮儀節》)

지척(指尺)[139]으로 잰다.

지척은 가운뎃손가락의 가운데 마디 길이를 0.1
척으로 삼는다.[140]

상의[衣]는 전체 4폭이다. 그 길이는 옷을 입었을
때 옆구리 밑까지 내려오며 아래는 치마[裳][141]에 붙
인다.

베 2폭을 써서 가운데를 접고 아래로 드리우면
앞과 뒤 모두 4폭이 되니, 지금의 직령삼(直領衫)[142]과
같다. 다만 겨드랑이 아래를 잘라내지 않는다. 상
의 아래쪽의 옆구리를 지나 치마에 이어지는 부분
은 대략 둘레가 7.2척이다. 상의의 1폭(幅)씩 치마의

用指尺.

中指中節爲寸.

衣全四幅, 其長過脇, 下屬
於裳.

用布二幅, 中屈下垂, 前後
共爲四幅, 如今之直領衫.
但不裁破腋下. 其下過脇
而屬於裳處, 約圍七尺二
寸, 每幅屬裳三幅.

---

139 지척(指尺) : 장년 남자의 가운데 손가락의 가운데 마디를 1촌(寸)으로 삼아 길이를 측정하는 자, 또는 그
계산법. 네 손가락의 폭이 0.4척(4촌). 지척의 0.1척(1촌)은 아래 그림처럼 손가락을 구부렸을 때 가운뎃손
가락 가운뎃마디의 길이이다.

140 지척은……삼는다 : 《가례(家禮)》에는 주석으로 들어가 있는 부분이지만 저본에는 구분을 따로 하지 않았다.

141 치마[裳] : 심의 아랫부분, 즉 하의(下衣)를 뜻한다.

142 직령삼(直領衫) : 조선 시대 편복 포의 하나로 곧은 깃이 특징이다. 초기에는 좁은 소매에 트인 무에서, 후
기로 가면서 무를 뒤로 젖혀 입어 도포의 형성에 영향을 주었다. 도포의 착용이 일반화되면서 직령의 착용
이 줄었지만, 조선 후기까지 왕과 왕세자 및 일반 서민들의 겉옷 또는 단령의 받침옷으로 착용되었다.

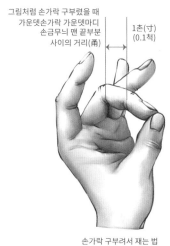

그림처럼 손가락 구부렸을 때
가운뎃손가락 가운뎃마디
손금무늬 맨 끝부분
사이의 거리(庯)

1촌(寸)
(0.1척)

손가락 구부려서 재는 법

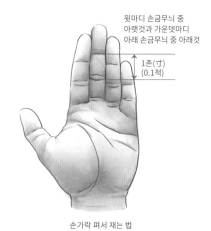

윗마디 손금무늬 중
아랫것과 가운뎃마디
아래 손금무늬 중 아래것

1촌(寸)
(0.1척)

손가락 펴서 재는 법

지척

3폭에 붙인다.[143]

치마는 넓은 쪽과 좁은 쪽이 엇갈려지도록 나누어 12폭으로 만들고, 위쪽을 상의에 붙인다. 그 길이는 옷을 입었을 때 복사뼈까지 이를 정도로 한다.

裳交解十二幅, 上屬於衣, 其長及踝.

출토 직령(국립민속박물관)

---

143 베……붙인다 : 이 단락은 《가례》에는 주석으로 들어가 있다.

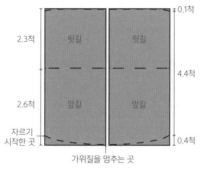

0.1척

2.3척 뒷길 뒷길

4.4척

2.6척 앞길 앞길

자르기
시작한 곳

0.4척

가위질을 멈추는 곳

상의 재단법

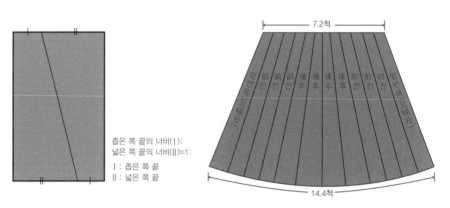

7.2척

앞전(앞뒷쪽 좌우)옷전 前전 前전 前전 後후 後후 後후 後후 前전 前전 前전 앞전(옷전 좌우)옷전

좁은 쪽 끝의 너비(Ⅰ):
넓은 쪽 끝의 너비(Ⅱ)=1:

Ⅰ : 좁은 쪽 끝
Ⅱ : 넓은 쪽 끝

14.4척

치마[裳] 재단법

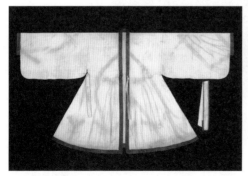

심의(국립민속박물관)

마로 만든 심의(국립민속박물관)

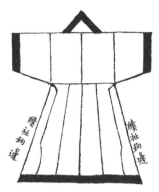

서유구의 심의후도(深衣後圖)
《楓石全集》〈鼓篋集〉卷2 '與李遇山論深衣續衽鉤邊書'

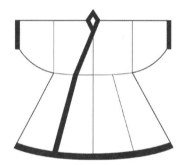

서유구 심의 앞면(임원경제연구소)

서유구 심의 뒷면(임원경제연구소)

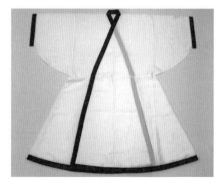

서유구 심의 앞면(임원경제연구소)

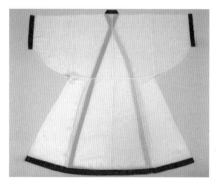

서유구 심의 뒷면(임원경제연구소)

베 6폭을 폭마다 마름질하여 2폭을 만든다. 한쪽 끝은 넓게 만들고 한쪽 끝은 좁게 한다. 좁은 쪽은 넓은 쪽의 반이 되게 하고, 좁은 쪽이 위로 가게 하여 그 솔기를 이어서 상의에 붙인다. 상의에 붙인 곳은 대략 둘레가 7.2척이다. 치마의 3폭씩을 상의의 1폭에 붙인다. 그 아랫단이 복사뼈에 닿는 곳은 대략 둘레가 14.4척이다.[144]

用布六幅, 每幅裁爲二幅, 一頭廣, 一頭狹. 狹頭當廣頭之半, 以狹頭向上, 而連其縫以屬於衣. 其屬衣處, 約圍七尺二寸, 每三幅屬衣一幅. 其下邊及踝處, 約圍丈[19]四尺四寸.

안 《상례비요》에서는 "옷감을 엇갈리게 재단할 때, 넓은 쪽은 1.4척을 차지하게 하고 좁은 쪽은 0.8척을 차지하게 하여, 각 폭의 양쪽 가장자리를 비스듬히 꿰맬 부분 0.1척씩을 빼면 법도대로 만들어진다."[145]라 했다.

案 《喪禮備要》云 : "交解時, 廣頭占一尺四寸, 狹頭占八寸, 而各除兩邊斜[20]縫一寸則如法."

원메(圓袂, 둥근 소매) :

베 2폭의 각각 가운데를 접는다. 그 길이는 상의[衣]의 길이와 같게 하여 상의의 좌우에 붙이고, 그 아래를 봉합하여 소매를 만든다. 소매의 밑동 너비는 상의의 길이와 같게 하되, 점차 둥글게 줄여나가서 소맷부리에 이르면 그 지름이 1.2척이 되게 한다.[146]

圓袂[21] :

用布二幅, 各中屈之, 如衣之長, 屬於衣之左右, 而縫合其下以爲袂. 其本之廣, 如衣之長, 而漸圓殺之以至袂口, 則其徑一尺二寸.

---

144 베……14.4척이다 : 이 단락은 《가례》에는 주석으로 들어가 있다.
145 옷감을……만들어진다 : 《沙溪全書》卷31 〈喪禮備要〉 "襲"(《沙溪·愼獨齋全書》上, 537쪽).
146 베……한다 : 이 단락은 《가례》에는 주석으로 들어가 있다.
[19] 丈 : 저본에는 "長". 《家禮·通禮·深衣制度》에 근거하여 수정.
[20] 斜 : 저본에는 "針". 《喪禮備要·襲》에 근거하여 수정.
[21] 袂 : 저본에는 "被". 오사카본·규장각본·《家禮·通禮·深衣制度》에 근거하여 수정.

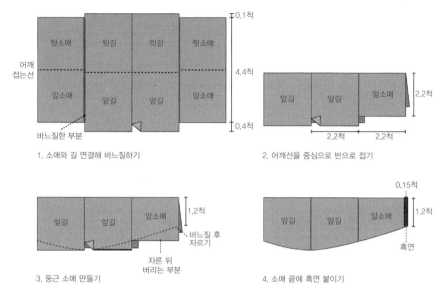

앞길 앞길 앞소매

2.2척

2.2척 2.2척

2. 어깨선을 중심으로 반으로 접기

앞길 앞길 앞소매

1.2척

바느질 후
자르기

자른 뒤
버리는 부분

3. 둥근 소매 만들기

앞길 앞길 앞소매

0.15척

1.2척

흑연

4. 소매 끝에 흑연 붙이기

소매 재단법

방령(方領, 모난 깃):

양쪽 옷깃[襟]을 서로 여며서 임(衽, 옷섶)이 겨드랑이 아래에 오도록 하면 양쪽 목깃이 모이는 곳은 저절로 네모나게 된다.147

方領:

兩襟相掩, 衽在腋下, 則22 兩領之會自方.

가례보주(家禮補注)148 149 상의의 양쪽 어깨의 위 각각 0.3척을 잘라 들어가고 뒤집어 접은 다음 그것을 가위로 잘라 없앤다. 베 1조(條, 가닥)를 따로 써서 목 뒤에서부터 앞을 향하여 접어 돌리고 좌우의 접어

補注 衣之兩肩上, 各裁入三寸, 反23摺, 即剪去之. 別用布一條, 自項後摺轉向前, 綴左右摺剪處,

---

147 양쪽……된다 : 이 단락은 《가례》에는 주석으로 들어가 있다.

148 가례보주(家禮補注) : 중국 청나라의 훈고학자 유구원(劉九畹, ?~?)이 《가례(家禮)》를 해설하고 주석을 보충하여 편찬한 책.

149 《家禮補注》卷1〈通禮〉"深衣制度"(《古今圖書集成》730, 1700쪽);《沙溪全書》, 위와 같은 곳.

22 則 : 저본에는 없음. 《家禮·通禮·深衣制度》에 근거하여 보충.

23 反 : 저본에는 "及". 오사카본·《家禮補注·通禮·深衣制度》에 근거하여 수정.

자른 곳에 꿰맨다. 목깃의 안팎은 각각 0.2척이다. 表裏各二寸.

흑연(黑緣, 검은 가선) : 　　　　　　　　黑緣:

　검은 증(繒)을 쓴다. 목깃의 안팎은 각각 0.2척　用黑繒, 領表裏各二寸. 袂
이다. 소맷부리와 치마 가장자리의 겉과 속은 각각　口、裳邊表裏各一寸半. 袂
0.15척이다. 소맷부리는 베 바깥 부분에 이 가선의　口布外別此緣之廣.
너비(즉 0.15척)만큼을 별도로 단다.[150]

<u>상례비요</u>[151] 심의(深衣)가 없으면 직령의(直領衣)를 쓴　<u>喪禮備要</u> 無深衣, 用直
다】　　　　　　　　　　　　　　　　　　　　領衣】

(25) 원삼(圓衫)[152]　　　　　　　　　　　　　　圓衫

　【<u>안</u> ①《상례비요》에는 "부인(婦人)은 원삼(圓衫)　【<u>案</u>《喪禮備要》有"婦人
을 쓴다."[153]는 구절이 있는데, 지금은 신분이 높거　用圓衫"之文, 而今貴賤通
나 낮은 사람이 두루 쓰고 있다. 그러나 살펴볼 수　用. 然無制度可考. 故開錄
있는 제도가 없다. 그러므로 세속의 제도를 아래와　俗制如左. 裁用綠緞或紬.
같이 열거하여 기록한다. 옷감은 녹색의 단(緞)[154]이　度用布帛尺.
나 주(紬)[155]를 쓴다. 자는 포백척(布帛尺)[156]을 쓴다.

---

150 검은……단다 : 이 단락은《가례》에는 주석으로 들어가 있다.

151《沙溪全書》, 위와 같은 곳.

152 원삼(圓衫) : 왕실 및 외명부의 의례복 및 일반 평민들도 혼인에 착용하던 옷이다. 깃이 맞깃에 앞자락이 겹
　치지 않고, 길이는 뒷길이 앞길보다 길며 바닥까지 이르는 긴 형태이다. 민간에서는 왕실보다 소매 색동을
　다양하게 하였다. 서유구는 소매는 왕실을, 깃은 민간을 따른 형태를 제안한 것으로 보인다.

153 부인(婦人)은……쓴다 :《沙溪全書》, 위와 같은 곳.

154 단(緞) : 씨실과 날실이 엇갈리는 조직점을 적게 하여 직조하므로, 씨실과 날실이 만나는 지점이 길어지고
　조직점이 분산되어 표면이 매끈하고 광택이 있는 비단. 날실이 표면에 드러나게 짜는 경우와 씨실이 드러나
　게 짜는 경우가 있다. 심연옥,《한국직물 오천년》, 2002, 고대직물연구소출판부, 124쪽.

155 주(紬) : 누에고치에서 실을 뽑아 만든, 꼬임이 없는 평직물의 총칭.

156 포백척(布帛尺) : 베나 비단 등 옷감의 치수를 재는 자. 조선 시대에 포백척의 길이는 일정하지 않았다. 조선
　전기에는 약 46.66cm 내외로 유추되며, 조선후기로 갈수록 늘어나서, 개항기 일본이 조사한 바에 따르면
　48.783cm로 파악되고, 50~61cm의 포백척도 다수 발견된다.

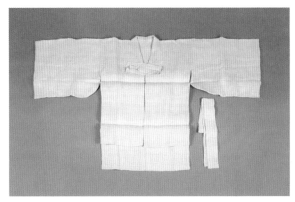

원삼(국립민속박물관)

민간 예복용 원삼(국립민속박물관)

영친왕비의 홍원삼(국립고궁박물관)

　2 상의[衣]는 단(緞) 1폭에서 가운데를 접고 아래로 드리워 모두 2폭을 만든다. 앞은 몸의 길이와 비슷하게 만들고, 뒤는 땅에 0.5척이 끌리게 만든다. 앞의 폭은 반으로 갈라서 어깨까지 갈라지게 하고, 뒤의 폭은 가르지 않는다. 다만 이것은 단(緞)의 폭이 매우 넓은 경우를 가리켜서 말한 것이다. 만약 단(緞)의 폭이 좁다면 전체 2폭을 모두 써서 가운데를 접고 뒤의 2폭을 봉합(縫合)하고, 앞의 2폭은 봉합하지 않고 목깃을 꿰매어 단다.

衣用緞一幅, 中屈下垂, 共爲二幅. 前與身齊, 後拽地五寸. 前幅裁破一半至肩, 後幅不裁破, 但此指緞幅甚廣者而言. 若幅狹則用全二幅, 中屈, 後二幅縫合之, 前二幅不縫以緞領.

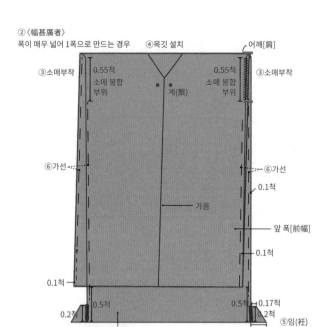

② 〈幅甚廣者〉
폭이 매우 넓어 1폭으로 만드는 경우　④목깃 설치　어깨[肩]

③소매부착　0.55척　0.55척　③소매부착
소매 봉합　계(繫)　소매 봉합
부위　부위

⑥가선　⑥가선

0.1척

가름　앞 폭[前幅]

0.1척

0.1척　0.17척

0.5척　0.5척　0.2척
0.2척　⑤임(衽)
뒷 폭[後幅]　0.33척

원삼(폭이 매우 넓은 경우)

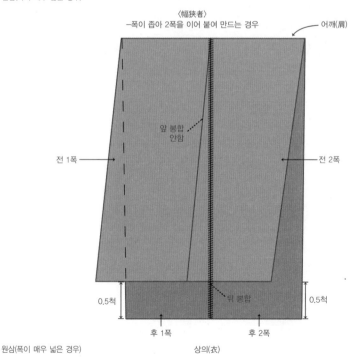

〈幅狹者〉
─폭이 좁아 2폭을 이어 붙여 만드는 경우　어깨(肩)

앞 봉합
안함

전 1폭　전 2폭

0.5척　뒤 봉합　0.5척

후 1폭　후 2폭

원삼(폭이 매우 넓은 경우)　상의(衣)

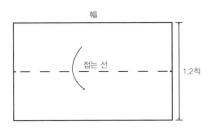

幅

접는 선

1.2척

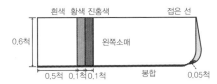

흰색 황색 진홍색　　　　　　접은 선

0.6척

왼쪽소매

0.5척　0.1척 0.1척　　봉합　　0.05척

진홍색 황색 흰색

0.6척

오른쪽소매

0.05척　　봉합　　0.1척 0.1척 0.5척

원삼(소매)

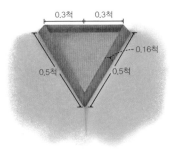

0.3척　0.3척

0.16척

0.5척　　0.5척

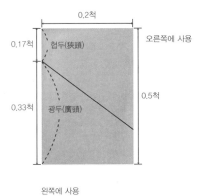

0.2척

0.17척

협두(狹頭)

오른쪽에 사용

0.33척

광두(廣頭)

0.5척

원삼(목깃과 옷섶)

왼쪽에 사용

③ 소매[袂, 메]는 단(緞) 2폭을 쓴다. 길이는 각각 1.2척이 되게 하고, 가운데를 접어서 상의의 좌우에 연결하여 길이가 각각 0.6척 되게 한다. 그 아래를 봉합(縫合)하여 소매가 되게 한다. 또 진홍색 단(緞)으로 너비가 0.1척 되는 것을 가운데를 접어서 양 끝을 아래로 드리워 원래 소매의 좌우에 연결한다. 다음으로 황색 단(緞)으로 너비가 0.1척 되는 것을 써서 연결한다. 다음으로 흰색 단(緞)으로 너비가 0.5척 되는 것을 연결한다. 길이는 모두 원래의 소매를 기준으로 한다. 그 아래를 봉합(縫合)하되, 소맷부리가 줄어들지 않도록 한다. 소매는 본래 조금 둥글어야 하니, 상의[衣]의 겨드랑이에 해당되는 곳의 폭 앞과 뒤를 0.05척 정도를 봉합한다. 대체로 상의[衣]는 민간에서 말하는 배자(背子)[157]와 같고, 소매는 민간에서 말하는 철릭[天翼][158]과 같다.

袂用緞二幅, 長各一尺二寸, 中屈之, 屬於衣之左右, 長爲六寸, 縫合其下以爲袂. 又用絳緞, 廣一寸, 中屈下垂, 分屬原袂之左右, 次屬黃緞, 廣一寸, 次屬白緞, 廣五寸. 長俱準原袂, 縫合其下, 令袂口不殺, 袂本稍圓, 衣之當腋處, 縫合前後幅半寸許, 槪衣如俗所謂背子, 袂如俗所謂天翼.

④ 목깃[領]은 심의(深衣)의 네모난 목깃[方領]과 같지만, 너비는 0.16척이고 길이는 0.5척이다. 안팎을 모두 자주색 단(緞)을 써서 만든다. 목깃의 끝에는 2개의 끈을 둔다.

領如深衣方領, 而廣一寸六分, 長五寸. 表裏同用紫緞爲之. 領端有兩繫.

---

157 배자(背子) : 저고리 위에 덧입는 옷으로, 맞깃이며 고름이 없다. 《섬용지》에서 서유구는 반소매[半臂]에 모난 깃[方領]을 달고 두 길[兩襟]이 마주하여 내려가며, 길이는 겨우 배를 덮기도 하고 길이가 복사뼈나 정강이까지 오기도 한다고 하였다. 풍석 서유구 지음, 임원경제연구소 옮김, 《임원경제지 섬용지(林園經濟志 贍用志)》 2, 풍석문화재단, 2016, 111쪽 참조.
158 철릭[天翼] : 조선시대 왕과 왕세자 및 백관 등이 군대와 군사에 관련된 일이 있을 때 착용하던 포(袍)의 하나이다. 몽골족의 옷에서 유래했기 때문에 몽골어 'Terlig'을 음차한 것으로 첩리(帖裏), 천익(天益), 점리(粘裏), 첨리(添里), 철익(綴翼) 등의 다양한 한자 표기가 있다. 양쪽 소매 혹은 한쪽 소매에 매듭단추가 달려 있어 탈부착이 가능하고 치마에 주름이 있어 활동에 편리하다.

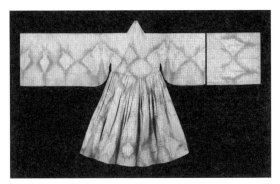

출토 철릭(국립민속박물관)

⑤ 옷섶[衽]은 녹색 단(緞)을 쓴다. 길이는 0.5척이고 너비는 0.2척이다. 비스듬히 잘라서 상의[衣]의 뒤쪽 폭의 끝 왼쪽과 오른쪽에 연결한다. 좁은 머리쪽을 위로 향하게 한다. 간혹 쓰지 않기도 한다.

衽用綠緞, 長五寸, 廣二寸. 斜裁分屬衣後幅端左右. 狹頭向上, 或不用.

⑥ 가선[緣]은 쪽빛 단(緞)을 쓴다. 너비는 0.1척이다. 상의[衣]의 앞과 뒤의 폭 안쪽 가장자리에 꿰매어 연결하지만, 심의(深衣)의 가선과는 다르다. 간혹 가선을 두르지 않고 단지 가장자리를 꿰매기만도 한다.

緣用藍緞, 廣一寸, 綴㉔於衣前後幅裏邊, 與深衣緣不同. 或不用, 只緝邊.

⑦ 긴 치마[長裙]는 자주색 단(緞)을 쓴다. 6폭을 연결하여 꿰매되, 폭마다 3첩(幅, 주름)¹⁵⁹이 되도록 만든다. 길이는 0.5척이 땅에 끌리도록 한다. 따로 흰색 단(緞)을 쓴다. 너비는 0.4~0.5척이다. 세로로 접어서 6폭에 대고 이 6폭을 접은 단에 끼워 꿰맨

長裙用紫緞, 六幅連綴㉕, 每幅作三幅. 其長曳地五寸. 另用白緞, 廣四五寸, 縱摺之, 綴六幅而夾縫之, 兩端有繫, 或不用】

---

159 첩(幅): 주름을 주려는 옷감의 양쪽 가를 꺾어서 서로 붙이고, 그 속을 비게 함.

㉔ 綴: 저본에는 "緞". 오사카본·규장각본에 근거하여 수정.

㉕ 綴: 저본에는 "緞". 오사카본·규장각본에 근거하여 수정.

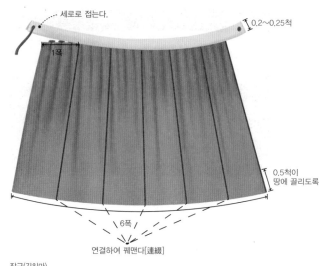

세로로 접는다.

0.2~0.25척

1폭

0.5척이
땅에 끌리도록

6폭

연결하여 꿰맨다[連綴]

장군(긴치마)

다. 양쪽 끝에 끈을 둔다. 혹 쓰지 않기도 한다】

(26) 답호(褡襪)160

【상례비요161 단령(團領)에 받쳐 입는 것이다.
안 민간에서는 창의(氅衣)162 따위를 쓴다】

褡襪

【喪禮備要 承團領者.
案 俗用氅衣之類】

(27) 도포[袍]·오(襖)

【상례비요163 솜을 넣은 옷이다. 여자의 상(喪)에
는 치마를 함께 쓴다.

袍、襖

【又 有絮. 女喪竝用裳.

160 답호(褡襪) : 고려 후기부터 조선 후기까지 단령 안에 입거나 철릭, 직령 등 포(袍) 위에 입는, 소매가 없는
옷이다.
161《沙溪全書》, 위와 같은 곳.
162 창의(氅衣) : 왕실 및 사대부가 입던 포(袍)의 하나로, 직령의 깃에 옆이나 뒷중심이 트여있다. 대창의(大氅
衣)는 뒷중심 허리 아래가 트여있고, 소창의(小氅衣)는 소매가 좁고 양옆이 트여있으며, 학창의(鶴氅衣)는
양 옆 밑단과 뒷중심선이 트여있으면서 검은색 가선이 둘러져 있다.
163《沙溪全書》, 위와 같은 곳.

출토 답호(국립민속박물관)

안 민간에서는 남자는 속에 입는 상의를 쓰고, 부인(婦人)은 상의와 치마 한 벌로 된 겉옷과 속옷 따위를 쓴다】

案 俗用男子裏衣, 婦人表裏衣裳之類】

(28) 한삼(汗衫)

【상례비요】[164] 명주 또는 면이나 베를 쓴다.
안 이것은 곧 민간에서 쓰는 단삼(單衫)이다】

汗衫

【又】 或紬或綿、布.
案 卽俗用單衫】

(29) 바지[袴, 고]

【상례비요】[165] 솜을 넣은 옷이다. 명주 또는 면이나 베를 쓴다】

袴

【又】 有絮. 或紬或綿、布[26]】

---

164 《沙溪全書》, 위와 같은 곳.
165 《沙溪全書》, 위와 같은 곳.
[26] 布:《喪禮備要·襲》에는 없음.

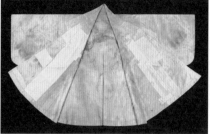

민간 예복용 원삼(국립민속박물관)

민간 예복용 원삼(국립민속박물관)

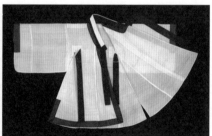

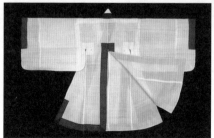

민간 예복용 원삼(국립민속박물관)

(30) 홑바지[單袴, 단고]　　　　　　　　　　　　　　單袴

　【상례비요】[166] 면(綿)으로 만들거나 베로 만든다.　【又】或綿或布.

　안 명주(明紬)로 만들기도 하는데, 부인은 넓은 홑바　案 或用紬, 婦人廣單袴】

지를 쓴다】

(31) 늑백(勒帛)　　　　　　　　　　　　　　　　勒帛

　【상례비요】[167] 발목에서 무릎까지 묶는 데 쓰는　【又】所以束[27]脛至膝者.

기물이다.

　안 이것은 곧 민간에서 사용하는 행전(行纏)이니, 명　案 卽俗用行纏, 或紬或

주 또는 면이나 베를 쓴다. 부인은 쓰지 않는다】　綿、布, 婦人不用】

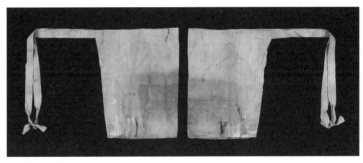

출토 행전(국립민속박물관)

(32) 버선[襪, 말]　　　　　　　　　　　　　　　襪

　【상례비요】[168] 솜을 넣은 것이다.　　　　　　【又】有絮.

　안 명주 또는 면이나 베를 쓴다】　　　　　　案 或紬或綿、布】

166《沙溪全書》, 위와 같은 곳.
167《沙溪全書》, 위와 같은 곳.
168《沙溪全書》, 위와 같은 곳.
27 束 : 저본에는 "柬". 오사카본·규장각본·《喪禮備要·襲具》에 근거하여 수정.

출토 버선(국립민속박물관)

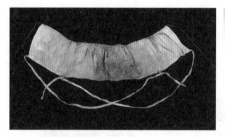

출토 망건(국립민속박물관)　　　　　　　말총 망건(국립민속박물관)

(33) 망건(網巾)

【상례비요】169 검은색 증(繒)으로 만든다.

(34) 모자(帽子)

【안】 검은색 증(繒) 또는 검은색 명주를 쓴다. 남녀가 같다. 혹 쓰지 않기도 한다】

(35) 복건(幅巾)

【가례】170 검은색 증(繒)을 쓴다. 6척 정도로 가

網巾

【又】黑繒爲之.

帽子

【案】黑繒或紬, 男女同. 或不用】

幅巾

【家禮】用黑繒, 六尺許, 中

169《沙溪全書》, 위와 같은 곳.
170《家禮》卷1〈通禮〉"深衣制度"(《家禮》1, 77~78쪽).

복건(국립민속박물관)

재현한 복건(임원경제연구소)

복건(幅巾)《가례》

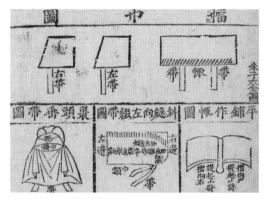

복건도(幅巾圖)《사계전서·상례비요(喪禮備要)》

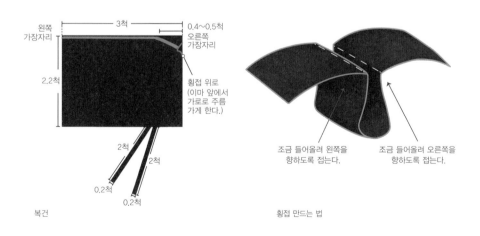

복건

왼쪽
가장자리

3척

0.4~0.5척
오른쪽
가장자리

2.2척

횡접 위로
(이마 앞에서
가로로 주름
가게 한다.)

2척

2척

0.2척

0.2척

조금 들어올려 왼쪽을
향하도록 접는다.

조금 들어올려 오른쪽을
향하도록 접는다.

횡접 만드는 법

운데를 접어서 오른쪽 가장자리의 접힌 부분을 가로 첩(㡇)으로 만들고, 왼쪽 가장자리는 반대로 접는다. 첩(㡇)으로부터 왼쪽으로 0.4~0.5척 사이를 왼쪽으로 비스듬하게 꿰매되, 둥글게 굽어지도록 꿰매어 내려간다. 그렇게 하고서 왼쪽 가장자리를 따라 양쪽 끝에 이르게 한다. 다시 뒤집어서 꿰매고 남은 증(繒)이 안쪽을 향하게 하고, 첩(㡇)이 이마 앞에서 이마를 감싸게 한다. 양쪽 귀밑머리 옆에 각각 하나의 띠를 꿰매어 다는데, 너비는 0.2척이고 길이는 2척이다. 복건의 바깥쪽에서 정수리 뒤로 넘겨 묶어서 드리운다.

案《補註》에는 "너비가 1.4척이다. 혹자(或者)는 전폭(全幅, 온폭)을 써야 한다고 했다."[171]라 했다. 자는 지척(指尺)을 쓴다】

屈之, 右邊就屈處爲橫㡇, 左邊反屈之. 自㡇左四五寸間, 斜縫向左, 圓曲而下, 遂循左邊至于兩末. 復反所縫餘繒, 使之向裏, 以㡇當額前裏之, 至兩鬢旁, 各綴一帶, 廣二寸, 長二尺. 自巾外過頂[28]後, 相結而垂之.

案《補註》云:"廣一尺四寸. 或云當用全幅." 度用指尺】

(36) 엄(掩, 머리싸개)

掩

【儀禮·士喪禮】[172] 연백(練帛, 잿물에 삶은 명주)을 쓴다. 너비는 온폭[終幅]이고, 길이는 5척이며, 그 끝을 쪼개어 갈라놓는다.

【士喪禮】練帛, 廣終幅, 長五尺, 析其末.

注[173] 턱 아래에서 묶으려고 하기 위함이다. 또 둘러서 목 가운데에서 묶는다.

注 爲將結於頤下, 又還結於項中.

疏[174] 엄(掩)은 지금의 복두(幞頭)와 같다. 다만 뒤의

疏 掩若今幞頭. 但以後二

---

171 너비가……했다.《沙溪全書》卷31〈喪禮備要〉"襲"《沙溪·愼獨齋全書》上, 537쪽).

172《儀禮注疏》卷35〈士喪禮〉《十三經注疏整理本》11, 774쪽).

173《儀禮注疏》, 위와 같은 곳.

174《儀禮注疏》, 위와 같은 곳.

[28] 頂: 저본에는 "項",《家禮·通禮·深衣制度》에 근거하여 수정.

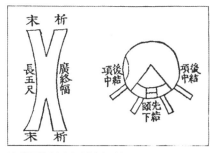

엄도(掩圖)《사계전서·가례집람도설》

2개의 발을 턱 아래에서 묶는 점이 다르다.

[안] 부인들이 썼다. 그러나 지금은 대부분 쓰지 않고 대신에 여모(女帽)를 쓴다】

(37) 여모(女帽)

【안】 검은색 단(緞)을 쓴다. 길이는 0.7척이고 너비는 1척이다. 위의 오른쪽 가장자리로부터 왼쪽으로 너비 0.6척을 남겨둔 곳에서 곧게 아래로 0.15척을 자른다. 또 오른쪽 가장자리로부터 길이 0.5척을 남겨두고 왼쪽을 향하여 가로로 0.4척을 자른다.

脚結於頤下爲異.

[案] 婦人用之，今多不用，代以女帽】

女帽

[案] 用玄緞，長七寸，廣一尺. 從上右邊向左留廣六寸，直裁下寸半. 又從右邊留長五寸向左，橫裁四寸.

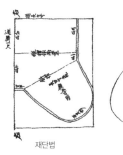
재단법

둥근 부분을 펼친 모습

둥근 부분을 뒤로 젖힌 모습

둥근 부분이 뒤로 접힌 앞모습

둥근 부분이 뒤로 접힌 뒷모습

여모《용재집(庸齋集)》

남아 있는 위 가장자리의 0.6척을 가운데로부터 뒤로 향하게 세로로 접어서 두 장을 만든다. 위[上頭]는 앞과 뒤가 각각 0.3척이고, 아래의 가장자리는 앞이 0.1척이고 뒤가 0.3척이다. 또 위의 가장자리로부터 자른 0.15척이 끝나는 곳은 아래의 앞 0.1척 자른 부분이 끝나는 곳을 향해 서로 마주보게 하여 비스듬히 접는다. 또 비스듬히 접은 곳의 위와 아래에서 각각 오른쪽을 향해 둥글게 줄여 반달 모양처럼 만들되, 길이는 0.4척 남짓이고 너비는 0.5척이다. 여모의 몸체가 앞의 폭을 지나 뒤의 폭의 2/3를 차지하게 한다.

또 검은색 단(緞)을 쓰되 길이와 너비, 자르는 제도는 앞의 것과 같게 자른다. 안과 밖을 합하여 꿰매되, 앞은 0.15척이 되는 선까지 꿰매고, 뒤는 너비의 0.5척이 되는 선까지 꿰맨다. 위는 통하게 하고, 안감 또한 검은색 단(緞)을 써서 합하여 꿰맨다.

따로 길이가 1.2척 너비가 0.2척인 자주색 단(緞)을 세로로 접어 꿰맨다. 또 가운데를 굽혀 가로로 접어서 그 양쪽 끝을 모자(帽子) 안쪽 끝에 앞뒤로 나누어 꿰매되, 가운데를 접은 곳이 위로 0.05척쯤 밖으로 나오게 한다.

또 자주색 단(緞)을 써서 길이 1.2척 너비 0.1척을 합하여 꿰매고, 가운데를 접어서 모자(帽子) 뒤의 아랫부분에 연결한 다음 쌍으로 늘어뜨려 귀덮개[耳掩,

以留上六寸, 從中向後縱摺, 作兩疊. 上頭前後各三寸, 下邊前一寸後三寸. 又從上邊寸半裁盡處, 向下前一寸裁盡處, 相望斜摺. 又從斜摺處上下, 各向右圓殺如半月形, 長四寸贏, 廣五寸. 過帽[29]身前幅, 居後幅三分之二.

又用玄[30]緞, 長廣裁制如右. 合縫表裏, 而前則縫其寸半處, 後則縫其五寸處. 通其上頭, 裏亦用玄緞合縫.

另用紫緞, 長尺二寸, 廣二寸, 縱摺合縫之. 又中屈橫摺, 以其兩端分綴帽頭內之前後, 則中屈處上出半寸許.

又用紫緞合縫, 長一尺二寸, 廣一寸, 中屈綴於帽後縫下邊而雙垂, 如耳掩垂

이엄]의 늘어뜨린 다리와 같은 모양이 되게 한다】   脚之形】

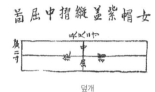

덮개

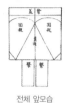

끈   전체 앞모습

여모《용재집(庸齋集)》

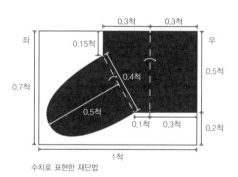

수치로 표현한 재단법

앞변   뒷변

여모 제작 공정

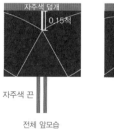

전체 앞모습

전체 뒷모습

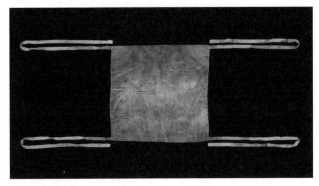
멱목(국립민속박물관)

(38) 멱목(幎目, 시신의 얼굴을 덮는 보)

【상례비요】175 치백(緇帛, 검은 비단)이나 명주를 쓴
다. 사방이 1.2척이다. 분홍 비단의 일종인 훈(纁)으
로 안감을 만들어 솜을 속에 채우고, 네 귀퉁이에
묶는 끈을 만들어 단다. 시신의 얼굴을 덮는 데 쓰
는 기물이다】

幎目

【喪禮備要】用緇帛或紬,
方尺二寸. 以纁爲裏, 充之
以絮, 四角有繫. 所以覆面
者】

(39) 악수(幄手, 시신의 손을 싸는 헝겊)

【상례비요】176 현백(玄帛, 검은 비단)이나 명주를 쓴
다. 길이는 1.2척이고 너비는 0.53척이다. 그 길이
부분의 가운데 0.4척을 잡고서 양쪽 가장자리로부
터 각각 0.1척씩을 잘라 들어가 줄어들게 한다. 훈
(纁)으로 안감을 만들어 속에 솜을 채우고, 양쪽 끝
의 아래 두 모서리에 각각 묶는 끈을 만들어 단다.
시신의 손을 싸는데 쓰는 기물이다.

握手

【又】用玄帛或紬, 長尺二
寸, 廣五寸三分. 其長取中
央四寸, 從兩邊各裁入一
寸削約之. 以纁爲裏, 充
之以絮, 兩端下兩角, 各有
繫, 所以裹手者.

175《沙溪全書》, 위와 같은 곳.
176《沙溪全書》, 위와 같은 곳.

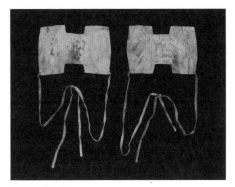
악수(국립민속박물관)

먼저 오른손을 악수의 잘룩한 곳[樓] 가운데에 두고, 한쪽 끝으로 손등을 덮은 다음 들메끈으로 손목을 한 바퀴 단단히 감아서 끈이 돌아오면 손목 위쪽에서부터 자연히 꿰어진다. 또 다른 한쪽 끝으로 겹쳐서 덮은 다음 들메끈으로 손등으로부터 위로 올려 가운데 손가락에 감는다. 또 되돌려서 위로 감아올렸던 끈을 잡아서 아래로 내려가서 앞서 손목을 묶었던 끈과 함께 손바닥 뒤 손마디 중간 부위에서 묶는다. 왼손도 이와 같게 한다】

先以右手置於樓中, 用一端掩手背, 以綦繫繞擊一匝, 還從上自貫, 又用一端重掩之, 以綦繫由手表向上鉤中指, 又反以上繞取繫, 向下, 與繞擊者, 結於掌後節中, 於左手亦如之】

(40) 신[履, 리]

【상례비요】[177] 검은 명주에 종이를 붙여서 만든다. 길이가 2척 남짓인 2개의 흰 띠[白帶] 또는 흰 끈[白組]을 신의 뒤쪽 발꿈치에 가로로 꿰매어 단다. 또 신의 머리 부분에 천끈으로 신코 고(고리)를 만드

履

【又】用黑紬糊紙爲之. 用二白帶或組長二尺餘, 橫綴於履後跟. 又於履頭, 以條爲鉤[31], 所以受繫穿貫

177《沙溪全書》, 위와 같은 곳.
[31] 鉤:《喪禮備要·襲》에는 "絇".

출토 습신(襲신)(국립민속박물관)

는데, 이는 끈을 여기에 걸어서 매는 데 쓰는 기물이다. 끈을 신코 고 속으로 꿰어서 발등에서 묶는다. 또 남은 흰 끈으로 두 발에 매어 발과 서로 떨어지지 않게 한다. 여자의 상(喪)일 경우에는 항상 신던 채혜(彩鞋, 꽃신)가 있으면 그것을 쓴다】

者也. 以其繫穿于鉤[32]中, 結于足背, 又以餘組合繫兩足, 使不相離. 若女喪, 有常着彩鞋則用之】

(41) 모(冒, 시신을 씌우는 자루)

【상례비요[178] 명주나 견(絹)을 쓴다. 검은색 7척 남짓과 분홍색 7척이다.

사상례주[179] 시신에 뒤집어씌워서 갈무리하는 것으로, 만드는 제도는 반듯한 자루와 같다.

안 지금은 쓰지 않는다.

우안 이상은 염습하는 데 갖춰야 할 기물들이다】

冒

【又 用紬、絹, 玄七尺餘, 纁七尺.

士喪禮注 冒鞱尸者, 制如直囊.

案 今不用.

又案 已上襲具】

178《沙溪全書》, 위와 같은 곳.
179《儀禮注疏》卷35〈士喪禮〉(《十三經注疏整理本》11, 776쪽).
[32] 鉤:《喪禮四箋·喪具訂·屨》에는 "絇".

(42) 구슬[珠, 주] 3개

　【상례비요】[180] 옛날에는 임금이 죽었을 때에만 구슬을 썼는데, 지금은 사(士)와 서인(庶人)도 두루 쓴다. 안 민간에서는 진주(眞珠)를 쓰거나 구멍을 뚫지 않은 구슬을 쓴다】

珠三

　【喪禮備要】 古者君用珠, 而今士、庶人通用. 案 俗用眞珠或無孔珠】

(43) 쌀[米, 미]

　【상례비요】[181] 새로 길어온 깨끗한 물로 일어서 정갈하게 한다. 안 민간에서는 찹쌀 조금을 쓴다】

米

　【又】 以新水淅, 令精. 案 俗用糯米少許】

(44) 상자[箱, 상]

　【상례비요】[182] 구슬을 담아두는 데에 쓰는 기물이다】

箱

　【又】 所以盛珠者】

(45) 주발[盌, 완]

　【상례비요】[183] 쌀을 담아두는 데에 쓰는 기물이다】

盌

　【又】 所以盛米者】

(46) 숟가락[匙, 시]

　【상례비요】[184] 쌀을 조금 뜨는 데에 쓰는 기물이다】

匙

　【又】 所以抄米者】

180《沙溪全書》卷31〈喪禮備要〉"襲"(《沙溪・愼獨齋全書》上, 538쪽).
181《沙溪全書》, 위와 같은 곳.
182《沙溪全書》, 위와 같은 곳.
183《沙溪全書》, 위와 같은 곳.
184《沙溪全書》, 위와 같은 곳.

(47) 멱건(幎巾, 시신의 얼굴을 덮는 보)

【상례비요】[185] 베를 쓴다. 사방이 2척이 되도록 만든다. 시신의 얼굴을 덮는 데에 쓰는 기물이다.

【사상례주(士喪禮注)】[186] 반함(飯含)할 때 떨어지는 쌀을 남겨 놓기 위함이다】

(48) 손 씻는 대야[盥盆, 관분]와 수건[帨巾, 세건]

【상례비요】[187] 효자(孝子, 주인)가 손을 씻는 데에 쓰는 기물이다.

【안】 이상은 반함하는 데 갖춰야 할 기물들이다】

(49) 횟대[椸, 이]

(50) 머리띠[帕, 파]

(51) 입던 옷[遺衣, 유의]

(52) 의자

(53) 좌욕(坐褥, 두터운 방석)

(54) 탁자

幎巾

【又】用布, 方二尺爲之, 所以覆面者.

【士喪禮注】爲飯之遺落米也】

盥盆、帨巾

【喪禮備要】孝子所盥.

【案】已上飯含具】

椸

帕

遺衣

倚子

坐褥

卓子

185《沙溪全書》, 위와 같은 곳.
186《儀禮注疏》卷36〈士喪禮〉《十三經注疏整理本》11, 786쪽).
187《沙溪全書》, 위와 같은 곳.

| (55) 향로 | 香爐 |

(55) 향로 — 香爐

(56) 향합 — 香盒

(57) 술잔 — 盞

(58) 술주전자 — 注

(59) 술과 과일 — 酒、果

(60) 얼레빗[櫛, 즐] — 櫛

(61) 손 씻는 대야[盥盆] — 盥盆

(62) 수건[帨巾, 세건] — 帨巾

【안 이상은 영좌에 갖춰야 할 기물들이다】 — 【案 已上靈座具】

(63) 백견(白絹) — 白絹[33]

【상례비요[188] 간혹 저포(苧布, 모시)를 쓰기도 한다. 혼백(魂帛)을 만드는 데에 쓰는 기물이다. 만드는 방법은 두 가지가 있으니, 속백(束帛)으로 하기도 하고 동심결(同心結)로 하기도 한다.[189]

【喪禮備要 或苧布, 所以爲魂帛者. 其制有二, 或束帛或同心結.

---

188 《沙溪全書》卷31〈喪禮備要〉"襲"(《沙溪·愼獨齋全書》上, 539쪽).

189 속백(束帛)으로……한다 : 혼백을 만드는 방법들로, 속백은 비단 두루마리를 묶은 모양이고, 동심결은 비단 끈으로 사람 모양의 매듭을 지은 것이다.

[33] 絹 : 저본에는 "絹". 오사카본·《喪禮備要·魂帛之具》에 근거하여 수정.

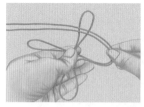 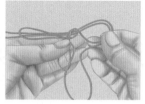 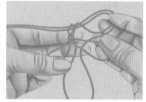

① 가운데를 엄지손가락으로 누르고 오른쪽 두 끈목을 접어 윗부분에 만들어 놓은 고 위로 넘겨놓는다.

② 위에 있는 고를 직각으로 엎어놓는다.

③ 왼쪽 부분의 곱집은 중심을 직각으로 엎어 놓는다.

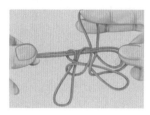 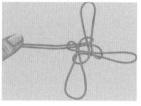 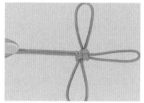

④ 마지막으로 밑에 있는 고를 위쪽으로 엎어 놓은 고에 끼워놓는다.

⑤ 시계 반대방향으로 차례대로 엄지손가락을 빼고 십자로 얽혀 엎어놓은 고를 정리한다.

⑥ 잘 조여 모양을 만든다.

동심결 만드는 법

문공가례의절 190 속백을 만드는 방법은 견(絹)의 양쪽 끝을 서로 마주 보게 말아서 묶는 것이다. 동심결 만드는 방법은 다음과 같다. 백(帛)을 접어서 긴 줄로 만든 다음 고리들을 서로 꿰어서 매듭짓는다. 이때 위로 머리를 내고, 옆으로는 양쪽 귀를 내며, 아래로 그 나머지를 늘어뜨려 두 다리를 만들면 마치 사람을 닮은 모양이 된다.

儀節 束帛之制, 用絹卷兩端相向而束之. 結之制, 摺帛爲長條, 而交互³⁴穿結, 上出其首, 旁出兩耳, 下垂其餘, 爲兩足, 有肖人形.

안 민간에서는 저포(苧布) 1척 또는 0.5~0.6척을 쓴다. 가로로 접어서 2~3번을 돌리되, 너비는 0.1척 정도가 되게 한다. 또 이를 세로로 접어서 양쪽 끝

案 俗用苧布一尺或五六寸, 橫摺數三轉, 廣可一寸許, 縱摺兩頭向外, 長可五

190《文公家禮儀節》卷4〈喪禮〉"小斂"(《文公家禮儀節》2, 92~93쪽);《沙溪全書》卷31〈喪禮備要〉
"襲"(《沙溪‧愼獨齋全書》上, 539~540쪽).

³⁴ 저본에는 "至".《文公家禮儀節‧喪禮‧小斂》·《沙溪全書‧喪禮備要‧襲》에 근거하여 수정.

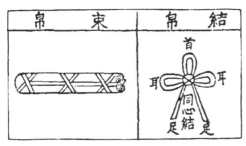

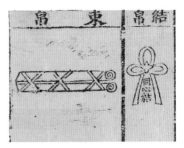

속백과 동심결(《사계전서·가례집람도설》)　　　속백과 결백(《상례비요》)

이 밖을 향하게 하되, 길이가 0.5척이 되게 한다. 이
어서 또 가로로 접어서 1번 돌린 다음 그 나머지를
왼쪽으로 거두어들인다. 틈은 종이끈으로 백(帛)의
허리를 가로로 두른다. 또 종이끈이 꼭대기를 넘도
록 둘러서 가로 놓인 띠처럼 된 저포의 앞과 뒤에 감
아 붙이고, 한쪽 면에는 '상(上)'자를 쓴다】

寸, 仍又橫摺一轉, 斂其餘
於左方, 罅隙以紙條橫帶
帛腰, 又以紙條跨頂, 貼
於橫帶處前後, 書上字於
一面】

(64) 상자[箱, 상]

【상례비요】[191] 혼백(魂帛)을 담는 데에 쓰는 기물
이다.

箱

【喪禮備要】 所以盛魂帛者.

안 민간에서는 두터운 종이를 쓴다. 양쪽이 네모반
듯하게 만든다】

案 俗用厚紙, 作兩方匡】

(65) 덮개[帕, 파]

【상례비요】[192] 흰 베로 만든다. 혼백(魂帛)을 덮는
데에 쓰는 기물이다.

帕

【又 白布爲之, 所以覆魂
帛者.

---

191 《沙溪全書》, 위와 같은 곳.
192 《沙溪全書》, 위와 같은 곳.

【안 이상은 혼백(魂帛)을 만드는 데 갖춰야 할 기 【案 已上魂帛具】
물들이다】

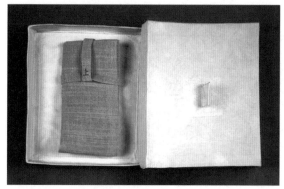

민간의 혼백과 상자(네이버블로그 은하산방)

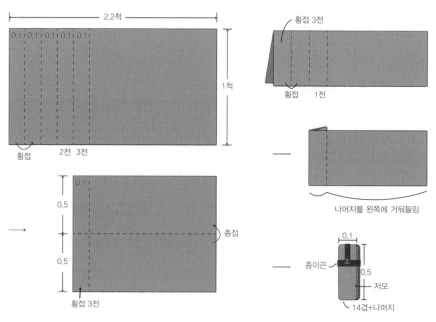

혼백 속제

(66) 대나무 장대[竹杠, 죽강]　　　　　　　竹杠

　【상례비요】193 명정(銘旌)을 다는 데 쓰는 기물이　　【又】所以銘旌竹竿者. 俗
다. 민간에서는 장대의 머리에 나무를 깎아 봉황의　　於竿頭, 刻木爲鳳頭, 塗以
머리모양을 만들고 알록달록하게 색칠을 한 다음 입　　彩, 口含圓環, 垂以流蘇】
에 둥근 고리를 머금게 하고 술[流蘇]을 드리운다】

(67) 명정 받침대(跗, 부)　　　　　　　　跗

　【상례비요】194 대나무 장대[竹杠]의 받침대이다.　　【又】杠足, 其制如傘架】
그 제도는 일산 받침대[傘架]와 같다】

(68) 분(粉, 안료)　　　　　　　　　　　粉

　【상례비요】195 명정(銘旌)에 글씨를 쓰는 데에 쓰　　【又】書銘旌者】
는 기물이다】

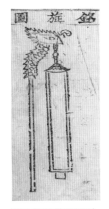

명정도(銘旌圖)(《상례비요》)　　　명정부(銘旌跗)(《사계전서·가례집람도설》)

---

193 《沙溪全書》, 위와 같은 곳.
194 《沙溪全書》, 위와 같은 곳.
195 《沙溪全書》, 위와 같은 곳.

(69) 녹각교(鹿角膠, 사슴뿔아교)　　　　　　鹿角膠

【상례비요】196 분(粉)에 섞는 데에 쓰는 기물이다】　【又 所以和粉者】

(70) 강백(絳帛, 명정을 만들 붉은 비단)　　　　絳帛

【상례비요】197 너비는 온폭[終幅]이다. 길이는 3품　【又 廣終幅, 三品以上九
이상의 관원은 9척, 5품 이상은 8척, 6품 이하는　尺, 五品以上八尺, 六品以下
7척이다. 위아래에 축(軸)이 있으며 실로 매단다.　七尺. 上下有軸, 用絲繫之.
[안] 자는 조례기척(造禮器尺)198을 쓴다. 그러나 지금　[案] 尺用造禮器尺, 而今不
은 척 수에 관계없이 길이를 적당히 헤아려 쓴다】　必拘尺數, 長短量宜】

【우안 이상은 명정(銘旌)을 만드는 데 갖춰야 할　【又案 已上銘旌具】
기물들이다】

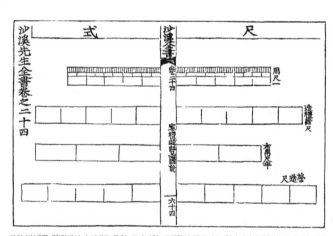

자의 법식[尺式](위에서 순서대로 주척, 조례기척, 포백척의 절반, 영조척이다)(《사계전서·가례집람도설》)

---

196 《沙溪全書》, 위와 같은 곳.
197 《沙溪全書》, 위와 같은 곳.
198 조례기척(造禮器尺) : 조선 시대 조정에서 지정하던 관척(官尺) 중의 하나. 예기(禮器)와 제물(祭物)을 법규
　　에 맞게 만들기 위한 측량기구이다.

3) 소렴(小斂)

(1) 다음날 새벽에,

【죽은 다음날을 말한다】

(2) 집사자(執事者)는 소렴에 쓸 옷과 이불을 진설한다.

【탁자를 당(堂)의 동쪽 벽 아래에 진설한다. 사자(死者)가 가지고 있던 옷에 근거하여 적당히 쓰되, 옷이 많으면 굳이 모두 쓸 필요는 없다. 이불은 겹이불을 쓴다】

(3) 전(奠)을 진설한다.

【① 탁자(卓子)를 동쪽 계단 동남쪽에 진설한다. ② 차려 놓을 음식과 술잔·술주전자를 그 위에 두고 상보로 덮는다. ③ 음식의 동쪽에 손 씻는 대야와

小斂

厥明

【謂死之明日】

執事者, 陳小斂衣衾.

【以卓子陳于堂東壁下. 據死者所有之衣, 隨宜用之, 若多則不必盡用也. 衾用複者】

設奠

【設卓子于阼階東南, 置奠饌及盞注于其上, 巾之. 設盥盆、帨巾各二于㉟饌東.

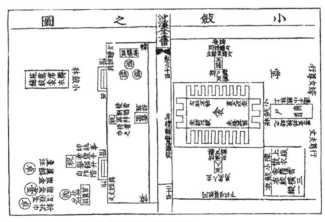

소렴지도(小斂之圖. 소렴 의례도)《사계전서 · 가례집람도설》

㉟ 于 : 저본에는 "寸".《家禮 · 喪禮》에 근거하여 수정.

수건을 각각 2벌씩 진설한다. ④ 그 동쪽에 받침대가 있는 것은 축(祝)이 손을 씻는 곳이고, 그 서쪽에 받침대가 없는 것은 집사자가 손을 씻는 곳이다. ⑤ 탁자에는 깨끗이 씻은 대야와 새로 빨아 깨끗한 수건을 동쪽에 따로 진설한다. 잔을 씻고 잔을 닦기 위함이다. 이상의 한 단락은 견전(遣奠)하는 의례에까지 모두 같게 적용된다】

其東有臺者, 祝所盥也; 其西無臺者, 執事者所盥也. 別以卓子設潔滌盆、新拭巾於其東, 所以洗盞拭盞也. 此一節至遣竝同】

(4) 괄발마(括髮麻)·문포(免布)·좌마(髽麻)를 갖춘다.

具括髮麻、免布、髽麻.

【괄발(括髮)은 삼끈으로 상투를 묶거나 또는 베로 머리쓰개를 만들어 쓰는 일이다. 문(免, 남성이 상중에 묶는 머리)은 찢은 베 또는 꿰맨 견(絹)으로 만든다. 너비가 0.1척이다. 목의 뒷덜미에서부터 앞쪽으로 돌려 이마 위에서 교차한 다음 다시 뒤로 돌려 상투에 두르니, 머리에 망건 쓰는 방법과 같게 한다. 좌(髽, 여성이 상중에 묶는 머리) 또한 삼끈으로 상투를 묶는 일이다. 대나무나 나무로 비녀를 만든다. 모두 별실에 진설한다】

【括髮, 謂麻繩撮髻, 又以布爲頭帾也. 免, 謂裂布或縫絹, 廣寸. 自項向前交於額上, 卻遶髻, 如著掠頭也. 髽亦用麻繩撮髻. 竹木爲簪也. 設之皆于別室】

(5) 소렴상(小斂牀)을 진설하고 효(絞)와 이불과 옷을 편다.

設小斂牀, 布絞、衾、衣.

【① 소렴상(小斂牀)을 진설한다. ② 거적과 자리와 요를 서쪽 계단의 서쪽에 펴놓는다. ③ 효와 이불과 옷을 펴서, 그것을 들고 서쪽 계단으로 올라가 시신의 남쪽에 둔다. ④ 먼저 가로로 놓는 효 3폭을 시신의 아래에다 펴서, 몸을 두르고 묶을 준비를 한다. ⑤ 그제야 세로로 놓는 효 1폭을 시신의 위에

【設小斂牀, 施薦、席、褥于西階之西. 鋪絞、衾、衣, 擧之升自西階, 置于尸南. 先布絞之橫者三於下, 以備周身相結, 乃布縱者一於上, 以備掩首及足也. 衣或

펴서 머리에서 발까지 덮을 준비를 한다. 옷은 뒤집거나 거꾸로 놓더라도 방향만은 바르게 한다. 다만 윗옷은 거꾸로 놓지 않도록 한다】

顚或倒, 但取正方. 唯上衣不倒】

(6) 그제야 습전(襲奠, 염습할 때의 전)을 옮긴다.

【① 집사자는 습전을 영좌(靈座)의 서남쪽에 옮겨둔다. ② 새 전(奠)을 진설하기를 기다렸다가 그제야 습전을 치운다. 뒤의 모든 전(奠)은 모두 이와 같게 한다】

乃遷襲奠.

【執事者遷置靈座西南[36]. 俟設新奠, 乃去之. 後凡奠皆倣此】

(7) 이어서 소렴(小斂)을 한다.

【① 시자(侍者)가 손을 씻고 시신을 든다. 이때 아들과 딸이 함께 부축하여 돕는다. ② 시신을 소렴상(小斂牀) 위로 옮긴다. ③ 먼저 베개를 치우고 비단 한 가닥을 편 다음 그 위에 옷을 포개놓아 머리를 괸다. ④ 이어서 비단 양 끝을 말아서 양 어깨 위쪽의 빈 곳을 채우도록 한다. ⑤ 또 옷을 말아서 그 두 다리 사이에 끼워, 바른 방향이 되도록 한다. ⑥ 그런 다음 나머지 옷으로 시신을 덮는다.

逐小斂.

【侍者盥手擧尸, 男女共扶助之. 遷于小斂牀上, 先去枕而舒絹, 疊衣以藉其首. 仍卷兩端以補兩肩空處. 又卷衣夾其兩脛, 取其正方, 然後以餘衣掩尸.

⑦ 옷섶을 왼쪽으로 여미되, 옷고름은 묶지는 않는다. ⑧ 이불로 시신을 싸지만, 아직 효(絞)로 묶지 않고 시신의 얼굴을 덮지 않는다. 대개 효자(孝子)는 아직도 고인이 다시 살아나기를 기다리며 때때로 그 얼굴을 보고자 하기 때문이다. ⑨ 염(斂)이 끝나면 얼굴을 이불로 덮는다】

左衽不紐. 裹之以衾, 而未結以絞, 未掩其面. 蓋孝子猶俟其復生, 欲時見其面故也. 斂畢則[37]覆以衾】

---

[36] 南 : 저본에는 "面". 오사카본·《家禮·喪禮》에 근거하여 수정.
[37] 則 : 저본에는 "別". 《文淵閣四庫全書·家禮·喪禮》에 근거하여 수정.

(8) 주인과 주부는 시신에 기대어[憑尸] 곡을 하며 가
슴을 친다.

【① 주인은 서쪽을 향하여 시신에 기대어 곡을
하면서 가슴을 치고, 주부는 동쪽을 향하여 또한
그와 같게 한다. ② 이때 일반적으로 자식은 부모에
대해 기대어 곡을 하며 가슴을 친다. 부모는 자식에
대해 그 옷을 잡고, 남편은 아내에 대해 그 옷을 잡
고 곡을 하며 가슴을 친다. 며느리는 시부모에 대해
그 옷을 받드는 자세를 취하고 곡을 하고 가슴을 친
다. 시아버지는 며느리에 대해서는 어루만지고, 형
제에 대해서는 옷을 잡고 곡을 하며 가슴을 친다.
일반적으로 시신에 기댈 때는 부모가 먼저 하고 처
와 자식은 나중에 한다】

主人、主婦憑尸哭擗.

【主人西向憑尸哭擗, 主婦
東向亦如之. 凡子於父母
憑之. 父母於子, 夫於妻執
之. 婦於舅姑奉之. 舅於
婦撫之, 於昆弟執之. 凡
憑尸, 父母先, 妻子後】

(9) 별실(別室)에서 단(袒, 왼쪽 어깨를 벗는 예)을 하고,
괄발(括髮)하고, 문(免)하고 좌(髽)를 한다.

【① 남자로서 참최복(斬衰服)을 입는 사람은 단(袒)
을 하고 괄발을 한다. ② 자최복(齊衰服) 이하 5세조
를 함께 하는 사람들[同五世祖者, 10촌 이내의 친족]은 모
두 별실에서 단(袒)을 하고 문(免)을 한다. ③ 부인들
은 별실에서 좌(髽)를 한다.

袒、括髮、免、髽于別室.

【男子斬衰者, 袒、括髮.
齊衰以下至同五世祖者, 皆
袒、免于別室. 婦人髽于別
室.

상례비요 [199] 주인은 괄발하고 문을 할 때, 새끼줄로
만든 띠[絞帶, 효대]를 더해야 하고, 자최복 이하의 사
람은 베로 만든 띠[布帶, 포대]를 해야 한다. 부인들은

喪禮備要 主人括髮、免
時, 當加絞帶, 齊衰以下布
帶. 婦人髽時, 亦當加首

199《沙溪全書》卷31〈喪禮備要〉"小斂"(《沙溪·愼獨齋全書》上, 543쪽).

참최효대(斬衰絞帶, 참최복에서의 효대)와 자최이하효대(齊衰以下絞帶, 자최복
이하에서의 효대)(《사계전서·가례집람도설》)

좌(髽)를 할 때, 또한 수질(首絰)과 요대(腰帶)를 더해
야 한다】

絰、腰帶矣】

(10) 별실에서 돌아와 시신을 모신 침상을 당(堂) 가
운데로 옮긴다.

還遷尸牀于堂中.

【① 집사자는 염습상을 치운다. ② 시신을 그곳으
로 옮긴다. ③ 그곳에서 곡(哭)을 하던 사람들은 자신
의 자리로 돌아온다. ④ 항렬이 높거나 나이가 많은
사람은 앉고 항렬이 낮거나 나이가 어린 사람은 선다】

【執事者徹襲牀, 遷尸其
處. 哭者復位. 尊長坐, 卑
幼立】

(11) 그제야 전(奠)을 올린다.

乃奠.

【① 축(祝)이 집사자를 거느리고 가서 손을 씻고
서 음식을 든다. ② 동쪽 계단으로 올라가 영좌(靈
座) 앞에 이른다. ③ 축(祝)이 분향하고 술잔을 씻은
다음 술을 따라 올린다. ④ 사자(死者)보다 항렬이 낮
거나 나이가 어린 사람은 모두 2번 절한다. ⑤ 시자
(侍者)가 상보로 전(奠)을 덮는다.

【祝帥執事者盥手舉饌, 升
自阼階, 至靈座前. 祝焚
香洗盞, 斟酒奠之. 卑幼
者皆再拜. 侍者巾之.

(12) 주인 이하의 사람들이 슬픔을 다하도록 곡(哭)을 하면, 그제야 다른 사람으로 바꾸어 곡(哭)을 하게 하여 곡소리가 끊이지 않게 한다. 《가례(家禮)》201

主人以下哭盡哀, 乃代哭, 不絕聲. 《家禮》

3-1) 갖춰야 할 기물들 具

(1) 평상 牀

(2) 거적 薦

(3) 자리 席

(4) 요 褥

(5) 베개 枕

(6) 병풍 屛

(7) 고운 베[細布, 세포] 細布

【상례비요 202 길이는 20척 정도이다. 갯물로 처리한 것을 쓰며 시신을 묶는 효(絞)를 만드는 데 쓰는 기물이다. 우리나라 베의 폭은 매우 좁아서 반드시

【喪禮備要 二十尺許, 用灰治者, 所以爲絞者. 吾東布幅甚狹, 必加半幅, 聯縫

200《文公家禮儀節》卷4〈喪禮〉"小斂"(《文公家禮儀節》2, 102~103쪽);《沙溪全書》卷31〈喪禮備要〉"小斂"(《沙溪·愼獨齋全書》上, 543쪽).

201《家禮》卷4〈喪禮〉"小斂"(《家禮》2, 51~57쪽).

202《沙溪全書》卷31〈喪禮備要〉"小斂"(《沙溪·愼獨齋全書》上, 540~541쪽).

0.5폭을 보태 꿰매고 써야 적당하게 된다. 그렇다면 30척 정도가 들어가야만 한다.

가로로 놓는 3폭은 그 길이가 각각 4척 또는 3척 남짓이다. 세로로 놓는 1폭은 그 길이가 10척 또는 9척 정도로 시신의 키와 체격에 따라 잘라서 정한다. 폭마다 그 양쪽 끝을 갈라서 3조각이 되게 한다. 이때 가로 폭은 가운데 0.8척 남짓을 가르지 않고 남기고, 세로 폭은 2/3를 남겨서 가르지 않는다. 가로 폭은 몸을 둘러서 서로 묶기에 넉넉하도록 하고, 세로 폭은 머리부터 발까지를 덮고 몸 가운데에서 묶기에 넉넉하도록 한다】

用之, 爲宜. 然則當入三十尺許.
橫者三幅, 其長各四尺或三尺餘. 縱者一幅, 其長十尺或九尺許, 各隨其尸之長短肥瘠, 裁定. 每幅析其兩端爲三片, 橫幅則留中八寸餘, 縱幅則留三分之二不析, 橫者取足以周身相結, 縱者取足以掩首至足而結於身中】

(8) 이불

【상례비요】203 바로 겹이불로, 이를 써서 소렴(小斂)을 하는 것이다. 일반적으로 이불의 제도는 모두 5폭이다】

衾
【又】卽複者, 用以小斂者. 凡衾制皆五幅】

(9) 평상복[散衣, 산의]

【상례비요】204 바로 잡의(雜衣, 잡된 옷)·도포·오(襖) 따위의 옷이다】

散衣
【又】卽雜衣、袍、襖之屬】

(10) 상의

【상례비요】205 단령(團領)이나 직령(直領) 같은 따

上衣
【又】如團領、直領之類】

---

203 《沙溪全書》卷31〈喪禮備要〉 "小斂"(《沙溪·愼獨齋全書》上, 541쪽).
204 《沙溪全書》, 위와 같은 곳.
205 《沙溪全書》, 위와 같은 곳.

위의 옷이다】

【안 이상은 소렴할 때 갖춰야 할 기물들이다】　　【案 已上小斂具】

(11) 탁자　　　　　　　　　　　　　　　卓子

(12) 술잔　　　　　　　　　　　　　　　盞

(13) 술주전자　　　　　　　　　　　　　注

(14) 상보[罩巾, 조건]　　　　　　　　　　罩巾

(15) 촛대　　　　　　　　　　　　　　　燭臺

(16) 손 씻는 대야[盥盆, 관분] 2개　　　　盥盆二

(17) 수건[帨巾, 세건] 2장　　　　　　　　帨巾二

(18) 설거지하는 동이[潔滌盆, 결척분]　　　潔滌盆

(19) 그릇 닦을 새 수건[新拭巾, 신식건]　　新拭巾

(20) 음식　　　　　　　　　　　　　　　饌
　【안 이상은 전(奠)을 올릴 때 갖춰야 할 기물들　　【案 已上奠[38]具】
이다】

---

[38] 奠 : 저본에는 "尊". 오사카본·규장각본에 근거하여 수정.

(21) 삼끈[麻繩, 마승]　　　　　　　　　　　麻繩

【상례비요】206 참최복(斬衰服)을 입는 사람이 쓰
는 괄발(括髮)과 좌(髽)에 쓰이는 기물이다.
안 자최복(齊衰服)을 입는 사람은 찢은 베를 쓴다】

【喪禮備要】斬衰所用括髮
及髽者.
案 齊衰用裂布】

(22) 포두수(布頭䰂, 베 머리끈)　　　　　　　布頭䰂

【상례비요】207 바로 머리끈[總]이니, 머리카락을
묶는 데에 쓰는 기물이다】

【又】卽總, 所以束髮者】

(23) 문(免)　　　　　　　　　　　　　　　　免

【상례비요】208 찢은 베나 꿰맨 생 명주[絹]를 너
비 0.1척으로 만든다. 자최복(齊衰服) 이하로 5세조
를 같이 하는 사람들이 상투를 감싸서 묶는 데에 쓰
는 기물이다. 부인들의 좌(髽)에도 마찬가지이다. 괄
발(括髮)·문(免)·좌(髽)는 성복(成服)할 때 없앤다】

【又】裂布或縫絹, 廣一寸
爲之, 齊衰以下至同五世
祖者, 所以繞髻者. 髽同.
括髮、免、髽, 至成服去之】

(24) 백포건(白布巾, 흰색 베 두건)　　　　　白布巾

【상례비요】209 그 제도는 민간의 효건(孝巾, 두건)
과 같다. 소렴(小斂)할 때 쓴다】

【又】制如俗孝巾, 小斂時
所着】

(25) 환질(環経, 둥근 띠)　　　　　　　　　環経

【상례비요】210 삼끈 1고(股)211로 꼬아서 만든다.

【又】麻一股而纏, 大如緦

206《沙溪全書》, 위와 같은 곳.
207《沙溪全書》, 위와 같은 곳.
208《沙溪全書》, 위와 같은 곳.
209《沙溪全書》, 위와 같은 곳.
210《沙溪全書》, 위와 같은 곳.
211 고(股) : 가늘고 긴 물건을 세는 단위.

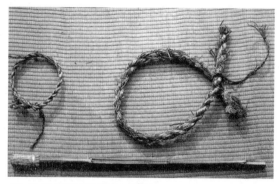

수질·요질·대나무지팡이(네이버블로그 은하산방)

크기는 시마복(緦麻服)의 수질(首絰)과 같고, 백포건(白 　　經, 以加白布巾者】
布巾)에 덧대어 두르는 기물이다】

(26) 수질(首絰, 머리띠) 　　　　　　　　　　　　　　首絰

(27) 요질(腰絰, 허리띠) 　　　　　　　　　　　　　　腰絰

(28) 효대(絞帶, 허리띠) 　　　　　　　　　　　　　　絞帶

　【안】 그 제도는 성복(成服)할 때 갖춰야 할 기물들 　　【案】制並見成服具. 首絰、
에 함께 보인다. 수질(首絰)과 요질(腰絰)은 남자들의 　腰絰, 男子於遷尸後用之,
경우 시신을 옮긴[遷尸] 뒤부터 쓰고, 부인들의 경우 　婦人於憑尸後用之. 絞帶
시신에 기댄[憑尸] 뒤부터 쓴다. 효대(絞帶)는 시신에 　於憑尸後帶之. 古禮如此,
기댄 뒤부터 두른다. 고례(古禮)는 이와 같지만 지금 　而今俗至成服始用】
민간에서는 성복(成服)할 때가 되면 처음으로 쓴다】

　【우안】 이상은 괄발(括髮)·문(免)·좌(髽)·질(絰)·대 　　【又案】已上括髮、免、髽、
(帶)에 갖춰야 할 기물들이다】 　　　　　　　　　　　　絰、帶之具】

4) 대렴(大斂)

(1) 다음날 새벽에,

　【소렴(小斂)한 다음날로서, 죽은 지 3일째 되는 날이다】

厥明,

【小斂之明日, 死之第三日也】

(2) 집사자는 대렴할 옷과 이불을 진설한다.

　【탁자를 당(堂)의 동쪽 벽 아래에 진설한다. 옷은 정해진 수가 없고 이불은 솜이 있는 것을 쓴다】

執事者陳大斂衣、衾.

【以卓子陳于堂東壁下. 衣無常數, 衾用有綿者】

(3) 전(奠)을 올릴 기물들을 진설한다.

　【소렴할 때의 의례와 같다】

設奠具.

【如小斂之儀】

(4) 관(棺)을 들고 들어가 당(堂)의 가운데에서 약간 서쪽에 둔다.

　【① 집사자는 먼저 영좌(靈座)와 소렴의 전(奠)을 옆으로 옮긴다. ② 역자(役者, 상여꾼)들은 관(棺)을 들고 들어가서 평상의 서쪽에 놓고 2개의 등상(凳牀, 관받침목)을 평상 아래에 받친다. 만약 항렬이 낮거나 나이가 어린 사람의 상(喪)이라면 별실에 관을 놓는다. ③ 역자들은 밖으로 나간다. ④ 시자(侍者)는 먼저 관 속에 이불을 펴두고 이불의 끝자락을 관 밖의 네 귀퉁이 밖으로 드리운다.

舉棺入, 置于堂中少西.

【執事者, 先遷靈座及小斂奠於旁側, 役者舉棺以入, 置于牀西, 承以兩凳. 若卑幼則於別室. 役者出, 侍者先置衾于棺中, 垂其裔於四外.

의례·사상례 관이 들어와도 주인은 곡을 하지 않는다.[212]

土喪禮 棺入, 主人不哭.

---

[212]《儀禮注疏》卷37〈士喪禮〉《十三經注疏整理本》11, 808쪽).

안 대렴을 할 때 만약 고례에 의거하여 포(布)와 효(絞)를 써서 평상에서 대렴한다면 관 속에 이불을 펴두는 절차는 없다】

案 大斂, 若依古禮, 用布、絞大斂于牀, 則無置衾于棺中一節】

(5) 그제야 대렴(大斂)을 한다.

乃大斂.

【① 시자는 자손·부녀들과 함께 모두 손을 씻는다. ② 시신의 머리를 가리고 효포(絞布)를 묶은 뒤, 함께 시신을 들어 관 속에 넣는다. ③ 살아 있을 때 빠진 이와 머리카락 그리고 자른 손톱과 발톱을 관의 귀퉁이에 채워 넣는다. ④ 관의 빈 곳을 헤아려 옷을 말아서 빈 곳에 채우는데, 가득 채워서 시신이 흔들리거나 움직이지 않도록 한다. 또한 금이나 옥으로 된 패물을 관 속에 두어 도둑이 도적질할 마음을 절대 품게 하지 말라.

⑤ 주인과 주부는 시신에 기대어 슬픔을 다하도록 곡을 한다. ⑥ 부인들은 물러나 막(幕) 안으로 들어간다. 그제야 장인을 불러 관 뚜껑을 덮고 못을 박게 한다. ⑦ 평상을 치우고 영구를 구의(柩衣)²¹³로 덮는다. ⑧ 축(祝)이 명정을 가져다가 영구의 동쪽에 받침대를 진설한다. ⑨ 다시 영좌를 원래의 자리에 진설한다. ⑩ 부인 2명을 거기에 머무르게 하여 지킨다.

【侍者與子孫、婦女俱盥手, 掩首結絞, 共擧尸, 納于棺中. 實生時所落齒髮及所剪爪于棺角. 又揣其空缺處, 卷衣塞之, 務令充實, 不可搖動. 謹³⁹勿以金玉珍玩置棺中, 啓盜賊心.

主人、主婦憑哭盡哀. 婦人退入幕中. 乃召匠, 加蓋下釘. 徹牀, 覆柩以衣. 祝取銘旌, 設跗于柩⁴⁰東, 復設靈座於故處, 留婦人兩人守之.

상례비요²¹⁴ 만약 고례를 따른다면 시신을 대렴상

喪禮備要 若用古禮, 則

---

213 구의(柩衣) : 관을 씌울 수 있도록 헝겊으로 만든 이불. 이금(侇衾)이라고도 한다.
214 《沙溪全書》卷31〈喪禮備要〉"大斂"(《沙溪·愼獨齋全書》上, 544쪽).
39 謹 : 저본에는 없음. 《家禮·喪禮》에 근거하여 보충.
40 柩 : 저본에는 "棺". 오사카본·《家禮·喪禮》에 근거하여 수정.

(大斂牀) 위로 옮긴 다음 먼저 베개를 치우고 옷과 이불로 염을 한다. 먼저 발을 덮고, 다음에는 왼쪽을 덮고, 다음에는 오른쪽을 덮는다. 효포는 먼저 세로로 놓은 효포를 묶고, 다음에는 가로로 놓은 효포를 묶는다.

遷于大斂牀上, 先去枕, 斂衣衾, 先掩足, 次掩左, 次掩右. 先結絞之縱者, 次結橫者.

서의(書儀)[215] 빈렴(殯殮, 대렴)을 할 즈음에는 곡을 그치고 직접 가서 지켜보면서 시신이 편안하고 단단하게 고정되도록 힘쓴다】

書儀 殯斂之際, 輟哭, 臨視務令安固】

(6) 영구[柩]의 동쪽에 영상(靈牀)을 진설한다.
【평상·휘장·거적·자리·병풍·베개·옷·이불 따위를 놓는데, 모두 살아있을 때 평소에 쓰던 것과 같게 한다】

設靈牀于柩東.
【牀、帳、薦、席、屛、枕、衣、被之屬, 皆如平生時】

(7) 그제야 전(奠)을 진설한다.
【소렴 때의 의례와 같다】

乃設奠.
【如小斂之儀】

(8) 주인 이하의 사람들은 각각 상차(喪次)[216]로 돌아간다.
【① 중문(中門) 밖에 소박하고 남루한 방을 택하여 남자들의 상차(喪次)로 삼는다. ② 참최복(斬衰服)을 입는 사람은 이엉으로 짠 거적을 깔고 흙덩이를 베

主人以下各歸喪次.
【中門之外, 擇朴陋之室, 爲丈夫喪次. 斬衰寢苫枕塊. 不脫絰帶, 不與人坐

---

215 《書儀》卷5〈喪儀〉1 "大斂殯"《文淵閣四庫全書》142, 491쪽).
216 상차(喪次): 상복(喪服)을 입는 사람들이 거처하는 임시 거처인데, 참최복(斬衰服)을 입는 사람은 여막으로 돌아가고, 자최복(齊衰服)을 입는 사람은 벽에 진흙만 바른 악실(堊室)로 돌아간다.

고 잔다. 수질(首経)과 요대(腰帶)를 벗지 않으며 다른 사람과 더불어 앉지 않는다. 때맞춰 어머니를 뵙는 경우가 아니면 중문에 이르지 않는다.

③ 자최복(齊衰服)을 입는 사람은 자리를 깔고 잔다. ④ 대공복(大功服) 이하의 복을 입는 사람으로 다른 집에서 사는 사람은 빈소(殯所)가 차려지면 거처로 돌아가 바깥사랑채에서 머물며 3개월을 지내고 나서 침소로 돌아간다.

⑤ 부인들의 상차(喪次)는 중문 안의 별실 또는 빈소 곁에 만든다. 화려한 휘장과 이불과 요 따위는 치운다. 남자들의 상차에 불쑥 찾아가서는 안 된다.

焉. 非時見乎母也, 不及中門.

齊衰寢席. 大功以下異居者, 既殯而歸, 居宿於外, 三月而復寢.

婦人次于中門之內別室, 或居殯側. 去帷帳、衾褥之華麗者. 不得輒至男子喪次.

예기·상대기 217 부모의 상(喪)에는 여막[倚廬]에서 거처한다.

소(疏) 218 중문 밖 동쪽 담 아래에 나무에 기대어 여막을 지은 다음 풀로 사이를 막되, 진흙을 발라 장식을 하지 않는다. 소상(小祥)219을 지내고 나서 비로소 악실(堊室, 벽에 회를 바른 방)에서 거처한다】

喪大記 父母之喪居倚廬.

疏 於中門外東墻下, 倚木爲廬, 以草夾障, 不以泥塗飾之. 既練, 始居堊室】

(9) 교대로 하던 곡(哭)을 그치게 한다.
《가례(家禮)》220

止代哭者.
《家禮》

217《沙溪全書》卷31〈喪禮備要〉"大斂"(《沙溪·愼獨齋全書》上, 545쪽);《禮記正義》卷45〈喪服大記〉(《十三經注疏整理本》15, 1481쪽);《儀禮注疏》卷41〈既夕禮〉(《十三經注疏整理本》11, 898쪽).
218 위와 같은 곳.
219 소상(小祥): 원문의 '련(練)'을 번역한 용어로, 부모의 상 후 1주년에 지내는 제사를 소상이라 하는데, 이때 상복이 거의 해어져서 소상을 '련'이라고도 한다.
220《家禮》卷4〈喪禮〉"大斂"(《家禮》2, 57~63쪽).

4-1) 갖춰야 할 기물들 　　　　　　　　　　具

(1) 평상 　　　　　　　　　　　　　　　　牀

(2) 거적 　　　　　　　　　　　　　　　　薦

(3) 자리 　　　　　　　　　　　　　　　　席

(4) 요 　　　　　　　　　　　　　　　　　褥

(5) 베개 　　　　　　　　　　　　　　　　枕

(6) 고운 삼베 　　　　　　　　　　　　　　細布

【상례비요】[221] 20척 정도를 쓴다. 만약 폭이 좁은 삼베라면 30척 정도를 쓴다. 가로로 놓는 2폭은 그 길이가 관(棺) 안을 두른 다음, 양쪽 끝을 밖으로 빼서 아래로 드리울 때 각각 양 옆의 반 정도에 와서 그칠 정도이다. 이를 통째로 찢어서 각각 3조각씩 모두 6조각으로 나눈 다음 그 중 1개는 버리고 5개를 쓴다.

세로로 놓는 1폭은 그 길이가 관의 머리에서부터 양쪽 옆을 두른 다음, 그 끝은 각각 관의 발쪽의 두 모서리에 걸치게 할 정도이다. 관의 나무가 두꺼우면 겨우 걸치는 정도에서 그치고, 얇으면 베의 끝이 서로 닿을 정도에서 그친다. 그 길이를 3등분하여 가운데 1등분을 남기고 그 양쪽 끝단을 찢어 벌려서 각각 3조각이 되게 한다. 만약 삼베의 폭이 좁

【喪禮備要】二十尺許, 若幅狹則三十尺許. 橫者二幅, 其長圍棺內, 兩端出外垂下, 各至兩傍之半而止. 通身劈裂爲六片, 去其一用五.

縱者一幅, 其長從棺頭圍於兩傍, 其端各跨棺足兩角. 棺木厚則纔跨而止, 薄則布端相及而止. 三分其長, 留中一分, 劈開其兩端, 各爲三片. 若幅狹則橫者用三幅, 每幅析爲二, 去

---

221 《沙溪全書》卷31 〈喪禮備要〉 "大斂"(《沙溪·愼獨齋全書》上, 543쪽).

으면 가로로 놓는 포를 3폭을 쓰되, 매 폭을 갈라서 2개로 만든 다음, 1개는 버리고 5개를 쓴다. 가장자리를 봉하는 폭은 0.5폭을 보태어 쓴다】

一用五, 縫[41]者加半幅】

(7) 이불 2채

【상례비요[222] 모두 솜이 들어간 것을 쓰는데, 1채는 시신을 받치도록 바닥에 깔고, 1채는 시신을 덮는다.

안 민간의 제도에는 대렴금(大斂衾, 대렴에서 쓰는 이불)은 솜을 넣고 깃이 있으니, 소렴금(小斂衾, 소렴에서 쓰는 이불)과 같으나, 조금 짧고 좁다. 천금(天衾)[223]은 단(緞)을 전폭(全幅)으로 쓰는데, 길이는 관의 안쪽 길이에 맞추되, 0.4~0.5척이 남도록 하고 솜을 넣지는 않는다】

衾二

【又 幷有絮, 一以承藉, 一以覆之

案 俗制大斂衾, 粧絮有領, 如小斂衾, 而稍短狹. 天衾用緞全幅, 長準棺內長, 剩四五寸, 不粧絮】

(8) 평상복

散衣

(9) 상의

上衣

(10) 베개

【안 증(繒)이나 명주를 써서 만든다. 솜을 넣는다】

枕

【案 用繒或紬爲之, 粧絮】

---

222 《沙溪全書》, 위와 같은 곳.

223 천금(天衾): 시신을 싸서 묶고 입관할 때 위에 덮는 이불. 길이 6척, 너비 1.3척 정도이며 흰색이나 남색의 두껍고 무늬가 없는 공단이나 명주로 만든다.

[41] 縫 : 저본에는 "縱".《喪禮備要 · 大斂》에 근거하여 수정.

(11) 요

【상례비요】224 염색한 증(繒)을 쓴다. 안감을 대고 시침바느질[夾縫]225을 한다. 길이와 너비는 관 안쪽의 크기에 따라 잘라 정한다. 이를 칠성판에 깐다】

褥

【喪禮備要】用色繒, 有裏, 夾縫之. 長廣隨棺內裁定, 用鋪於七星板】

(12) 출회(秫灰)

【상례비요】226 곧 찹쌀 재이다. 껍질을 벗기지 않은 찹쌀을 써도 괜찮다. 달군 그릇에 익힌 것을 쓰기도 하고, 불을 피운 숯으로 굽기도 하되, 색을 검게 하여 가루로 만든다. 찹쌀이 없으면 숯의 재로 대신하고 아울러 체로 친다. 관 바닥에 까는 데 쓰는 기물이다】

秫灰

【又】卽糯米灰, 用不去皮者亦可. 用器煉熟, 或熾炭燒之, 令色黑作屑. 無秫則代以炭灰, 竝篩下, 所以鋪棺底者】

(13) 두꺼운 백지[厚白紙]

【상례비요】227 5~6장을 쓴다. 재 위에 까는 데 쓴다】

厚白紙

【又】五六張, 用鋪灰上者】

(14) 두꺼운 기름종이[油芚, 유둔]

【상례비요】228 9장 붙인 것 1개, 또는 4장 붙인 것 2개를 쓴다. 관을 싸는 데 쓰는 기물이다】

油芚

【又】九張付者一, 或四張付者二, 所以裹棺者】

224《沙溪全書》, 위와 같은 곳.
225 시침바느질[夾縫]: 임시로 듬성듬성하게 대강 호아서 하는 바느질.
226《沙溪全書》, 위와 같은 곳.
227《沙溪全書》, 위와 같은 곳.
228《沙溪全書》卷31〈喪禮備要〉"大斂"(《沙溪·愼獨齋全書》上, 544쪽).

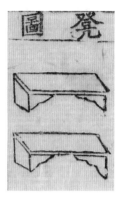

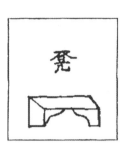

등상(凳牀)(《사계전서·가례집람도설》)　　등도(凳圖)(《사계전서·상례비요》)

(15) 가는 밧줄[小索]·굵은 밧줄[大索]

【상례비요 229 관을 묶는 데 쓰는 기물이다】

【안 이상은 대렴할 때 갖춰야 할 기물들이다】

小索·大索

【又 所以結棺者】

【案 已上大斂具】

(16) 구의(柩衣, 상례용 이불)

【안 이것은 바로 《의례》〈사상례〉에서 말한 "이금(侇衾)"230이다. 민간에서는 면포를 황색으로 물들인다. 깃과 안감이 없다. 영구 모양으로 꿰매어 만들며, 관을 매듭지어 묶은 것 위에 뒤집어 씌워서 덮는다. 구덩이에 하관할 때 걷어낸다】

柩衣

【案 此卽《士喪禮》所謂 "侇衾". 俗用綿布染黃, 無領及裏, 縫造如柩形, 罩覆於結裏上. 至窆葬時去之】

(17) 모전(毛氈, 털로 짠 요)

【상례비요 231 겨울에 이것으로 관을 싼다. 모전이 없으면 볏짚 자리[藁席]를 쓴다】

毛氈

【喪禮備要 冬月, 用以裹棺. 無則用藁席】

---

229 《沙溪全書》, 위와 같은 곳.

230 이금(侇衾) : 상례 때 시신이나 관을 덮을 때 쓰는 이불. '이금(夷衾)'이라고도 한다. 《儀禮注疏》卷36 〈士喪禮〉 《十三經注疏整理本》 11, 800쪽)에 보인다.

231 《沙溪全書》, 위와 같은 곳.

(18) 등상(凳牀) 2개

【상례비요232 나무토막이다. 길이는 관의 너비를 기준으로 한다. 다리의 높이는 0.3~0.4척이다. 관을 떠받치는 데 쓰는 기물이다】

凳二

【又 木塊, 長準棺之廣, 足高三四寸, 所以承棺者】

(19) 병풍

【안 이상은 빈소를 차릴 때 갖춰야 할 기물들이다】

屛

【案 已上成殯具】

(20) 휘장

【안 흰색 면포를 써서 만든다. 영좌(靈座) 앞에 드리워 가린다. 장례를 치른 뒤에는 짙은 남색[靛]으로 물들인다】

帳

【案 用素綿布爲之. 垂障於靈座之前, 至葬後染靛】

(21) 지의(地衣, 헝겊 자리)·방석(方席)

【안 모두 흰색 면포로 장식한다. 영좌(靈座)에 펼쳐 놓았다가, 장례를 치른 뒤에는 염색한 명주로 선을 두른다[緝].

우안 이상은 영좌(靈座)를 만들 때 갖춰야 할 기물들이다. 평상·탁자·촛대는 모두 흰색의 재목을 쓰고 옻칠을 하지 않는다. 향로와 향합은 사기를 쓴다. 장례를 치른 뒤에 비로소 옻칠을 한 평상과 탁자를 쓰고, 유기로 된 향로와 향합을 쓴다. 민간의 제도는 이와 같지만, 고례에서는 상고할 증거가 없다】

地衣、方席

【案 竝飾以素綿布, 鋪于靈座, 至葬後緝以色紬.

又案 已上靈座具. 牀、卓、燭臺皆用素材, 不施髹漆. 爐、盒用砂器. 至葬後始用漆牀·卓、鍮爐·盒. 俗制如此, 而古禮無考】

232《沙溪全書》, 위와 같은 곳.

5) 성복(成服)

(1) 다음날 새벽에,

【대렴(大斂) 다음날로, 죽은 지 4일째 되는 날이다.

상례비요 233 양복(陽復)234은 "대렴(大斂)이 비록 끝났더라도 자식은 그 어버이의 죽음을 차마 인정할 수 없기 때문에, 차마 급하게 성복(成服) 하지 못하고 반드시 4일 뒤에야 성복한다."235라 했다. 이를 근거로 하면 대렴과 성복은 같은 날에 병행할 수 없다. 지금 사람들이 간혹 염(斂)할 때 갖춰야 할 기물들도 갖추지 않고, 죽은 지 3일이 지나면 대렴을 하며 이어서 그날 성복을 하는 일은 예의 본뜻을 많이 잃은 것이다】

(2) 오복(五服)236을 입는 사람들은 각각 자기의 상복을 입는다.

【상례비요 237 대공(大功) 이상으로 요질(腰絰)238을 풀어 늘어뜨린 사람은 묶는다】

(3) 들어가 자기의 자리로 나아간 뒤에 아침 곡(哭)을 한다.

【문공가례의절 239 남자의 자리는 영구의 동쪽에

成服

厥明,

【大斂之明日, 死之第四日也.

喪禮備要 楊氏曰: "大斂雖畢, 人子不忍死其親, 故不忍遽成服, 必四日而後成服." 據此大斂與成服, 不可同日竝行也. 今人或以斂具未備, 過三日而大斂, 仍以其日成服, 殊失禮意也】

五服之人各服其服,

【又 大功以上腰絰散垂者絞之】

入就位然後朝哭.

【儀節 男位於柩東, 西向;

---

233 《沙溪全書》卷32〈喪禮備要〉"成服"'厥明'《沙溪·愼獨齋全書》上, 547쪽).

234 양복(陽復):?~?. 중국 남송의 학자. 주희의 제자이며, 저서로《제례의례도(祭禮儀禮圖)》·《가례잡설부주(家禮雜說附註)》등이 있다.

235 대렴(大斂)이……성복한다:《家禮》卷4〈喪禮〉"成服"《家禮》2, 63쪽).

236 오복(五服):장례에서 죽은 사람과 혈연관계 순서대로 구분되는 상복의 종류. 참최(斬衰)·자최(齊衰)·대공(大功)·소공(小功)·시마(緦麻)이다.

237 《沙溪全書》卷32〈喪禮備要〉"成服"'五服之人各服其服'《沙溪·愼獨齋全書》上, 547쪽).

238 요질(腰絰):상복의 허리에 매는 띠. 삼을 꼬아서 만든다.

239 《文公家禮儀節》卷4〈喪禮〉"成服"《文公家禮儀節》2, 135쪽).

서 서쪽을 향하고, 여자의 자리는 영구의 서쪽에서 동쪽을 향한다. 각각 상복으로 차례를 정한다】

(4) 의례와 같이 서로 조문한다.

【문공가례의절 240 ① 모든 자손들은 조부(祖父)와 제부(諸父, 아버지와 같은 항렬의 친족) 앞에 나아가 꿇어앉아 슬픔을 다하도록 곡을 한다. ② 또 조모(祖母)와 제모(諸母, 제부의 아내) 앞에 나아가 또한 그와 같게 한다. ③ 여자는 조모와 제모 앞에 나아가 곡을 한다. ④ 그렇게 하고서 조부와 제부 앞에 나아가 남자가 했던 의례대로 한다. ⑤ 주부(主婦) 이하의 여자들은 백모(伯母)와 숙모(叔母) 앞에 나아가 곡하기를 또한 그와 같게 한다】

(5) 성복 복식의 제도(制度) 5가지는 다음과 같다.

1. 참최(斬衰) 3년복241

【정복(正服)은 아들이 아버지를 위하여 입는다.

가복(加服)242은 ① 적손(嫡孫)이 아버지가 돌아가셔서 할아버지나 증조할아버지나 고조할아버지를 승중(承重)243하면 입는다. ② 아버지는 후사가 되었어야 할 적자(嫡子)를 위하여 입는다.

女位於柩西, 東向. 各以服爲次】

相弔如儀.

【又 諸子孫就祖父及諸父前, 跪哭盡哀. 又就祖母及諸母前, 亦如之. 女子就祖母及諸母前, 哭. 遂就祖父諸父前, 如男子之儀. 主婦以下就伯叔母, 哭, 亦如之】

其服之制:

一曰斬衰三年.

【其正服則子爲父也.

其加服則嫡孫父卒爲祖若曾, 高祖承重者也. 父爲嫡子當爲後者也.

240《文公家禮儀節》卷4〈喪禮〉"成服"《文公家禮儀節》4, 135~136쪽).
241 참최(斬衰) 3년복: 오복의 1번째 상복. 가장 거친 베로 만들고[衰], 옷의 가장자리를 바느질하여 마름질하지 않는다[斬].
242 가복(加服): 복(服)을 입어야 하는 혈연관계에 있는 사람이 특별한 사정이 있어서 자신이 본래 입어야 하는 정복(正服)에 한 등급을 더하여 좀 더 무거운 복(服)을 입는 일.
243 승중(承重): 장손(長孫)이 아버지나 할아버지를 대신하여 조상의 제사를 받드는 일.

의복(義服)²⁴⁴은 ① 며느리가 시아버지를 위하여 입는다. ② 남편이 승중(承重)하면 아내는 남편의 상복을 따라 입는다. ③ 남의 후사가 된 자는 후사로서의 아버지를 위해 입는다. ④ 후사로서의 할아버지를 위하여 승중하여 입는다. ⑤ 남편이 남의 후사가 되었다면 처(妻)는 남편의 상복을 따라 입는다. ⑥ 처는 남편을 위하여 입고, 첩(妾)은 주인을 위하여 입는다】

其義服則婦爲舅也. 夫承重則從服也. 爲人後者爲所後父也. 爲所後祖承重也. 夫爲人後, 則妻從服也. 妻爲夫也, 妾爲君也】

(6) 2. 자최(齊衰) 3년복²⁴⁵

二曰齊衰三年.

【정복은 ① 아들이 어머니를 위하여 입는다. ② 사(士)의 서자(庶子)는 그 어머니를 위하여 같은 상복을 입는다. 하지만 서자가 아버지의 후사가 되면 어머니를 위하여 입는 상복은 등급을 내려서 입는다.

【其正服則子爲母也. 士之庶子爲其母同, 而爲父後則降也.

가복은 ① 적손이 아버지가 돌아가셔서 할머니나 증조할머니나 고조할머니를 승중하면 입는다. ② 어머니는 후사가 되었어야 할 적자를 위하여 입는다.

其加服則嫡孫父卒爲祖母若曾、高祖母承重者也. 母爲嫡子當爲後者也.

의복은 ① 며느리가 시어머니를 위하여 입는다. ② 남편이 승중하면 아내는 남편의 상복을 따라 입는다. ③ 계모(繼母)를 위하여 입는다. ④ 자모(慈母)를 위하여 입는다. 자모는 서자(庶子)에게 어머니가 없어서 아버지가 다른 첩 중에 아들이 없는 자에게 명하여 자기를 돌보게 한 사람을 말한다. ⑤ 계모는 장자(長子, 큰아들)를 위하여 입는다. ⑥ 첩은 남편의 장자를 위하여 입는다】

其義服則婦爲姑也. 夫承重則從服也. 爲繼母也. 爲慈母, 謂庶子無母, 而父命他妾之無子者, 慈己也. 繼母爲長子也. 妾爲君之長子也】

---

244 의복(義服) : 혈연관계는 아니지만 의리상의 관계가 혈연관계에 해당되는 경우에 입는 복식.
245 자최(齊衰) 3년복 : 오복의 2번째 상복. 거친 생베로 만들고[衰], 옷의 끝단을 바느질하여 마름질한다[齊].

(7) 자최 장기복(杖期服)[246]

【정복은 적손이 아버지는 돌아가시고 할아버지는 살아 있을 때 할머니를 위하여 입는다.

강복(降服)[247]은 재혼한 어머니나 쫓겨난 어머니를 위하여 입는다.

의복은 ① 아버지가 돌아가시고 계모가 재혼을 했을 때 자기가 그 계모를 따라간 경우에 입는다. ② 남편이 아내를 위하여 입는다. ③ 아들이 아버지의 후사가 되면 쫓겨난 어머니나 재혼한 어머니를 위해서 상복을 입지 않는다. ④ 계모가 쫓겨나도 상복을 입지 않는다.

상복 [248] 아버지가 살아있을 때 어머니를 위해 입는다.

소 [249] 심상(心喪, 마음으로 입는 상복)은 삼년상과 같다.

상례비요 [250] 어머니가 먼저 돌아가셨는데, 3년 안에 아버지도 돌아가시면 그대로 어머니의 상복을 입고 아버지의 기한을 마친다.

안 우암(尤菴) 송시열(宋時烈)이 "어머니가 먼저 돌아가시고 성복(成服) 전에 아버지가 돌아가셨으면 어머

杖期

【其正服則嫡孫父卒祖在,
爲祖母也.

其降服則爲嫁母、出母也.

其義服則爲父卒繼母嫁,
而己從之者也. 夫爲妻也.
子爲父後, 則爲出母、嫁母
無服. 繼母出則無服也.

喪服 父在爲母.

疏 心喪猶三年.

喪禮備要 母先亡而三年之
內父又卒, 則仍服母以期.

案 尤菴云:"母先亡而父卒
在成服前, 則申服母三年,

---

246 자최 장기복(杖期服):자최복에서 상중에 지팡이를 짚는 1년 복.
247 강복(降服):등급을 내려서 입는 상복의 격식.
248《沙溪全書》卷32〈喪禮備要〉"成服"'齊衰杖期'《沙溪·愼獨齋全書》上, 549쪽);《儀禮註疏》卷11〈喪服〉《十三經注疏整理本》11, 658쪽).
249 위와 같은 곳.
250《沙溪全書》, 위와 같은 곳.

니의 삼년복을 겹쳐 입는다. 그러나 만약 성복한 뒤에 아버지가 돌아가셨으면 그대로 어머니의 상복을 입고 기한을 마친다."251라 했다】

若在成服後, 則仍服母以42期."】

(8) 자최 부장기복(不杖期服)252

【정복은 ① 조부모를 위해 입는다. 여자가 비록 시집을 갔더라도 강복을 입지 않는다. ② 서자의 아들이 자기 아버지의 어머니를 위하여 입는다. 할아버지의 후사가 되었다면 상복을 입지 않는다. ③ 백부와 숙부를 위하여 입는다. ④ 형제를 위하여 입는다. ⑤ 중자(衆子, 맏아들이 아닌 아들)의 자녀를 위하여 입는다. ⑥ 형제의 자식을 위하여 입는다. ⑦ 고모·자매·딸 중에서 시집을 가지 않고 집에 있거나, 시집을 갔는데 남편과 아들이 없는 사람이나, 부인이면서 남편과 아들이 없는 사람이 형제자매와 형제의 자식을 위하여 입는다. ⑧ 첩이 자기 아들을 위하여 입는다.

가복은 ① 적손이나 증손·현손 중에 자신의 후사가 되었어야 할 사람을 위하여 입는다. ② 여자 중 시집간 사람이 형제 중에서 아버지의 후사가 된 사람을 위하여 입는다.

강복은 ① 재혼한 어머니나 쫓겨난 어머니가 자기 아들을 위하여 입는다. 자식이 비록 아버지의 후사가 되었더라도 오히려 상복을 입는다. ② 첩이 자

不杖期

【其正服則爲祖父母, 女雖適人, 不降也. 庶子之子爲父之母, 而爲祖後則不服也. 爲伯、叔父也. 爲兄弟也. 爲衆子男女也. 爲兄弟之子也. 爲姑、姊妹、女在室, 及適人而無夫與子者, 婦人無夫與子者, 爲其兄弟姊妹及兄弟之子也. 妾爲其子也

其加服則爲嫡孫若曾、玄孫當爲後者也. 女適人者爲兄弟之爲父後者也.

其降服則嫁母、出母爲其子, 子雖爲父後, 猶服也. 妾爲其父母也.

---

251 어머니가……마친다 : 출전 확인 안 됨.
252 자최 부장기복(不杖期服) : 자최복에서 상중에 지팡이를 짚지 않는 1년 복.
42 以 : 저본에는 없음. 문맥에 따라 보충.

기 부모를 위하여 입는다.

　의복은 ① 계모가 재혼한 뒤 전남편의 아들로 자기를 따라온 아들을 위하여 입는다. ② 백모와 숙모를 위하여 입는다. ③ 남편 형제의 자식을 위하여 입는다. ④ 함께 살았던 계부를 위하여 입는다. 이는 아버지와 아들이 모두 대공(大功) 이상의 복을 입을 친척이 없는 경우이다. ⑤ 첩이 주인의 중자를 위하여 입는다. ⑥ 시부모가 맏며느리를 위하여 입는다.

其義服則繼母嫁而爲前夫之子從己者也. 爲伯、叔母也. 爲夫兄弟之子也. 繼父同居, 父子皆無大功之親者也. 妾爲君之衆子也. 舅姑爲嫡婦也.

　|상례비요| 253 출계(出繼)254한 사람이 자신을 낳아준 부모를 위해 입는다】

|喪禮備要| 出繼者爲本生父母也】

(9) 자최 5월복

　【증조할아버지와 증조할머니를 위하여 입는다. 여자 중에 시집간 사람도 강복을 입지 않는다】

五月

【爲曾祖父母, 女適人者不降】

(10) 자최 3월복

　【정복은 고조할아버지와 고조할머니를 위하여 입는다. 여자 중에 시집간 사람도 강복을 입지 않는다.

　의복은 함께 살지 않는 계부를 위하여 입는다. 이는 예전에는 같이 살다가 지금은 같이 살지 않거나, 비록 같이 살더라도 계부에게 아들이 있어서 이미 대공(大功) 이상의 친척이 있는 경우를 말한다. 원래 함께 살지 않았으면 상복을 입지 않는다】

三月

【其正服則爲高祖父母, 女適人者不降也.

其義服則繼父不同居者, 謂先同今異, 或雖同居, 而繼父有子, 已有大功以上親者也. 其元不同居者則不服】

253《沙溪全書》卷32〈喪禮備要〉"成服"《沙溪·愼獨齋全書》上, 549쪽).
254 출계(出繼) : 다른 집에 양자로 들어가 그 집의 후사가 되는 일.

(11) 3. 대공(大功) 9월복255.

【정복은 ① 종부(從父)의 형제자매(사촌)를 위하여 입는다. 이들은 백부와 숙부의 자식을 말한다. ② 중손(衆孫, 장손이 아닌 손주)인 손자와 손녀를 위하여 입는다.

의복은 ① 중자부(衆子婦, 맏며느리가 아닌 며느리)를 위하여 입는다. ② 형제의 며느리를 위하여 입는다. ③ 남편의 할머니·할아버지·백부·백모·숙부·숙모·형제의 며느리를 위하여 입는다. ④ 남편이 다른 사람의 후사가 되었다면 그 아내는 본래 시아버지와 시어머니를 위하여 입는다.

상례비요 256 자매가 이미 시집을 갔으면 서로를 위하여 이 상복을 입는다】

三日大功九月.

【其正服則爲從父兄弟姊妹, 謂伯、叔父之子也. 爲衆孫男女也.

其義服則爲衆子婦也. 爲兄弟子之婦也. 爲夫之祖父母、伯·叔父母、兄弟之子婦也. 夫爲人後者, 其妻爲本生舅姑也.

喪禮備要 姊妹旣嫁, 相爲服】

(12) 4. 소공(小功) 5월복257.

【정복은 ① 종조조부(從祖祖父)와 종조조고(從祖祖姑)를 위하여 입는다. 이들은 조부의 형제자매를 말한다. ② 형제의 손주를 위하여 입는다. ③ 종조부(從祖父)와 종조고(從祖姑)를 위하여 입는다. 이들은 종조조부(從祖祖父)의 자식으로, 아버지의 종부의 형제자매(사촌)를 말한다. ④ 종부 형제의 자식을 위하여 입는다. ⑤ 종조(從祖) 형제자매를 위하여 입는다.

四日小功五月.

【其正服則爲從祖祖父、從祖祖姑, 謂祖之兄弟姊妹也. 爲兄弟之孫. 爲從祖父、從祖姑, 謂從祖祖父之子, 父之從父兄弟姊妹也. 爲從父兄弟之子也. 爲從祖兄弟姊妹, 謂從祖父之

---

255 대공(大功) 9월복: 오복의 3번째 상복. 처가·외가를 제외한 친가 6촌 이내의 상례에서 9개월 동안 입는다.
256《沙溪全書》卷32〈喪禮備要〉"成服"(《沙溪·愼獨齋全書》上, 550쪽).
257 소공(小功) 5월복: 오복의 4번째 상복. 친족 6촌·외할아버지·외할머니·외삼촌의 상례에서 5개월 동안 입는다.

이들은 종조부의 자식으로, 이른바 재종(再從) 형제자매(6촌)이다.

⑥ 외할머니·외할아버지를 위하여 입는다. 이들은 어머니의 부모를 말한다. ⑦ 외삼촌을 위하여 입는다. 이들은 어머니의 형제를 말한다. ⑧ 외조카를 위하여 입는다. 이들은 자매의 자식을 말한다. ⑨ 이모를 위하여 입는다. 이들은 어머니의 자매를 말한다. ⑩ 어머니는 같고 아버지가 다른 형제자매를 위하여 입는다.

의복은 ① 종조조모(從祖祖母, 종조조부의 부인)를 위하여 입는다. ② 남편 형제의 손주를 위하여 입는다. ③ 종조모(從祖母, 종조부의 부인)를 위하여 입는다. ④ 남편의 종형제(從兄弟, 사촌)의 자식을 위하여 입는다. ⑤ 남편의 고모[姑姉妹]를 위하여 입는데, 고모가 시집을 간 경우에도 강복(降服)하지 않는다.

⑥ 여자가 형제와 조카의 아내를 위하여 입는데, 여자가 이미 시집을 갔어도 강복하지 않는다. ⑦ 제부(娣婦)·사부(姒婦)를 위하여 입는다. 이들은 형제의 아내를 말한다. 이들이 서로 이름 부를 때, 형제 중 장자(長子)의 부인이 그 아래 형제의 부인에게 '제부(娣婦, 동서)'라 하고, 제부가 장자의 부인에게 '사부(姒婦, 동서)'라 한다.

⑧ 서자가 적모(嫡母, 아버지의 정실부인)의 부모 형제자매를 위하여 입는다. ⑨ 만약 적모가 죽었다면 이들을 위해서는 상복을 입지 않는다. ⑩ 적모가 쫓겨나면 계모의 부모 형제자매를 위하여 입는다. ⑪ 서모(庶母, 아버지의 첩) 중에 자기를 길러준 사람을 위하

子, 所謂再從兄弟姉妹也.

爲外祖父母, 謂母之父母也. 爲舅, 謂母之兄弟也. 爲甥, 謂姉妹之子也. 爲從母, 謂母之姉妹也. 爲同母異父之兄弟姉妹也.

其義服則爲從祖祖母也. 爲夫兄弟之孫也. 爲從祖母也. 爲夫從兄弟之子也. 爲夫之姑姉妹, 適人者不降也.

女爲兄弟、姪之妻, 已適人亦不降也. 爲娣、姒婦, 謂兄弟之妻. 相名, 長子婦謂次婦曰"娣婦", 娣婦謂長婦曰"姒婦"也.

庶子爲嫡母之父母、兄弟姉妹, 嫡母死則不服. 母出則爲繼母之父母、兄弟姉妹也. 爲庶母慈己者, 謂庶母之乳養己者也.

여 입는다. 이는 서모 중에 자기에게 젖을 먹여 기른 사람을 말한다.

⑫ 적손(嫡孫, 적장자의 아들) 및 증손(曾孫, 아들의 손자)·현손(玄孫, 손자의 손자) 중에 후사가 되어야 할 사람의 부인을 위하여 입는데, 그 부인의 시어머니가 살아있으면 상복을 입지 않는다. ⑬ 형제의 아내를 위하여 입는다. ⑭ 남편의 형제를 위하여 입는다.

爲嫡孫若曾、玄孫之當爲後者之婦, 其姑在則否也. 爲兄弟之妻也. 爲夫之兄弟也.

의례 258 시어머니가 시아버지의 후사를 잇지 못한 맏며느리를 위하여 입는다】

儀禮 姑爲嫡婦不爲舅後者】

(13) 5. 시마(緦麻) 3월복 259.

【정복은 ① 족증조부(族曾祖父)와 족증조고(族曾祖姑)를 위하여 입는다. 이들은 증조부의 형제자매를 말한다. ② 형제의 증손을 위하여 입는다. ③ 족조부(族祖父)와 족조고(族祖姑)를 위하여 입는다. 이들은 족증조부(族曾祖父)의 자식을 말한다. ④ 종부형제(從父兄弟, 사촌)의 손주를 위하여 입는다. ⑤ 족부(族父)와 족고(族姑)를 위하여 입는다. 이들은 족조부(族祖父)의 자식을 말한다. ⑥ 종조형제(從祖兄弟)의 자식을 위하여 입는다. ⑦ 족형제자매(族兄弟姊妹)를 위하여 입는다. 이들은 족부의 자식으로, 이른바 삼종(三從) 형제자매(8촌)라 한다. ⑧ 증손(曾孫)·현손(玄

五曰緦麻三月.

【其正服則爲族曾祖父、族曾祖姑, 謂曾祖之兄弟姊妹也. 爲兄弟之曾孫也. 爲族祖父、族祖姑, 謂族曾祖父之子也. 爲從父兄弟之孫也. 爲族父、族姑, 謂族祖父之子也. 爲從祖兄弟之子也. 爲族兄弟姊妹, 謂族父之子, 所謂三從兄[43]弟姊妹也. 爲曾孫、玄孫也. 爲外孫也. 爲從母兄

---

258 《沙溪全書》 卷32 〈喪禮備要〉 "成服"(《沙溪·愼獨齋全書》 上, 551쪽);《儀禮注疏》 卷29 〈喪服〉(《十三經注疏整理本》 11, 641쪽).

259 시마(緦麻) 3월: 오복의 5번째 상복. 8촌 이내의 상례에서 3개월 동안 입는다.

43 兄: 저본에는 없음. 오사카본·규장각본·《家禮·喪禮·成服》에 근거하여 보충.

孫)을 위하여 입는다. ⑨ 외손을 위하여 입는다. ⑩ 종모(從母)의 형제자매를 위하여 입는다. 이들은 이모의 자식을 말한다. ⑪ 외형제(外兄弟)를 위하여 입는다. 이들은 고모(姑母)의 자식을 말한다. ⑫ 내형제(內兄弟)를 위하여 입는다. 이들은 외삼촌의 자식을 말한다.

弟姊妹, 謂從母之子也. 爲外兄弟, 謂姑之子也. 爲內兄弟, 謂舅之子也.

강복은 서자로서 아버지의 후사가 된 사람이 그 어머니를 위하여 입거나, 어머니의 부모를 위하여 입는다. 어머니의 형제자매에게는 상복이 없다.

의복은 ① 족증조모(族曾祖母, 족증조부의 부인)를 위하여 입는다. ② 남편 형제의 증손을 위하여 입는다. ③ 족조모(族祖母, 족조부의 부인)를 위하여 입는다. ④ 남편 종형제의 손주를 위하여 입는다. ⑤ 족모(族母, 족부의 부인)를 위하여 입는다. ⑥ 남편의 종조형제(從祖兄弟, 6촌)의 자식을 위하여 입는다.

其降服則庶子爲父後者, 爲其母而爲其母之父母. 兄弟姊妹則無服也.
其義服則爲族曾祖母也. 爲夫兄弟之曾孫也. 爲族祖母也. 爲夫從兄弟之孫也. 爲族母也. 爲夫從祖兄弟之子也.

⑦ 서손(庶孫)의 부인을 위하여 입는다. ⑧ 사(士)는 서모(庶母, 아버지의 첩)를 위하여 입는다.[260] 이는 아버지의 첩 중에 자식이 있는 사람을 말한다. ⑨ 유모를 위하여 입는다. ⑩ 사위를 위하여 입는다. ⑪ 아내의 부모를 위하여 입는다. 이들은 아내가 죽어서 따로 장가들었어도 똑같이 입고, 아내의 친어머니가 비록 다른 사람에게 시집을 갔더라도 상복을 입는다.

爲庶孫之婦也. 士爲庶母, 謂父妾之有子者也. 爲乳母也. 爲壻也. 爲妻之父母, 妻亡而別娶亦同, 卽妻之親母, 雖嫁出猶服也.

---

260 사(士)는……입는다:《의례주소》에서는 "대부 이상은 서모를 위하여 상복을 입지 않는다. 서인은 서모가 없으므로, 서모를 위하여 복을 입는 경우는 오직 사(士)뿐이다(大夫已上, 不服庶母. 庶人又無庶母. 爲庶母服者, 唯士而已)."라 했다.《의례주소(儀禮注疏)》권33〈상복(喪服)〉《十三經注疏整理本》11, 726쪽) 참조.

⑫ 남편의 증조·고조를 위하여 입는다. ⑬ 남편의 종조조부모(從祖祖父母, 조부의 형제 부부)를 위하여 입는다. ⑭ 형제의 손자며느리를 위하여 입는다. ⑮ 남편 형제의 손자며느리를 위하여 입는다. ⑯ 남편의 종조부모(從祖父母, 남편 아버지의 4촌 부부)를 위하여 입는다.

⑰ 종부형제(從父兄弟, 4촌)의 며느리를 위하여 입는다. ⑱ 남편의 종형제(從兄弟, 4촌)의 며느리를 위하여 입는다. ⑲ 남편의 종부형제의 아내를 위하여 입는다. ⑳ 남편의 종부자매(從父姊妹, 4촌)를 위하여 입는데, 종부자매가 시집을 간 경우에도 강복하지 않는다. ㉑ 남편의 외할아버지·외할머니를 위하여 입는다. ㉒ 남편의 이모와 외삼촌을 위하여 입는다. ㉓ 외손자며느리를 위하여 입는다. ㉔ 여자가 자매의 며느리를 위하여 입는다. ㉕ 외조카의 아내를 위하여 입는다】

(14) 일반적으로 상복(殤服)261은 차례대로 한 등급씩 강복한다.

【일반적으로 죽었을 때의 나이가 19~16세이면 장상(長殤)이고, 15~12세이면 중상(中殤)이며, 11~8세이면 하상(下殤)이다. 기년복(期年服, 1년간 입는 상복)에 해당하면 장상에는 강복하여 대공 9월복을 입고, 중상에는 7월복을 입고, 하상에는 소공 5월복을 입는다. 대공복 이하에 해당하면 차례대로 한 등

爲夫之曾祖、高祖也. 爲夫之從祖祖父母也. 爲兄弟孫之婦也. 爲夫兄弟孫之婦也. 爲夫之從祖父母也.

爲從父兄弟子之婦也. 爲夫從兄弟子之婦也. 爲夫從父兄弟之妻也. 爲夫之從父姊妹, 適人者不降也. 爲夫之外祖父母也. 爲夫之從母及舅也. 爲外孫婦也. 女爲姊妹之子婦也. 爲甥婦也】

凡爲殤服, 以次降一等.

【凡年十九至十六爲長殤, 十五至十二爲中殤, 十一至八歲爲下殤. 應服期者, 長殤降服大功九月, 中殤七月, 下殤小功五月. 應服大功以下, 以次降等. 不滿八

---

261 상복(殤服):8~19세에 죽은 사람을 위하여 입는 상복.

급을 강복한다. 8세를 채우지 못하고 죽었으면 상복이 없는 상(殤)이 되니, 곡을 할 때 1일을 1개월로 쳐서 해당 기간 동안만 곡을 한다. 태어난 지 3개월이 되지 않았으면 곡도 하시 않는다. 남자가 이미 장가를 갔거나, 여자가 혼인을 허락한 이후에 죽었으면 모두 상(殤)으로 여기지 않는다】

歲, 爲無服之殤, 哭之以日易月, 生未三月則不哭也. 男子已娶, 女子許嫁, 皆不爲殤】

(15) 일반적으로 남자가 다른 사람의 후사가 되거나, 여자가 시집을 갔으면 그들의 사친(私親)²⁶² 을 위하여 모두 한 등급 강복하고, 그들의 사친이 그들을 위해서도 그렇게 한다.

凡男爲人後, 女適人者, 爲其私親, 皆降一等, 私親之爲之也亦然.

【여자 중에 시집간 사람이 강복 기간을 채우지 못하고 쫓겨났으면 시집가기 전 본래 입어야 하는 상복을 입는다. 이미 상복을 벗었다면 다시 입지 않는다. 일반적으로 부인이 남편 집안의 상을 당하여 상복을 입었는데 쫓겨났다면 상복을 벗는다.

【女適人者, 降服未滿被出, 則服其本服. 已除則不復服也. 凡婦服夫黨當喪而出則除之.

상복소²⁶³ 죽은 남자와 상복을 입는 남자가 각각 다른 사람의 후사가 되었다면, 2번 강복하지 않는다. 죽은 여자와 상복을 입는 여자가 각각 쫓겨났다면, 2번 강복하지 않는다. 외가의 친척에 대해서는 비록 시집을 갔더라도 강복하지 않는다.

喪服疏 兩男各爲人後, 不再降. 兩女各出, 不再降. 外親雖適人, 不降.

---

262 사친(私親) : 자신과 직접적인 혈연관계에 있는 친족. 자기를 낳아준 부모나 친형제 등을 말한다.
263 《沙溪全書》 卷32 〈喪禮備要〉 "成服" '凡爲殤服 以次降一等'《沙溪·愼獨齋全書》 上, 552쪽).

안 264 정현(鄭玄)265은 다음과 같이 말했다. "비록 외가의 친척이라 할지라도 2개의 계통이 있을 수 없다. 남자가 다른 사람의 후사가 된 경우에, 이미 그 사람의 후사가 되어, 후사가 된 어머니 집안의 상복을 입었다면 생모(生母) 집안의 상복을 입을 수 없다."】

案 鄭氏曰 : "雖外親無二統, 爲人後者, 旣爲所後, 母黨服, 則不得爲生母黨服也."】

(16) 성복한 날에 주인과 형제는 비로소 죽을 먹는다.

【모든 자식들은 죽을 먹는다. 처첩과 기년복·9월복인 사람은 거친 밥을 먹고 물을 마시지만 나물과 과일은 먹지 않는다. 5월복·3월복인 사람은 술을 마시고 고기를 먹지만 잔치에 참여하여 즐기지는 않는다. 이때부터는 이유 없이 외출하지 않는다. 만약 상사(喪事)와 부득이한 일 때문에 출입하면 남자는 갈기를 다듬지 않은 말에 베로 만든 안장을 하고, 여자는 소교(素轎, 흰색으로 꾸민 가마)에 소렴(素簾, 흰 베로 만든 발)을 드리운다】

成服之日, 主人及兄弟始食粥.

【諸子食粥. 妻妾及期、九月疏食水飮, 不食菜果. 五月、三月者飮酒食肉, 不與宴樂. 自是無故不出. 若以喪事及不得已而出入, 則乘僕馬布鞍, 素轎素簾】

(17) 일반적으로 중상(重喪)266이 아직 끝나지 않았는데 경상(輕喪)267을 당하면 경상의 상복을 입고 곡을 한다. 매월 1일에 신위(神位)를 마련하고 경상의 상복을 입고 곡을 한다. 경상이 끝나면 다시 중상의 상복으로 돌아갔다가, 중상의 상복을 벗으면 경상의

凡重喪未除而遭輕喪, 則制其服而哭之. 月朔設位, 服其服而哭之. 旣畢, 返重服, 其除之也, 亦服輕服. 若除重喪而輕服未除,

---

264 《沙溪全書》, 위와 같은 곳.

265 정현(鄭玄) : 127~200. 중국 후한 말기의 경학자. 마융(馬融)에게 배웠으며, 벼슬하지 않고 재야에서 학문과 제자 양성에 힘써 당시까지의 경학을 집대성했다. 《시경(詩經)》·《예기(禮記)》·《의례(儀禮)》·《주례(周禮)》에 대한 주석이 《십삼경주소(十三經注疏)》에 전해진다.

266 중상(重喪) : 상기(喪期)가 긴 상. 일반적으로 3년상을 말한다.

267 경상(輕喪) : 상기가 짧은 상.

상복을 입는다. 만약 중상의 상복을 벗었으나 경상의 상복을 아직 벗지 못했으면 경상의 상복을 입고 남은 기간을 마친다. 《가례》[268]

則服輕服以終其餘日.《家禮》

5-1) 갖춰야 할 기물

具

(1) 남자의 최복(縗服, 상복)

男子縗服

【상례비요】[269] ① 참최 : 매우 거친 생포(生布)를 쓴다. 자최는 다음으로 거친 생포를 쓴다. 기년복은 그 다음으로 거친 생포를 쓴다. 대공복은 조금 거친 숙포(熟布, 삶은 베)를 쓴다. 소공복은 조금 고운 숙포를 쓴다. 시마복은 가장 고운 숙포를 쓴다. 마름질할 때는 지척(指尺)을 쓴다.

【喪禮備要】斬衰 : 極麤生布. 齊衰次等麤生布. 期次等生布. 大功稍麤熟布. 小功稍細熟布. 緦[44]極細熟布. 裁用指尺.

② 윗옷[衣] : 베 2폭을 쓴다. 각각 길이는 4.4척이다. 각 폭의 가운데를 반으로 접어 앞뒤로 2장이 되게 하면 길이는 2.2척이다. 2폭이니 모두 4장이 된다. 뒤의 2장을 봉합하되, 윗부분 0.4척을 남겨두고 봉합하지 않는다. 그제야 앞뒤 4장을 겹쳐 4겹이 되게 하고, 봉합하지 않은 곳에서부터 가로로 0.4척을 마름질하여 들인다.

衣 : 用布二幅. 各長四尺四寸. 各幅中分屈之, 爲前後兩葉長二尺二寸, 兩幅共四葉. 將後兩葉縫合之, 留上四寸不縫. 乃以前後四葉疊之, 爲四重, 卽自不縫處橫裁入四寸.

마름질을 마치면 마름질한 곳이 밖으로 향하게 나누어 접은 다음 각각 양쪽 어깨 위에 얹어지게 하여 좌적(左適)과 우적(右適)으로 삼는다. 이것이 바로

訖分摺所裁者向外, 各加兩肩上以爲左、右適, 卽辟領也. 各攙負版一寸. 旣

---

268 《家禮》卷4〈喪禮〉“成服”《家禮》2, 66~89쪽).

269 《沙溪全書》卷32〈喪禮備要〉“成服”'成服之具'《沙溪·愼獨齋全書》上, 546쪽).

44 緦 : 저본에는 “總”. 오사카본·규장각본·《沙溪·喪禮備要·成服》에 근거하여 수정.

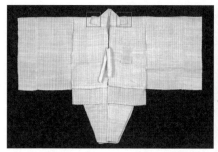

벽령(국립민속박물관)

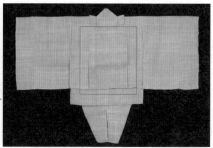

부판(국립민속박물관)

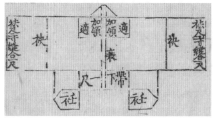

상복 상의 앞면(《상례비요》)

상복 상의 뒷면(《상례비요》)

벽령(辟領)[270]이다. 각각 부판(負版)[271]보다 0.1척씩 안쪽으로 들어가게 한다.[272] 마름질한 베를 밖으로 향하게 접고 나면 그 전후좌우의 빈 곳은 각각 사방 0.4척이 된다. 이것이 곧 활중(闊中)[273]이다.

③ 소매[袂]: 베 2폭을 쓴다. 또한 각각 길이가 4.4척이니, 이 길이는 윗옷의 몸체 길이와 같다. 가운

摺所裁者向外, 其前後左右虛處各方四寸, 卽闊中也.

袂:用布二幅. 亦各長四尺四寸, 長與衣身同. 中屈

---

270 벽령(辟領): 삼베로 만든 상복 윗옷의 양쪽 어깨에 붙이는 베 조각. 왼쪽을 좌적(左適)이라 하고, 오른쪽을 우적(右適)이라 한다. 어깨를 짓누르는 슬픔을 의미한다.

271 부판(負版): 상복 윗옷의 등에 붙이는 베 조각. 등에 짊어진 슬픔을 의미한다.

272 각각……한다: 원문의 "각참부판일촌(各攙負版一寸)"을 번역한 내용이다. 참(攙)의 의미가 분명하지 않지만, 《사계전서》의 상복 상의 뒷면 그림을 보면 가령과 좌적·우적의 너비가 부판의 너비보다 양쪽으로 약간씩 좁게 그려진 점을 알 수 있다. 이에 근거해 위와 같이 번역했다.

273 활중(闊中): 상복에서 깃을 붙여 대기 위하여 목둘레를 파놓은 부분.

데를 접으면 또한 길이가 2.2척으로, 이를 각각 윗옷 몸체의 좌우에 봉합하여 잇되, 폭을 자르지 않는다. 또 각각 그 아랫부분 가장자리를 봉합하여 소매를 만든다. 또 소매 끝에서 그 아랫부분 1척을 봉합하고 그 윗부분 1.2척은 남겨두어 소매 입구를 만든다. 이것이 곧 소맷부리[袪]이다.

之, 亦長二尺二寸, 各縫連於衣身之左右, 不削幅. 又各縫合其下際以爲袂. 又於袂端縫合其下一尺, 留其上一尺二寸以爲袪口, 卽袪也.

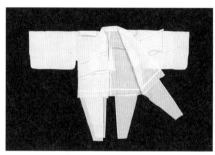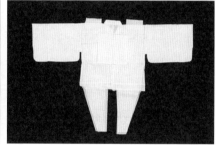

상복 최의(衰衣) 앞뒷면(국립민속박물관)

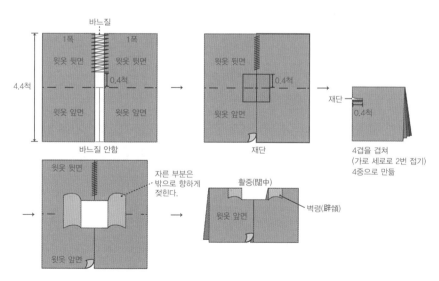

최복(衰服) 상의 만들기 1

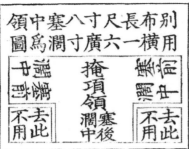

깃 재단법(《가례》)　　　　　　깃 접는 방법(《가례》)

④ 가령(加領)[274] : 따로 베를 쓴다. 길이는 1.6척이며 너비는 0.8척이다. 세로로 접고 가운데를 나누어, 그 아래의 절반은 양 끝을 각각 사방 0.4척씩 재단한 다음 이를 제거하고 쓰지 않는다. 다만 중간의 0.8척을 남겨서 뒤쪽의 활중에 더한다. 그 위의 절반은 전체 1.6척을 재단하지 않고, 베의 중간을 목 부분 위에서 좌우로 나누고 마주보게 접은 다음 앞으로 향하게 드리워 앞쪽의 활중에 더한다.

⑤ 속깃[裌] : 곧 깃[領] 속에 더하는 부분이다. 베 1가닥[條]을 쓴다. 길이는 1.6척이며 너비는 1.4척이다. 베를 3가닥으로 나눈다. 2가닥은 깃에 겹치게 봉합하여 앞쪽의 활중에 더하고, 1가닥은 가로로 접어 2겹으로 만들고, 뒤쪽의 활중에 더한다. 모두 깃에 더하면 그제야 3겹이 된다.

加領 : 別用布. 長一尺六寸, 闊八寸, 縱摺而中分之, 其下一半, 兩端各裁斷方四寸, 除去不用. 只留中間八寸以加後之闊中, 其上一半, 全一尺六寸不裁, 以布之中間, 從項上分左右, 對摺, 向前垂下以加於前之闊中.

裌 : 卽加於領裏者. 用布一條. 長一尺六寸, 廣一尺四寸. 分作三條. 二條疊縫於領以加於前闊中, 一條橫摺爲二重, 加於後闊中. 竝加領, 乃三重也.

---

274 가령(加領) : 비어 있는 활중 자리에 딱 맞는 크기로 만들어 더하는[加] 깃[領]. 또는 활중 자리에 깃을 더하는 일을 말한다.

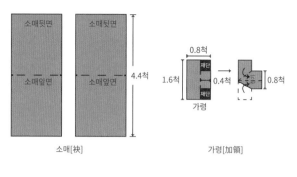

소매[袂]

가령[加領]

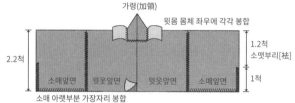

소매와 가령을 윗옷[衣]에 붙인 모습

최복 상의 만들기 2

⑥ 대하척(帶下尺, 허리에 두르는 부분): 세로 높이가 1척인 포를 쓴다.[275] 위로는 윗옷에 붙이고, 가로로는 허리에 두른다. 베의 길이는 허리치수를 기준으로 한다.

帶下尺：用縱布高一尺. 上屬於衣, 橫繞於腰, 以腰之闊狹爲準.

⑦ 임(衽)[276]: 양쪽 겨드랑이 아래에 임이 있다. 각각 베 3.5척을 쓰고, 위아래에 각각 1척을 남겨 사방 1척 외에는 위로 왼쪽 옆을 재단하여 0.6척을 들이고, 아래로 오른쪽 옆을 재단하여 0.6척을 들인다. 재단한 끝부분에서 서로 마주보게 비스듬히 재

衽：兩腋之下有衽. 各用布三尺五寸, 上下各留一尺, 正方一尺之外, 上於左傍裁入六寸, 下於右傍裁入六寸. 使於盡處相望, 斜裁.

---

275 대하척(帶下尺, 허리에 두르는 부분)……쓴다: 높이가 1척이기 때문에 이름을 대하척이라 했다.
276 임(衽): 상복 상의에서 하상(下裳)의 양옆 트인 곳을 가려주는 역할을 하는 부분.

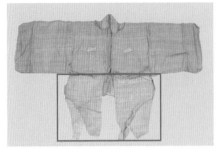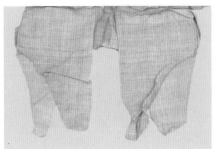

임(국립민속박물관)

단한다. 양쪽 옆의 좌우를 윗옷의 양 옆에 서로 겹치게 꿰매서 아래로 드리우면 모양이 제비꼬리 같다. 이 부분으로 치마의 옆쪽 가장자리를 덮는다.

[안] 《의례》〈상복〉의 소(疏)에 "참최의 임(衽)은 앞부분이 뒷부분을 가리고, 자최의 임은 뒷부분이 앞부분을 가린다."277라 했다.

却以兩傍左右, 相沓綴於衣兩傍, 垂之向下, 狀如燕尾, 以掩裳傍際也.

[案]《喪服》疏云:"斬衰衽, 前掩其後;齊衰衽, 後掩其前."

⑧ 최(衰)278 : 베를 쓴다. 길이는 0.6척이며 너비는 0.4척이다. 왼쪽 옷깃 앞쪽에 가슴 부위에 해당하는 곳에 꿰맨다.

衰:用布. 長六寸, 廣四寸. 綴於左衿之前當心處.

⑨ 부판(負版) : 베를 쓴다. 사방 1.8척이다. 깃 아래에 꿰매어 등에 닿도록 드리운다.

負版:用布. 方尺八寸. 綴於領下當背垂之.

⑩ 옷고름[衣繫] : 곧 소대(小帶)이다.

衣繫:卽小帶.

---

277 참최의……가린다:출전 확인 안 됨. 정약용은 이 내용이 《의례주소》에 없으므로 적은 사람의 오류라고 했다. 《與猶堂全書》 3集 〈禮集〉 8卷 "喪禮四箋" '喪服商'(한국고전종합DB, 3602쪽).
278 최(衰):왼쪽 가슴에 다는 작은 베 조각. 눈물받이를 의미한다.

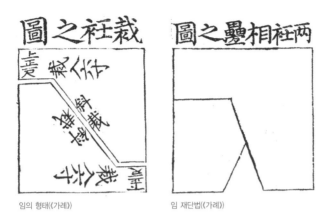

임의 형태(《가례》)　　　　　임 재단법(《가례》)

3.5척의 베에서 아래 위로 1척씩 뒤는 부분에서 가로로 0.8척씩 자른다.
잘린 부분의 끝부분이 서로 마주보게 비스듬히 재단한다.
0.6척 길이가 되는 부분이 밑면이 되도록 잘린 임을 돌려 임의 형태대로 만든다.
임 재단법 그림에서 A와 B에 해당하는 곳이
임의 형태에서 A와 B에 해당하도록 위치를 돌려 다음과 같이 만든다

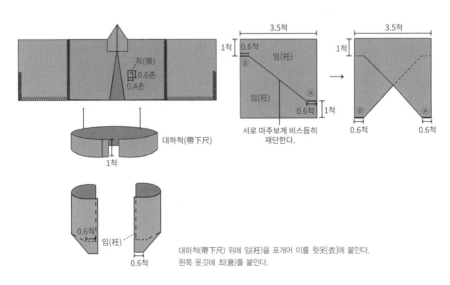

대하척(帶下尺) 위에 임(衽)을 포개어 이를 윗옷[衣]에 붙인다.
왼쪽 옷깃에 최(衰)를 붙인다.

최복 상의 만들기 3

안 《문공가례의절》에 "옷고름 4가닥을 안팎의 옷깃에 붙여 서로 가려지게 한다."[279]라 했다.

案 《儀節》: "四條綴於內外衿, 使相掩."

⑪ 치마[裳] : 앞이 3폭이고 뒤가 4폭이다. 앞뒤는 연결하지 않고, 폭마다 3개의 주름[纈, 첩]을 잡는다. 주름을 잡을 때는 폭마다 위쪽 끝을 손가락으로 조금 들어 올렸다가 오른쪽을 향하도록 접고, 또 조금 들어 올렸다가 왼쪽을 향하도록 접는다. 주름의 왼쪽과 오른쪽이 서로 닿게 한 다음 실로 꿰매어 고정시키고 그 가운데를 비워 주름을 만든다. 이와 같이 3번 한다. 치마의 길이는 적당하게 한다. 또 너비 0.4~0.5척의 베를 세로로 접은 다음 앞뒤 7폭에 대고 이 7폭을 끼워 꿰맨다. 이를 허리에 대략 두른다. 양 끝에는 모두 띠가 있다.

裳 : 前三幅, 後四幅. 前後不連, 每幅作三纈. 其作纈則於每幅上頭, 用指提起少許, 摺向右, 又提起少許, 摺向左. 兩相湊着, 用線綴住, 而空其中以爲纈, 如是者三. 裳長短隨宜. 又以布廣四五寸, 縱摺之, 綴前後七幅而夾縫之. 約圍於腰. 兩端皆有帶.

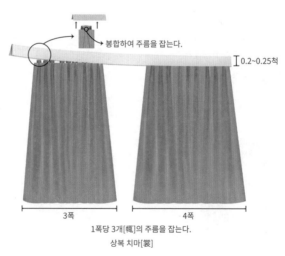

봉합하여 주름을 잡는다.

0.2~0.25척

3폭　　　4폭

1폭당 3개[纈]의 주름을 잡는다.

상복 치마[裳]

최복 치마[裳] 만들기

279 옷고름……한다 :《文公家禮儀節》卷4〈喪禮〉"成服"《文公家禮儀節》2, 161~162쪽).

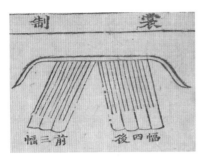

상복 치마(《사계전서》)　　　　　상복 치마(국립민속박물관)

<table>
<tr><td>

의례 280 오복(五服) 윗옷의 솔기는 모두 밖을 향하도록 한다. 다만 참최는 가장자리를 꿰매지 않는다. 자최 이하는 모두 가장자리를 꿰매는데, 솔기가 밖으로 나오게 돌려서[展] 실로 꿰매어 고정시킨다. 치마의 솔기는 모두 안쪽을 향하게 한다. 자최 이하는 가장자리를 꿰매는데, 솔기가 안으로 들어가게 돌려서 실로 꿰매어 고정시킨다.

</td><td>

儀禮 五服衣縫皆向外. 但斬衰不緝邊. 齊衰以下皆緝邊, 展出外, 用線綴住. 裳縫皆內向. 齊衰以下緝邊, 展入內, 用線綴住.

</td></tr>
</table>

가례주 281 대공(大功) 이하는 부판(負版)·최(衰)·벽령(辟領)이 없다】

家禮注 大功以下無負版、衰、辟領】

(2) 중의(中衣)

【상례비요 282 곧 옛 심의(深衣) 제도이다. 최(衰) 아래에 받쳐 입는 데 쓰는 의복이다. 간혹 중단의(中單衣)283의 제도를 써도 무방하다.

中衣

【喪禮備要 即古深衣制. 所以承衰者. 或用中單衣之制不妨.

280《沙溪全書》卷32〈喪禮備要〉“成服”‘成服之具’(《沙溪·愼獨齋全書》上, 546쪽);《儀禮注疏》卷34〈喪服〉《十三經注疏整理本》11, 751~752쪽).

281《沙溪全書》, 위와 같은 곳;《家禮》卷4〈喪禮〉“成服”(《家禮》2, 79쪽).

282《沙溪全書》, 위와 같은 곳.

283 중단의(中單衣):남자의 상복이나 예복 속에 받쳐 입는 옷. 소매가 넓다.

비록 참최(斬衰)라도 심의(深衣)를 입는다면 또한
베로 가장자리를 두른다】

雖斬衰, 深衣則亦以布緣
邊】

(3) 관(冠)

冠

【상례비요】[284] 조금 가는 베와 두꺼운 종이를 재
료로 쓴다. 너비는 0.3척이고, 길이는 정수리 앞뒤
를 충분히 덮도록 한다. 베로 싸서 주름 3개를 잡는
다. 대공 이상은 주름이 모두 오른쪽을 향하게 하
고, 소공 이하는 모두 왼쪽을 향하게 하여 접고 세
로로 꿰맨다. 이것을 '벽적(襞積)'이라 한다.

【又】用稍細布、厚紙爲材.
廣三寸, 長足跨頂前後, 裏
以布爲三輒. 大功以上皆
向右, 小功以下皆向左, 縱
縫之. 是謂"襞積".

참최에는 삼끈으로 무(武, 머리를 두르는 부분)를 만
들고, 자최 이하는 베로 만든다. 이마 부분 위에
서 매듭을 짓고 정수리 부분 뒤에서 교차하여 앞으
로 지나가게 했다가 각각 귀의 가장자리 부분에 이
르러 묶는다. 앞에서 설명했던 굴관(屈冠)[285]의 양쪽

斬衰用麻繩以爲武, 齊衰
以下用布. 從額上約之, 至
項後交過前, 各至耳邊結
之. 屈冠兩頭入武內, 向外
反屈之, 縫於武, 是謂"外

참최관(《상례비요》)   자최관(《상례비요》)

---

[284]《沙溪全書》, 위와 같은 곳.
[285] 굴관(屈冠): 상복을 입을 때 두건 위에 덧쓰는 건. 굴건(屈巾)이라고도 한다.

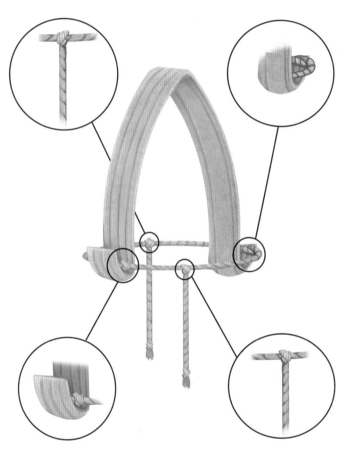

참최관의 무와 굴관의 모습

끝은 무(武) 안쪽으로 넣었다가 다시 밖을 향하게 뒤집어 구부린 다음 무(武)에 꿰맨다. 이를 '외필(外畢)'이라 한다. 귀 부분에 묶었던 무(武)의 나머지는 아래로 드리워 영(纓, 끈)을 만들고 턱 아래에서 묶는다】

畢". 武之餘, 下垂爲纓, 結於頤下】

(4) 수질(首絰)[286]

【상례비요[287] 참최에는 유자마(有子麻, 암삼)를 쓰고, 자최 이하에는 무자마(無子麻, 수삼)를 쓰며, 시마에는 숙마(熟麻)를 쓴다. 그 제도는 다음과 같다. 2가닥의 끈을 서로 꼬아 만든다. 대략 길이가 1.7~1.8척이다. 그 둘레는 참최 0.9척, 자최 0.7척, 대공 0.5척, 소공 0.4척, 시마 0.3척이다. 참최는 삼끈의 밑동을 왼쪽에 두어 이마 부분 앞쪽에서 오른쪽으로 두르고, 그 끝을 밑동 위에 더한다. 자최 이하는 삼끈의 밑동을 오른쪽에 두어 이마 부분 앞

首絰

【又 斬衰用有子麻, 齊衰以下用無子麻, 緦用熟麻. 其制: 兩股相交. 約長一尺七八寸. 其周圍則斬衰九寸, 齊衰七寸, 大功五寸, 小功四寸, 緦三寸. 斬衰麻本在左, 從額前向右圍之, 以其末加於本上. 齊衰以下, 麻本在右, 從額前

참최수질(《상례비요》)

자최수질(《상례비요》)

---

286 수질(首絰): 상복을 입을 때 머리에 두르는 띠. 삼을 꼬아 만든다.
287 《沙溪全書》卷32〈喪禮備要〉"小斂" '絰帶之具'(《沙溪·愼獨齋全書》上, 541쪽).

쪽에서 왼쪽으로 두르고, 그 끝을 밑동 아래에 묶는다. 또 가는 끈으로 영(纓)을 만들어 이를 고정시키고, 아래로 늘어뜨려 끈을 턱 아래에서 묶는다. 자최 이하는 베를 쓰며 제도는 이와 같게 한다.

向左, 末繫本下. 又以細繩爲纓而固之, 垂下而結於頤下. 齊衰以下用布, 亦如之.

[상복주] 288 대공 이상은 수질에 영(纓)이 있으나, 소공 이하는 영이 없다】

[喪服注] 大功以上, 絰有纓；小功以下, 無纓】

(5) 요질(腰絰)[289]

【 [상례비요] 290 삼을 쓰는 점은 위와 같다. 2가닥의 끈을 서로 꼬아 만든다. 그 둘레는 참최 0.7척, 자최 0.5척, 대공 0.4척, 소공 0.3척, 시마 0.2척이다. 양쪽 끝에 각각 삼끈의 밑동을 남기고, 가는 끈으로 묶는다. 전체 길이는 7~8척이다. 또 허리에 둘러 서로 묶는 곳에는 각각 가는 끈을 단다. 이때

腰絰

【 [喪禮備要] 麻同上. 兩股相交. 其圍, 斬衰七寸, 齊衰五寸, 大功四寸, 小功三寸, 緦二寸. 其兩頭各存麻本, 用細繩結之. 通長七八尺. 又於圍腰相結處,

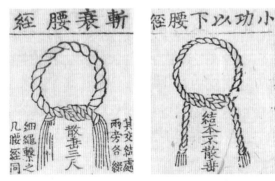

참최요질(《상례비요》)

소공이하요질(《상례비요》)

---

288 《沙溪全書》, 위와 같은 곳；《儀禮注疏》 卷31 〈喪服〉（《十三經注疏整理本》 11, 694쪽）.
289 요질(腰絰)：상복을 입을 때 허리에 두르는 띠. 삼을 꼬아 만든다.
290 《沙溪全書》, 위와 같은 곳.

참최효대(《상례비요》)　　　　자최이하효대(《상례비요》)

대나무 지팡이와 관구(冠屨)(《사계전서》)　　　오동나무 지팡이와 소구(疏屨)(《사계전서》)

자최에는 가는 끈 대신 베를 써서 서로 묶는 일을 대비한다. 부인은 망자를 어루만지며 떠나보내는 의례를 한 뒤에 요질을 두르고, 남자는 시신을 옮긴 뒤에 두른다.

各綴細繩. 齊衰, 用布以備相結. 婦人於憑尸後帶之, 男子遷尸後帶之.

의례 291 대공 이상은 요질 끝부분을 풀어 늘어뜨리는데, 길이가 3척이다. 성복(成服) 때가 되어서야 묶

儀禮 大功以上, 散垂其末, 長三尺. 至成服乃絞,

---

291 《沙溪全書》, 위와 같은 곳 ; 《儀禮注疏》 卷31 〈喪服〉 (《十三經注疏整理本》 11, 693쪽).

고, 계빈(啓殯, 발인하기 위해 빈소를 여는 의례) 때가 되면 다시 풀어 늘어뜨렸다가, 졸곡 때가 되면 그제야 묶는다. 소공 이하 및 나이가 50세가 된 사람 및 부인은 처음부터 바로 묶는다】

啓殯復散垂, 卒哭乃絞. 小功以下及年五十者及婦人, 初卽絞之】

(6) 효대(絞帶)[292]

【상례비요】[293] 참최에는 삼끈 1가닥을 쓴다. 길이는 18~19척이다. 이 끈 가운데를 접어 2가닥을 만들고 각각 1척 남짓을 묶어 둥근 고리를 만든다. 그러한 후에 그 나머지를 1가닥으로 합쳐 허리에 두르되, 왼쪽에서 뒤로 돌려서 앞에 이르면, 그제야 오른쪽 끝을 2가닥으로 만든 둥근 고리에 끼운 다음 다시 오른쪽으로 되돌려 꽂아 요질의 아래에 두도록 한다. 전체 길이는 8~9척으로, 곧 3겹 4가닥이다.

자최 이하는 베를 써서 끼워 봉합한다. 대략 너비가 0.4척 정도이다. 그 오른쪽 끝을 1척 정도 접고 실로 꿰매어 둥근 고리를 만든다. 전체 길이는 7~8척이다】

絞帶

【喪禮備要】斬衰, 用麻繩一條. 長十八九尺. 中屈之, 爲兩股, 各一尺餘結合爲彄子. 然後合其餘爲一條, 圍腰, 從左過後至前, 乃以右端穿兩股間, 而反揷於右, 在腰絰之下. 通長八九尺, 卽三重四股.

齊衰以下, 用布夾縫之, 約廣四寸許. 屈其右端尺許, 用線綴之以爲彄. 通長七八尺】

(7) 지팡이[杖]

【상례비요】[294] 대나무 지팡이는 높이가 가슴에 나란한 정도이고, 뿌리부분이 지팡이 아래에 해당하도록 만든다. 오동나무 지팡이도 이와 같이 만들

杖

【又】竹杖高齊心, 本在下. 桐杖亦如之, 削之上圓下方】

---

292 효대(絞帶): 요질 아래에 매는 띠.
293《沙溪全書》, 위와 같은 곳.
294《沙溪全書》卷32〈喪禮備要〉“成服”‘成服之具’(《沙溪·愼獨齋全書》上, 547쪽).

되, 위는 둥글고 아래는 네모나게 깎는다】

【예기·상복소기】295 지팡이의 굵기는 요질(絰)과 【喪服小記】杖大如絰】
같다】

(8) 신[履]   履
　【상복】296 참최에는 관구(菅屨)297를 신고, 소최(疏 【喪服】斬衰, 菅屨;疏衰,
衰, 자최)에는 소구(疏屨, 성근 짚신)를 신는다.   疏屨.
　주298 소공 이하는 길구(吉屨, 단단한 짚신)를 신는다. 注 小功以下, 吉屨.

　【문공가례의절】299 자최에는 풀이나 삼으로 만든 신 【儀節】齊衰, 以草或麻;大
을 신고, 대공에는 베로 만든 신을 신는다】   功, 用布】

(9) 효건(孝巾)   孝巾
　【상례비요】300 오복(五服)을 입는 사람들과 시자 【喪禮備要】五服及侍者所
(侍者)가 쓰는 두건이다. 우리나라의 민간에서는 으 着. 國俗例於喪冠下施此】
레 상관(喪冠) 아래에 효건을 쓴다】

(10) 방립(方笠)·생포직령(生布直領)   方笠、生布直領
　【상례비요】301 모두 밖을 출입할 때 쓰거나 입는 【又】幷出入時所着.
기물이다.

───────
295《沙溪全書》, 위와 같은 곳;《禮記正義》卷33〈喪服小記〉(《十三經注疏整理本》14, 1135쪽).
296《沙溪全書》, 위와 같은 곳;《儀禮經傳通解續》卷10〈喪服制度〉"喪禮"(《朱子全書》4, 1840~1841쪽).
297 관구(菅屨):골풀로 만든, 굽이 없는 신.
298《沙溪全書》, 위와 같은 곳;《儀禮注疏》卷33〈喪服〉(《十三經注疏整理本》11, 716쪽).
299《文公家禮儀節》卷4〈喪禮〉"成服"(《文公家禮儀節》2, 170~171쪽);《沙溪全書》, 위와 같은 곳.
300《沙溪全書》, 위와 같은 곳.
301《沙溪全書》, 위와 같은 곳.

효건(국립민속박물관)

방립(국립민속박물관)

안 이상은 남자의 복식 제도이다】

案 已上男子服制】

(11) 부인의 최복(縗服)

婦人縗服

【상례비요】302 마름질하는 제도는 모두 남자의 최복(縗服)과 같다. 다만 임(衽)과 대하척이 없다. 혹은 《가례》를 따라 대수(大袖, 여성의 상복 윗옷)와 긴치마[長裙]를 입기도 한다.

【又】裁制幷同男子縗服. 但無衽及帶下尺. 或依《家禮》, 爲大袖、長裙.

문공가례의절 303 ① 대수(大袖) : 지금 부인들이 입는 단의(短衣, 짧은 윗옷)와 같지만 그보다 넓고 크며, 그 길이는 무릎까지 이르고, 소매의 길이는 2.2척이다. 남자 최복 상의의 제도를 기준으로 한다.

儀節 大袖 : 如今婦人短衣而寬大, 其長至膝, 袖長一45尺二寸. 準男子衰衣之制.

긴치마 : 베 6폭을 쓴다. 12폭으로 마름질하여 나누고, 이를 연결하여 치마를 만든다. 그 길이는

長裙 : 用布六幅. 裁爲十二破, 聯以爲裙. 其長拖地.

302 《沙溪全書》, 위와 같은 곳.
303 《文公家禮儀節》卷4〈喪禮〉"成服"(《文公家禮儀節》2, 165~166쪽) ; 《沙溪全書》, 위와 같은 곳.
45 一 : 저본에는 "二".《文公家禮儀節·喪禮·成服》에 근거하여 수정.

남자상복

개두(《사계전서》)

땅에 끌릴 정도이다. 남자 최복 치마의 제도를 기준
으로 한다】

準男子衰裳之制】

(12) 개두(蓋頭, 머리쓰개)

蓋頭

【상례비요304 윗옷·치마에 비하여 조금 가는 베
를 쓴다. 일반적으로 3폭이며, 길이는 몸의 길이와
같다. 참최는 가장자리를 꿰매지 않고, 자최는 가장
자리를 꿰맨다】

【又 比衣、裙用布稍細者.
凡三幅, 長與身齊. 斬衰,
不緝邊;齊衰, 緝邊】

(13) 포두수(布頭帽)

布頭帽

【안 소렴(小斂)에 갖춰야 할 기물에 보인다】

【案 見小斂具】

304《沙溪全書》, 위와 같은 곳.

나무비녀(국립민속박물관)　　　　　여성용 배자(국립민속박물관)

(14) 비녀[簪]

【상례비요】305 대나무 비녀는 머리카락을 안정시키는 데 쓰는 기물이다. 어머니의 상에는 나무 비녀를 쓴다】

簪46

【喪禮備要】竹簪, 所以安髮者. 母喪則以木爲之】

(15) 수질·요질·지팡이

【안】 모두 남자가 사용하는 기물과 같다】

首絰、腰絰、杖

【案】幷同男子】

(16) 신

【문공가례의절】306 참최와 자최에는 마혜(麻鞋, 삼으로 짠 신발)를 신고, 장기(杖期) 이하에는 베를 쓴다】

屨

【儀節】斬衰、齊衰, 麻鞋;杖期以下, 用布】

(17) 배자(背子)307①

【문공가례의절】308 여러 첩들은 배자로 대수(大袖)

背子

【又】衆妾則以背子代大袖.

305《沙溪全書》卷32〈喪禮備要〉"小斂"'絰帶之具'(《沙溪·愼獨齋全書》上, 541쪽).
306《文公家禮儀節》卷4〈喪禮〉"成服"(《文公家禮儀節》2, 167쪽);《文公家禮儀節》卷4〈喪禮〉"成服"(《文公家禮儀節》2, 170쪽);《沙溪全書》卷32〈喪禮備要〉"成服"'成服之具'(《沙溪·愼獨齋全書》上, 547쪽).
307 배자(背子):저고리 위에 입는 덧옷. 현대의 조끼와 비슷한 형태이다.
308《文公家禮儀節》卷4〈喪禮〉"成服"(《文公家禮儀節》2, 167쪽);《沙溪全書》, 위와 같은 곳.
46 簪:《沙溪全書·喪禮備要·成服》에는 "竹木簪".

여자상복

를 대신한다. 길이는 몸의 길이와 같고, 소매가 작다. | 長與身齊, 小袖.

안 이상은 부인의 복식 제도이다】 | 案 已上婦人服制】

(18) 시자의 최복(縗服) | 侍者縗服

【상례비요309 제도는 민간의 직령의(直領衣)와 같다. 혹은 중단의(中單衣)를 입기도 한다】 | 【喪禮備要 制如俗直領衣. 或中單衣】

(19) 효건 | 孝巾

(20) 요질 | 腰絰

【상례비요310 제도는 효대와 같다. | 【又 制如絞帶.

309《沙溪全書》, 위와 같은 곳.
310《沙溪全書》, 위와 같은 곳.

(21) 아이의 복식 제도

【상례비요311 《예기》에 "아이는 관을 쓰지 않는다."312라 했다. 그러나 지금 민간에서는 간혹 건(巾)과 질(絰)을 쓰기도 하는데, 예(禮)가 아니다.

예에서 아이는 8세 이상이면 그제야 성복(成服)한다】

童子服制

【又 《記》曰 : "童子不冠."今俗或加巾、絰, 非禮也.

禮童子八歲以上, 乃爲成服】

5-2) 상복 제도 그림

【안 〈본종의 오복도[本宗五服之圖]〉·〈삼부·팔모의 상복도[三父八母服之圖]〉·〈외당과 처당의 상복도[外黨妻黨服之圖]〉는 《가례》를 따랐고, 〈삼상의 강복도[三殤降服之圖]〉·〈다른 사람의 후사가 된 사람이 본종을 위하여 입는 강복도[爲人後者爲本宗降服圖]〉는 《상례비요》를 따랐다.313 모두 아래에 열거한다】

服制圖

【案 《本宗五服》及《三父八母》、《外黨妻黨服圖》倣《家禮》, 《三殤》及《爲人後者降服圖》倣《喪禮備要》. 竝列于左】

---

311 《沙溪全書》, 위와 같은 곳.

312 아이는……않는다 : 출전 확인 안 됨.

313 다른……따랐다 : 해당 그림은 《상례비요》에 수록되어 있지 않고, 《가례집람도설(家禮輯覽圖說)》에 수록되어 있다.

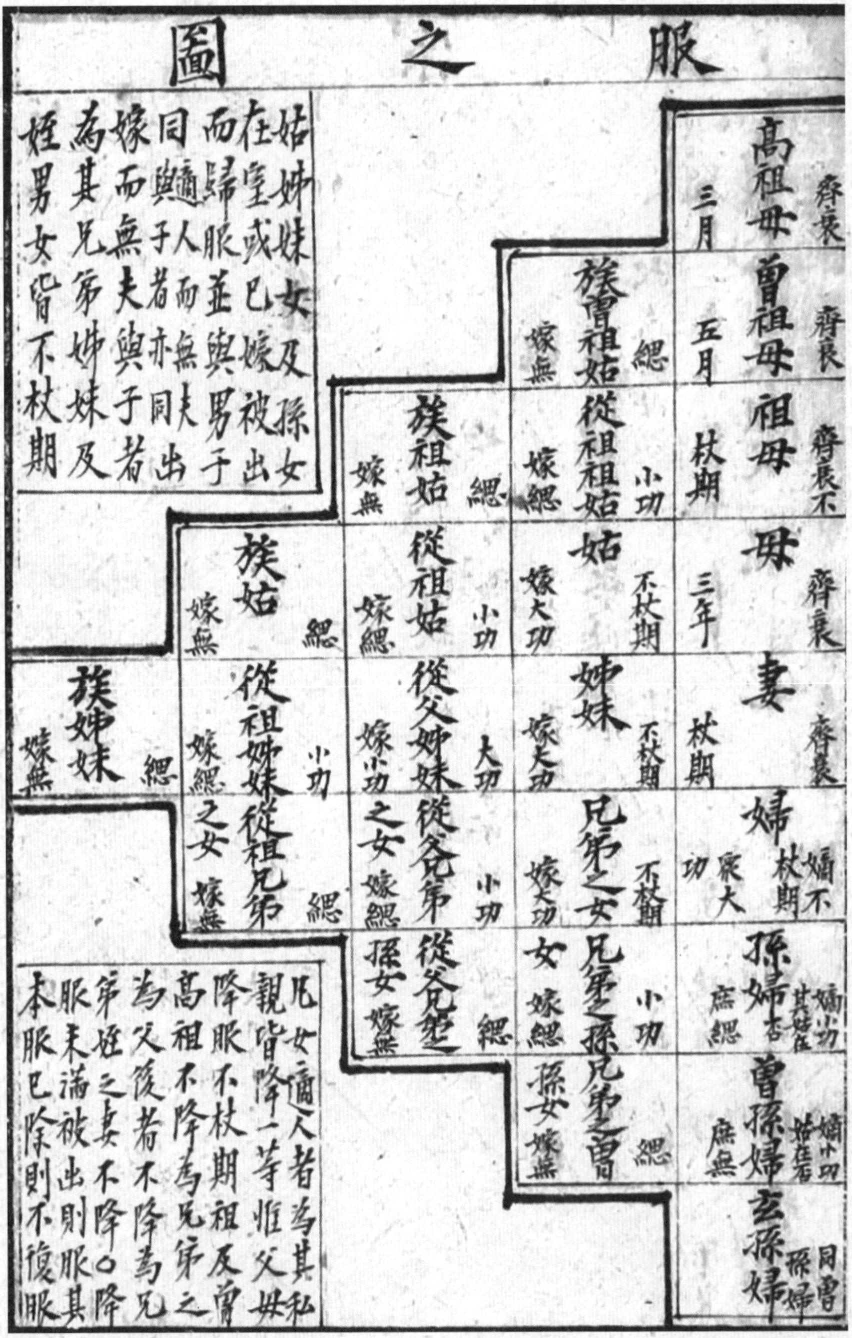

본종오복지도(오사카본 원도)

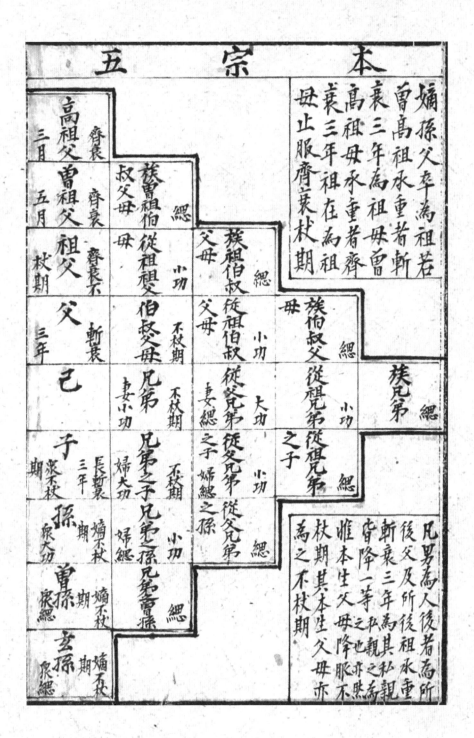

本宗五

嫡孫父卒, 爲祖若曾高[1]祖承重者, 斬衰三年.
爲祖母,曾高祖母承重者, 齊衰三年. 祖在,
爲祖母, 止服齊衰杖期.

[1]高 : 저본에는 "祖". 오사카본·《沙溪全書·
家禮輯覽圖說》·《家禮·家禮圖》에 근거하여 수정.

凡男爲人後者, 爲所後父及所後祖承重,
斬衰三年. 爲其私親, 皆降一等【私親之爲之
也, 亦然】. 惟本生父母降服, 不杖期, ;其本
生父母亦爲 之, 不杖期服.

				高祖父 :齊衰三月
			族曾祖伯叔父母 :緦	曾祖父 :齊衰五月
		族祖伯叔父母 :緦	從祖祖父母 :小功	祖父 :齊衰不杖期
	族伯叔父母 :緦	從祖伯叔父母 :小功	伯叔父母 :不杖期	父 :斬衰三年
族兄弟 :緦	從祖兄弟 :小功	從父兄弟 :大功 :緦	兄弟 :不杖期 妻:小功	己
	從祖兄弟之子 :緦	從父兄弟之子:小功 婦:緦	兄弟之子 :不杖期 婦:大功	子 :長斬衰三年 衆不杖期
		從父兄弟之孫 :緦	兄弟之孫 :小功 婦:緦	孫 :嫡不杖期 衆大功
			兄弟之曾孫 :緦	曾孫 :嫡不杖期 衆緦
				玄孫 :嫡不杖期 衆緦

본종오복지도(원문)

服之圖

② 女 : 저본에는 없음. 오사카본·규장각본·
《沙溪全書·家禮輯覽圖說》·《家禮·家禮圖》에 근거하여 보충
③ 其 : 저본에는 없음.《沙溪全書·家禮輯覽圖說》·《家禮·家禮圖》에 근거하여 보충.

高祖母 :齊衰三月	姑姊妹女及孫女在室, 或已嫁被出而歸, 服並與男子同【適人而無夫與子者亦同】. 出嫁而無夫與子者,爲其兄弟姊妹及姪男女, 皆不杖期.			
曾祖母 :齊衰五月	族曾祖姑 :緦 嫁無			
祖母 :齊衰不杖期	從祖祖姑 :小功 嫁緦	族祖姑 :緦 嫁無		
母 :斬衰三年	廄 :不杖期 嫁大功	從祖姑 :小功 嫁緦	族姑 :緦 嫁無	
妻 :齊衰杖期	姊妹 :不杖期 嫁大功	從父姊妹 :大功 嫁小功	從祖姊妹 :小功 嫁緦	族姊妹 :緦 嫁無
婦 :嫡不杖期 衆大功	兄弟之女 :不杖期 嫁大功	從父兄弟 之女 :小功 嫁緦	從祖兄弟 之女 :緦 嫁無	
孫婦 :嫡小功 其姑在否庶緦	兄弟之孫女② :小功 嫁緦	從父兄弟 之孫女 :緦 嫁無		
曾孫婦 :嫡小功 其③姑在否庶無	兄弟之曾 孫女 :緦 嫁無	凡女適人者, 爲其私親, 皆降一等. 惟父母降服不杖期, 祖及曾高祖不降. 爲兄弟之爲父後者, 不降. 爲兄弟姪之妻, 不降. 降服未滿被出, 則服其本服, 已除則不復服.		
玄孫婦 :同曾孫婦				

본종(本宗)[1] 오복지도

					고조부 :자최 3월복
적손(嫡孫)으로, 아버지가 돌아가셔서 조부 및 증조부·고조부를 승중(承重)했으면 참최 3년복을 입는다. 조모와 증조모·고조모를 승중했으면 자최 3년을 입는다. 조부가 살아있을 때 조모를 위하여 자최 장기복만 입는다.				족증조 백숙부모 :시마복	증조부 :자최 5월복
			족조 백숙부모 :시마복	종조조부모 :소공복	조부 :자최 부장기복
		족백숙부모 :시마복	종조 백숙부모 :소공복	백숙부모 :부장기복	부 :참최 3년복
	족형제 :시마복	종조형제 :소공복	종부형제 :대공복 그의 처 :시마복	형제 :부장기복 그의 처 :대공복	나
		종조형제의 아들 :시마복	종부형제의 아들 :소공복 그의 며느리 :시마복	형제의 아들 :부장기복 그의 며느리 :대공복	아들 : 장자(長子 맏아들)는 참최 3년복 중자(衆子 맏아들 외의 아들)는 부장기복
			종부형제의 손자 :시마복	형제의 손자 :소공복 형제의 손부 :시마복	손자 :적손은 부장기복 증손은 대공복
일반적으로 다른 사람의 후사가 된 아들이 후사로서의 아버지와 후사로서 승중한 조부를 위하여 참최 3년복을 입는다. 자신의 사친(私親)을 위해서는 모두 한 등급 강복한다. 【본래 사친이 그를 위해서도 그렇게 한다】. 다만 본래 부모에 대한 강복은 부장기복을 입고, 그의 본래 부모도 그를 위해서 부장기복을 입는다.				형제의 증손 :시마복	증손 :적증손은 부장기복 중증손은 시마복
					현손 :적현손은 부장기복 중현손은 시마복

본종오복지도(번역문)

(本宗五服之圖)

고조모 :자최 3월복		고모·자매·딸 및 손녀로, 시집가지 않았거나, 이미 시집 갔는데 쫓겨나서 집으로 돌아왔으면 상복이 모두 남자와 같다. 【시집갔는데, 남편과 아들이 없는 경우에도 남자와 상복이 같다】 시집갔는데, 남편과 아들이 없으면 자신의 형제·자매·조카·아들·딸을 위하여 모두 부장기복을 입는다.		
증조모 :자최 5월복	족증조고모 :시마복 시집갔으면 입지 않음			
조모 :자최 부장기복	종조조고모 :소공복 시집갔으면 시마복	족조고모 :시마복 시집갔으면 입지 않음		
모 :자최 3년복	고모 :부장기복 시집갔으면 대공복	종조고모 :소공복 시집갔으면 시마복	족고모 :시마복 시집갔으면 입지 않음	
처 (妻, 아내) :자처 장기복	자매 :부장기복 시접갔으면 대공복	종부자매 :대공복 시집갔으면 소공복	종조자매 :소공복 시집갔으면 시마복	족자매 :시마복 시집갔으면 입지않음
부(婦, 며느리) 적부(嫡婦, 맏며느리)는 부장기복 중부(衆婦, 맏며느리 외의 며느리)는 대공복	형제의 딸 :부장기복 시집갔으면 대공복	종부형제의 딸 :소공복 시집갔으면 시마복	종조형제의 딸 :시마복 시집갔으면 입지 않음	
손부(孫婦, 손자며느리) :적손부는 소공. 시어머니가 살아 있으면 입지 않음. 서손부는 시마복	형제의 손녀 :소공복 시집갔으면 시마복	종부형제의 손녀 :시마복 시집갔으면 엽지 않음		
증손부 :적증손부는 소공. 시어머니가 살아 있으면 입지 않음 서증손부는 입지 않음	형제의 증손녀 :시마복 시집갔으면 입지 않음	일반적으로 시집간 딸은 사친을 위하여 모두 한 등급 강복한다. 오직 부모에 대한 강복은 등급을 낮춰 부장기복을 입는다. 조부·증조부·고조부를 위하여는 강복하지 않는다. 형제 중에서 아버지의 뒤를 이은 사람을 위해서는 강복하지 않는다. 친정 조카의 아내를 위해서는 강복하지 않는다. 강복 도중에 그 기한이 다 차지 않았는데 쫓겨나면 시집가기 전의 본래 상복을 입고, 이미 상복을 벗었으면 다시 상복을 입지는 않는다.		
현손부 :증손부와 같음				

同居繼父　不杖期
謂先同今異或雖
同居繼父有子已有
也

父手皆無大功
以上親者也

不同居繼父　齊衰三月
元不同居則無服

附異父同母兄弟姊妹　小功
大功以上親者

嫡母　父之
子稱　正妻
母死不服　也
謂妾　嫡妻
兄弟姊妹小功媵
齊衰三年

繼母　謂父
後娶

若父卒繼母嫁而已
從之者杖期繼母
報服不杖期
出則無服
齊衰三年

母出則為繼母之父
兄弟姊妹小功

養母　謂養同
宗之子以
承嗣爲嗣
謂養同
宗之子
齊衰三年

慈母　謂庶子
無母父
命他妾
養己者也
無子者
不命則小功
齊衰三年

出母　謂親
母被
父離棄者
父卒者
齊衰杖期

嫁母　謂親母
父死改
嫁他人者
若大功母為女報
父後不杖期而為
為子不杖期而為
為父後者不服母
齊衰杖期

乳母　謂乳
哺者
期而為其母無服
兄弟姊妹則無服
緦

庶母　謂父
妾之
有子者
士為庶母緦而為其母之父母
庶子為父後者為其母緦
子齊衰三年庶子
為父後者為其母
緦

삼부팔모복지도(오사카본 원도)

三父、八母 服之圖

同居繼父 ：不杖期 父子皆無大 功以上親 者也.	不同居繼父 謂先同今異. 而繼父有子, 元不同居 則無服.	：齊衰三月 或雖同居 已有大功以 上親者也.	附 異父同母兄弟、 姊妹 ：小功

嫡母：謂妾子稱父之正妻也.		繼母：後妻也.	
齊衰三年 嫡母之父母、兄弟、 姊妹小功. 嫡母死不服.		齊衰三年 出則無服. 若父卒繼母嫁而己從之者杖期, 繼母報服不杖期. 母出則爲繼母之父母、兄弟、 姊妹小功.	

養母： 謂養同宗及三歲以 下遺棄者, 與親母同.	慈母：謂庶子無母, 父命他妾之無子者慈 己者也.	嫁母：謂親母因父死, 再嫁他人者也.	出母： 謂親母被父離棄者.
齊衰三年	齊衰三年 不命則小功.	齊衰杖期 爲父後者不服, 母爲子不杖期, 而爲父後猶服. 女適人者大功, 母爲女報服.	齊衰杖期

庶母： 謂父妾之有子者也.	乳母：謂乳哺者.
緦 士爲庶母緦麻, 庶母慈己者小功, 所生子 齊衰三年, 庶子爲父後者 爲其母緦, 而爲 其母之父母兄弟姊妹則無服. 庶子之子 爲父之母不杖期, 而爲祖後則無服.	緦

삼부팔모복지도(원문)

삼부(三父)[2] · 팔모(八母)[3] 의 상복도

함께 사는 계부(繼父) : 부장기복 부자 모두 대공 이상의 상복을 입는 친척이 없는 경우.	함께 살지 않는 계부 예전에는 같이 살았으나 또는 비록 함께 살더라도 대공 이상의 상복을 입는 원래는 함께 살지 않으면

적모(嫡母):
첩의 자식이 아버지의 정처를 부르는 말.

자최 3년복
적모의 부모, 형제, 자매의 상에는 소공복. 적모가 죽으면 입지않음.

양모(養母, 양어머니) : 동종(同宗, 같은 친족)에게 수양아들로 간 경우와 3살 이하의 버려진 아들을 길러준 사람을 말함. 친모의 경우와 같음.	자모(慈母) : 서자에게 어머니가 없으므로 아버지가 아들이 없는 다른 첩 중에서 자신을 기르도록 명을 받은 첩을 말함.
자최 3년복	자최 3년복 아버지의 명이 없었는데 길렀다면 소공복.

서모(庶母):
아버지의 첩 중에, 아들이 있는 사람을 말함.

시마복
사(士)는 서모를 위하여 시마복을 입음.
서모가 자신을 길러 준 사람이면 소공복을 입음.
서모에게서 난 아들은 그 어머니를 위하여
자최 3년복을 입음. 서자로 아버지의 후사가
된 사람은 그 어머니를 위하여 시마복을 입으며,
그 어머니의 부모, 형제, 자매를 위하여 상복을
입지 않음. 서자의 아들은 아버지의 어머니를
위하여 부장기복을 입음.
조부의 후사가 되었으면 입지 않음.

2 삼부(三父) : 동거하는 계부(繼父),
  이전에 동거하였다가 지금은 동거하지 않는 계부,
  다시 개가한 계모(繼母)를 따라간 경우
  그 남편인 계부를 총칭하는 용어.

3 팔모(八母) : 적모(嫡母), 계모(繼母), 양모(養母),
  자모(慈母), 가모(嫁母), 출모(出母), 서모(庶母),
  유모(乳母)를 총칭하는 용어.

삼부팔모복지도(번역문)

(三父八母服之圖)

자최 3월복	부록
지금은 아닌 경우를 말함 계부에게 아들이 있어 이미 친척이 있는 경우. 입지 않음.	아버지가 다르고 어머니가 같은 형제 자매 : 소공복

계모(繼母): 아버지의 후처

자최 3년복

계모가 쫓겨났으면 상복을 입지 않음.
만약 아버지가 돌아가시고 계모가 출가했는데, 자신이 계모를 따라갔으면
장기복. 계모는 그 아들을 위하여 보복(報服)⁴을 입되, 부장기복.
어머니가 쫓겨났으면, 계모의 부모·형제·자매를 위하여 소공복.

가모(嫁母):	출모(出母):
친모이지만, 아버지가 죽어서 다른 사람에게 재가한 사람을 말함.	친모이지만, 아버지에게 버림받아 쫓겨난 사람을 말함.
자최 장기복 아버지의 후사가 된 사람은 상복을 입지 않음. 어머니는 아들을 위하여 부장기복을 입음. 아버지의 후사가 된 사람을 위해서도 같은 상복을 입음. 시집간 딸은 대공복을 입음. 어머니는 딸을 위하여 보복(報服)을 입음.	**자최 장기복**

유모(乳母): 젖을 먹여 길러준 사람을 말함.

시마복

4 보복(報服): 상대방의 예우에 대하여 그에 상당한
 보답[報]으로 입는 상복[服]이다. 예를 들면,
 나를 위해 참최나 자최 등의 상복을 입을 비속(卑屬)이
 죽으면 존속(尊屬)도 같은 상복으로 보답한다.

從祖祖姑　長緦　　從祖祖父　長緦

從祖姑　　姑　長大功　中七月　下小功　　叔父　長大功　中七月　下小功　　從祖父　長緦

從祖姊妹　長緦　　從父姊妹　小功　下緦　　姊妹　長大功　中七月　下小功　　己　　兄弟　長大功　中七月　下小功　　從父兄弟　小功　下緦　　從祖兄弟　長緦

從父兄弟之女　長緦　　兄弟之女　長大功　中七月　下小功　　子　　兄弟之子　長大功　中七月　下小功　　從父兄弟之子　長緦

兄弟之孫女　長緦　　兄弟之孫　長緦　　孫　嫡長大功中七月下小功　庶長中小功下緦

嫡曾玄孫上同

齊衰之殤中從上
大功之殤中從下
此主謂妻爲
夫之親服也

大功之殤中從上
小功之殤中從下

삼상강복지도(오사카본 원도)

三殤降服之圖

		從祖祖父： 長緦		從祖祖姑： 長緦		
	從祖父： 長緦	叔父： 長大功 中七月 下小功		姑： 長大功 中七月 下小功	從祖姑： 長緦	
從祖兄弟： 長緦	從父兄弟： 長、中小功 下緦	兄弟： 長大功 中七月 下小功	己	姊妹： 長大功 中七月 下小功	從父姊妹： 長、中小功 下緦	從祖姊妹： 長緦
	從父兄弟之子： 長緦	兄弟之子： 長大功 中七月 下小功	子： 長大功 中七月 下小功	兄弟之女： 長大功 中七月 下小功	從父兄弟之女： 長緦④	
		兄弟之孫： 長緦	孫： 嫡長大功 中七月 下小功 眾長、中小功 下緦	兄弟之孫女： 長緦		

④ 長緦：저본에는 없음.
오사카본·《沙溪全書·
家禮輯覽圖說》에
근거하여 보충.

大功之殤中從上. 小功之殤中從下.	嫡曾玄孫 上同	齊衰之殤中從上. 大功之殤中從下. 此主謂妻爲夫之親服也.

삼상강복지도(원문)

삼상(三殤)[5]의 강복도[三殤降服之]

		종조조부 : 장상은 시마복		종조조고모 : 장상은 시마복		
	종조부 : 장상은 시마복	숙부 : 장상은 대공복 중상은 칠월복 하상은 소공복		고모 : 장상은 대공복 중상은 칠월복 하상은 소공복	종조고모 : 장상은 시마복	
종조형제 : 장상은 시마복	종부형제 : 장상·중상은 소공복 하상은 시마복	형제 : 장상은 대공복 중상은 칠월복 하상은 소공복	나	자매 : 장상은 대공복 중상은 칠월복 하상은 소공복	종부자매 : 장상·중상은 소공복 하상은 시마복	종조자매 : 장상은 시마복
	종부형제의 아들 : 장상은 시마복	형제의 아들 : 장상은 대공복 중상은 칠월복 하상은 소공복	아들 : 장상은 대공복 중상은 칠월복 하상은 소공복	형제의 딸 : 장상은 대공복 중상은 칠월복 하상은 소공복	종부형제의 딸 : 장상은 시마복	
	형제의 손자 : 장상은 시마복		손자 : 적손(嫡孫)의 장상은 대공복 중상은 칠월복 하상은 소공복 중손(衆孫)의 장상·중상은 소공복 하상은 시마복	형제의 손녀 장상은 시마복		

5 삼상(三殤) : 성인이 되기 전에 병이나 사고로 일찍 죽는 경우를 '상(殤)'이라 한다. 16세~19세에 죽은 경우는 장상(長殤), 12세~15세에 죽은 경우는 중상(中殤), 8세~11세에 죽은 경우는 하상(下殤)이라 한다. 이 3가지 경우를 총칭하여 '삼상'이라 한다.

대공복을 입는 친족이 일찍 죽은[殤] 경우 중상(中殤)이면 위 등급의 복을 따른다. 소공복을 입는 친족이 일찍 죽은 경우 중상이면 아래 등급의 복을 따른다.

적증손·적현손 : 손자와 같음.

자최복을 입는 친족이 일찍 죽은[殤] 경우 중상(中殤)이면 위 등급의 복을 따른다. 대공복을 입는 친족이 일찍 죽은 경우 중상이면 아래 등급의 복을 따른다. 이는 아내[妻]가 남편의 친족을 위하여 입는 상복을 위주로 말한 것이다.

삼상강복지도(번역문)

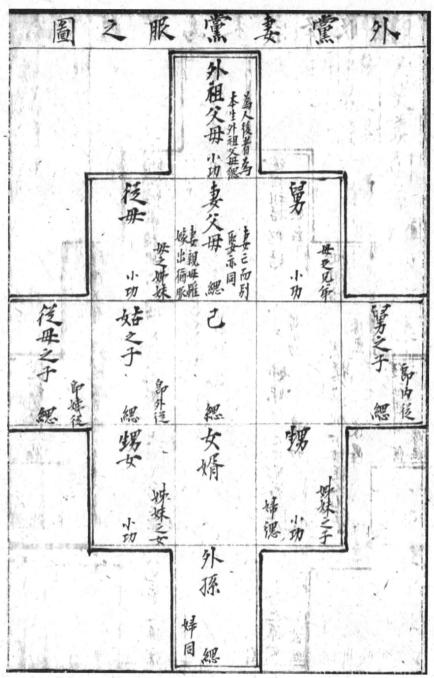

외당처당복지도(오사카본 원도)

外黨、妻黨服之圖

外祖父母：小功
爲人後者,
爲本生外祖父母緦.

舅：小功
母之兄弟.

妻父母：緦
妻亡而別娶, 亦同.
妻親母雖嫁出, 猶服.

從母：小功
母之姊妹

舅之子：緦
卽內從

己：緦

姑之子：緦
卽外從

從母之子：
緦
卽姨從

甥：小功
婦：緦
姊妹之子.

女婿：緦⑤

甥女⑥：小功
姊妹之女

外孫：緦
婦：同

⑤ 緦：저본에는 없음.
《沙溪全書·家禮輯覽圖說》에
근거하여 보충.
⑥ 女：저본에는 없음.
오사카본·《沙溪全書·家禮輯覽圖說》에
근거하여 보충.

외당처당복지도(원문)

외당(外黨, 외가)과 처당(妻黨, 처가)의 상복도[外黨、妻黨服之圖]

	외조부모 :소공복 다른 사람의 후사가 되었으면 낳아준 외조부모를 위하여 시마복을 입음.		
	외삼촌 :소공복 어머니의 형제	처의 부모 :시마복 처가 죽어 따로 장가들었어도 같다. 처의 친모가 비록 다른 사람에게 시집갔더라도 상복은 같음.	종모(從母, 이모) :소공복 어머니의 자매
외삼촌의 아들 :시마복 곧 내종형제	나 :시마복[緦]7	고모의 아들 :시마복 곧 외종형제	종모의 아들 :시마복 곧 이종형제
생질[甥] :소공복 자매의 아들 질부 :시마복	사위 :시마복	생질녀[甥女] :소공복 자매의 딸	
	외손 :시마복 외손부 :외손과 같음.		

7 시마복[緦] : 자신이 죽었을 때 외당과 처당에서 입는 상복이다.

외당처당복지도(번역문)

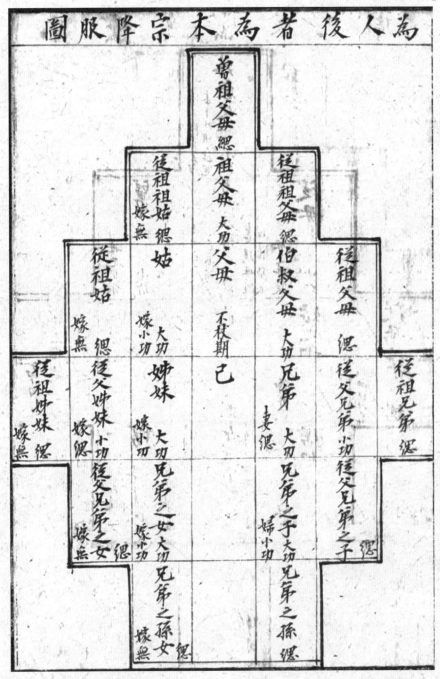

爲人後者爲本宗降服圖

			曾祖父母 :緦			
		從祖祖父母 :緦	祖父母 :大功	從祖祖姑 :緦 嫁無		
	從祖父母 :緦	伯叔父母 :大功	父母 :不杖期	姑 :大功 嫁小功	從祖姑 :緦 嫁無	
從祖兄弟 :緦	從父兄弟 :小功	兄弟:大功 妻:緦	己	姊妹 :大功 嫁小功	從父姊妹 :小功 嫁緦	從祖姊妹 :緦 嫁無
	從父兄 弟之子 :緦	兄弟之子: 大功 婦:小功		兄弟之女 :大功 嫁小功	從父兄 弟之女 :緦 嫁無	
		兄弟之孫 :緦		兄弟之孫女 :緦 嫁無		

위인후자위본종강복도(원문)

다른 사람의 후사가 된 사람이 본종(本宗)을 위하여 입는 강복 그림[爲人後者爲本宗降服圖]

			증조부모 : 시마복			
		종조조부모 : 시마복	조부모 : 대공복	종조조고모 : 시마복 시집갔으면 입지 않음		
	종조부모 : 시마복	백숙부모 : 대공복	부모 : 부장기복	고모 : 대공복 시집갔으면 소공복	종조고 : 시마복 시집갔으면 입지 않음	
종조형제 : 시마복	종부형제 : 소공복	형제 : 대공복 그의 처 : 시마복	나	자매 : 대공복 시집갔으면 소공복	종부자매 : 소공복 시집갔으면 시마복	종조자매 : 시마복 시집갔으면 입지 않음
	종부형제의 아들 : 시마복	형제의 아들 : 대공복 형제의 며느리 : 소공복		형제의 딸 : 대공복 시집갔으면 소공복	종부형제의 딸 : 시마복 시집갔으면 입지 않음	
		형제의 손자 : 시마복		형제의 손녀 : 시마복 시집갔으면 입지 않음		

위인후자위본종강복도(번역문)

6) 아침저녁으로 곡하고 전(奠) 올리기

(1) 조전(朝奠)314을 올린다.

【① 매일 새벽에 일어나 주인 이하의 사람들은 모두 자신에게 해당하는 상복을 입고 들어가 자리로 나아간다. ② 항렬이 높거나 나이가 많은 사람은 앉아서 곡을 한다. ③ 항렬이 낮은 사람은 서서 곡을 한다. ④ 시자(侍者)는 대야와 빗 등의 기물을 영상(靈牀) 옆에 진설하고, 혼백(魂帛)을 받들어 영좌(靈座)에 나아간 이후에 조전(朝奠)을 올린다. ⑤ 집사자(執事者)는 나물·과일·포·고기젓갈을 진설한다. ⑥ 축(祝)은 손을 씻고 분향(焚香)하고 술을 따른다. ⑦ 주인 이하는 2번 절하고 슬픔을 다하도록 곡을 한다】

(2) 식사 때 음식을 올린다.

【조전의 의례와 같게 한다】

(3) 석전(夕奠)을 올린다.

【주315 조전의 의례와 같게 한다. 석전을 마치면 주인 이하의 사람들은 혼백을 받들고, 들어가서 영상에 나아가 슬픔을 다하도록 곡을 한다.

안 아침에는 먼저 곡을 하고 나중에 전(奠)을 올리며, 저녁에는 먼저 전을 올리고 나중에 곡을 한다.

朝夕哭奠

朝奠.

【每日晨起, 主人以下皆服其服, 入就位. 尊長坐哭. 卑者立哭. 侍者設盥櫛之具于靈牀側, 奉魂帛, 出就靈座, 然後朝奠. 執事者設蔬果、脯醢. 祝盥手, 焚香斟酒. 主人以下再拜, 哭盡哀】

食時上食.

【如朝奠儀】

夕奠.

【注 如朝奠儀. 畢, 主人以下奉魂帛, 入就靈牀, 哭盡哀.

案 朝先哭後奠, 夕先奠後哭.

---

314 조전(朝奠) : 아침에 곡을 마치고 제수(祭需)를 차려 올리는 의례. 저녁에 이와 같이 하는 의례는 석전(夕奠)이라 한다.

315 《家禮》卷4〈喪禮〉"朝夕哭奠·上食"(《家禮》2, 93쪽).

조전을 올릴 때가 된 뒤에 전날의 석전을 거두고, 석전을 올릴 때가 된 뒤에 조전을 거둔다. 각각 덮개[罩子]를 쓴다. 만약 여름철이라 음식이 냄새나고 상할까봐 염려된다면 밥 한 끼 먹을 동안만 음식을 진설했다가 치우고, 차·술·과일 따위만 남겨두고 그대로 덮개로 덮는다】

疏 朝奠將至, 然後徹夕奠 ; 夕奠將至, 然後徹朝奠. 各用罩子. 若暑月恐臭敗, 則設饌如食頃, 去之, 止留茶、酒、果屬, 仍罩之】

(4) 곡은 정해진 때가 없이 한다.

【조전과 석전 사이에 슬픔이 북받치면 상차(喪次)에서 곡을 한다】

哭無時.

【朝夕之間哀至, 則哭於喪次】

(5) 초하루에는 조전에 음식을 진설한다.

【음식은 고기·생선·면식(麵食)·미식(米食)·국·밥이 각각 1그릇이다. 그 예(禮)는 조전의 의례와 같게 한다】

朔日則於朝奠設饌.

【饌用肉魚、麵·米食、羹飯各一器. 禮如朝奠之儀】

(6) 새로 난 음식물이 있으면 올린다

【음식을 올리는 의례와 같게 한다】《가례》³¹⁷

有⁴⁷新物則薦之

【如上食儀】《家禮》

316《沙溪全書》卷32〈喪禮備要〉"朝哭"(《沙溪·愼獨齋全書》上, 553쪽) ;《讀禮通考》卷44〈喪儀節〉7 "成服"(《文淵閣四庫全書》113, 119쪽).

317《家禮》卷4〈喪禮〉"朝夕哭奠上食"(《家禮》2, 91~94쪽).

47 有 : 저본에는 없음. 오사카본·《家禮·喪禮·朝夕哭奠上食》에 근거하여 보충.

7) 조문과 부의

(1) 일반적으로 조문에는 모두 소복(素服)을 입는다.

【복두(幞頭)·삼(衫)·대(帶)는 모두 흰 생견(生絹)으로 만든다】

(2) 전(奠)에는 향·차·초·술·과일을 쓴다.

【서장(書狀)이 있다. 다른 음식이 있으면 별도로 글을 쓴다】

(3) 부의(賻儀)는 돈이나 비단을 쓴다.

【서장이 있다. 오직 친한 친구이면서 친분이 두터운 사람만 한다】

(4) 명함을 갖추어 이름을 알린다.

【빈과 주인 모두 관직이 있으면 명함[門狀]을 갖추어 이름을 알린다. 그렇지 않으면 명지(名紙)[318]로 뒷면에 글을 쓰고, 먼저 사람을 보내 알린 다음 예물과 함께 갖추어 들여보낸다】

(5) 들어가서 곡을 하고 전(奠)을 마치면 그제야 조문하고 물러간다.

【① 이름을 알리고 나면 상갓집에서는 초에 불을 붙이고 자리를 편 다음 모두 곡을 하고 기다린다. ② 호상(護喪)은 밖으로 나가 빈을 맞이한다. ③ 빈은 들어가 청사(廳事)에 이르고는 앞으로 나아와 읍하면

弔賻

凡弔皆素服.

【幞頭、衫、帶, 皆以白生絹爲之】

奠用香、茶、燭、酒、果.

【有狀. 或用食物, 即別爲文】

賻用錢帛.

【有狀. 惟親友分厚者有之】

具剌通名.

【賓主皆有官, 則具門狀. 否則名紙題其陰面, 先使人通之, 與禮物具入】

入哭奠訖, 乃弔而退.

【既通名, 喪家炷火燃燭布席, 皆哭以俟. 護喪出迎賓. 賓入至廳事, 進揖曰: "竊聞某人傾背, 不勝驚怛.

---

318 명지(名紙) : 성명을 써서 명함처럼 사용하는 종이.

서 "제가 들으니 아무개께서 돌아가셨다기에 놀라고 슬픈 마음을 이기지 못하겠습니다. 감히 들어가 술을 따라 올리고 아울러 위로하는 예를 올리기를 청합니다."라 한다.

④ 호상은 빈을 인도한다. ⑤ 빈은 들어가 영좌 앞에 이르러 슬픔을 다하도록 곡을 한다. ⑥ 2번 절한 다음 분향한다. ⑦ 꿇어앉아 차나 술을 따라 올린다. ⑧ 머리를 숙이고 엎드려 절한 뒤 일어난다. ⑨ 호상은 곡을 그치게 한다. ⑩ 축(祝)은 꿇어앉아 제문과 전부장(奠賻狀, 전과 부의를 올리는 서식)을 빈의 오른쪽에서 읽고 마치면 일어난다.

⑪ 빈과 주인은 모두 슬픔을 다하도록 곡을 한다. ⑫ 빈은 2번 절한다. ⑬ 주인은 곡을 하고, 앞으로 나가 서쪽을 향하여 머리를 조아리며 2번 절한다. ⑭ 빈도 곡을 한다.

⑮ 동쪽을 향하여 답례로 절하고 앞으로 나아가 "뜻하지 않게 흉한 변고로 아무개 아버지 아무 관직께서 갑자기 돌아가시니, 엎드려 생각하건대 슬픔과 그리움을 무엇으로 감당하겠습니까?"라 한다.

⑯ 주인은 다음과 같이 대답한다. "제가 죄가 너무도 깊고 무거워 화(禍)가 제 아버지에게 미쳤습니다. 술을 올려 주시고 아울러 찾아와 위로해주시니 슬픔과 감사함을 이길 수 없습니다."라 한다.

⑰ 또 주인은 빈에게 2번 절한다. ⑱ 빈은 답례로 절한다. ⑲ 또 서로 마주보고 슬픔을 다하도록 곡을 한다. ⑳ 빈은 먼저 곡을 그치고 너그럽게 주인을 위로하며 "수명의 길고 짧음은 정해진 수가 있으니 아

敢請入酹, 幷伸慰禮."

護喪引賓. 入至靈座前, 哭盡哀. 再拜, 焚香. 跪酹茶酒. 俛伏. 興. 護喪止哭者. 祝跪讀祭文, 奠賻狀於賓之右, 畢, 興.

賓主皆哭盡哀. 賓再拜. 主人哭, 出西向稽顙, 再拜. 賓亦哭.

東向答拜, 進曰: "不意凶變, 某親某官奄忽傾背, 伏惟哀慕何以堪處?"

主人答曰: "某罪逆深重, 禍延某親, 伏蒙奠酹, 竝賜臨慰, 不勝哀感."

又再拜. 賓答拜. 又相向哭盡哀. 賓先止, 寬譬主人曰: "脩短有數, 痛毒奈何? 願抑孝思, 俯從禮制." 乃

무리 마음이 아파도 어찌 하겠습니까? 효성스러운 마음을 누르시고 굽혀서 상례 제도를 겸손히 따르시기를 바랍니다."라 한다. ㉑ 그제야 읍하고 밖으로 나간다. ㉒ 주인은 곡하며 들어간다. ㉓ 호상은 청사로 빈을 전송하여 차를 대접하고 물러난다. ㉔ 주인 이하의 사람들은 곡을 그친다.

揖而出. 主人哭而入. 護喪送至廳事, 茶湯而退. 主人以下止哭.

호의(胡儀) 319 320 만약 효자(孝子, 상주)가 항렬이 높고 조문하는 사람이 항렬이 낮으면, 몸을 옆으로 돌려 자리를 피했다가 효자가 엎드리기를 기다린 다음에 낮은 사람이 바로 꿇어앉고 돌아앉는다. 반드시 거취는 꼼꼼하면서도 느리게 해야 하며, 꿇어앉고 엎드릴 때 효자와 나란하게 해서는 안 된다】《가례》321

胡儀 若孝子尊, 弔人卑, 則側身避位, 候孝子伏次, 卑者卽跪還. 須詳緩去就, 毋令跪伏與孝子齊】《家禮》

7-1) 위로 편지[疏] 서식

아무개는 머리를 조아리며 2번 절하고 말씀드립니다.

【예를 낮추는 상대이면 단지 '머리를 조아린다'라 하고, 나이가 비슷하면 단지 '머리를 조아리고 말씀드린다'라 한다】

慰疏式

某頓首再拜言.

【降等, 止云"頓首"; 平交, 但云"頓首言"】

---

319 호의(胡儀):《상변통고》에서는 호씨(胡氏)의 서의(書儀)라 했다. 호씨의 성명은 미상이다. 여러 의례의 서장(書狀) 형식에 관한 책이다.

320《沙溪全書》卷32〈喪禮備要〉"成服"(《沙溪·愼獨齋全書》上, 557~558쪽);《讀禮通考》卷59〈喪儀節〉22 "臨禮"(《文淵閣四庫全書》113, 430쪽).

321《家禮》卷4〈喪禮〉"弔·奠·賻"(《家禮》2, 95~97쪽).

뜻하지 않게 흉한 변고로,

【주】 망자의 관직이 높으면 '나라가 불행히도'라 한다. 이후는 모두 이와 같다】

돌아가신 아버지 아무 관직께서,

【관직이 없으면 '돌아가신 아버지 부군[先府君, 선부군]'이라 한다. 평소 교분이 있으면 아무 관직 부군(府君) 앞에 '몇째 어른[幾丈]'이라는 글자를 더한다.

어머니의 상이면 '돌아가신 어머니 아무 봉호'라 한다. 봉호가 없으면 '돌아가신 어머니[先夫人, 선부인]'라 한다.

상주가 승중(承重)했으면 '높으신 돌아가신 할아버지 아무 관직[尊祖考某位]'·'높으신 돌아가신 할머니 아무 봉호[尊祖妣某封]'라 하고, 나머지는 모두 같다.

【안】 본생(本生, 양아들로 간 사람의 생부모)인 부모의 상이면 '높으신 본생 부군'이나 '높으신 본생 부인'이라 한다. 다른 사람의 첩의 자식이 어머니 상을 당하여 위문할 때는 '존자씨(尊慈氏, 높으시고 자애로운 어머니)'나 '존자위(尊慈闈, 높으시고 자애로운 어머니)'라 해야 한다】

자식들의 지극한 봉양을 갑자기 버리셔서,

【망자의 관직이 높으면 '갑자기 관사(館舍)를 버리셔서'라 한다. 만약 살아계실 때 관직이 없었으면 '안색을 살피며 봉양함을 갑자기 마다하셔서'라 한다】,

不意凶變,

【注 亡者官尊, 則云"邦國不幸", 後皆倣此】

先某位,

【無官卽云"先府君". 有契, 卽加"幾丈"於某位府君之上.

母云"先某封". 無封卽云"先夫人".

承重則云"尊祖考某位"、"尊祖妣某封", 餘並同.

【案 本生喪則云"尊本生府君"或"夫人". 慰人妾子母喪, 則當云"尊慈氏"或"尊慈闈"】

奄棄榮養,

【亡者官尊, 卽云"奄捐館舍". 若生者無官, 卽云"奄違色養"】

부고를 받고는 놀랍고 슬픈 마음을 그칠 수 없습니다. 엎드려 생각하니,

【나이가 비슷하면 '공경히 생각하니'라 하고, 예를 낮추는 상대이면 '아득히 생각하니'라 한다】

효심이 순수하고 지극하셔서 사모하는 마음과 애절하게 울부짖는 슬픔을

【안 본생인 부모의 상에는 '지극한 사랑은 부모에 근본하여서 그리움을 부여잡고 가슴이 무너지는 아픔을'이라 한다】

어찌 감당할 수 있겠습니까? 시일이 흘러 벌써 1개월이 넘었으니,

【계절이 지났으면 '어느새 계절이 바뀌었으니'라 하고, 이미 장례를 치뤘으면 '벌써 장례를 치뤘으니'라 한다. 졸곡(卒哭)·소상(小祥)[322]·대상(大祥)[323]·담제(禫除)[324]의 경우는 각각 그 때에 맞게 한다】

애통하심을 어찌하며, 망극하심을 어찌합니까? 참을 수 없는 고통을 당한 이래로

【아버지가 살아계시는데 어머니가 돌아가셨으면 '참을 수 없는 고통' 대신에 곧 '근심과 괴로움'이라 한다】

承訃驚怛, 不能已已. 伏惟

【平交云"恭惟", 降等云"緬惟"】

孝心純至, 思慕號絶,

【案 本生喪云"至愛根天, 攀慕摧痛"】

何可堪居? 日月流邁, 遽踰旬朔,

【經時即云"已忽經時", 已葬即云"遽經襄奉". 卒哭、小祥、大祥、禫除, 各隨其時】

哀痛奈何, 罔極奈何? 不審自罹荼毒,

【父在母亡, 即云"憂苦"】

---

322 소상(小祥): 사망한 날로부터 1년이 지난 뒤에 지내는 상례 의식.
323 대상(大祥): 사망한 날로부터 2년이 되는 두 번째 기일에 행하는 상례 의식.
324 담제(禫除): 대상을 치른 그 다음 다음 달 하순의 정일(丁日)이나 해일(亥日)에 지내는 제사. 상주가 상기(喪期)를 마친 뒤 상복을 벗고[除服] 평상으로 되돌아감을 고하는 제례 의식.

기력은 어떠신지요?　　　　　　　　　　　氣力如何?

【나이가 비슷하면 '어떠신가'라 한다】　　　【平交云"何似"】

엎드려 비니,　　　　　　　　　　　　　　伏乞,

【나이가 비슷하면 '엎드려 바라니'라 하고, 예를　【平交云"伏願", 降等云"惟
낮추는 상대이면 '오직 바라는 점은'이라 한다】　冀"】

억지로라도 미음이나 죽을 드시고,　　　　　强加餰粥,

【이미 장례를 치뤘으면 '미음이나 죽' 대신에 '거　【已葬云"疏食"】
친 밥'이라 한다】

겸손히 의례 법도를 따르십시오. 저는 하는 일에　俯從禮制. 某役事所縻,
얽매어,

【관직에 있으면 '제가 맡은 직(職)의 임무를 다하　【在官卽云"職業有守".
느라'라 한다.

案 상중인 사람은 '최마복을 입고 있어'라 한다】　案 喪人則云"衰麻在身"】

달려가 위로할 길 없으니, 근심과 그리움으로 제　末由奔慰, 其於憂戀, 無任
마음을 견디지 못하겠습니다.　　　　　　　　下誠.

【나이가 비슷하거나 손 아래면 단지 '위로의 말을　【平交以下但云"末由奉慰,
전할 길 없으니, 슬픔이 더욱 깊습니다.'라 한다】　悲係增深"】

삼가 소(疏, 위로하는 편지)를 받들어 올립니다.　謹奉疏.

【나이가 비슷하면 '소(疏)' 대신에 '장(狀)'이라 한다】　【平交云"狀"】

엎드려 바라건대 자세히 살펴주십시오[伏惟鑑察].　伏惟鑑察.

【나이가 비슷하거나 손아래면 이 4글자를 뺀다】 　　【平交以下去此四字】

예를 갖추지 못한 채로 삼가 소를 올립니다. 　　不備謹疏.
　【나이가 비슷하면 '다 쓰지 못하고 삼가 장(狀)을 　　【平交云"不宣謹狀"】
올립니다.'라 한다】

몇 월 몇 일에 성씨(姓氏) 아무개가 소를 올립니다. 　　月日姓某疏上.
　【나이가 비슷하면 '장(狀)'이라 한다】 　　【平交云"狀"】

아무 관직[某官] 큰 효자[大孝], 　　某官大孝,
　【어머니가 돌아가셨으면 '지극한 효자[至孝]'라 한다. 　　【母亡卽云"至孝".

안 본생인 부모의 상에는 본생(本生) 2글자를 더하 　　案 本生喪, 加本生二
고, 승중이면 승중(承重) 2글자를 더한다】 　　字;承重, 加承重二字】

점전(苫前)³²⁵. 　　苫前.
　【나이가 비슷하거나 아래면 '점차(苫次)'라 한다. 　　【平交以下云"苫次".

안 장례(葬禮)를 치룬 이후이면 '애전(哀前)'이나 '애차 　　案 葬後則云"哀前"或"哀
(哀次)'³²⁶라 한다】 　　次"】

봉투 겉면에는 소(疏)라는 글자 위에 '아무 관직 　　封皮, 疏上"某官大孝苫前,
큰 효자 점전(苫前, 짚자리 앞)으로 성씨 아무개가 삼가 　　姓某謹封";重封, 疏上"姓

---

325 점전(苫前): 짚풀자리 앞이라는 뜻으로 상주(喪主, 주인)가 있는 곳을 가리키는 말. 점차(苫次)보다 더 예
　　의를 갖춘 표현이다. '(아무개) 앞'이라는 뜻이다.
326 애전(哀前)이나 애차(哀次): 애전(哀前)은 슬퍼하는 상주에게 올린다는 뜻이고, 애차(哀次)는 슬퍼하는 상
　　주가 머무르는 곳에 올린다는 뜻이다.

봉합니다.'라 쓴다. 중봉(重封)[327]에는 소라는 글자 위
에 '성씨 아무개가 삼가 봉합니다.'라 쓴다. 《가례》[328]

某謹封".《家禮》

7-2) 조부모상을 위로하는 서장[狀] 서식
【안】 다른 사람의 백부·백모·숙부·숙모·고모·
형제자매·처자식·조카·손주 상을 위로하는 서장
서식도 함께 보인다】

慰人祖父母亡狀式
【案】[48] 慰人伯·叔父母、姑、
兄姊弟妹、妻子、姪孫喪狀
式同見】

아무개는 아룁니다.
【《상례비요》에서는 '아뢰다[啓]'를 '알리다[白]'로 고
쳐야 한다고 했다[329]】

某啓.
《喪禮備要》啓字改以白字】

뜻하지 않게 흉한 변고로,
【자식과 손주의 상에는 이 구절을 쓰지 않는다】

不意凶變,
【子孫不用此句】

높으신 돌아가신 할아버지 아무 관직께서 세상
을 갑자기 떠나셨으니,
【할머니상이면 '높으신 돌아가신 할머니 아무 봉
호'라 한다. 관직이나 봉호가 없지만 평소 교분이 있
는 경우는 이미 위의 '위로 편지 서식'에 보인다.

尊祖考某位奄忽違世,
【祖母曰"尊祖妣某封". 無
官、封, 有契, 已見上.

---

327 중봉(重封): 봉투[皮封]를 한 번 더 봉투 안에 넣는 일, 혹은 이중으로 넣은 봉투를 말한다. 여기서는 그
　중 속봉투를 가리킨다.
328 《家禮》 卷6 〈喪禮〉 "慰人父母亡疏"(《家禮》 3, 81~83쪽).
329 상례비요에서는……했다:《상례비요(喪禮備要)》 본문 "모계(某啓)"에 "임금에게 올리는 문자에 모두 '계
　(啓)'자를 쓰므로, 사서(私書)에는 감히 쓰지 못할 것 같다. '백(白)'자로 대신 쓰는 것이 어떨지 모르겠다
　(本朝御文字, 皆稱啓字, 私家恐不敢用. 代以白字如何)."라 주석을 달았다. 실제로 '계(啓)'자를 '백(白)'자
　로 고친 것은 아니다.《沙溪全書》 卷32 〈喪禮備要〉 "成服"(《沙溪·愼獨齋全書》 上, 555쪽) 참조.
48 案: 저본에는 없음. 오사카본에 근거하여 보충.

백부·백모·숙부·숙모·고모상이면 '존(尊, 높으신)' 자를 더하고, 형제자매상이면 '령(令, 훌륭한)'자를 더하고, 예를 낮추는 상대이면 모두 '현(賢, 현명한)'자를 더한다.

만약 그에게 같은 등급의 친척이 여러 사람이면 항렬의 차례를 더하여 '아무 관직' 대신에 '몇째 아무 관직[幾某位]'이라 한다. 관직이 없으면 '몇째 부군[幾府君]'이라 한다.

평소 교분이 있는 경우에는 '몇째 어른[幾丈]'이나 '몇째 형[幾兄]'이라는 말을 '아무 관직 부군' 앞에 더한다. 고모나 자매는 남편의 성으로 불러 '아무개 댁 높으신 고모', '아무개 댁 훌륭한 누이'라 한다.

아내의 상이면 '현명하신 부인 아무 봉호'라 한다. 봉호가 없으면 단지 '현합(賢閤, 현명하신 부인)'이라 한다.

아들의 상이면 '삼가 훌륭한 아들 몇째 아무 관직 [伏承令子幾某位]'이라 하고 조카나 손주상도 모두 이와 같다. 예를 낮추는 상대이면 '현(賢)'이라 한다. 관직이 없으면 '수재(秀才)'라 칭한다】

부고를 받고는 놀랍고 슬픈 마음을 그칠 수 없습니다.

【아내상이면 '달(怛, 슬픈 마음)'자를 '악(愕, 놀란 마음)'자로 고친다. 자식과 손주상은 단지 '놀라고 슬픈 마음을 이길 수 없습니다.'라 한다】

伯·叔父母·姑則加尊字, 兄弟姉妹加令字, 降等皆加賢字.

若彼一等之親有數人, 即加行第云"幾某位". 無官云"幾府君".

有契即加幾丈·幾兄於某位府君之上. 姑·姉妹則稱以夫姓云"某宅尊姑·令姉妹".

妻則云"賢閤某封". 無封則但云"賢閤".

子即云"伏承令子幾某位", 姪·孫竝同. 降等則曰"賢". 無官者稱"秀才"】

承訃驚怛, 不能已已.

【妻改怛爲愕. 子孫但云"不勝驚怛"】

엎드려 생각하니,
【'공손히 생각하니'와 '아득히 생각하니'의 사례는
앞에 보인다】

伏惟
【恭惟、緬惟見前】

효심이 순수하고 지극하셔서 애통하고 가슴이 무
너지며 찢어지므로 어찌 감당할 수 있겠습니까?
【백부·백모·숙부·숙모·고모상이면 '친애함이 더
욱 융성하여 애통하고 침통하므로, 어찌 감당하여
이길 수 있겠습니까?'라 한다.

孝心純至, 哀痛摧裂, 何
可勝任?
【伯·叔父母、姑云"親愛
加隆, 哀慟沈痛, 何可堪
勝?".

형제자매상이면 '효심이 순수하고 지극하셔서' 대
신에 '우애가 더욱 융성하여'라 한다.

兄姊弟妹則云"友愛加隆".

아내상이면 '부부의 의리가 무거워 슬피 애도하
고 침통하므로'라 한다. 자식·조카·손주상이면 '자
애하심이 융성하고 깊어서 비통하고 침통하므로'라
한다. 나머지는 백부·백모·숙부·숙모·고모상과
같다】

妻則云"伉儷義重, 悲悼
沈痛". 子、姪、孫則云"慈
愛隆深, 悲慟沈痛". 餘與
伯·叔父母、姑同】

초봄이라 아직 추운데,
【추위와 더위는 때에 따라 한다】

孟春猶寒,
【寒溫隨時】

존체(尊體, 남을 높이는 말)는 어떠신지요.
【주인이 나보다 조금 높으면 '다니시기 어떠십니
까'라 하고, 예를 낮추는 상대이면 '움직이기 어떠신
가'라 한다】

不審尊體何似.
【稍尊云"動止何如", 降等
云"所覆何似"】

엎드려 비니,

【나이가 비슷하거나 아래면 앞과 같다】

伏乞,

【平交以下如前】

깊이 생각하여 스스로를 너그럽게 보고 슬픔을 억눌러서 어머니의 마음을 위로하십시오.

【그 사람이 부모가 없으면, 다만 '억눌러서 어머니의 마음을 위로하십시오.' 대신에 '멀리서나마 정성으로 위로하십시오.'라고 잇달아 쓰고, 줄을 바꿔 올리지 않는다330】

深自寬抑以慰慈念.

【其人無父母，卽但云"遠誠"連書，不上平】

아무개는 하는 일에 얽매어,

【관직에 있으면 앞의 사례와 같다】

某事役所縻,

【在官如前】

달려가 위로할 길 없으니, 근심과 그리움으로 제 마음을 견디지 못하겠습니다.

【나이가 비슷하거나 아래이면 앞의 사례와 같다】

末由趨慰，其於憂想，無任下誠.

【平交以下如前】

삼가 장(狀)을 받들어 올립니다. 엎드려 바라건대 자세히 살펴주십시오.

【나이가 비슷하면 앞의 사례와 같다】

謹奉狀. 伏惟鑑察.

【平交如前】

예를 갖추지 못한 채로【나이가 비슷하면 앞의 사례와 같다】삼가 장(狀)을 올립니다.

不備【平交如前】謹狀.

---

330 줄을……않는다 : 한문 글쓰기 형식에 존칭하는 사람의 경우 쓰던 내용 뒤에 이어 쓰지 않고 줄을 바꿔서, 앞뒤의 글과 달리 한 칸을 올려 쓰기도 한다. 여기서는 그 글쓰기 형식을 언급한 것이다.

몇 월 몇 일에 성씨 아무개가 장(狀)을 올립니다.　　　月日姓名狀上.

아무 관직 복전(服前)[331].　　　某位服前.
【나이가 비슷하면 복차(服次)라 한다】　　　【平交云服次】
봉투·중봉은 앞의 사례와 같다. 《가례》[332]　　　封皮、重封同前《家禮》

7-3) 답을 올리는 서장[狀] 서식　　　答狀式
아무개는 아룁니다.　　　某啓.
【안 '백(白, 알리다)'자를 써야 한다】　　　【案 當用白字】

가문에 흉한 화가 생겨,　　　家門凶禍,
【백부·백모·숙부·숙모·고모·형제자매상이면　　　【伯·叔父母、姑、兄姊弟妹
'가문이 불행하여'라 한다.　　　云"家門不幸".

아내상이면 '사가(私家)가 불행하여'라 한다. 자　　　妻云"私家不幸". 子、姪、孫
식·조카·손주상이면 '사문(私門, 가문)이 불행하여'라　　　云"私門不幸"】
한다】

돌아가신 할아버지께서　　　先祖考,
【할머니상이면 '돌아가신 할머니께서'라 한다.　　　【祖母云"先祖妣".

백부·백모·숙부·숙모상이면 각각 '몇째 백부·　　　伯、叔父母云"幾伯、叔父
백모·숙부·숙모'라 한다.　　　母".

---

331 복전(服前) : 편지를 받는 상주의 성명 아래에 쓰는 존칭. 복차(服次)보다 더 예의를 갖춘 표현이다. '~앞',
　　'~께'의 뜻이다.
332 《家禮》 卷6 〈喪禮〉 "慰人祖父母亡啓狀"(《家禮》 3, 85~87쪽).

고모상이면 '몇째 가고(家姑, 고모)'라 한다.

형과 누나상이면 '몇째 가형(家兄, 형)'·'몇째 가자(家姊, 누나)'라 한다.

동생과 여동생상이면 '몇째 사제(舍弟, 동생)'·'몇째 사매(舍妹, 여동생)'라 한다.

아내상이면 '실인(室人, 집사람)'이라 한다.

자식상이면 '소자(小子, 아이) 아무개'라 한다.

조카상이면 '종자(從子, 조카) 아무개'라 한다.
손주상이면 '유손(幼孫, 어린 손주) 아무개'라 한다】

갑자기 세상을 등지시니,
【형제 이하이면 '떠나시니'라 한다. 자식·조카·손주상이면 '갑자기 요절하니'라 한다】,

애통하고 괴로워 가슴이 무너지며 찢어지니 스스로 감당해낼 수 없습니다.
【백부·백모·숙부·숙모·고모·형제자매상이면 '가슴이 무너지는 아픔에 몹시 괴로워 스스로 참아낼 수 없습니다.'라 한다.

아내상이면 '가슴이 무너지는 아픔에'를 '슬피 애도하는 마음에'로 고친다.

姑云"幾家姑".

兄姊云"幾家兄"、"幾家姊".

弟妹云"幾舍弟"、"幾舍妹".

妻云"室人".

子云"小子某".

姪云"從子某".
孫曰"幼孫某"】

奄忽棄背,
【兄弟以下云"喪逝". 子、姪、孫云"遽爾夭折矣"】

痛苦摧裂, 不自勝堪.
【伯·叔父母、姑、兄姊弟妹云"摧痛酸苦, 不自堪忍".

妻改"摧痛"爲"悲悼".

자식·조카·손주상이면 '슬피 애도하는 마음에'
를 '슬피 생각하는 마음에'로 고친다】

子、姪、孫改"悲悼"爲"悲念"】

높고 자애로우신 어른께서 저희를 특별히 위로해
주시니 슬픔과 감사함이 지극하여 제 마음을 감당
하지 못하겠습니다.

【나이가 비슷하거나 예를 낮추는 상대이면 앞의
사례와 같다】

伏蒙尊慈特賜慰問, 哀感之至, 不任下誠.

【平交、降等如前】

초봄이라 아직 추운데,

【추위와 더위는 때에 따라 한다】

孟春猶寒,

【寒溫隨時】

엎드려 생각하니,

【'공손히 생각하니'와 '아득히 생각하니'는 앞의
사례와 같다】

伏惟

【"恭惟"、"緬惟"如前】

아무 관직 존체(尊體)께서는 기거하시는 데 복이
많으시리라 믿습니다.

【나이가 비슷하면 '기거하시는 데'를 쓰지 않는
다. 예를 낮추는 상대이면 단지 '기거에 복이 많으시
리라 믿습니다.'라 한다】

某位尊體, 起居萬福.

【平交不用"起居". 降等但云"動止萬福"】

아무개는 요즘 날마다 부모를 모시면서

【부모가 없으면 이 구절은 쓰지 않는다】

某卽日侍奉,

【無父母卽不用此句】

다른 고통은 다행히 면하고 있지만, 직접 찾아뵙
고 호소할 길 없으니 부질없이 목이 메고 막히기만

幸免他苦, 末由面訴, 徒增哽塞. 謹奉狀上.

합니다. 삼가 장(狀)을 받들어 올립니다.

【나이가 비슷하면 '받들어 올립니다.' 대신에 '펼   【平交云"陳"】
칩니다.'라 한다】

감사함을 다 갖추지 못합니다.   謝不備.

【나이가 비슷하면 앞의 사례와 같다】   【平交如前】

삼가 장(狀)을 올립니다.   謹狀.

몇 월 몇 일에 성씨 아무개가 장(狀)을 올립니다.   月日姓名狀上.

아무 지위 좌전(座前)³³³. 근공(謹空)³³⁴.   某位座前. 謹空.

【나이가 비슷하면 앞의 사례와 같다】   【平交如前】

봉투·중봉은 앞의 사례와 같다.《가례》³³⁵   封皮、重封如前.《家禮》

---

333 좌전(座前) : 편지를 받는 사람의 성명 아래에 쓰는 존칭. 앉은 자리 앞으로 보낸다는 뜻이다.

334 근공(謹空) : 높은 사람에게 편지할 때 끝에 쓰는 말. 편지 내용을 다 적었지만 상대방에게 충분한 뜻을 다
    하지 못하여 종이를 삼가 비워두어 상대방의 답을 기다린다는 뜻이다.

335《家禮》卷6〈喪禮〉"祖父母亡答人啟狀"《家禮》3, 87~88쪽).

8) 분상(奔喪)[336]

(1) 처음 부모[親]의 상 소식을 들으면 곡을 한다.

【친(親)은 부모이다. 곡을 하여 소식을 전한 사람에게 답하고, 또 슬픔을 다하도록 곡을 하고 어떻게 돌아가셨는지 묻는다】

(2) 옷을 갈아입는다.

【베를 찢어 사각건(四脚巾)[337]을 만들어 쓰고, 흰 베로 만든 적삼을 입고, 새끼줄 띠를 두르고, 삼신을 신는다】

(3) 곧바로 간다.

【매일 100리를 가는데, 밤에는 가지 않는다. 비록 애통하더라도 오히려 몸을 해치는 일은 피한다】

(4) 길을 가는 중에도 슬픔이 북받치면 곡을 한다.

【곡을 할 때 저자거리나 읍내, 그리고 시끄럽고 복잡한 곳은 피한다】

(5) 부모의 집이 있는 주(州)의 경계·현(縣)의 경계·성(城)·집이 보일 때마다 모두 곡을 한다.

【집이 성에 있지 않으면 그 향촌이 보일 때 곡을 한다】

奔喪

始聞親喪, 哭.

【親爲父母也. 以哭答使者, 又哭盡哀, 問故】

易服.

【裂布爲四脚, 白布衫, 繩帶, 麻屨】

遂行.

【日行百里, 不以夜行. 雖哀戚, 猶避害也】

道中哀至則哭.

【哭避市邑、喧繁之處】

望其州境、其縣境、其城、其家, 皆哭.

【家不在城, 望其鄕哭】

---

336 분상(奔喪) : 부모의 사망을 전해 듣고 집으로 돌아가는 일.
337 사각건(四脚巾) : 상주가 성복(盛服) 때까지 머리에 쓰는 관.

사각건도(四脚巾圖, 네모난 폭과 앞의 큰 대 2개,
뒤의 작은 대 2개로 구성된 관)《상례비요》

(6) 문에 들어가 영구(靈柩) 앞에 나아가 2번 절하고
다시 옷을 갈아입고 자리에 나아가 곡을 한다.

【처음 옷을 갈아입는 의례는 처음 부모의 상 소
식을 들었을 때와 같다. 영구 동쪽에서 서쪽을 향
하여 앉아 슬픔을 다하도록 곡을 하고 다시 옷을 갈
아입는다. 대렴과 소렴에도 이와 같게 한다】

入門詣柩前, 再拜, 再變
服, 就位哭.

【初變服如初喪. 柩東西向
坐, 哭盡哀, 又變服. 如
大、小斂亦如之】

(7) 집에 도착한 뒤 4일째에 성복(成服)한다.

【집안사람들과 서로 조문하고, 빈이 이르면 처음
처럼 절한다】

後四日成服.

【與家人相弔, 賓至拜之如
初】

(8) 만약 집에 아직 갈 수 없으면 영위(靈位)는 설치하
되, 전(奠)은 올리지 않는다.

【의자 1개를 진설하여 시신을 모신 영구를 대신하
고, 전후좌우에 자리를 마련하여 의례와 같이 곡을
한다. 다만 전을 진설하지 않는다. 만약 초상집 쪽에

若未得行, 則爲位不奠.

【設倚子一枚以代尸柩, 左
右前後設位, 哭如儀. 但
不設奠. 若喪側無子孫,

자손이 없으면, 여기에서 의례대로 전을 진설한다】　　則此中設奠如儀】

(9) 상복을 갖춰입는다[變服](즉 성복한다).　　變服.

【또한 소식을 들은 뒤 4일째이다】　　【亦以聞後之第四日】

【 상례비요 338 '변(變)'자는 또한 '성(成)'자의 오기　　【 喪禮備要 變字亦成字之
이다】　　誤】

(10) 길에서 집에 이르기까지는 모두 위의 의례와 같　　在道至家, 皆如上儀.
게 한다.

【만약 초상집 쪽에 자손이 없으면 길에서 아침저　　【若喪側無子孫, 則在道朝
녁으로 영위를 설치하고 전을 진설한다. 집에 이르러　　夕爲位, 設奠. 至家但不變
서는 다만 옷을 갈아입지 않을 뿐, 집안사람들과 서　　服, 其相弔、拜賓如儀】
로 조문하고 빈에게 답배하는 것은 의례대로 한다】

(11) 만약 이미 장례를 지냈으면 먼저 묘소로 가서　　若旣葬則先之墓, 哭拜.
곡을 하고 절한다.

【묘소로 가는 사람은 묘소가 보이면 곡을 하고, 묘　　【之墓者, 望墓哭, 至墓,
소에 이르면 곡을 하고 절하는데, 집에 있을 때의 의　　哭拜, 如在家之儀. 未成服
례와 같게 한다. 아직 성복하지 않은 사람은 묘소에서　　者變服於墓, 歸家詣靈座
옷을 갈아입고, 집에 돌아와 영좌 앞에 나아가 곡을　　前, 哭拜. 四日成服如儀.
하고 절한다. 4일째는 의례대로 성복한다. 이미 성복　　已成服者亦然. 但不變服】
한 사람도 그렇게 한다. 다만 옷은 갈아입지 않는다】

(12) 자최 이하는 상(喪)을 들으면 영위를 설치하고　　齊衰以下聞喪, 爲位而哭.

---

338 《沙溪全書》卷32〈喪禮備要〉"喪禮" '問喪'(《沙溪·愼獨齋全書》上, 559쪽).

곡을 한다.

【망자의 항렬이 높거나 나이가 많으면 정당(正堂)
에서 하고, 항렬이 낮거나 나이가 어리면 별실(別室)
에서 한다】

【尊長, 於正堂 ; 卑幼, 於別
室】

(13) 만약 분상한다면 집에 이르러 성복한다.

若奔喪則至家成服.

【분상하는 사람은 화려하게 잘 차려입은 옷을 벗
고, 행장이 마련되는 대로 즉시 간다. 집에 도착했
을 때, 자최복을 입는 사람은 그 향촌이 보이면 곡
을 하고, 대공복을 입는 사람은 대문이 보이면 곡을
하며, 소공 이하의 복을 입는 사람은 대문에 이르러
곡을 한다. 문에 들어가 영구 앞에 나아가면 곡을
하고 2번 절한다. 성복하고 자리에 나아가 곡을 하
고 조문하는 일을 의례대로 한다】

【奔喪者釋其華盛之服, 裝
辦卽行. 旣至, 齊衰, 望鄕
而哭 ; 大功, 望門而哭 ; 小
功以下, 至門而哭. 入門詣
柩前, 哭再拜. 成服, 就位
哭弔如儀】

(14) 만약 분상하지 못하면 4일째에 성복한다.

若不奔喪, 則四日成服.

【분상하지 못하면 자최복을 입는 사람은 3일 동
안 아침저녁으로 영위를 설치하고 모여 곡을 하고,
4일째 아침에 성복할 때도 이와 같이 한다. 대공 이
하의 복을 입는 사람은 처음 상을 들었을 때 영위를
설치하고 모여 곡을 하고, 4일째 성복할 때도 이와
같이 한다. 모두 매달 1일에 영위를 설치하고 모여
곡을 하고, 개월 수가 차고 나면 다음달 1일에 마침
내 영위를 설치하고 모여 곡하고 상복을 벗는다. 그
사이에도 슬픔이 북받치면 곡해도 된다】《가례》[339]

【不奔喪者, 齊衰, 三日中
朝夕爲位會哭, 四日之朝成
服亦如之. 大功以下, 始聞
喪爲位會哭, 四日成服亦如
之. 皆每月朔爲位會哭, 月
數旣滿, 次月之朔乃爲位會
哭而除之. 其間哀至, 則
哭可也】《家禮》

---

[339] 《家禮》卷4〈喪禮〉"聞喪·奔喪"(《家禮》2, 100~104쪽).

9) 치장(治葬)[340]

(1) 3개월이 되어 장사지낸다. 기일에 앞서 장사 지낼 만한 땅을 고른다.

【 서의(書儀) 】[341] 옛날에는 대부는 3개월, 사(士)는 1개월이 넘어서 장사지냈다. 지금은 왕공(王公) 이하 모두 3개월이 되어 장사지낸다.

그러나 민간에서는 장사(葬師)[342]의 말을 믿고 날짜와 시간을 고르고, 또 산수(山水)의 형세를 고르는 일에 자손들의 빈부·귀천·현명함과 어리석음·장수와 요절이 모두 이와 연관된다고 여겼다. 하지만 장사들이 하는 술수는 또한 대부분 각기 다르고 논쟁이 분분하다. 때로는 장사를 결정하지 못한 결과, 심지어 평생 동안 장사지내지 못하거나, 여러 세대 동안 장사지내지 못하거나, 자손들이 쇠락하여 거처를 잃어버림으로 인해 끝내 버려져서 장사지내지 못하는 경우도 있다.

설령 장사지내는 일이 실제로 사람의 화와 복에 영향을 줄 수 있다 해도, 자손으로서 또한 어찌 자기의 부모를 땅에 묻지 않고 냄새나며 썩게 하면서, 땡볕을 쬐고 이슬을 맞게 하며 자신의 이익을 구하겠는가? 예(禮)를 그르치고 의(義)를 손상시키는 일이 이보다 지나친 일은 없다.

그러나 효자의 마음에는 우환을 생각하는 점이

治葬

三月而葬. 前期, 擇地之可葬者.

【 書儀 】古者大夫三月、士踰月而葬. 今王公以下皆三月而葬.

然世俗信葬師之說, 既擇年月日時, 又擇山水形勢, 以爲子孫貧富、貴賤、賢愚、壽夭盡繫於此, 而其爲術, 又多不同, 爭論紛紜. 無時可決, 至有終身不葬, 或累世不葬, 或子孫衰替, 忘失處所, 遂棄捐不葬者.

正使殯葬, 實能致人禍福, 爲子孫者, 亦豈忍使其親臭腐暴露而自求其利邪? 悖禮傷義, 無過於此.

然孝子之心, 慮患深遠, 恐

---

340 치장(治葬) : 시신을 매장하기 위해 장지를 조성하는 의례.
341 《書儀》 卷7 〈喪儀〉 3 “卜宅兆葬日” 《文淵閣四庫全書》 142, 500~501쪽).
342 장사(葬師) : 장사의 절차를 도와 날짜를 골라주고 땅을 골라주는 사람.

깊고도 멀어, 무덤이 얕으면 다른 사람이 파헤치지는 않을까 걱정하고, 깊으면 습기가 많아서 빨리 썩을까 걱정한다. 그러므로 반드시 흙이 두텁고 물이 깊은 땅을 구하여 장사지내야 하니, 이것이 장사지내기에 적당한 터를 고르지 않을 수 없는 이유이다】

淺則爲人所扣, 深則濕潤速朽. 故必求土厚、水深之地而葬之, 所以不可不擇也】

(2) 날짜를 골라 묘역[塋域, 영역]을 만들고 후토씨(后土氏, 토지신)에게 제사지낸다.

擇日, 開塋域, 祠后土.

【① 주인은 아침에 곡을 하고 나서 집사자를 거느리고 골라놓은 땅에서 네 귀퉁이에 구멍을 파 그 흙은 밖으로 내놓고, 가운데를 파 그 흙은 남쪽에 놓는다. ② 네 귀퉁이에 각각 1개의 표지를 세우고, 남쪽 문에 해당하는 곳에는 2개의 표지를 세운다. ③ 먼 친척이나 빈객 1명을 골라 후토씨에게 고한다.

【主人旣朝哭, 帥執事者, 於所得地, 掘穴四隅, 外其壤；掘中, 南其壤. 各立一標, 當南門立兩標. 擇遠親或賓客一人, 告后土氏.

④ 축(祝)은 집사자를 거느리고 가운데를 판 흙에 세운 표지의 왼쪽에서 남쪽을 향하게 하여 신위를 진설한다. ⑤ 그 앞에 술잔·술주전자·과일·포·고기젓갈을 진설한다. ⑥ 또 손을 씻는 대야와 수건 2개를 그 동남쪽에 진설한다. ⑦ 그 동쪽에 받침대와 수건걸이[臺架]가 있으니, 고하는 사람이 손을 씻는 곳이다. 그 서쪽에는 받침대와 수건걸이가 없으니, 집사자가 손을 씻는 곳이다.

祝帥執事者, 設位於中標之左南向. 設盞、注酒、果、脯醢於其前. 又設盥盆、帨巾二於其東南. 其東有臺架, 告者所盥；其西無者, 執事者所盥也.

⑧ 고하는 사람은 길복(吉服, 평상복)을 입고 들어가 신위의 앞에 서되, 북쪽을 향한다. ⑨ 집사자는 그 뒤에 서되, 동쪽을 상석으로 한다. ⑩ 모두 2번 절한다. ⑪ 고하는 사람과 집사자는 모두 손을 씻고 수건으로 닦는다. ⑫ 집사자 1명은 술주전자[酒注]

告者吉服入, 立於神位之前, 北向. 執事者在其後, 東上, 皆再拜. 告者與執事者皆盥帨. 執事者一人, 取酒注西向跪. 一人取盞

를 들고 서쪽을 향하여 꿇어앉는다. ⑬ 다른 집사자 1명은 술잔을 들고 동쪽을 향하여 꿇어앉는다. ⑭ 고하는 사람은 술주전자를 받아 술을 따르고, 술주 전자를 되돌려준다. ⑮ 또 술잔을 받아 신위 앞의 땅에 술을 붓는다. ⑯ 머리를 숙이고 엎드려 절한 뒤 일어나 조금 물러나 선다.

東向跪. 告者斟酒, 反注. 取盞, 酹于神位前. 俛伏, 興, 少退立.

⑰ 축(祝)은 축판(祝版)을 들고 고하는 사람의 왼쪽 에 선다. ⑱ 동쪽을 향하여 꿇어앉아 축판을 읽고 마 치면 자기 자리로 돌아간다. ⑲ 고하는 사람은 2번 절한다. ⑳ 축(祝)과 집사자도 모두 2번 절한 다음 상 을 치우고 나간다. ㉑ 주인은 집에 돌아오면 영좌 앞 에서 곡을 하고 2번 절한다. ㉒ 그 뒤에도 이와 같다.

祝執版, 立於告者之左. 東向跪, 讀訖, 復位. 告者 再拜, 祝及執事者皆再拜, 徹出. 主人若歸, 則靈座 前哭, 再拜. 後倣此.

상례비요 343 선영(先塋, 조상의 무덤)에 부장(祔葬, 곁에 묻는 일)하면 따로 술과 과일을 차려서 조상에게 고한 다. 합장(合葬, 2명 이상을 함께 묻는 일)하면 또 먼저 장사 지낸 신위에 상복이 가벼운 사람에게 고하게 하며, 참신(參神)과 강신(降神)의 절차가 있어야 한다.

喪禮備要 祔葬先塋, 則 別以酒、果告于祖先. 合葬 則又告先葬之位, 使服輕 者告之, 當有參、降之節.

안 사계(沙溪) 김장생(金長生)344은 다음과 같이 말했 다. "조상에게 고할 때는 '지금 후손 아무 관직 아무 개가 묘소[宅兆]를 영건하여 삼가 술과 과일로 정성을 펼쳐 공경히 고합니다. 삼가 고합니다.'라 한다."345

案 沙溪曰: "告祖先云: '今爲孫某官某, 營建宅兆, 謹以酒、果, 用伸虔告. 謹 告.'"

---

343 《沙溪全書》 卷33 〈喪禮備要〉 "治葬"《沙溪·愼獨齋全書》上, 562쪽).

344 김장생(金長生) : 1548~1631. 조선 중기의 학자·문신. 자는 희원(希元), 호는 사계(沙溪). 20세 무렵에 이 이(李珥)의 문하에 들어갔다. 학문적으로 송익필·이이·성혼 등의 영향을 함께 받았다. 저서로 1583년 첫 저술인 《상례비요(喪禮備要)》 4권을 비롯, 《가례집람(家禮輯覽)》·《전례문답(典禮問答)》·《의례문해(疑禮 問解)》 등 예에 관한 것이 있고, 시문집을 모은 《사계선생전서(沙溪先生全書)》가 있다.

345 조상에게……한다:《沙溪全書》 卷33 〈喪禮備要〉 "治葬" '祝文式'《沙溪·愼獨齋全書》上, 561쪽).

남계(南溪) 박세채(朴世采)346는 다음과 같이 말했다. "먼저 장사지낸 신위에 고할 때는 '아무개 어머니 아무 봉호 아무 성씨이시여, 이미 몇 월 몇 일에 합장의 예를 행하였으니 감격스러우면서도 애통함을 견딜 수 없습니다……'라 한다."347】

南溪曰:"告先葬云:'某親某封某氏, 已於某月某日, 行合葬之禮, 不勝感痛云云.'"49】

(3) 비로소 구덩이를 파고 회격(灰隔)348을 만든다.

【① 구덩이 파는 일이 끝나면 먼저 숯가루를 구덩이 바닥에 펼쳐 두께가 0.2~0.3척이 되도록 다지고 채운다. ② 그런 다음 고루 섞은 석회·가는 모래·황토를 그 위에 펼친다. ③ 석회 3/5, 가는 모래·황토 각각 1/5의 비율이 좋다. ④ 두께는 2~3척이 되도록 다지고 채운다.

⑤ 따로 얇은 널빤지로 회격을 만드는데, 곽(槨, 관을 넣는 궤)의 모양과 같게 하고 안쪽에는 역청(瀝靑)349을 바르되, 두께 0.3척 정도로 하여 그 속에 관이 들어갈 공간을 남겨놓는다. ⑥ 회격의 벽[墻]은 관보다 0.4척 정도 높게 한다. ⑦ 관을 회로 다진 바닥 위에 둔다. ⑧ 그제야 관 사방에 고루 섞은 숯가루·석회·가는 모래·황토를 돌아가며 넣는다.

遂穿壙, 作灰隔.
【穿壙旣畢, 先布炭末於壙底, 築實厚二三寸. 然後布石灰、細沙、黃土拌均者於其上. 灰三分, 二者各一可也. 築實厚二三尺.

別用薄板爲灰隔, 如槨之狀, 內以瀝靑塗之, 厚三寸許, 中所容棺. 墻高於棺四寸許. 置於灰上. 乃於四旁旋下四物.

---

346 박세채(朴世采):1631~1695. 조선 후기의 문신. 호는 남계(南溪). 송시열(宋時烈)의 문인이며 그의 손자를 사위로 맞았다. 기사환국(己巳換局) 이후로 경전해석과 예설에서 송시열과 대립했고, 소론(少論)의 이론적 토대를 마련했다. 저서로《육례의집(六禮疑輯)》·《남계예설(南溪禮說)》·《삼례의(三禮儀)》·《남계집(南溪集)》등이 있다.

347 먼저……한다:《南溪先生朴文純公文續集》卷14〈答問〉"答申列卿問".

348 회격(灰隔):묘를 만들 때 구덩이를 파 관곽을 넣기 전에 관곽이 나무뿌리나 벌레 등에 상하지 않도록 구덩이 안을 처리하는 방법. 숯가루·석회가루·가는 모래·진흙·역청 등을 사용한다.

349 역청(瀝靑):송진 등의 나무수액을 증류하여 만든 검은 액체. 방수·접착·방부효과가 있다.

49 案……云云:오사카본에는 이 부분이 별도의 종이로 붙어 있다.

⑨ 이때 또한 얇은 널빤지로 사이를 띄워서 숯가루는 널빤지 밖에 놓고, 석회·가는 모래·황토는 널빤지 안에 놓되, 바닥의 두께와 같게 한다. ⑩ 다져서 채우고 나면 널빤지 둘레를 돌아가며 널빤지를 위쪽으로 뽑아 올린다. ⑪ 다시 숯가루와 석회 등을 넣고 다지다가 회격의 벽[墻]과 평평하게 되면 그친다.

⑫ 대개 곽(槨)을 쓰지 않았다면 역청을 바를 곳이 없다, 그러므로 이러한 제도를 쓴다. 또 숯은 나무뿌리를 막고 물과 개미를 물리친다. 석회는 모래와 섞으면 실해지고, 흙과 섞으면 점성이 생기고 세월이 오래되 엉겨 완전히 돌처럼 되니, 땅강아지·개미·도적이 모두 묘에 들어갈 수 없다.

亦以薄板隔之, 炭末居外, 三物居內, 如底之厚. 築之旣實, 則旋抽其板近上. 復下炭、灰等而築之, 及墻之平而止.

蓋旣不用槨, 則無以容瀝靑, 故爲此制. 又炭禦木根, 辟水、蟻. 石灰得沙而實, 得土而粘, 歲久結而爲全石, 螻、蟻、盜賊皆不得進也.

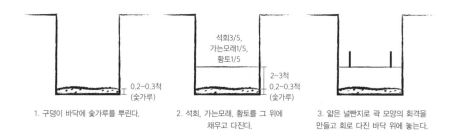

석회3/5,
가는모래1/5,
황토1/5

2~3척
0.2~0.3척
(숯가루)

0.2~0.3척
(숯가루)

1. 구덩이 바닥에 숯가루를 뿌린다.

2. 석회, 가는모래, 황토를 그 위에 채우고 다진다.

3. 얇은 널빤지로 곽 모양의 회격을 만들고 회로 다진 바닥 위에 놓는다.

위로 뽑아 올린 얇은 널빤지

두 번째로 다진 석회, 가는모래, 황토

처음 다진 석회, 가는모래, 황토

숯

숯

숯

4. 널빤지를 조금씩 뽑아 올리며 석회, 가는모래, 황토를 다져 올린다.

5. 회격의 바닥면과 옆면이 완성되면 윗면에 나무 막대를 놓고 그 위에 천회로 다져 회격을 완성한다.

회격 만드는 방법

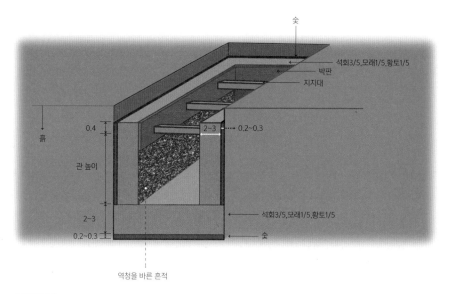

숫

석회3/5,모래1/5,황토1/5

박판

지지대

0.4

흙

2~3 ···· 0.2~0.3

관 높이

2~3

석회3/5,모래1/5,황토1/5

0.2~0.3

숫

역청을 바른 흔적

회격(단위:척)

위씨회곽기사(魏氏灰槨紀事)[350][351] ① 석회로 곽을 만드는 사람은 하관하기 3~4일 전에 좋은 석회 덩어리 수천 근을 가져온다. 물로 씻어내고 녹인 다음 쌀 거르는 체로 친다. 고운 석회는 저장해 두었다가 쓴다. 알갱이가 거칠고 녹지 않은 석회는 다시 물로 씻고 체로 쳐서 고운 석회를 추출해낸다. 그래도 알갱이가 거친 석회는 따로 저장해 두었다가 인력이 남으면 장례 기일이 다가올 때 석회를 씻고 녹여서 이것으로 다지면 효과가 매우 빼어나다.

魏氏灰槨紀事 造灰槨者, 于下窆先三四日, 取上好塊頭石灰數千斤. 用水灑過令化, 以米篩篩. 嫩灰貯用. 其粗頭未化者, 再用水灑篩, 出嫩灰. 將粗頭另貯, 若人力有餘, 臨期, 灑灰令化, 卽用築之尤妙.

---

350 위씨회곽기사(魏氏灰槨紀事): 중국 청(淸)나라의 위희(魏禧, 1624~1680)가 회곽을 만들며 그 절차를 상세하게 기록한 기사(紀事).
351 《讀禮通考》 卷97 〈喪具〉 3 "灰隔"(《文淵閣四庫全書》 114, 353~354쪽).

② 석회를 쓰는 방법은 다음과 같다. 너무 건조한 석회를 쓰면 안 되니, 건조하면 점성이 없다. 너무 습한 석회를 쓰면 안 되니, 습하면 석회의 기(氣)가 흩어진다. 장례 기일이 다가올 때 반드시 약간의 물로 석회를 씻고 고루 저은 다음 손으로 가볍게 이겨 덩어리를 만든다. 너무 세게 이기면 기가 흩어지니 이를 기준으로 한다.

用灰之法 : 不可太燥, 燥則不粘 ; 不可太濕, 濕則氣散. 臨時, 須以少水灑之拌均, 用手輕捏成團. 重捏卽散, 爲度.

③ 구덩이 주위의 흙을 다듬었으면 이어서 불로 구운 벽돌로 곽(槨)을 쌓는다. 그 너비는 관이 들어갈 공간을 헤아려 만든다. 이때 관의 머리 부분 1척을 비우고, 다리 부분은 1척 남짓을 비우고, 양 옆도 각각 1척을 비운 다음 그곳에 석회를 넣는다.

旣鋤土穴周圍, 仍以火磚砌槨. 其闊狹度容棺之外. 頭空一尺, 脚空一尺餘, 兩旁各空一尺, 以下灰.

④ 벽돌로 만든 곽 밖에 비어서 틈이 있는 곳에는 먼저 모래와 돌이 없는 좋은 황토 진흙으로 막는다. 이를 가볍게 다져 곽벽[墻]에 바짝 붙어 있게 해서 사방에 석회를 다지기 편하게 한다. 곽은 반드시 절차에 따라 높게 쌓되, 한번은 석회를 넣고, 한번은 흙을 넣는다. 만약 급히 높게 쌓아서 곽벽 안이 비면 벽 밖에 넣은 황토 진흙을 다질 때 바로 곽벽이 흔들리고 눌려 안으로 기울어지게 될 것이다.

磚槨外有空隙處, 先用無沙石好黃泥塞之. 輕築, 令槨墻緊靠以便築灰四圍. 槨須逐節砌高, 一邊下石灰, 一邊下土. 若頓爾高砌, 墻內空虛, 則築外土時, 便震偪, 槨墻偏內矣.

⑤ 구덩이 안은 먼저 고운 석회 0.1~0.2척을 바닥에 깐다. 그 위에 관을 두고 사방에 석회를 넣어서 관의 윗면과 높이가 가지런하도록 다진다. 그 위에 석회를 평평하게 깔고 다진다. 두루 다질 때마다

穴內先用嫩灰一二寸鋪底. 置棺其上, 四旁下灰, 築齊棺面. 平鋪灰于上, 築之. 每遍, 只可一二寸. 先以脚

단지 0.1~0.2척만 한다. 먼저 발로 밟아 채운 뒤에 마치로 가볍게 다지다가 점점 세게 한다. 마치를 쓰는 법은 사람 수에 관계없이 1번 걸음을 떼고 1번 다지는 것이다. 이때 반드시 마치 자국에 점성이 있어야 한다. 한길로 쭉 이어져서 한 바퀴 돌고나면 다시 시작한다.

躡實, 然後用槌輕築, 漸漸至重. 用槌之法, 不論人數, 且行且築. 須槌跡粘. 連路周而復始.

　다져진 석회의 견고함이 6/10 정도 되었을 때를 헤아려 바로 새 석회를 넣고 다시 다진다. 관의 윗면에 올릴 1층은 조금 두터워도 괜찮다. 다질 때는 반드시 매우 단단해야 한다. 다진 석회 표면에서 윤기가 나면서 마치소리가 금속이나 돌을 두드리는 듯한 소리가 나면 다시 약간 다져주는 상태를 기준으로 한다.

度築灰堅至六分, 便下新灰更築. 面上一層, 不妨略厚. 須築至極堅. 灰面發光, 槌響作金石聲, 更築少許爲度.

　⑥ 석회 다지기가 완료되면 그대로 구운 벽돌로 곽벽의 사방을 에워싸고, 그 위를 감싸듯이 쌓으면 벽돌곽 1개가 완성된다.

築灰旣完, 仍用火磚接四圍槨墻, 卷砌其上, 成一磚槨.

　⑦ 벽돌곽 위에는 석회 덩어리를 좋은 황토 진흙에 고루 섞어 수십 번 단단하게 다진다.

磚槨之上, 用灰頭和均上好黃泥, 堅築數十.

　⑧ 위에는 고운 진흙을 0.1척 정도 깔고 나서 그친다. 이를 발로 대략 밟아 고르게 한다. 그러한 뒤에 단단하고 좋은 큰 돌 몇 덩어리를 그 위에 두었다가 그대로 바닥과 돌덩이가 합쳐지게 해야 한다. 이어서 석회를 다듬어 벽돌곽 주위를 둘러 결합하는 상태를 기준으로 한다.

上用嫩泥寸許鋪之止. 以脚略躡均. 然後置堅好大石數塊其上, 仍須合縫, 抵灰, 約周磚槨爲度.

⑨ 앞에서처럼 큰 돌을 바닥 위에 두었으면 좋은 황토 진흙으로 돌의 꼭대기까지 단단하게 다진다. 그 진흙은 빛이 나도록 완전히 굳히는 상태를 기준으로 한다. 봉분 꼭대기에 이르기까지 하면 거북등 모양처럼 되도록 다진다. 그런 뒤에 고운 흙에 벽돌을 고루 깐다】

既置大石上, 用好黃泥堅築至頂. 其泥以光熟至極爲度. 將及墓面, 築龜背形. 然後用嫩土鋪均砌磚】

왕문록(王文祿)352 장도(葬度) 353 354 ① 장(葬)은 감춘다[藏, 장]는 뜻이다. 깊은 곳에 장사지내면 편안하지만 물이 있는 곳까지 이르러서는 안 된다. 내가 대봉원(待葑原)355에 부모를 장사지낼 때, 깊이 3.3척으로 흙을 파내자 땅 속에 누런 수맥이 산처럼 뾰족한 모양을 이루며 흐르고 있었다. 해방(亥方)356에서 사방(巳方)357으로 돌아보면 수맥이 곽(槨)의 중심에 해당하는 부분을 가로지르고 있었다. 만약 땅을 깊이 파서 장사지내려 하지 않았다면 어찌 보았겠는가?

王氏 葬度 葬者, 藏也. 深葬爲安, 不宜及泉耳. 予葬二親于待葑原, 掘土深三尺三寸, 下有黃脈成山尖形. 自亥轉巳, 橫當槨心. 若非深葬, 曷見也?

무덤 구덩이[金井]의 길이는 12척, 너비는 15.4척이다. 찹쌀죽을 순수한 석회에 섞어 만든 반죽을 벽돌 사이사이에 발라가며 바닥을 1척 두께로 다지고,

金井長一丈二尺, 闊一丈五尺四寸. 糯米粥調純石灰, 築底一尺厚, 四圍墻一

---

352 왕문록(王文祿):?~?. 중국 명나라의 학자. 16세기 경 활동했다. 자는 세렴(世廉). 가정(嘉靖) 연간(1521~1567)에 활동했다. 저서로 《문맥(文脈)》·《기경(機警)》·《대학석경고본방석(大學石經古本旁釋)》 등이 있다.

353 장도(葬度):중국 명나라의 학자 왕문록(王文祿)의 저술. 이 책에는 신종(愼終)·합관(合棺)·염법(斂法)·임장(任匠)·잡변(雜辨) 등의 편(篇)이 실려 있다. 상장(喪葬)의 중요성에 대한 서술이 주된 내용이다. 현재는 왕문록의 다른 저서인 《백릉학산(百陵學山)》에 수록되어 있다.

354 《百陵學山》〈葬度〉"開壙", 19~21쪽;《百陵學山》〈葬度〉"燒磚", 21쪽;《百陵學山》〈葬度〉"和灰", 21~22쪽;《百陵學山》〈葬度〉"取汁", 23쪽;《百陵學山》〈葬度〉"築法", 22~23쪽;《百陵學山》〈葬度〉"雜辨", 27쪽.

355 대봉원(待葑原):중국 절강성(浙江省) 해염현(海鹽縣) 원통(元通)에 있던 대봉묘(待葑廟) 주변의 언덕으로 추정된다. 현재 대봉묘교(待葑廟橋)라는 지명이 남아 있다.

356 해방(亥方):정북쪽에서 서쪽으로 30도 되는 방향을 중심으로 한 15도 각도 안의 범위.

357 사방(巳方):정남쪽에서 동쪽으로 30도 되는 방향을 중심으로 한 15도 각도 안의 방위.

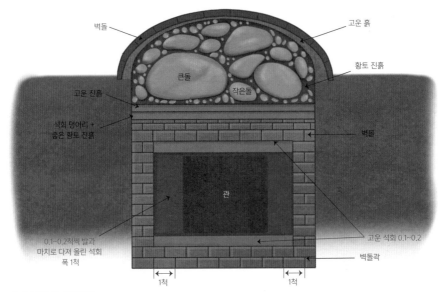

위씨회곽(魏氏灰槨) 단면도

마찬가지로 사방 벽[墻]을 1.2척 두께로 쌓는다. 가운데 벽은 곽 2개(아버지와 어머니 합장용)에 간격을 두도록 또 1척 두께로 쌓는다. 구운 벽돌로 두께 1척으로 쌓는다. 벽돌 1개의 길이는 0.45척, 너비는 0.3척 두께이고, 무게는 6근이다.

벽돌의 한 면에 '학포(學圃) 왕공(王公)과 자숙(慈淑) 육씨(陸氏)의 곽에 쓰는 벽돌[學圃王公慈淑陸氏槨磚]'이라는 글귀를 찍고, 다른 한 면에는 '가정(嘉靖)358 기해년(1539) 효자 왕문록이 감독하여 만들다[嘉靖己亥孝子王文祿監製]'라는 글귀를 찍었다. 다만 글자를 찍은 벽돌을 구울 때는 가마에서 진흙을 굽는 과정에서

尺二寸厚. 中墙隔二槨, 亦一尺厚. 火[50]磚一尺, 長四寸半, 闊三寸厚, 重六斤.

一面印"學圃 王公、慈淑陸氏槨磚", 一面印"嘉靖已亥孝子王文祿監製". 惟印字也, 窑戶鍊泥細熟, 且堅而不裂.

---

358 가정(嘉靖) : 중국 명(明)나라 제 11대 황제인 가정제(嘉靖帝)의 연호(1522~1566).
[50] 火 : 저본에는 "尖". 오사카본·규장각본·《百陵學山·葬度·開壙》에 근거하여 수정.

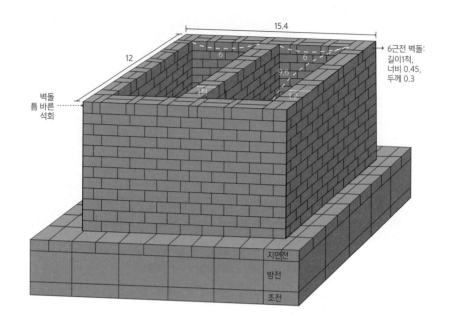

15.4

12

6

6

9.6

1척

1

2

6근전 벽돌:
길이1척,
너비 0.45,
두께 0.3

벽돌
틈 바른
석회

지면전

방전

조전

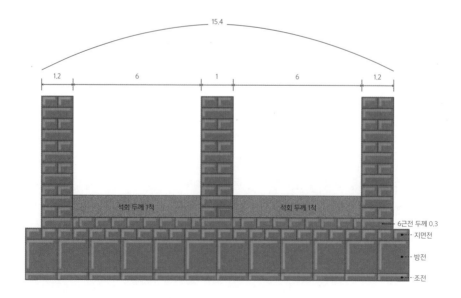

15.4

1.2

6

1

6

1.2

석회 두께 1척

석회 두께 1척

6근전 두께 0.3

지면전

방전

조전

왕문록 벽돌 무덤

세심하게 익혀야 벽돌이 단단하여 갈라지지 않는다.

찹쌀죽을 순수한 석회에 섞어 만든 반죽을 벽돌 사이에 발라가며 벽돌을 가로로 1번, 세로로 2번씩 층층이 겹쳐 쌓아 담의 두께가 1척이 되도록 한다.

2개의 곽(槨) 바닥에 대해서는 먼저 바닥 전체에 조전(條磚, 단단하고 청회색을 띤 벽돌)을 1층 깔고 아울러 방전(方磚, 네모난 벽돌)을 1층 깔고, 지면전(地面磚, 바닥에 까는 벽돌) 1층을 깐다. 곽(槨) 안에는 여기에 다시 6근 짜리 벽돌[六斤磚] 1층을 더한다. 이때 석회로 벽돌 사이사이를 연결하여 1척 두께로 봉한다. 이를 견고하게 다짐으로써 세월이 오래 지나 나무뿌리·뱀·오소리가 무덤을 훼손할 일에 대비하면 마음과 힘을 다한 일이 지극히 될 것이다.

② 석곽(石槨)을 쓰면 물이 생기므로 반드시 구운 벽돌을 써야 한다. 벽돌이 건조하고 그 색은 푸르며 두드리면 소리가 울리는 벽돌이어야 불기운이 벽돌에 완전히 투과된 것이다. 만약 벽돌이 황색이고 소리가 없으면 단단하지 않다.

③ 회격(灰隔) 만드는 법 : 석회 3/5, 황토 1/5, 호수 모래 1/5의 비율로 한 흙을 '삼화토(三和土)'라 한다. 석회를 불에 굽고 찹쌀죽을 물에 끓여 서로 합쳐 다지면 수기(水氣)와 화기(火氣)가 고르게 된다.[359] 이 상

糯粥調純石灰, 一橫二縱, 層疊砌, 成墻厚一尺.

爲二槨底, 鋪條磚一層, 竝方磚一層, 地面磚一層. 槨內, 復加六斤磚一層. 連灰, 縫一尺厚. 堅築, 以備歲久樹根、蛇、獾壞損, 苦心極矣.

石槨生水, 必用火磚, 則乾燥色靑聲響, 乃燒透者. 若黃色無聲, 不堅也.

灰隔法 : 三分石灰、一分黃土、一分湖沙曰"三和土". 石灰火化, 糯米粥水煮, 合築之, 水火旣濟, 久久復還

---

359 수기(水氣)와……된다 : 원문의 "수화기제(水火旣濟)"를 옮긴 번역으로, 수화기제의 '기제'는 본래 주역의 63 번째 괘명이다(䷾). 물과 불이 서로 사귀면 쓰임이 되어 각기 그 쓰임에 마땅해진다는 의미이다.

태로 한참 오래 지나면 다시 원래 성질로 돌아가서 응결되어 완전한 돌이 된다.

찹쌀을 절구로 희게 찧어 죽을 쑤다가 뻑뻑하게 끈끈한 점성이 막 생길 때 솥에 석회를 넣으면 이 죽은 겨울에도 얼지 않고 사람도 먹지 못한다. 조장수(鴬樟樹, 녹나무)와 같은 경우에는 껍질과 잎을 따서 절구로 흐물흐물하게 찧은 다음 물에 담갔다가 즙을 낸다. 끈끈한 점성이 심해지면 찹쌀죽보다 낫다.

原性, 結成完石.

糯米舂白煮粥, 方稠粘, 鍋中投石灰, 冬不氷, 人且不食. 若鴬樟樹, 取皮葉杵爛, 水浸取汁. 甚粘, 勝糯粥也.

④ 찹쌀죽을 석회와 섞을 때는 반드시 습도가 고르게 안정되어야 한다. 이 반죽을 두드리면 덩어리가 되고 흩으면 석회가 된다. 만약 지나치게 습하면 반죽이 공이에 달라붙어 다지기 어렵고, 지나치게 건조하면 말라 흩어져 단단하지가 않다.

일반적으로 석회를 0.2척 남짓 두께로 깔고 1/10씩 조금씩 다져 올린다. 인력을 고르게 해야 하고 멈추거나 쉬어서는 안 된다. 일꾼들이 쉬면 피막을 응결시켜 그 위층과 서로 이어지지 않을 것이다. 회격을 하루 만에 완성하지 못하면 반드시 밀개[鋤]로 표면의 껍질을 깎아내고 찹쌀죽이나 녹나무즙을 더하여 다진다. 쟁쟁거리며 돌이 부딪치는 소리가 나고 송곳이나 못이 들어가지 않아야 효과가 빼어나다.

和灰須乾濕均停. 搏之成塊, 散之成灰. 若太濕則粘杵難築, 太乾則燥散不堅.

凡鋪二寸餘厚, 築之一分, 漸漸築起. 人力須齊, 不可停歇. 歇則結皮, 不相連矣. 不能一日完, 必鋤動面皮刷, 汁加築. 硈硈有聲, 錐釘不入爲妙.

⑤ 술사의 말에 "곽(槨)의 바닥에는 벽돌을 깔지 않고 회격을 다지지 않아야 한다. 생기(生氣)를 끊을

術士言"槨底不砌磚, 不築灰隔, 恐絶生氣也", 吁! 可

까 염려되기 때문이다."360라 하니, 아! 괴이하지 않은가! 생기란 뚫지 못하는 견고함이 없다. 어찌 생기가 곽의 바닥이나 관에 붙은 흙에 막혀서 쉽게 썩겠는가? 또 흙이 부모의 사체에 침투한다면 자식 된 사람의 마음이 편하겠는가? 그러므로 반드시 회격은 1척 두께로 다지고, 벽돌은 1척 두께로 쌓아야 좋다】

怪哉! 生氣無堅不透⑤¹, 豈礙槨底、棺着土易朽? 且土侵膚, 人子之心安乎? 須築灰隔一尺厚, 磚砌一尺厚可也】

(4) 지석(誌石)361을 새긴다.

刻誌石.

【① 돌 2개[片]를 쓴다. 그중 1개는 지석의 덮개로 사용하는데, '아무 관직 아무 공(公)의 묘'라 새기고, 관직이 없으면 '아무 군(君) 아무 보(甫, 이름 아래 붙이는 미칭)의 묘'라고 글자를 쓴다. 그중 1개는 지석의 바닥으로 사용하는데, 다음과 같은 내용으로 새긴다. '아무 관직 아무 공 이름 아무개 자(字) 아무개 아무 주(州) 아무 현(縣) 사람', '돌아가신 이름 아무개 아무 관직', '어머니 아무 봉호' '몇 년 몇 월 몇 일 출생', '지낸 벼슬과 옮긴 직위 순서', '몇 년 몇 월 몇 일 임종', '몇 년 몇 월 몇 일 아무 향촌 아무 마을 아무 장소에 장사지내다', '아무개 성씨 아무개의 딸에게 장가들다', '자식은 아들이 아무개 아무 관직이고, 딸은 아무 관직 아무개에게 시집갔다.'

【用石二片. 其一爲蓋, 刻云"某官某公之墓", 無官則書其字曰"某君某甫". 其一爲底, 刻云"某官某公諱某字某某州某縣人"、"考諱某某官"、"母氏某封"、"某年月日生"、"敍歷官遷次"、"某年月日終"、"某年月日葬于某鄕某里某處"、"娶某氏某人之女"、"子男某某官, 女適某官某人".

② 부인의 경우, 남편이 있으면 덮개에는 '아무 관직 성명 아무 봉호 아무개 성씨의 묘'라 새긴다. 봉

婦人, 夫在則蓋云"某官姓名某封某氏之墓". 無封則

---

360 곽(槨)의……때문이다:《讀禮通考》卷82〈葬考〉一 "葬法".
361 지석(誌石):죽은 사람의 인적사항이나 무덤의 소재를 기록하여 묻은 돌.
⑤¹ 透 : 저본에는 "遠". 규장각본·《百陵學山·葬度·雜辨》에 근거하여 수정.

호가 없으면 '처(妻)'라 새기고, 남편이 관직이 없으면 남편의 성명을 쓰고, 남편이 죽었으면 '아무 관직 아무 공(公) 아무 봉작 아무개 성씨'라 하고, 남편이 관직이 없으면 '아무 군(君) 아무 보(甫)의 처 아무개 성씨'라 한다. 그 바닥에는 '나이 얼마에 아무개 성씨에게 시집가서 남편이나 아들로 인하여 봉호(封號)에 이르렀다.'라 새기고, 봉호가 없으면 새기지 않는다.

③ 장사 지내는 날에 이 돌 2개를 글자가 새겨진 면이 서로 마주보게 하여 철사로 묶는다. 무덤구덩이 앞 가까운 땅에 무덤과 3~4척 사이에 두고 묻는다. 이는 대개 훗날 산등성이와 골짜기가 변하여 흙이 옮겨갔거나 다른 사람들이 잘못하여 옮기려고 할 때 이 지석이 먼저 드러나면 그 사람들 중에 망자의 성명을 알아보는 사람이 있어 혹시 덮어줄 수 있기를 생각해서이다.

云"妻", 夫無官則書夫之姓名, 夫亡則云"某官某公某封某氏", 夫無官則"某君某甫妻某氏". 其底敍"年若干適某氏, 因夫子致封號", 無則否.

葬之日, 以二石字面相向而以鐵束之. 埋之壙前近地面三四尺間. 蓋慮異時陵谷變遷, 或誤爲人所動而此石先見, 則人有知其姓名者, 庶能爲掩之也.

안 지금 민간에서는 묘지명(墓誌銘, 묘지에 대한 명문)을 만들 때 돌에 새기지 않고, 도자기 흙으로 만든 네모난 조각에 회회청(回回靑)362으로 글씨를 쓰고 구워내어 무덤 옆에 묻는다. 또는 구덩이 위에 석회로 지석(誌石)을 만들어 1개 마다 1글자를 새겨 '아무 관직 아무 성명의 장지'라 하거나, '아무 봉호 아무개 성씨의 장지'라 한 다음 숯가루를 옻에 개어 글씨가 새겨진 홈을 메우고 두터운 종이를 그 면에 바른다】

案 今俗誌銘, 不用石刻, 以磁土造方片, 用回回靑書之, 燔出埋墓側. 又於壙上, 用灰誌石, 每一片刻一字云"某官姓名之藏", 或"某封某氏之藏", 以炭末和漆, 塡畫, 厚紙塗面】

---

362 회회청(回回靑) : 도자기에 사용하는 청색의 코발트 성분 안료. 페르시아가 원산이며 중국을 경유하여 수입되었는데, 원산지의 이름을 따서 회회청이라 했다. 《섬용지》 권3 〈색을 내는 도구〉 "채색" '석청(石靑)'(《임원경제지 섬용지》 2, 풍석문화재단, 2016, 294쪽) 참고.

포(苞)((가례))   소(筲)((가례))

(5) 명기(明器)³⁶³·하장(下帳)³⁶⁴·포(苞)³⁶⁵·소(筲)³⁶⁶·
앵(罌, 술단지)을 만든다.

【이는 비록 옛사람들이 부모의 죽음을 인정하지
못하겠다는 뜻이지만, 실제로 쓰임이 있는 물건은
아니다】

造明器、下帳、苞、筲、罌.

【此雖古人不忍死其親之意,
然實非有用之物】

(6) 대여(大轝, 큰 상여)를 만든다.

【옛날의 유거(柳車)³⁶⁷는 제도가 매우 자세하지만,
지금은 그렇지 않다. 다만 민간의 제도를 따라 만들
되, 견고함과 편안함의 특성을 취할 뿐이다.

만드는 방법은 다음과 같다. ① 긴 장대[長杠, 장
공] 2개를 쓴다. 장대 위에 복토(伏兔)³⁶⁸를 덧대야 하

大轝.

【古者柳車制度甚詳, 今不
能然. 但從俗爲之, 取其牢
固平穩而已.

其法:用兩長杠, 杠上加伏
兔, 附杠處爲圓鑿. 別作

---

363 명기(明器): 장사지낼 때 망자와 함께 무덤에 묻는 물건으로, 망자가 사용하던 식기와 집기, 시종의 인형 등
    이 있다.
364 하장(下帳): 망자가 생전에 사용하던 상·장막·깔개 등을 작게 만들어 무덤에 함께 묻는 물건.
365 포(苞): 포(脯)를 담는 대그릇. 부패하면 벌레가 꼬이기 때문에 묻지 않는 경우도 있다.
366 소(筲): 곡식을 담는 대그릇.
367 유거(柳車): 시신을 싣는 수레. 소가 끌었으며 상여를 사용하기 전에 사용되었다. 조선 세종 때 이를 없애
    고 상여를 사용하게 했다.
368 복토(伏兔): 둔테. 가로로 놓인 장대에 세로로 기둥을 세울 때 기둥을 끼우는 구멍이 뚫린 나무.

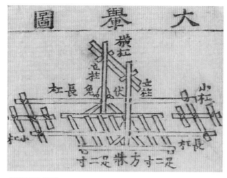

대여(《상례비요》)

니, 장대에 덧댈 부분에 둥글게 구멍을 뚫는다. ② 작고 네모난 상을 따로 만들어 그 위에 영구(靈柩)를 싣는 용도로 쓴다. 상다리의 높이는 0.2척이다.

③ 양 옆에 기둥 2개를 세운다. 이를 위해 기둥 아랫부분의 끝에 둥근 장부[柄]369를 만들어 구멍에 들어가게 하되, 기둥이 구멍 밖으로 길게 나오도록 한다. ④ 장부와 구멍 사이는 매우 원활하도록 반드시 기름[膏]을 발라 기둥이 오르내리는 순간 영구가 항상 수평이 되도록 한다.

⑤ 두 기둥 윗부분에는 다시 네모난 구멍을 파서 가로로 빗장을 끼우도록 한다. ⑥ 기둥 바깥쪽으로 빠져나간 빗장의 두 끝부분에 다시 작은 빗장막대[扃杠]를 끼운다. ⑦ 긴 장대 양쪽 끝에 가로로 막대를 놓고, 가로로 놓은 막대 위에는 짧은 막대를 댄다. ⑧ 짧은 막대 위에는 간혹 다시 작은 막대[小杠, 소공]

小方牀以載柩. 足高二寸.

旁立兩柱. 柱外施圓柄, 令入鑿中, 長出其外. 柄、鑿之間, 須極圓滑, 以膏塗之, 使其上下之際, 柩常適平.

兩柱近上, 更爲方鑿, 加橫扃. 扃兩頭出柱外者, 更加小扃杠. 兩施橫杠, 橫杠上設施短杠. 短杠上, 或更加小杠. 仍多作新麻大索以備扎縛.

---

369 장부[柄]: 나무 끝을 구멍에 맞추어 접합하기 위하여 가늘게 깎은 부분.

를 대기도 한다. ⑨ 이어서 새 삼으로 큰 줄을 많이 만들어 위의 대여 자재를 묶을 일에 대비한다.

이는 모두 실용에 절실하게 필요하여 빠뜨리면 안 된다. 다만 이와 같게 하면서도 옷으로 관을 덮는 일은 조금 화려함이 되기에 충분하다. 길을 갈 때 간혹 더 꾸미고 싶으면 대나무로 격자를 만들고 비단으로 묶은 다음 그 위에 파초로 지붕을 이은 정자와 같이 휘장을 치고, 네 모서리에 유소(流蘇)370를 드리울 뿐이다.

그러나 역시 높이가 너무 높으면 안 되니, 가다가 다른 물건에 걸린다든지 하는 많은 장애가 있을까 걱정되기 때문이다. 대여가 지나치게 화려해서는 안 되니, 부질없이 보기에만 아름답기 때문이다. 만약 가야 할 길이 멀면 결코 이러한 허식(虛飾, 헛된 장식)을 해서는 안 된다. 다만 유단(油單)371을 많이 사용하여 영구를 싸서 빗물을 막을 뿐이다】

此皆切要實用, 不可闕者, 但如此制, 而以衣覆棺, 亦足以少華. 道路或更欲加飾, 則以竹爲之格, 以綵結之, 上如撮蕉亭, 施帷幔, 四角垂流蘇而已.

然亦不可太高, 恐多罣礙. 不須太華, 徒爲觀美. 若道路遠, 決不可爲此虛飾. 但多用油單, 裹柩以防雨水而已】

(7) 삽(翣)372을 만든다.

【① 삽은 나무로 틀을 짠다. 부채와 같으나 사각형으로 만들되, 양쪽 모서리가 높다. 너비는 2척, 높이는 2.4척이다. 흰 베로 겉을 싼다. 자루의 길이는 5척이다. ② 보삽(黼翣)에는 보(黼, 도끼 모양)를, 불삽(黻翣)에는 불[黻, 2개의 궁(弓)자가 서로 등지고 있는 모양]을,

翣.

【以木爲匡. 如扇而方, 兩角高. 廣二尺, 高二尺四寸. 衣以白布, 柄長五尺. 黼翣畫黼, 黻翣畫黻, 畫翣畫雲氣. 其緣皆爲雲氣,

---

370 유소(流蘇): 비단으로 매듭을 맺어 그 끝에 색실로 술을 단 물건.
371 유단(油單): 기름먹인 두꺼운 종이. 장판으로 쓰기도 했다.
372 삽(翣): 발인할 때 영구의 앞뒤에 세우고 가는 부채 모양의 의식용 장대. 무늬에 따라 불삽[黻翣, 아자형(亞字形)], 보삽(黼翣, 자루 없는 도끼 무늬), 화삽(畫翣, 구름무늬) 등이 있다.

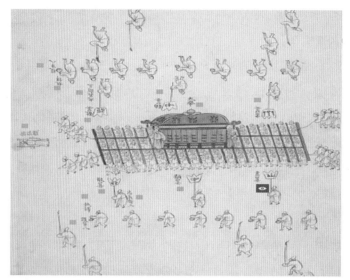

반차도(班次圖) 내 삽(翣)의 행렬(국립중앙박물관)

불삽, 보삽, 화삽의 모양
(국립중앙박물관)

위 그림은 반차도(班次圖)에 나오는 삽을 보여준다. 반차도는 조선 시대 궁중에서 행해진 각종 행사에 참여하는 문무백관 및 각종 기물 등의 위치와 장면을 묘사한 기록화이다. 주로 궁중에서 사용했으므로 일반적인 제례 절차와는 약간의 차이점이 있을 수 있으나, 반차도에 그려진 기물이 비교적 상세하다.

화삽(畫翣)에는 구름을 그린다. ③ 그 가장자리에는 모두 구름을 그리되, 모두 자주색으로 그리는 점이 표준이다.

皆畫以紫準格.

문공가례의절 대부(大夫)는 불삽 2개와 운삽(雲翣, 화삽) 2개를 쓰고, 사(士)는 운삽 2개를 쓴다】

儀節 大夫用黻翣二、雲翣二, 士用雲翣二】

(8) 신주를 만든다.

作主.

【정이(程頤)373가 다음과 같이 말했다. "신주를 만

【程子曰:"作主用栗. 趺方

---

373 정이(程頤) : 1033~1107. 중국 송(宋)나라의 유학자. 그의 형인 정호(程顥, 1032~1085)가 주장한 이기일원론(理氣一元論)과 성즉리설(性則理說)을 발전시켜 주희에게 큰 영향을 주어 송나라 성리학의 기초가 되었다. 정이는 형 정호(程顥)와 함께 주돈이(周敦頤)에게 배웠고, 형과 아울러 '이정자(二程子)' 또는 '이정(二程)'이라 불리며 정주학(程朱學)의 창시자가 되었으며, '이기이원론(理氣二元論)'의 철학을 수립하여 큰 업적을 남겼다.

운삽(雲翣)(《상례비요》)

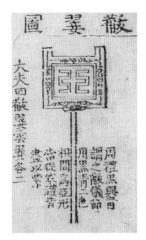

불삽(黻翣)(《상례비요》)

들 때는 밤나무를 쓴다. 받침대는 사방 0.4척, 두께 0.12척이다. 바닥이 뚫리도록 구멍을 뚫어서 이곳에서 신주 몸체를 받아들이도록 한다. 신주 몸체의 높이는 1.2척, 너비는 0.3척, 두께는 0.12척이다.

윗부분을 0.05척 깎아 둥글게 만들고, 꼭대기의 0.1척 아래에서 앞부분을 판 다음 턱을 만들어 갈라낸다. 두께 0.04척인 나무판은 앞면을 차지하게 되고, 두께 0.08척인 나무판은 뒷면을 차지하게 된다. 턱 아래에서는 뒷면의 가운데 부분을 파내되, 길이 0.6척, 너비 0.1척, 깊이 0.04척이 되도록 한다. 분리된 이 몸체들을 합하여 받침대에 꽂으면 바닥이 받침대 바닥과 나란하게 된다. 몸체 뒷면 옆에 구멍을 뚫어 가운데로 통하게 한다. 그 둥근 구멍의 지름은 0.04척이다. 턱에서 0.36척 아래가 구멍의 중

四寸、厚寸二分. 鑿之洞底以受主身. 身高尺二寸, 博三寸, 厚寸二分.

剡上五分爲圓, 首寸之下, 勒前, 爲頟[52]而判之, 四分居前, 八分居後. 頟下陷中, 長六寸, 廣一寸, 深四分, 合之植於趺, 下齊. 竅其旁以通中. 圓徑四分. 居三寸六分之下. 下距趺面七寸二分. 以粉塗其前面."

---

[52] 頟:《二程文集·伊川文集·婚禮》에는 "額".

심이 되도록 한다. 아래쪽으로 받침대 표면에서의

거리는 0.72척이다. 몸체 앞면에는 분을 바른다."374

[안]375 자는 주척(周尺)을 쓴다】《가례(家禮)》376   [案] 尺用周尺】《家禮》

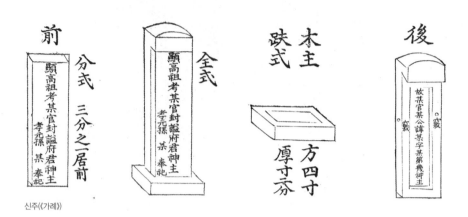

신주(《가례》)

374 신주를……바른다:《二程文集》卷11〈伊川文集〉"婚禮"'作主式'(《文淵閣四庫全書》1345, 715쪽);《常變通攷》卷15〈喪禮〉"治葬"'作主', 470쪽.

375《沙溪全書》卷33〈喪禮備要〉"治葬"(《沙溪·愼獨齋全書》上, 564쪽).

376《家禮》卷5〈喪禮〉"治葬"(《家禮》3, 1~20쪽).

사방의 길이 4촌
두께는 1촌 2푼

사면이 반듯하게 내려오게 만든다.
정면은 넓게 양쪽가는 좁게 만든다.

1. 독좌의 앞면과 옆부분은 비워둔다.
2. 밑부분은 넓고 두껍게 만든다.
   앞으로 튀어나오도록 하여
   덮개를 덮을 수 있게 한다.
독개와 독좌는 검은색 옻칠을 한다.

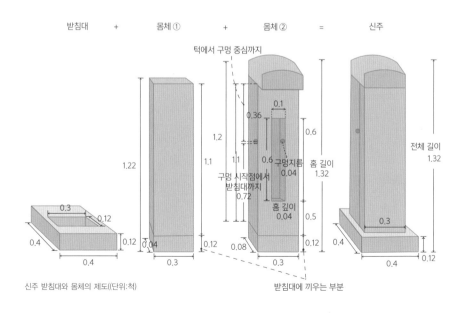

받침대   +   몸체①   +   몸체②   =   신주

신주 받침대와 몸체의 제도((단위:척)

받침대에 끼우는 부분

9-1) 갖춰야 할 기물과 사람 具

(1) 표목(標木) 7개 標木七

(2) 고자(告者) 告者

【상례비요 [377] 먼 친척이나 빈객 중에서 택하여 【喪禮備要 擇遠親或賓客
맡긴다. 고자·축(祝)·집사자(執事者)는 모두 길관(吉 爲之. 及祝、執事者, 皆吉
冠)을 쓰고 소복(素服)을 입는다】 冠, 素服】

(3) 손 씻는 대야·수건 각각 2개 盥盆、帨巾各二

(4) 자리 2개 席二

【상례비요 [378] 1개는 제사를 지내는 자리이고, 【又 一祭席, 一拜席】
1개는 절하는 자리이다】

(5) 상 牀

(6) 술잔 盞

(7) 술주전자 注酒

(8) 음식 饌

(9) 향합(香盒) 香盒

---

377 《沙溪全書》卷33〈喪禮備要〉 "治葬" '開塋域祠土地之具'《沙溪·愼獨齋全書》上, 561쪽).
378 《沙溪全書》, 위와 같은 곳.

(10) 향로(香爐)   香爐

(11) 축판(祝版)   祝版

【상례비요】379 나무판으로 만들되, 길이는 1척이   【又 以板爲之, 長一尺, 高
고, 높이는 0.5척이다. 제사지낼 때 종이에 글을 써   五寸. 祭時以紙書文, 粘於
서 그 위에 붙였다가 제사가 끝나면 태운다.   其上, 祭畢, 焚之.

안 이상은 토지신에게 제사지낼 때 갖춰야 할 기물   案 已上祠土之具】
이다】

(12) 사토장(莎土匠, 무덤 만드는 장인)   莎土匠

(13) 연장[器用]   器用

【상례비요】380 삽(鍤)·도끼·망태·삼태기 종류이다】   【又 如鍤、斧、蕢、畚之類】

(14) 곱자[曲尺, 직각을 재는 자]   曲尺

【상례비요】381 간혹 종이를 쓴다. 세로로 접고 또   【又 或用紙. 縱摺之, 又橫
가로로 접으면 접은 곳 가운데의 한 모서리가 바로   摺之, 則所摺中央一角, 正
곡척과 같아진다. 금정틀[金井機]382을 재는 데 쓰는   如曲尺. 所以度金井機者】
기물이다】

(15) 지평척(地平尺)   地平尺

【안 땅의 평평함을 재는 데 쓰는 기물이다】   【案 所以度地平者】

---

379 《沙溪全書》, 위와 같은 곳.
380 《沙溪全書》卷33 〈喪禮備要〉 "治葬" '穿壙'之具(《沙溪·愼獨齋全書》上, 561쪽).
381 《沙溪全書》, 위와 같은 곳.
382 금정틀[金井機] : 무덤을 만들 때, 구덩이의 길이와 너비를 재기 위하여 쓰는 틀. 나무로 만들며, 모양은 '정
(井)'자이다.

(16) 대륜도(大輪圖)383

【안 시체를 묻을 때 관의 위치를 정하는 데 쓰는 기물이다】

大輪圖

【案 所以定分金者】

(17) 소륜도(小輪圖)

【안 대륜도로 측정한 위치를 참조하여 그와 합치하는지 검증하는 데 쓰는 기물이다】

小輪圖

【案 所以參合大輪圖者】

(18) 목화실[木綿絲]

【안 밀랍으로 양쪽 끝을 대륜도에 붙인다】

木綿絲

【案 用蠟粘兩端於大輪圖】

(19) 가는 줄[細繩]

【상례비요384 무덤 구덩이[壙]의 치수를 재는 데 쓰는 기물이다】

細繩

【喪禮備要 所以度壙者】

(20) 금정틀[金井機]

【상례비요385 나무 4개로 만든다. 먼저 관의 길이·너비와 석회의 양을 헤아려 재단한다. 사방 모서리에 장부구멍을 뚫은 다음 나무를 결합하여 틀을 짠다. 땅 위에 놓고 구덩이를 팔 때 쓰이는 기물이다. 또한 금정틀의 가로세로에 있는 나무 4개의 한가운데에는 모두 먹으로 표시하여 사방을 살피는 데 쓴다】

金井機

【又 用木四條爲之. 先度棺之長短、廣狹與灰之多少而裁斷. 於四角作柄鑿, 合之爲機. 所以安地上, 穿壙者. 又於機之縱橫四木正中, 竝表以墨以考四方】

---

383 대륜도(大輪圖):방위(方位)를 가리키는 둥근 도구. 가운데에는 나침반이 있고, 나침반 바깥쪽에 간지와 방위 등이 적혀 있다. 작은 것은 소륜도(小輪圖)라 한다.
384《沙溪全書》, 위와 같은 곳.
385《沙溪全書》, 위와 같은 곳.

(21) 묘각(墓閣, 무덤을 관리하는 건물)

【안】 민간에서는 '옹가각(甕家閣)'이라 하는데, 모양이 엎은 항아리와 같기 때문이다. 기둥을 단단하게 세우고 거적으로 덮는데, 8면이나 12면으로 넓게 만든다. 묘각 안에는 앙유(仰帷)[386]를 치고, 사방에는 병풍이나 장막을 쳐서 비바람과 흙먼지에 대비한다】

墓閣

【案】 俗云"甕家閣", 形如覆甕. 堅柱苫蓋, 爲八面或十二面, 令寬敞. 閣內設仰帷, 四面設屛帳, 而備風雨、塵土】

(22) 삼물막(三物幕)

【안】 삼화토(三和土)를 관리하는 곳으로, 넓이는 알맞게 한다】

三物幕

【案】 治三和土之所, 闊狹隨宜】

(23) 영악(靈幄)을 두는 임시처소[靈幄次, 영악차]

【안】 설명은 뒤에 나오는 폄장(窆葬)에 보인다】

靈幄次

【案】 說見窆葬】

(24) 석회

【상례비요】[387] 무덤 구덩이 사방 벽에 바르는 석회의 너비는 각각 0.8척 정도이고, 그 위에 바르는 석회의 대략적인 두께가 2~3척이라면 석회 1,000두(斗)가 들어가야 한다. 사방 벽에 바르는 석회의 너비가 약 0.7척 정도이면 석회 600두가 들어간다. 나머지는 모두 이에 미루어 계량한다】

石灰

【喪禮備要】 四墻灰廣各八寸許, 上灰約厚數三尺, 則當入千斗. 四墻灰廣約七寸許, 則入六百斗. 餘皆推之】

(25) 황토

黃土

---

386 앙유(仰帷) : 미상. 위로 우러러보는 모양의 휘장을 말하는 것으로 보인다.

387《沙溪全書》卷33〈喪禮備要〉"治葬"'窆葬之具(《沙溪·愼獨齋全書》上, 561쪽).

(26) 가는 모래 　　　　　　　　　　　　細沙

【상례비요 388 모두 체로 걸러 쓴다】 　　　【又 皆篩過用之】

(27) 송진[松脂] 　　　　　　　　　　　　松脂

(28) 격판(隔板) 4개 　　　　　　　　　　隔板四

【상례비요 389 석회·황토·가는 모래를 다지는 　【又 所以築三物者】
데 쓰는 기물이다】

(29) 곽(槨) 　　　　　　　　　　　　　　槨

【상례비요 390 《가례》에서는 쓰지 않았지만, 지 　【又 《家禮》不用, 而今人
금 사람들은 많이 쓴다】 　　　　　　　多用之】

(30) 구덩이를 가리는 창[掩壙牕, 엄광창] 　　掩壙牕

【안 구덩이 위를 덮어 흙먼지를 막는 기물이다】 　【案 覆壙上以防塵土者】

(31) 구덩이를 바르는 종이[塗壙紙, 도광지] 　　塗壙紙

【안 깨끗한 석회로 곽(槨)을 다듬은 뒤에 사방 　【案 治淨灰槨後, 塗四墻,
벽에 발랐다가 하관한 뒤에 제거한다】 　　　下棺後去之】

9-2) 토지신에게 제사하는 축문 서식 　　　　祠土地祝文式

　유세차(維歲次) 간지 몇 월 간지 삭, 몇 일 간지에 　維歲次干支, 幾月干支朔,
아무 관직 아무개가 감히 토지의 신께 명백히 고합 　幾日干支, 某官某, 敢昭告
니다. 　　　　　　　　　　　　　　　　于土地之神.

388《沙溪全書》, 위와 같은 곳.
389《沙溪全書》, 위와 같은 곳.
390《沙溪全書》, 위와 같은 곳.

지금 아무 관직 성명을【또는 아무 봉호 아무개 성씨】위하여 무덤[宅兆, 택조]을 영건(營建, 짓다)합니다. 신께서 보우하셔서 뒷날의 어려움이 없도록 해 주십시오. 삼가 맑은 술과 포와 고기젓갈을 공경히 신께 올립니다. 흠향하시기 바랍니다.《가례(家禮)》[391]

今爲某官姓名【或某封某氏】, 營建宅兆. 神其保佑, 俾無後艱. 謹以淸酌、脯醢, 祇薦于神, 尙饗.《家禮》

391《家禮》卷5〈喪禮〉"治葬"(《家禮》3, 6쪽);《沙溪全書》卷33〈喪禮備要〉"治葬" '祝文式'(《沙溪·愼獨齋全書》上, 561쪽).

10) 발인(發引)[392]

(1) 발인하기 하루 전에 조전(朝奠)을 올리면서 영구 옮기는 일을 고한다.

【① 음식을 진설하는 일은 조전 때의 의례와 같다. ② 축(祝)이 술을 따른다. ③ 술 따르기를 마치면 북쪽을 향하여 꿇어앉아 "지금 길한 날을 얻어 영구를 옮기고자 감히 고합니다."라 고한다. ④ 머리를 숙이고 엎드려 절한 뒤 일어난다. ⑤ 주인 이하는 슬픔을 다하도록 곡을 하고 2번 절한다.

대개 옛날에는 계빈전(啓殯奠)[393]이 있었는데, 지금은 이미 빈소에 흙을 바르지 않으니 그 의례를 시행할 곳이 없다. 그렇다고 이 의례를 완전히 없앨 수는 없으므로 이 의례를 행한다】

(2) 영구를 받들고 조상을 뵙는다.

【① 영구를 옮기려고 역자(役者)들이 들어간다. ② 부인들은 물러나 피한다. ③ 주인과 주인의 형제들[衆主人]은 지팡이를 짚고 서서 살핀다. ④ 축(祝)은 상자에 혼백(魂帛)을 받들고 앞으로 걸어가 사당 앞에 나아간다. ⑤ 집사자들은 전(奠) 및 의자와 탁자를 받들고 그 다음으로 간다. ⑥ 명정(銘旌)을 든 사람이 그 다음으로 간다. ⑦ 역자들이 영구를 들고 그 다음으로 간다.

發引

發引前一日, 因朝奠以遷枢告.

【設饌, 如朝奠. 祝斟酒. 訖, 北面跪, 告曰:"今以吉辰遷枢, 敢告." 俛伏, 興. 主人以下哭盡哀, 再拜.

蓋古有啓殯之奠, 今旣不塗殯, 則其禮無所施. 又不可全無節文, 故爲此禮也】

奉枢朝于祖.

【將遷枢, 役者入. 婦人退避. 主人及衆主人輯杖立視. 祝以箱奉魂帛前行, 詣祠堂前. 執事者奉奠及倚卓次之. 銘旌次之. 役者擧枢次之.

---

392 발인(發引):장례를 지내러 가기 위하여 상여(喪輿)가 집을 떠나 장지(葬地)에 도착할 때까지 행하는 상례 의식. 출상(出喪)·발인(發靷)이라고도 한다.
393 계빈전(啓殯奠):계빈(啓殯, 발인하기 위해 빈소를 여는 의례)하기 전에 드리는 전(奠).

⑧ 주인 이하는 뒤따라가며 곡을 한다. ⑨ 남자들은 오른쪽으로 가고, 부인들은 왼쪽으로 간다. ⑩ 무거운 상복을 입은 사람이 앞에 가고, 가벼운 상복을 입은 사람들이 뒤에 가되, 상복에 따라 각각 가는 순서를 짓는다. ⑪ 시자(侍者)는 끝에 따라간다. ⑫ 상복을 입지 않는 먼 친척 중 남자는 상복을 입은 남자들의 오른쪽에서 가고 여자는 상복을 입은 여자들의 왼쪽에서 가되, 모두 주인과 주부(主婦)의 뒤에서 간다.

主人以下從哭. 男子由右, 婦人由左. 重服在前, 輕服在後, 服各爲敍. 侍者在末. 無服之親, 男居男右, 女居女左, 皆次主人、主婦之後.

⑬ 부인들은 모두 개두(蓋頭, 머리쓰개)를 쓴다. ⑭ 사당 앞에 이르면 집사자들은 먼저 자리를 편다. ⑮ 역자들은 자리 위에 영구를 놓되, 머리를 북쪽으로 향하도록 하고 나간다. ⑯ 부인들은 개두를 벗는다. ⑰ 축(祝)이 집사자들을 거느리고 영좌(靈座) 및 전(奠)을 영구 서쪽에 진설하되, 동쪽을 향하도록 한다. ⑱ 주인 이하는 자리에 나아가 서서 슬픔을 다 하도록 곡을 한 다음 그친다.

婦人皆蓋頭. 至祠堂前, 執事者先布席. 役者致柩於其上, 北首而出. 婦人去蓋頭. 祝帥執事者, 設靈座及奠于柩西, 東向. 主人以下就位立, 哭盡哀, 止.

이 의례는 대개 평소 외출하려 할 때 반드시 존자에게 말씀드리는 모습을 형상한 일이다.

此禮, 蓋象平生將出, 必辭尊者也.

문공가례의절 394 영구를 옮기려고 축(祝)이 꿇어앉아 "조상을 뵙기를 청합니다."라 고한다. 요즘 사람들의 집은 대부분 좁아서 영구를 옮기거나 돌리기가 어렵다. 그래서 요즘은 혼백(魂帛)을 받드는 의례로 영구를 옮기는 의례를 대신한다. 비록 옛 의례는 아

儀節 將遷柩, 祝跪告曰: "請朝祖." 今人家多狹隘, 難於遷轉. 今擬奉魂帛以代柩. 雖非古禮, 猶愈於不行者】

394《文公家禮儀節》卷5〈朝夕哭奠上食〉(《文公家禮儀節》3, 42쪽).

니지만 오히려 행하지 않는 것보다는 낫다】

(3) 이어서 청사(廳事)[395]로 영구를 옮긴다.

【① 집사자들은 청사에 휘장을 친다. ② 역자들이 청사로 들어간다. ③ 부인들은 물러나 피한다. ④ 축(祝)이 혼백을 받들고 영구를 인도하여 오른쪽으로 돈다. ⑤ 주인 이하 남자와 여자는 이전과 같이 곡을 하며 따라간다. ⑥ 청사에 나아가면 집사자들이 자리를 편다. ⑦ 역자들은 자리 위에 영구를 놓되, 머리를 남쪽으로 향하도록 놓고 나간다. ⑧ 축(祝)이 영좌 및 전(奠)을 영구 앞에 진설하되, 남쪽을 향하도록 한다. ⑨ 주인 이하는 자리에 나아가 앉아서 곡을 하되, 거적이나 자리를 깔고 앉는다.

遂遷于廳事.

【執事者設帷於廳事. 役者入. 婦人退避. 祝奉魂帛導柩右旋. 主人以下男女哭從如前. 詣廳事, 執事者布席. 役者致柩於席上, 南首而出. 祝設靈座及奠于柩前, 南向. 主人以下就位坐哭, 藉以薦·席.

문공가례의절[396] 축(祝)이 꿇어앉아 "청사로 영구를 옮기기를 청합니다."라 고한다. 요즘 사람들의 집에는 반드시 청사가 있는 것도 아니고, 그렇다고 당(堂)이 있는 것도 아니다. 영구를 머무르게 두는 곳이 곧 이 청사이니, 조금만 움직여도 괜찮다】

儀節 祝跪告曰: "請遷柩于廳事." 今人家未必有廳又有堂. 其停柩之處, 卽是廳事, 略移動可也】

(4) 그제서야 교대로 곡을 한다.

【습을 하기 전과 같이 곡을 하되, 발인할 때까지 한다】

乃代哭.

【如未殮之前, 以至發引】

---

395 청사(廳事): 제사를 지내는 몸채의 방(房).
396 《文公家禮儀節》卷5〈朝夕哭奠 上食〉《文公家禮儀節》3, 44~45쪽).

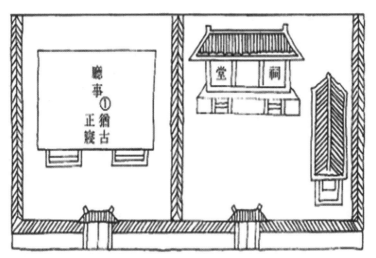

청사(廳事) 위치(《사계전서(沙溪全書)》 권24 〈가례집람도설〉)

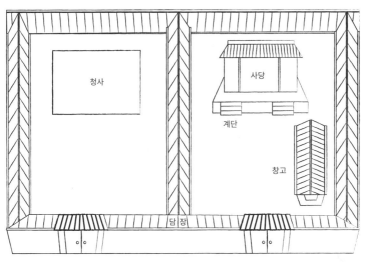

청사(廳事)

(5) 친척과 빈객이 전(奠)을 올리고 부의(賻儀)를 한다. 　親、賓致奠賻.
【초상 때의 의례와 같게 한다】 　【如初喪儀】

(6) 기물을 진설한다. 　陳器.

【① 방상(方相)397이 앞서는데 방상은 광부(狂夫)398 　【方相在前, 狂夫爲之, 冠
가 맡는다. 관(冠)과 옷은 마치 도사처럼 입으며, 창 　服如道士, 執戈揚盾. 四
을 잡고 방패를 쳐든다. 망자의 품계가 4품 이상은 　品以上, 四目爲方相；以
눈이 4개 달린 방상으로 하고, 그 이하는 눈이 2개 　下, 兩目爲魌頭.
달린 기두(魌頭)399로 한다.

② 다음으로 명기(明器)·하장(下帳)·포(苞)·소(筲)· 　次明器、下帳、苞、筲、甖以
앵(甖)을 놓은 여상(舁牀)400을 마주 든다. ③ 다음으 　牀舁之. 次銘旌去跗執之.
로 명정(銘旌)은 받침을 빼고서 들고 간다. ④ 다음 　次靈車以奉魂帛、香火. 次
으로 영거(靈車)401에 혼백과 향불을 받들고 간다. ⑤ 　大輿, 輿傍有翣, 使人執
다음으로 대여(大輿)가 가되, 대여 옆에 삽(翣)을 두어 　之】
서 사람들에게 잡도록 한다】

(7) 당일 신시(申時, 오후 3~5시)에 조전(祖奠)을 진설한다. 　日晡時設祖奠.

【① 음식은 조전(朝奠)의 의례와 같다. ② 축(祝)이 　【饌如朝奠. 祝斟酒. 訖,
술을 따른다. ③ 술 따르기를 마치면 북쪽을 향하 　北向跪, 告曰：“永遷之禮,
여 꿇어앉아 “영원히 옮겨가는 의례에 좋은 날을 놓 　靈辰不留, 今奉柩車, 式遵
쳐서는 안되기에 이제 영구 수레[柩車]를 받들어 모 　祖道.” 俛伏, 興. 餘如朝、

---

397 방상(方相)：탈 쓴 사람, 또는 탈을 씌운 인형. 방상씨(方相氏)라고도 한다. 역귀나 잡신을 물리치는 일을
　담당했다. 장례를 치를 때에는 운구의 앞에 서서 길을 인도하고 입관할 때는 네 모퉁이에서 산 귀신을 쫓
　는 역할을 맡았다. 본래는《주례》에서 전염병 및 나쁜 귀신을 몰아내는 의식을 관장하는 관명이었다.
398 광부(狂夫)：고대에 역병 몰아내는 일과 장례 때 귀신 몰아내는 일을 담당하던 사람.
399 기두(魌頭)：귀신을 쫓는 나례(儺禮, 마귀와 사신을 내쫓는 의식)에 쓰는 탈.
400 여상(舁牀)：발인할 때 명기(明器) 등을 싣고 가기 위하여 들것처럼 2인 이상이 마주 들도록 만든 상.
401 영거(靈車)：상례 때 사용되는 운반기구로, 혼백(魂帛)과 향로를 운반한다.

시고 길을 떠나는 의식[祖道]을 하려 합니다."라 고한
다. ④ 머리를 숙이고 엎드려 절한 뒤 일어난다. ⑤
나머지는 조전(朝奠)·석전(夕奠)의 의례와 같다.

夕奠儀.

서의(書儀) 402 만약 영구가 다른 곳에서 돌아와 장
례를 치를 경우라면 떠나는 날에 다만 조전(朝奠)을
진설한 다음, 곡을 하면서 갔다가 장지(葬地)에 이르
러서야 조전(祖奠)을 갖추고 아래에 나오는 견전례(遣
奠禮)403까지 지낸다】

書儀 若柩自他所歸葬, 則
行日但設朝奠, 哭而行, 至
葬, 乃備此及下遣奠禮】

(8) 다음날 새벽에 영구를 옮겨 대여(大輿)로 나아간다.
【① 상여꾼들[輿夫, 여부]이 뜰 한가운데에 대여를
들여놓고 기둥 위에 가로 놓인 빗장을 벗겨낸다. ②
집사자들은 조전(朝奠)을 거둔다. ③ 축(祝)이 북쪽을
향하여 꿇어앉아 "이제 영구를 옮겨 대여로 나아가
고자 감히 고합니다."라 고한다. ④ 이어서 영좌를
옮겨 대여 옆에 둔다. ⑤ 부인들은 물러나 피한다.
⑥ 상여꾼들을[役夫]을 불러 영구를 옮겨 대여로 나아
간다. ⑦ 그제야 영구를 대여에 싣고 빗장을 질러서
빗장에 쐐기를 박은 다음 새끼줄로 감아서 아주 단
단하고 튼실하게 한다. ⑧ 주인은 영구를 따라 곡을
하면서 내려와 영구 싣는 모습을 본다. ⑨ 부인들은
휘장 안에서 곡을 한다. ⑩ 영구를 대여에 싣는 일

厥明, 遷柩就輿.
【輿夫納大輿於中庭, 脫柱
上橫扃. 執事者徹朝奠.
祝北向跪, 告曰: "今遷柩
就輿, 敢告." 遂遷靈座置
傍側. 婦人退避. 召役夫
遷柩就輿. 乃載施扃加楔,
以索維之, 令極牢實. 主人
從柩, 哭降視載. 婦人哭
於帷中. 載畢, 祝帥執事
者, 遷靈座于柩前, 南向】

402《書儀》卷8〈喪儀〉4 "陳器"(《文淵閣四庫全書》142, 507쪽);《沙溪全書》卷33〈喪禮備要〉"啓殯"(《沙溪·
愼獨齋全書》上, 565쪽).
403 견전례(遣奠禮): 발인할 때, 문 앞에서 지내는 의례. 발인제(發靷祭)·노전(路奠)·노제(路祭)라고도 한다.

을 마쳤으면 축(祝)이 집사자들을 거느리고 영좌를
영구 앞으로 옮기되, 남쪽을 향하도록 한다】

(9) 그제야 견전(遣奠)을 진설한다.

【① 음식은 조전(朝奠) 때의 의례와 같은데, 포가
더 있다. ② 다만 부인들은 참석하지 않는다. ③ 견
전을 마치면 집사자들은 포(脯)를 거두어 포(苞)에 넣
어서 여상(舁牀) 위에 둔다. ④ 이어서 견전을 거둔다.

乃設遣奠.

【饌如朝奠, 有脯. 惟婦人
不在. 奠畢, 執事者徹脯,
納苞中, 置舁牀上. 遂徹
奠.

고항(高閌)404 후종례(厚終禮) 405 406 축(祝)이 꿇어앉아
"영구를 실은 수레에 이미 멍에를 매었으니, 가시는
곳이 곧 유택(幽宅)이옵니다. 이에 견전례를 베풀며,
영원히 이별하려 합니다."라 고한다】

高儀 祝跪告曰: "靈輀旣
駕, 往卽幽宅. 載陳遣禮,
永訣終天."】

(10) 축(祝)이 혼백을 받들고 영거(영구수레)에 올라 향
을 피운다.

【① 별도로 마련한 상자에 신주를 담아 혼백의
뒤에 둔다. ② 이때 부인은 그제서야 개두(蓋頭, 머리
쓰개)를 쓰고 휘장 밖으로 나가 계단을 내려와 서서
곡을 한다. ③ 집을 지키는 사람은 슬픔을 다하도록
곡을 하며 작별을 고하고, 2번 절을 하고 돌아간다.
④ 존장(尊長)은 절을 하지 않는다】

祝奉魂帛, 升車焚香.

【別以箱盛主置帛後. 至是
婦人乃蓋頭, 出帷, 降階立
哭. 守舍者, 哭辭盡哀, 再
拜而歸. 尊長則不拜】

---

404 고항(高閌): 1097~1153. 중국 남송(南宋)의 문신. 자는 억숭(抑崇), 시호는 헌민(憲敏)이다. 남송(南宋) 초
기에 예부(禮部)를 맡아서 당시의 예제(禮制)의 대부분을 논정하였다. 저서로 《춘추집주(春秋集注)》·《후
종례(厚終禮)》 등이 있다.
405 후종례(厚終禮): 중국 남송(南宋)의 문신인 고항(高閌, 1097~1153)이 지은 예학서. 남송 초기의 예제를 정
리했다. 원문의 '고의(高儀)'는 고항(高閌)의 《후종례》를 가리킨다.
406 출전 확인 안 됨; 《家禮》 卷5 〈喪禮〉 "治葬"(《家禮》 3, 27쪽).

(11) 영구가 길을 떠난다.

【방상 등이 앞에서 인도하고, 기물을 진설한 순서대로 따라간다】

柩行.

【方相等前導, 如陳器之敍】

(12) 주인 이하 남자와 여자는 곡을 하며 걸어서 따라간다.

【① 조조[朝祖, 조묘(朝廟)] 때 따라갔던 순서와 같게 한다. ② 문을 나서면 흰 장막으로 양 옆을 막는다】

主人以下男女哭步從.

【如朝祖之敍. 出門則以白幕夾障之】

(13) 항렬이 높거나 나이가 많은 사람이 그 뒤를 따르고, 상복을 입지 않은 친척들이 또 그 뒤를 따르며, 빈객이 또 그 뒤를 따라간다.

【① 모두 수레나 말을 탄다. ② 친척과 빈객은 더러는 묘소에 먼저 가서 기다리기도 하고, 더러는 성곽을 나가서 곡을 하고 절을 하며 작별을 고하고 돌아가기도 한다】

尊長次之, 無服之親又次之, 賓客又次之.

【皆乘車馬. 親賓或先待於墓所, 或出郭哭拜辭歸】

(14) 친척과 빈객은 성곽 밖 길가에 장막을 치고, 영구를 머무르게 하고서 전(奠)을 올린다.

【집에 있을 때의 의례와 같게 한다】

親賓設幄於郭外道旁, 駐柩而奠.

【如在家之儀】

발인도(發引圖)(《상례비요》)

(15) 길을 가다가 슬픔이 북받치면 곡을 한다.

【① 만약 묘소가 멀면 쉬는 곳[舍]407마다 영구 앞에 영좌를 진설한 다음 아침저녁으로 곡을 하고 전(奠)을 올린다. ② 식사 때에는 상식(上食, 죽은 사람에게 올리는 음식)을 올린다. ③ 밤에는 주인과 형제가 모두 영구 옆에서 잠을 잔다. ④ 친척들이 함께 그 곳을 지킨다】《가례》408

塗中遇哀則哭.

【若墓遠則每舍設靈座於柩前, 朝夕哭奠. 食時上食. 夜則主人、兄弟, 皆宿柩旁, 親戚共守衛之】《家禮》

10-1) 갖춰야 할 기물과 사람

(1) 대여(大輿)

具

大輿

(2) 만사(挽詞)409

【상례비요410 두꺼운 종이로 만들되, 종이의 위와 아래에 축(軸)을 두고 대나무로 자루를 만든다. 친구들이 글을 지어 고인의 죽음을 애도하는 기물이다】

挽詞

【喪禮備要 以厚紙爲之, 上下有軸, 以竹爲柄. 親舊作詞以哀之者】

(3) 공포(功布)

【상례비요411 잿물에 담갔다 헹군 삼베 3척으로 공포를 만들되, 대나무로 자루를 만든다. 관 위의 흙먼지를 떨어내거나 발인할 때 축(祝)이 들고서 역

功布

【又 以盬濯灰治之布三尺爲之, 以竹爲柄. 所以拂去棺上塵土, 發靷時祝執此

---

407 쉬는 곳[舍]: 사(舍)는 휴식(休息), 지식(止息)의 의미이다. 옛날에는 군대에서 행렬할 때, 30리를 1사(舍)라고 하였다.
408 《家禮》卷5〈喪禮〉"治葬"《家禮》3, 20~29쪽).
409 만사(挽詞): 죽은 사람을 애도하며 지은 글. 만장(輓章)이라고도 한다. 여기서는 그 글을 비단이나 종이에 적어 만든 기(旗)를 가리킨다. 만(輓)이란 앞에서 끈다는 뜻으로, 상여가 떠날 때 만장을 앞세워 장지로 향한다는 뜻에서 만장이라고 부른다.
410 《沙溪全書》卷33〈喪禮備要〉"啓殯" '發引之具'《沙溪·愼獨齋全書》上, 564쪽).
411 《沙溪全書》, 위와 같은 곳.

만사(국립민속박물관)　양산 통도사 혜각스님 다비식 만장(輓章) 행렬(국립민속박물관)　바람에 휘날리는 공포(국립민속박물관)　공포(《상례비요》)

자들을 지휘하는 데 쓰는 기물이다】　　　以指麾役者】

(4) 삽선(翣扇, 삽)　　　　　　　　　　翣扇

(5) 명정(銘旌)　　　　　　　　　　　銘旌

(6) 탁(鐸)　　　　　　　　　　　　　鐸

【상례비요】412 민간에서는 요령(搖鈴)413을 사용한　　【又】俗用搖鈴. 所以齊衆
다. 사람들의 질서를 맞추는 데 쓰는 기물이다】　　者】

(7) 촉롱(燭籠, 초롱)　　　　　　　　　燭籠

【상례비요】414 철사나 대나무로 틀을 만들고, 홍　　【又】鐵索或竹木爲格, 衣
색 비단인 초(綃)로 둘러싸며, 안에 밀랍으로 된 초　　以紅綃, 內設蠟燭.
를 설치한다.

---

412 《沙溪全書》, 위와 같은 곳.
413 요령(搖鈴) : 요령(鐃鈴). 금속 악기로, 장사를 지내기 위하여 상여가 나갈 때 흔들어 소리를 낸다. 동발자
　(銅鈸子)·대동발(大銅鈸)·동반(銅盤)이라고도 한다.
414 《沙溪全書》, 위와 같은 곳.

요령(국립민속박물관)

안 민간에서는 촉롱 4개를 사용한다. 각각 청색이
나 홍색 비단인 사(紗)로 옷을 둘러싸고 안에 밀랍으
로 된 초를 설치한다. 그런 다음 대여 앞뒤의 용머리
끝에 매단다】

案 俗用四. 各衣靑紅紗,
設蠟燭. 懸于大輿前後龍
頭之端】

(8) 횃불[炬]

【상례비요415 횃불의 수는 상황에 맞게 한다】

炬

【又 多少隨宜】

촉롱(국립민속박물관)

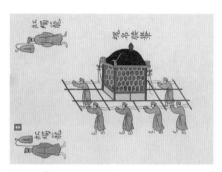

반차도 내 홍촉롱(국립중앙박물관)

415《沙溪全書》, 위와 같은 곳.

영여(靈輿, 영거)(국립민속박물관)

(9) 상여꾼[輿夫, 여부]

【상례비요】416 상여에 멜 줄이 5줄이면 36명,
3줄이면 22명 또는 20명이다. 더러는 소에 멍에를
씌워 끌기도 한다.

【안】 민간에서는 상여꾼들이 모두 베로 만든 두건과
베로 만든 웃옷[襖]을 입는다】

興夫

【又】擔索五行則三十六人、
三行則二十二人或二十人.
或駕以牛.

【案】俗輿夫皆着布巾、布
襖】

(10) 영거(靈車)

【상례비요】417 혼백을 받들어 가는 수레이다】

靈車

【又】奉魂帛者】

(11) 우구(雨具)418

【상례비요】419 유둔지(油芚紙, 두껍게 이어 붙이고 기름

雨具

【又】用油芚或油紙爲之.

---

416 《沙溪全書》, 위와 같은 곳.
417 《沙溪全書》, 위와 같은 곳.
418 우구(雨具): 비를 가리기 위하여 사용하는 물건을 통틀어 이르는 말. 천막, 우산, 비옷, 삿갓, 도롱이 따위
　를 가리킨다.
419 《沙溪全書》, 위와 같은 곳.

을 먹여 눈과 비를 막을 수 있는 기름종이)나 기름 먹인 종이 로 만든다. 대여(大輿)·영거(靈車)·명정(銘旌)·만사(挽 詞) 등에 모두 우비(雨備, 비를 맞지 않게 하는 도구)가 있다】

大輿、靈車、銘旌、挽詞等、 皆有雨備】

(12) 방상(方相, 방상씨)

方相

(13) 의자·탁자

倚、卓

【상례비요 420 영좌 앞에 진설했던 의자와 탁자 를 그대로 사용한다. 쉬는 곳[舍]에 이를 때마다, 그 리고 묘소에서 진설한다】

【又 仍用靈座前所設. 每 舍及墓設之】

420《沙溪全書》, 위와 같은 곳.

11) 하관(窆葬, 폄장)　窆葬

(1) 아직 영구가 도착하기 전에 집사자들이 먼저 영 악(靈幄)[421]을 친다.　未至, 執事者先設靈幄.

【영악은 묘도(墓道)의 서쪽에 치되, 남쪽을 향하 도록 한다. 의자와 탁자를 놓는다】　【在墓道西, 南向. 有倚, 卓】

(2) 친척과 빈객의 임시거처[次]를 친다.　親賓次.

【임시거처는 영악(靈幄) 앞으로 10여 보(步) 떨어진 곳에 친다. 남자 임시거처는 동쪽, 여자 임시거처는 서쪽에 친다. 임시거처의 북쪽이 영악과 서로 나란 하게 하되, 모두 남쪽을 향하도록 한다】　【在靈幄前十數步. 男東女 西. 次北與靈幄相値, 皆 南向】

(3) 부인들의 장막을 친다.　婦人幄.

【부인들의 장막은 영악 뒤쪽, 무덤 구덩이[壙] 서 쪽에 친다】　【在靈幄後壙西】

(4) 방상(方相)이 도착한다.　方相至.

【방상이 창[戈]으로 무덤 구덩이의 사방 모퉁이를 내려친다】　【以戈擊壙四隅】

(5) 명기(明器) 등이 도착한다.　明器等至.

【무덤 구덩이의 동남쪽에 진설하되, 북쪽을 상석 으로 한다】　【陳於壙東南, 北上】

---

421 영악(靈幄) : 하관(下棺)을 하기 전에 관을 놓아두는 천막.

(6) 영거(靈車)가 도착한다.

【축(祝)이 혼백을 받들어 영좌에 나아간다. 신주 상자는 또한 혼백의 뒤에 둔다】

靈車至.

【祝奉魂帛, 就幄座. 主箱亦置帛後】

(7) 이어서 전(奠)을 진설하고 물러난다.

【술·과일·포·고기젓갈이다】

遂設奠而退.

【酒, 果, 脯醢】

(8) 영구가 도착한다.

【① 집사자들은 먼저 무덤 구덩이 남쪽에 자리를 편다. ② 영구가 도착하면 대여에 고정시켜 싣고 있던 영구를 내려서 자리 위에 두되, 머리를 북쪽으로 향하게 한다. ③ 집사자는 명정(銘旌)을 들어 깃대를 빼내고 영구 위에 둔다】

柩至.

【執事者先布席於壙南. 柩至, 脫載置席上, 北首. 執事者取銘旌去杠置柩上】

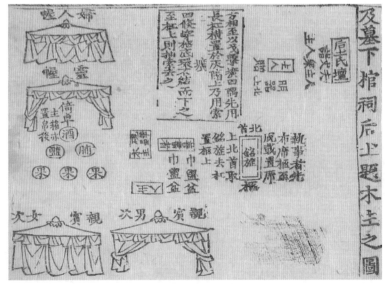

묘지에 도착하여 관을 내리고, 후토신에게 제사 지내며, 나무 신주에 글을 쓰는 그림[及墓下棺祠后土題木主之圖]《《사계전서》 권24 〈가례집람도설〉)

(9) 주인과 남자들 및 여자들은 각각 자기 자리에 나아가 곡을 한다.

【① 주인과 모든 남자들은 무덤 구덩이 동쪽에 서되 서쪽을 향한다. 주부(主婦)와 모든 여자들은 무덤 구덩이 서쪽 장막 안에 서되, 동쪽을 향한다. 모두 북쪽을 상석으로 한다. ② 길에 있을 때의 의례와 같게 한다】

主人、男女, 各就位哭.

【主人、諸丈夫立於壙東, 西向;主婦、諸婦女立於壙西幄內, 東向. 皆北上. 如在塗之儀】

(10) 빈객들은 절을 하고 작별을 고하고서 돌아간다.

【① 주인이 절한다. ② 빈객도 답례로 절한다】

賓客拜辭而歸.

【主人拜之. 賓答拜】

(11) 그제야 하관한다.

【주422 ① 먼저 나무 장대를 회격(灰隔) 위에 가로질러 놓는다. ② 그제야 새끼줄 4가닥을 영구 바닥의 고리에 끼우고, 묶지 않은 채 내린다. ③ 영구가 장대에 이르면 새끼줄을 밀어서 빼낸다.

④ 가는 베나 생견(生絹)을 따로 접고 영구 바닥을 둘러싸서 내린다. ⑤ 베나 생견을 밀어서 다시 빼내지 않고, 다만 그 나머지는 잘라서 버린다. ⑥ 만약 영구에 고리가 없다면 새끼줄을 영구 바닥에 둘러싸서 양쪽 끝을 내려놓는다. 영구가 장대에 이르면 그제야 새끼줄을 빼낸다. ⑦ 영구에 고리가 없을 때 베를 사용하여 하관하는 의례는 앞과 같게 한다.

대체로 하관하는 일은 가장 자세하게 살펴서 힘을 써야 한다. 잘못해서 기울어지거나 떨어뜨리거나

乃窆.

【注 先用木杠橫於灰隔之上. 乃用索四條穿柩底鐶, 不結而下之. 至杠上則抽索去之.

別摺細布若生絹, 兜柩底而下之. 更不抽出, 但截其餘棄之. 若柩無鐶, 卽用索兜柩底, 兩頭放下. 至杠上, 乃去索. 用布如前.

大凡下柩最須詳審用力. 不可誤有傾墜動搖. 主人、兄

422《家禮》卷5〈喪禮〉"治葬"《家禮》3, 32쪽).

부인악(부인의 장막)

친척과 빈객의 임시거처(남자)

영악　　　탁자와 의자

무덤 구덩이에 장대를 놓고
가로지른 장대를 제거하면서
관을 내리는 그림((상례비요)).
장대와 관이 세로로 그려진 것은
그림의 오류이나 참조가 될 듯하여
싣는다.

친척과 빈객의 임시거처(여자)

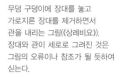

금정기의 위와 아래에
기둥을 세우고 녹로를 이용해
관을 내리는 그림((상례비요))

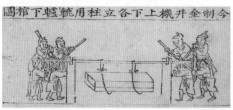

무덤 구덩이의 영구 위에서
가로지른 장대를 제거하면서
관을 내리는 그림((상례비요))

흔들리게 해서는 안 된다. 주인과 형제들은 곡을 그치고 직접 가까이 가서 하관하는 일을 살핀다. 이미 하관했으면 다시 구의(柩衣)와 명정(銘旌)을 정돈하여 평평하고 반듯하게 한다.

안 무덤 구덩이에 남겨 놓는 구의(柩衣)는 지금은 거의 사용하지 않으며, 명정(銘旌) 또한 사용하지 않는다. 하관한 곳의 땅을 봉분(封墳)한 뒤에 구의와 명정은 불사른다】

弟輟哭, 親臨視之. 已下, 再整柩衣、銘旌, 令平正.

案 壙中柩衣, 今尠用而銘旌亦不用. 封窆後焚之】

(12) 주인이 현(玄)과 훈(纁)을 영구에 드린다.

【① 검은 비단인 현(玄)과 붉은 비단인 훈(纁)은 각각 길이가 18척이다. ② 주인이 이를 받들어 영구 옆에 두고서 2번 절하고 머리를 조아린다. ③ 자리에 있는 사람들은 모두 슬픔을 다하도록 곡을 한다.

안 지금 민간에서는 현과 훈을 영구에 드리고 2번 절한 다음 더러 다시 이를 받들고 돌아와서 불사르기도 한다】

主人贈.

【玄、纁各長[53]丈八尺. 主人奉置柩旁, 再拜稽顙. 在位者皆哭盡哀.

案 今俗贈玄、纁, 再拜, 或還奉出, 焚之】

(13) 회격(灰隔) 안팎의 덮개를 덮는다.

【① 먼저 회격의 크기를 잰다. ② 그런 다음 얇은 널빤지 1개[片]를 만들어 옆으로 사방 회격벽과의 간격이 꼭 들어맞도록 한다. ③ 이때에 이르러 얇은 널빤지 1개를 영구 위에 올려놓고 다시 유회(油灰)⁴²³를 발라서 틈을 메운다. ④ 그런 다음 그 위에 원을

加灰隔內外蓋.

【先度灰隔大小. 制薄板一片, 旁距四墻, 取令吻合. 至是加於柩上, 更以油灰彌之. 然後旋旋少灌瀝靑於其上, 令其速凝, 卽不透

---

423 유회(油灰) : 석회·기름·종이찌꺼기나 솜찌꺼기를 넣어 석재를 쌓을 때 사용하는 접착재.
[53] 長 : 저본에는 없음. 《家禮·喪禮·治葬》에 근거하여 보충.

그리며 조금씩 역청(瀝靑)을 부어가며 빨리 굳게 하면 역청이 널빤지에 스며들지 않는다. ⑤ 대략 두께가 이미 0.3척 정도 되면 그제서야 바깥 덮개를 덮는다.

板. 約已厚三寸許, 乃加外蓋.

왕문록 장도 [424] ① 먼저 마른 석회를 무덤 바닥에 깐다. ② 그 다음에 베 2개로 관(棺)을 매달아서 내린다. ③ 관 바깥 사방의 빈틈은 모두 찹쌀죽에 순수한 석회를 섞어 만든 반죽으로 가볍게 다져서 채우되, 관 안이 흔들리지 말도록 한다. ④ 관 뚜껑 위에도 이렇게 하여 전곽(磚槨, 벽돌 덧널)과 평평하게 만들고 나서야 덮는다.

王氏 葬度 先用乾石灰鋪壙底. 後用二布懸棺而下. 棺外四圍空隙, 俱用糯粥調純石灰, 輕輕築實之, 毋使震動棺中. 棺蓋上亦然, 與磚槨平, 乃覆.

석개(石蓋, 돌뚜껑)는 자주색 돌 단단한 두 덩어리를 합쳐서 봉합한 형태로, 덮기에 쉽다.

石蓋, 紫色石堅二塊合縫, 易于蓋.

안 석개로 덮으면 굳이 석회(石灰)로 만든 지석(誌石)을 따로 쓸 필요가 없다. 곧바로 돌 뚜껑에 '아무 관직 아무개가 묻힌 곳[藏]'이라 새긴다. 왜주(倭朱, 일본주사)[425]에 칠(漆)을 섞어서 글씨가 새겨진 홈을 메우고 기름종이로 덮는다】

案 用石蓋則不必另用灰誌石. 直於蓋石刻云："某官姓名之藏." 用倭朱和漆塡畫, 油紙覆之】

(14) 덮개 위에 석회를 채운다.

實以灰.

【① 석회·황토·모래 3가지를 고루 섞어 이것을 아랫부분에 펴고 숯가루를 그 위에 편다. 이때 각각

【三物拌均者居下, 炭末居上, 各倍於底及四旁之厚.

424《百陵學山》〈葬度〉"入壙", 23~24쪽 ;《百陵學山》〈葬度〉"石蓋", 24쪽.
425 왜주(倭朱, 일본주사):주사를 옻에 넣으면 색이 어두워져 주색을 잘 내지 못하는데, 오직 왜주만 옻과 섞을 수 있고, 물건에 칠하면 처음에는 비록 어두운 자주색이지만 오래될수록 붉은색이 선명해진다. 왜주칠(倭朱漆)이라고도 한다.《섬용지》권2〈색을 내는 도구〉"왜주(일본주사)", 284쪽에 보인다.

의 두께는 바닥과 사방 둘레벽의 두께보다 2배가 되도록 한다. ② 여기에 술을 뿌리고 발로 밟아서 채운다. 영구 안이 흔들릴까 걱정되므로 함부로 다지지는 않는다. ③ 다만 석회를 많이 사용해서 그 속이 채워지기를 기다린다】

以酒灑而躡實之, 恐震柩中, 故未敢築. 但多用之以俟其實】

(15) 그제야 흙으로 채우면서 점차 다진다.

【흙을 부을 때 1척 정도마다 곧 손으로 가볍게 다져서 영구 안이 흔들리지 않도록 한다.

乃實土而漸築之.

【下土, 每尺許, 卽輕手築之, 勿令震動柩中.

왕문록 장도 426 ① 돌 뚜껑 위에 순수한 석회 1.2척을 다진다. ② 다시 삼화토(三和土)427 1척 남짓을 그 위에 더한다. ③ 다시 큰 황석(黃石, 황색돌) 수십 덩이로 누르고, 돌 틈 사이에 삼화토를 비집어 넣는다. ④ 또한 황석 수십 개를 부수어 그 위를 덮고 포개어 쌓는다. 큰 돌을 얹는 이유는 돌의 무거운 성질을 취함이니, 그렇게 하면 나중에 사람들이 돌을 움직이기 어렵다. 잘게 쪼개진 돌을 쌓은 이유는 그 잔돌의 쓸모없는 성질을 취함이니, 게다가 도굴꾼의 쟁기나 호미를 망가뜨릴 수 있다】

王氏 葬度 蓋石上築純灰一尺二寸. 又加三和土尺餘. 又壓大黃石數十塊, 三和土挨之, 碎黃石數十, 担覆砌之. 大石取其重, 後人難動. 細碎石取其無用, 且壞犁、鋤】

(16) 묘소의 왼쪽에서 후토신(后土神, 토지신)에게 제사를 지낸다.

【이전의 의례와 같게 한다】

祠后土於墓左.

【如前儀】

---

426 《百陵學山》〈葬度〉"石蓋", 24~25쪽.
427 삼화토(三和土) : 석회·모래·황토를 물에 섞어 만든 재료. 삼합토(三合土)라고도 한다.

(17) 명기(明器) 등을 넣고, 지석(誌石)을 내린다.

【① 묘소가 평지에 있으면 무덤 구덩이 안에서 남쪽 가까운 공간에 먼저 벽돌 1겹을 깐다. ② 그 위에 지석을 두고 벽돌로 사방을 두른 다음 그 위를 덮는다. ③ 만약 묘소가 가파른 산기슭에 있으면 무덤 구덩이에서 남쪽으로 몇 척 떨어진 곳을 4~5척 깊이로 판 뒤 이 방법에 의거하여 그곳에 지석을 묻는다.

안 지금 민간에서는 석회로 된 지석(誌石)을 천회(天灰, 관 위를 다지는 석회) 위 정 중앙에 깐다】

藏明器等, 下誌石.

【墓在平地, 則於壙內近南, 先布磚一重. 置石其上, 以磚四圍之而覆其上. 若墓在山側峻處, 則於壙南數尺間掘地深四五尺, 依此埋之.

案 今俗灰誌石, 鋪天灰上正中】

(18) 다시 흙을 채우고 견고하게 다진다.

【흙을 부을 때는 또한 두께 1척 정도를 붓는 양을 기준으로 한다. 다만 빽빽하게 공이로 다져서 견고하게 다져야 한다】

復實以土, 堅築之.

【下土, 亦以尺許爲準. 但須密杵堅築】

(19) 신주를 쓴다.

【① 집사자는 영좌(靈座) 동남쪽에 탁자를 진설하되, 서쪽을 향하게 한다. 붓과 벼루와 먹을 둔다. ② 탁자 맞은편에 손 씻는 대야와 수건을 두되, 이전의 의례와 같게 한다. ③ 주인은 그 앞에서 서되, 북쪽을 향한다. ④ 축(祝)이 손을 씻고 신주를 꺼내 탁자 위에 눕혀 둔다. ⑤ 선서자(善書者, 글씨를 잘 쓰는 사람)에게 손을 씻고 서쪽을 향하여 서게 한 뒤, 먼저 함중(陷中, 신주 속에 파낸 홈)에 글씨를 쓰도록 한다.

⑥ 아버지의 경우에는 '돌아가신[故] 아무 관직 아

題主.

【執事者設卓子於靈座東南, 西向, 置筆、硯、墨. 對卓置盥盆、帨巾, 如前. 主人立於其前, 北向. 祝盥手出主, 臥置卓上. 使善書者盥手西向立, 先題陷中.

父則曰"故某官某公諱某字

무 공(公) 이름 아무개 자(字) 아무개 몇째 항렬[第幾]의 신주'라 쓰고, 분면(粉面)⁴²⁸에는 '돌아가신[考] 아무 관직 봉호 시호(諡號) 부군(府君) 신주'라 쓴다. 그 아래 왼쪽 옆에는 '효자 아무개 제사를 받듭니다[奉祀].'라 쓴다.

⑦ 어머니의 경우에는 '돌아가신[故] 아무 봉호 아무개 성씨 이름 아무개 자(字) 아무개 몇째 항렬의 신주'라 쓰고, 분면에는 '돌아가신[妣] 아무 봉작 아무개 성씨의 신주'라 쓴다. 그 옆에 쓰는 형식은 또한 아버지의 경우와 같게 한다. 관직이나 봉호가 없으면 생전에 불렀던 칭호를 호(號)로 삼는다.

⑧ 신주를 다 썼으면 축(祝)이 받들어 영좌에 두고, 혼백을 상자에 담아서 그 뒤에 둔다. ⑨ 축은 향을 피우고 술을 따른 다음 축판을 들고 주인의 오른쪽으로 나와 꿇어앉아 축판을 읽는다. ⑩ 축판 읽기를 마치면 축판을 가슴에 품고 일어나 자기 자리로 돌아간다. ⑪ 주인은 2번 절하고 슬픔을 다하도록 곡을 하고서 그친다.

[안] 지금 민간에서는 함중에 '몇째 항렬[第幾]'이라는 말을 쓰지 않고, 분면의 '고(考)'자와 '비(妣)'자 위에 '현(顯)'자를 쓴다. 옆에 쓸 때도 '사(祀)'자를 바로 위의 '봉(奉)'자와 연결하여 쓰지 않는다. 돌아가신 어머니 신위의 함중에는 이름과 자(字)를 쓰지 않는다.

某第幾神主", 粉面則曰"考某官封諡府君神主". 其下左旁曰"孝子某奉祀".

母則曰"故某封某氏諱某字某第幾神主", 粉面則曰"妣某封某氏神主". 旁亦如之. 無官封則以生時所稱爲號.

題畢, 祝奉, 置靈座, 而藏魂帛於箱中以置其後. 炷香斟酒, 執版, 出於主人之右, 跪讀之. 畢, 懷之, 興, 復位. 主人再拜, 哭盡哀, 止.

[案] 今俗陷中不書'第幾', 粉面考、妣上書"顯"字. 旁題祀字不連. 妣位陷中不書諱及字.

---

428 분면(粉面) : 신주에 분을 바른 앞쪽.

주자대전(朱子大全) 429 방주(旁註)430는 존귀한 사람에게만 베푸는 일로, 이하의 사람들에게는 굳이 쓸 필요는 없다431.	朱子大全 旁註施於所尊, 以下則不必書也.

상례비요 432 방계 친척[旁親]의 신위의 경우는 비록 항렬이 높더라도 굳이 방주를 쓸 필요는 없다.	喪禮備要 旁親雖尊, 亦不必書旁註.

상례비요 433 《국조오례의》에는 제주전(題主奠, 신주를 쓴 뒤 신주에 전을 올리는 의례)이 있는데,434 지금 민간에서 간혹 그 의식을 행하기도 한다】	又 《五禮儀》有題主奠, 今俗或用之】

(20) 축(祝)이 신주를 받들고 수레에 오른다. 【혼백이 든 상자는 신주 뒤에 있다】	祝奉神主升車. 【魂帛箱在其後】

(21) 집사자는 영좌를 거두고 이어서 떠난다. 【주인 이하는 곡을 하며 따라가기를 올 때의 의례와 같게 한다. 묘문(墓門, 무덤 앞으로 들어가는 문)을 나가면 항렬이 높거나 나이가 많은 사람은 수레나 말을 탄다. 묘(墓)와의 거리가 100보 정도 떨어진 곳	執事者徹靈座, 遂行. 【主人以下哭從如來儀. 出墓門, 尊長乘車馬. 去墓百步許, 卑幼亦乘車馬. 但留子弟一人, 監視實土以至

---

429 《晦庵先生朱文公文集》卷59〈答竇文卿〉(《朱子全書》23, 2823쪽).

430 방주(旁註) : 본문 옆이나 본문의 한 단락이 끝난 뒤에 써넣는, 본문에 대한 주(註). 여기서는 신주 글씨 아래의 왼쪽 옆에 쓰는 글씨를 말한다.

431 방주(旁註)는⋯⋯없다 : 《회암선생주문공문집(晦庵先生朱文公文集)》에, "남편이 살아 있을 때 아내의 신주는 누가 봉사(奉祀)한다고 쓰느냐고 묻자(問 : 夫在, 妻之神主, 宜書何人奉祀?)", 주희(朱熹)는 위와 같이 아내의 경우에는 굳이 쓸 필요가 없다고 대답하였다.

432 《沙溪全書》卷33〈喪禮備要〉"及墓"(《沙溪·愼獨齋全書》上, 568쪽).

433 《沙溪全書》, 위와 같은 곳.

434 국조오례의에는⋯⋯있는데 : 《국조오례의(國朝五禮儀)》권7〈흉례의식(凶禮儀式)〉"입주전의(立主奠儀)"에서 신주를 설치하며 전(奠)을 올리는 의례에 대한 내용이 나온다.

에서는 항렬이 낮거나 나이가 어린 사람도 수레나 말을 탄다. 다만 자제 중에 한 사람을 머물게 하여 흙을 채워 봉분(封墳)을 완성하기까지를 살펴보게 한다】

成墳】

(22) 봉분(封墳)은 높이가 4척이다. 그 앞에 작은 석비(石碑, 돌비석)를 세운다. 그 또한 높이가 4척이다. 석비 받침대의 높이는 1척 정도이다.

　【 상례비요 】435 ① 평토(平土)436를 한 뒤에는 바로 금정틀[金井機] 안에 숯가루나 석회 약간을 깔아 훗날 묘(墓)를 손질하거나 합장(合葬)할 때 참고할 수 있도록 대비한다. ② 그제야 한가운데에 표목(標木)을 세운다. ③ 또 새끼줄 한쪽 끝을 표목에 묶고 다른 한쪽을 잡고서 원을 그리며 돌린다. 그 지름은 16~17척으로 하고, 합장할 경우에는 20여 척으로 하여 봉분을 만드는 터로 삼는다.

　석인(石人, 무덤 앞에 세우는 돌로 만든 사람의 형상)과 석상(石牀, 무덤 앞에 놓는 돌로 만든 상)과 망주석(望柱石, 여덟 모로 깎은 한 쌍의 돌기둥) 또한 봉분 앞에 둔다】

墳高四尺. 立小石碑於其前. 亦高四尺. 趺高尺許.

【 喪禮備要 】平土後, 卽於金井機內, 鋪炭屑或石灰小許, 以備他日修墓或合葬之時取考. 乃於正中立標木. 又以繩一端繫於標木, 執其一端而環之, 其徑十六七尺, 合葬則二十餘尺, 以[54]爲成墳之基.

石人、石牀、望柱石, 亦置於墳前】

(23) 주인 이하는 영거(靈車)를 받들고 길에서 천천히 가면서 곡을 한다.

主人以下奉靈車, 在塗徐行哭.

435《沙溪全書》卷33〈喪禮備要〉"成墳"《沙溪·愼獨齋全書》上，568쪽).
436 평토(平土) : 관을 묻은 뒤에 흙을 쳐서 평지같이 평평하게 메우는 일.
[54] 以 : 저본에는 없음.《沙溪全書·喪禮備要·成墳》에 근거하여 보충.

【돌아올 때는 마치 저곳에 어버이가 계신 듯이 여기며, 슬픔이 북받치면 곡을 한다】

【其反如疑爲親在彼, 哀至則哭】

(24) 집에 도착하면 곡을 한다.

【대문이 바라보이면 곡을 한다】

至家, 哭.

【望門卽哭】

(25) 축(祝)이 신주를 받들고 들어가 영좌에 둔다.

【① 집사자는 먼저 영좌를 원래 있던 곳에 진설한다. ② 축(祝)이 신주를 받들고 들어간 다음 자리에 나아가 독(櫝)에 넣는다. ③ 아울러 혼백(魂帛)이 든 상자를 꺼내 이를 신주 뒤에 둔다】

祝奉神主入, 置于靈座.

【執事者先設靈座於故處. 祝奉神主入, 就位櫝之. 竝出魂帛箱, 置主後】

(26) 주인 이하는 청사(廳事, 대청)에서 곡을 한다.

【① 주인 이하는 대문에 이르러 곡을 하고 들어간다. ② 서쪽 계단으로 올라가 청사에서 곡을 한다. ③ 부인들은 먼저 안으로 들어가 당(堂)에서 곡을 한다】

主人以下哭于廳事.

【主人以下及門哭入. 升自西階, 哭于廳事. 婦人先入哭於堂】

(27) 이어서 영좌 앞으로 나아가 곡을 한다.

【슬픔을 다하도록 곡을 하고 그친다】

遂詣靈座前哭.

【盡哀止】

(28) 조문하는 사람이 있으면 처음과 같이 절을 한다.

【빈객 가운데 친밀한 사람이 집에 돌아갔다가 반곡(反哭)437을 기다려 다시 조문하는 경우를 말한다】

有弔者, 拜之如初.

【謂賓客之親密者旣歸, 待反哭而復弔】

---

437 반곡(反哭) : 장사를 지낸 뒤 신주를 모시고 집으로 돌아오면서 하는 곡.

(29) 기년복(期年服)이나 대공(大功) 구월복(九月服)을 입은 사람은 술을 마시고 고기를 먹지만, 잔치에 참여하지는 않는다. 소공복(小功服) 이하의 상복을 입은 사람과 대공복(大功服)을 입은 사람 중에서 주인과 따로 사는 사람은 집으로 돌아가도 된다.《가례》[438]

期、九月之喪者, 飮酒食肉, 不預宴樂. 小功以下、大功異居者可以歸.《家禮》

11-1) 갖춰야 할 기물과 사람

具

(1) 녹로(轆轤, 도르래)

轆轤

(2) 기둥

柱

(3) 장대

杠

(4) 수레 끄는 줄[紼, 불]

紼

(5) 하관포(下棺布)

下棺布

【상례비요】[439] 15척 정도를 쓴다.

【喪禮備要】十五尺許.

안 민간에서는 가는 줄을 하관(下棺)할 때 사용하는데, 줄을 빼내는 데 쉽기 때문이다】

案 俗用細繩, 爲其下棺, 易於抽出也】

(6) 현(玄, 검은 비단)과 훈(纁, 붉은 비단)

玄、纁

【상례비요】[440] 현(玄) 6속(束), 훈(纁) 4속을 쓴다.

【又】玄六纁四. 各丈八尺.

438《家禮》卷5〈喪禮〉"治葬"(《家禮》3, 29~43쪽).
439《沙溪全書》卷33〈喪禮備要〉"治葬"'窆葬之具'(《沙溪·愼獨齋全書》上, 561쪽).
440《沙溪全書》, 위와 같은 곳.

길이는 각각 18척이다. 집이 가난하여 갖출 수 없으면 현과 훈 각각 1가닥도 괜찮다.

家貧不能具, 則玄、纁各一可也.

【안】 지금 민간에서는 현(玄)에는 검은색 비단에 붉은 실로 동심결(同心結)을 만들어 사용하고, 훈(纁)에는 진홍색 비단에 푸른 실로 동심결을 만들어 사용한다】

【案】 今俗玄用黑紗以紅絲同心結, 纁用絳紗以靑絲同心結】

(7) 횡대판(橫帶板)

【안】 앞에서 설명한 《가례》의 "회격(灰隔) 안팎의 덮개"는 얇은 널빤지 1개를 사용한다. 그런데 지금 민간에서는 나무 널빤지를 가로로 잘라 3개 혹은 5개를 만든 다음 회를 바른 곽 안의 너비를 헤아려 재단하여 곽과 꼭 들어맞게 한다. 하관한 뒤에 이 횡대판을 가로로 덮고, 기름종이로 그 이음새의 틈에 바른다】

橫帶板

【案】 《家禮》"灰隔內外蓋", 用薄板一片, 而今俗橫截木板, 或作三片或五片, 度灰槨內廣裁斷, 取令吻合. 下棺後, 橫覆之, 用油紙塗其縫隙】

(8) 지석(誌石)

【안】 이상은 폄장(窆葬, 하관)에 갖춰야 할 기물들이다】

誌石

【案】 已上窆葬具】

(9) 신주 재료

【안】 밤나무를 쓴다】

主材

【案】 用栗木】

(10) 목적(木賊)

木賊

(11) 분(粉)

【안】 당분(唐粉)441이 가장 좋다】

粉

【案】 唐粉最佳】

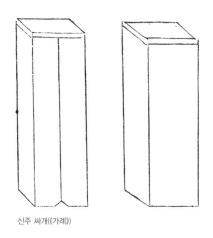

신주 싸개(《가례》)

(12) 녹각교(鹿角膠, 사슴뿔아교)　　　　　　　　鹿角膠

(13) 신주 싸개[韜, 도]　　　　　　　　　　　　韜

【 상례비요 】442 돌아가신 아버지의 신주 싸개는　【 喪禮備要 】考紫, 妣緋.
자주색이고, 돌아가신 어머니의 신주 싸개는 붉은　狀如斗帳. 合縫居後之中.
색이다. 모양은 두장(斗帳, 작은 장막)과 같다. 꿰맨 부　與主身齊】
분이 뒤쪽 중간에 가도록 한다. 길이는 신주의 길이
와 같다】

(14) 신주 깔개[藉]　　　　　　　　　　　　　　藉

【 상례비요 】443 돌아가신 아버지의 신주 깔개는　【 又 】考紫, 妣緋. 方, 闊與
자주색이고, 돌아가신 어머니의 신주 깔개는 붉은　櫝內同】
색이다. 네모나며 너비는 독(櫝) 안의 너비와 같다】

---

441 당분(唐粉) : 중국에서 생산되는 순백색의 건축 도료.
442《沙溪全書》, 위와 같은 곳 ; 《沙溪全書》卷24〈家禮輯覽圖說〉"韜縫式"(《沙溪·愼獨齋全書》上, 35B쪽).
443《沙溪全書》, 위와 같은 곳 ; 《沙溪全書》, 위와 같은 곳.

(15) 독(櫝)

【상례비요】⁴⁴⁴ 검게 옻칠을 하고, 또 신주 1개를 담는다. 부부가 함께 사당에 들어가면,⁴⁴⁵ 그제야 그 제도를 조금 넓혀서 2개의 신주를 담을 수 있게 한다.

【안】 요즘 민간에서는 독(櫝) 안에 왜주칠(倭朱漆, 선명하고 새빨간 일본산 옻칠)을 쓴다】

(16) 독 덮는 보자기[帕]

【안】 민간에서는 자주색 비단이나 진홍색 비단을 쓴다. 신주의 독(櫝)을 덮는다】

(17) 선서자(善書者, 글씨 잘 쓰는 사람)

(18) 벼루

(19) 붓

(20) 먹

(21) 손 씻는 대야

(22) 수건

(23) 탁자

櫝

【又】 黑漆之, 且容一主. 夫婦俱入祠堂, 乃稍廣其制, 容二主.

【案】 今俗櫝內用倭朱漆】

帕

【案】 俗用紫緞或絳緞. 覆主櫝】

善書者

硯

筆

墨

盥盆

帨巾

卓

444《沙溪全書》卷33〈喪禮備要〉"治葬"'窆葬之具'(《沙溪·愼獨齋全書》上, 561쪽).
445 부부가……들어가면 : 부모님이 모두 돌아가셨다는 뜻이다.

(24) 납지(蠟紙, 밀랍이나 백랍 따위를 입힌 종이)   蠟紙

【안】 신주를 쓸 때 배자(排字)446하는 데 쓰는 기물이다.

【우안】 이상은 신주를 쓸 때 갖춰야 할 기물이다】

【案】 題主時, 所以排字者.

【又案】 已上題主具】

(25) 사토(莎土, 모래)   莎土

(26) 석비(石碑)   石碑

【상례비요】447 높이는 4척이고, 너비는 1척 이상이며, 두께는 너비의 3분의 2이다. 비석의 머리 부분을 홀[圭]처럼 약간 둥글게 만들고 그 앞면에 글씨를 새기는데, 글씨는 지석 덮개와 같게 한다. 세계(世系, 조상으로부터의 계통), 이름과 자(字), 행적[行實]만 간략하게 서술해서 앞면 왼쪽 면에서부터 새기고, 뒷면과 오른쪽 면으로 돌아가며 비석 주위에 새긴다】

【喪禮備要】 高四尺, 闊尺以上, 其厚居三分之二. 圭首而刻其面, 如誌之蓋. 略述其世系、名字、行實, 而刻於其左, 轉及後、右而周焉】

(27) 계체석(階砌石)448   階砌石

(28) 석상(石牀)   石牀

(29) 석인(石人) 2개   石人二

(30) 망주석(望柱石) 2개   望柱石二

【안】 이상은 봉분을 만들 때 갖춰야 할 기물이다】   【案】 已上成墳具】

---

446 배자(排字) : 글씨를 쓰거나 인쇄에서 판을 짜거나 할 때에 일정한 글자를 알맞게 벌여 놓는 일.

447 《沙溪全書》 卷33 〈喪禮備要〉 "成墳" '成墳之具'(《沙溪·愼獨齋全書》 上, 568~569쪽).

448 계체석(階砌石) : 무덤 앞의 평평하게 만든 땅에 놓은 장대석(長臺石).

11-2) 토지신께 제사하는 축문 서식

유세차 간지 몇 월 간지 삭, 몇 일 간지에 아무 관직 아무개(성명을 쓴다)가 감히 토지신께 명백히 고합니다. 지금 아무 관직 아무 봉작 시호를 위하여【주449 혹은 어머니인 경우 아무 봉호 아무개 성씨를 쓴다】여기에 하관하여 유택(幽宅)으로 삼으려 합니다. 토지신께서 보우하셔서 뒷날의 어려움이 없도록 해주십시오. 삼가 맑은 술과 포와 고기젓갈을 공경히 신께 올립니다. 흠향하시기 바랍니다. 《가례》450

祠土地祝文式

維歲次干支, 幾月干支朔, 幾日干支, 某官姓名, 敢昭告于土地之神. 今爲某官封謚【注 或某封某氏】, 窆玆幽宅. 神其保佑, 俾無後艱. 謹以淸酌、脯醢, 祗薦于神, 尙饗. 《家禮》

11-3) 신주를 쓰고 난 뒤의 축문 서식

유세차 간지 몇 월 간지 삭, 몇 일 간지에 고자(孤子)451

【어머니의 상(喪)이면 애자(哀子)라고 일컫는다. 뒤에도 이와 같다.

題主祝文式

維歲次干支, 幾月干支朔, 幾日干支, 孤子

【母喪稱哀子. 後放此.

상례비요 452 부모님이 모두 돌아가시면 '고애자(孤哀子)'라 일컫고, 승중(承重)이면 '고손(孤孫)'·'애손(哀孫)'·'고애손(孤哀孫)'이라 일컫는다.

喪禮備要 俱亡稱"孤哀子", 承重稱"孤孫"、"哀孫"、"孤哀孫".

상례비요 453 상중에 있는 사람은 비록 관직이 있더라도 관직명을 일컫지 않는다.

又 喪人雖有官, 不稱也.

---

449 《沙溪全書》, 위와 같은 곳. '주'라는 표기는 삭제되어야 하나 오사카본부터 삭제가 되지 않아 다른 필사본에도 그대로 남아 있다.
450 《家禮》卷7〈祭禮〉"墓祭"(《家禮》3, 137쪽);《沙溪全書》卷33〈喪禮備要〉"及墓"'祝文式'(《沙溪·愼獨齋全書》上, 566쪽).
451 고자(孤子):아버지를 여의고 어머니만 모시고 있는 사람이 상중에 자기를 일컫는 말.
452 《沙溪全書》, 위와 같은 곳.
453 《沙溪全書》, 위와 같은 곳.

| 잡기 | 454 제사를 지낼 때는 '효자(孝子)'·'효손(孝孫)'이 라 일컫고, 상(喪)에서는 '애자(哀子)'·'애손(哀孫)'이라 일컫는다. |

雜記 祭, 稱"孝子"、"孝孫"; 喪, 稱"哀子"、"哀孫".

의례 455 부제(祔祭)456를 지내야 비로소 '효(孝)'자를 붙여서 일컫는다】

儀禮 祔祭, 始稱"孝"】

아무개는 감히 돌아가신 아버지[顯考] 아무 관직 봉작 시호 부군께 명백히 고합니다.

【상례비요 457 어머니이면 '돌아가신 어머니[顯妣] 아무 봉호 아무개 성씨'라 한다. 승중(承重)이면 돌아 가신 할아버지나 돌아가신 할머니도 이와 같게 한 다. 큰아버지·큰어머니·작은아버지·작은어머니이 면 "종자(從子, 조카) 아무개는 감히 돌아가신 큰아버 지[顯伯父]·돌아가신 큰어머니[顯伯母]께 명백히 고합 니다."라 고한다. 숙부와 숙모도 이와 같게 한다.

형이면 "동생 아무개는 감히 돌아가신 형[顯兄]께 명백히 고합니다."라 고한다. 형수면 "아무개는 감히 돌아가신 형수[顯嫂]께 명백히 고합니다."라 고한다. 누나면 "동생 아무개는 감히 돌아가신 누나[顯姊]께 명백히 고합니다."라 고한다. 아내면 "남편 아무개 는 돌아가신 아내[亡室]에게 명백히 고합니다."라 고 한다. 동생이면 "형은 동생 아무개에게 고하노라."라

某, 敢昭告于顯考某官封 諡府君.

【喪禮備要 母則云:"妣某 封某氏." 承重祖考妣同. 告伯、叔父母則云:"從子 某, 敢昭告于顯伯叔、顯伯 母." 叔父母同.

告兄云:"弟某, 敢昭告于 顯兄." 告嫂云:"某, 敢昭 告于顯嫂." 告姊云:"弟 某, 敢昭告于顯姊." 告妻 云:"夫某, 昭告于亡室." 告弟云:"兄告于弟某." 告 子云:"父告于子某." 姪、孫

---

454 《禮記正義》卷41〈雜記〉上《十三經注疏整理本》14, 1373쪽).
455 《禮記正義》, 위와 같은 곳.
456 부제(祔祭):졸곡(卒哭) 다음 날 그 신주를 조상들의 신주를 모신 곳에 입묘시키면서 행하는 의례.
457 《沙溪全書》, 위와 같은 곳.

고한다. 아들이면 "아버지는 아들 아무개에게 고하노라."라 고한다. 조카와 손주 및 나머지 친척의 경우는 모두 이와 같다.

及餘親, 皆倣此.

주원양(周元陽)458 제록(祭錄) 459 460 남자 상주가 없이 며느리가 시아버지와 시어머니를 제사지낼 때는 "신부 아무개 성씨가 돌아가신 시아버지[顯舅] 아무 관직, 돌아가신 시어머니[顯姑] 아무개 성씨께 제사를 올립니다."라 한다. 아내가 남편을 제사지낼 때는 "주부(主婦) 아무개 성씨가 돌아가신 남편[顯辟] 아무 관직께 제사를 올립니다."라 한다】

周元陽 祭錄 無男主而婦祭舅姑者云:"新婦某氏, 祭顯舅某官, 顯姑某氏." 妻祭夫曰:"主婦某氏, 祭顯辟某官."】

형체는 무덤으로 돌아가고 혼신(魂神)은 실당(室堂, 사당)으로 돌아가시어 신주가 이미 이루어졌습니다. 엎드려 생각하건대 존령(尊靈, 혼령의 존칭)께서는

形歸窀穸, 神返室堂, 神主旣成. 伏惟尊靈,

【상례비요 461 항렬이 낮거나 나이가 어린 사람에게 고할 때는 '복유(伏惟, 엎드려 생각하건대)' 두 글자를 빼고, 단지 '유령(惟靈, 생각하건데 혼령은)'이라 한다】

【喪禮備要 告卑幼, 去"伏惟"二字, 只云"惟靈"】

옛것을 버리고 새것을 좇으시어 여기에 기대시고 여기에 의지하옵소서. 《가례》462

舍舊從新, 是憑是依. 《家禮》

458 주원양(周元陽):?~?. 중국 당나라 때 인물로 추정된다. 《신당서(新唐書)》〈예문지(藝文志)〉에 그의 저작인 《제록(祭錄)》과 함께 언급된다.
459 제록(祭錄):주원양이 지은 제례 관련 저술로 추정된다. 원서는 전하지 않는다.
460 출전 확인 안 됨;《沙溪全書》, 위와 같은 곳.
461 《沙溪全書》, 위와 같은 곳.
462 《家禮》 卷5 〈發引〉 "題主"(《家禮》 3, 37쪽);《沙溪全書》, 위와 같은 곳.

12) 우제(虞祭)[463]

【가례주[464] 장례를 지내는 날에 해가 중천에 뜨면 우제(虞祭)를 지낸다. 묘소가 멀다면 다만 장례를 지내는 날만 넘기지 않으면 괜찮다. 만약 집과의 거리가 멀어 하룻밤 이상 걸리는 경우에는 유숙하는 숙소에서 초우(初虞)를 행한다.

문공가례의절[465] 만약 유숙하는 숙소에서 초우의 예를 행한다면 절차를 모두 갖출 수 없을까 걱정되므로, 합문(闔門)[466]·계문(啓門, 문을 여는 의례)·희흠(噫歆, 어흠)[467]·고이성(告利成)[468]의 4가지 절차를 생략할 수 있다.

예기·상복소기[469] 부모의 상(喪)을 함께 당했을 때 어머니의 장례를 먼저 지낸 사람은 우제(虞祭)와 부제(祔祭)를 지내지 않고 아버지의 장례를 기다린다.

소[470] 어머니의 장례를 지낸 다음 곧바로 우제와 부

【虞祭

【家禮注 葬之日, 日中而虞. 或墓遠則但不出是日可也. 若去家經宿以上, 則初虞於所館行之.

儀節 若於所館行禮, 恐不能備, 可略去闔門、啓門、噫歆、告利成四節.

喪服小記 父母之喪偕, 先葬者不虞、祔, 待後事.

疏 葬母, 不卽虞、祔, 待

---

463 우제(虞祭) : 장례를 지낸 뒤 죽은 사람의 혼백을 평안하게 하기 위하여 행하는 의례. 초우(初虞)·재우(再虞)·삼우(三虞)의 구분이 있다. 초우는 장례를 치룬 당일에 지낸다. 재우는 초우를 지낸 후 처음으로 돌아오는 유일(柔日)에 지낸다. 삼우는 재우를 지낸 뒤 강일(剛日)에 지낸다.

464 《家禮》卷6〈喪禮〉"虞祭"(《家禮》3, 45쪽).

465 《文公家禮儀節》卷6〈虞祭〉(《文公家禮儀節》3, 95~96쪽).

466 합문(闔門) : 제사를 지낼 때, 제사 음식을 물리기 전에 잠시 문을 닫거나 병풍으로 가리어 막는 의례.

467 희흠(噫歆, 어흠) : 제사를 지낼 때, 신에게 흠향(歆饗)의 뜻을 알리기 위해 기침소리를 내는 의례. 《예기》〈증자문(曾子問)〉의 "3번 희흠의 소리를 내다(祝聲三)."라는 구절에 정현(鄭玄)이 "성(聲)은 희흠(噫歆)으로, 신에게 알리는 일이다(聲噫歆, 警神也)."라 풀이했다.

468 고이성(告利成) : 제례를 마친 다음 제례가 끝났음을 신에게 고하는 의례. 이성(利成)은 예가 완성되었다는 뜻으로, 《예기》〈증자문〉의 주에 "'이(利)'는 공양한다는 뜻인 양(養)과 같다. 공양(供養)하는 예가 이미 이루어졌음을 이른다."라 했으며, 《시경(詩經)》〈소아(小雅)〉"초자(楚茨)"의 주에는 "성(成)은 끝났다[畢]는 뜻이다."라 했다.

469 《禮記正義》卷33〈喪服小記〉(《十三經注疏整理本》14, 1139쪽).

470 《禮記正義》卷33〈喪服小記〉(《十三經注疏整理本》14, 1139~1140쪽).

제를 지내지 않고, 아버지의 장례를 기다렸다가 지낸다. 이때 아버지의 우제(虞祭)를 먼저 지내고 나중에 어머니의 우제를 지내는데, 각각 알맞은 상복을 입는다. 연상[練祥, 소상(小祥)]도 모두 이렇게 한다. 제사를 마치고 나서는 무거운 상복으로 갈아입는다】

葬父. 先虞父, 後虞母, 各以其服. 練祥皆然. 卒事, 反服重】

(1) 주인 이하는 모두 목욕을 한다.

【혹 날이 이미 저물어 미처 목욕할 겨를이 없으면 목욕은 곧 생략하고 각자 알아서 깨끗이 하면 괜찮다】

主人以下皆沐浴.

【或已晚不暇, 即略, 自澡潔, 可也】

(2) 집사자는 기물을 진설하고 음식을 준비한다.

【① 손 씻는 대야[盥盆]와 수건은 각각 2개씩 서쪽 계단의 서쪽에 놓으며 남쪽을 상석으로 한다. ② 동쪽의 손 씻는 대야에는 받침대가 있고, 동쪽의 수건에도 수건걸이가 있다. ③ 서쪽의 손 씻는 대야와 수건에는 받침대와 수건걸이가 없다. 모든 상례(喪禮)의 의례는 이와 같다.

④ 술병은 받침대 1개와 함께 영좌의 동남쪽에 놓는다. ⑤ 그 동쪽에 탁자를 두고 술주전자와 반잔(盤盞, 받침이 있는 잔)을 그 위에 진설한다. ⑥ 화로와 탕병(湯瓶, 찻물 끓이는 병)은 영좌의 서남쪽에 놓는다. ⑦ 탁자를 그 서쪽에 두고 축판(祝板)을 탁자 위에 진설한다. ⑧ 향안(香案, 향 올려두는 탁자)을 당 가운데에 진설하고 향로(香爐)에 향을 피운다. ⑨ 띠풀을 묶고 모래를 모아서471 향안 앞에 둔다.

執事者陳器具饌.

【盥盆、帨巾各二於西階西, 南上. 東盆有臺, 巾有架. 西者無之. 凡喪禮皆倣此.

酒瓶幷架一於靈座東南, 置卓子於其東, 設注子及盤盞於其上. 火爐、湯瓶於靈座西南, 置卓子於其西, 設祝板於其上. 設香案於堂中, 炷火於香爐, 束芽聚沙於香案前.

---

471 띠풀을……모아서 : 제사 지내기 전에 술을 부어 신을 내려오게 하기 위해 띠풀 묶음과 모래가 담긴 그릇을 마련하는 것이다.

안 민간에서는 이것을 사발[沙盌]에 담는다.

안 민간에서는 이것을 사발[沙盌]에 담는다.

案 俗用沙盌盛之.

상례비요 472 만약 날이 저물면 초를 진설하고 촛대를 갖춘다】

喪禮備要 若日昏則設燭具臺】

(3) 축(祝)이 신주를 영좌에서 내온다. 주인 이하는 모두 들어가 곡을 한다.

【① 주인과 형제들은 지팡이를 방 밖에 기대어 놓고 제사에 참석한 사람들과 모두 함께 들어가 영좌 앞에서 곡을 한다. 그들의 자리는 모두 북쪽을 향한다. ② 상복의 경중에 따라 줄을 짓되, 무거운 상복을 입은 사람은 앞에 있고 가벼운 상복을 입은 사람은 뒤에 있는다. 이때 항렬이 높거나 나이가 많은 사람은 앉고, 항렬이 낮거나 나이가 어린 사람은 선다. 남자는 동쪽에 서며, 서쪽을 상석으로 한다. 여자는 서쪽에 서며, 동쪽을 상석으로 한다. 줄마다 각각 나이의 많고 적음에 따라 순서를 정한다. ③ 시자(侍者)는 뒤에 있는다】

祝出神主于座. 主人以下皆入哭.

【主人及兄弟倚杖於室外, 及與祭者, 皆入哭於靈座前. 其位皆北面. 以服爲列, 重者居前, 輕者居後. 尊長坐, 卑幼立. 丈夫處東, 西上；婦人處西, 東上. 逐行各以長幼爲序. 侍者在後】

(4) 강신(降神)을 행한다.

【① 축(祝)이 곡을 그치게 한다. ② 주인은 서쪽 계단으로 내려가 손을 씻고 수건으로 손을 닦는다. ③ 영좌 앞에 나아가 향을 피우고 2번 절한다. ④ 집사자는 모두 손을 씻고 수건으로 손을 닦는다. ⑤ 집사자 1명은 술병을 열어 술주전자에 술을 가득 담은

降神.

【祝止哭者. 主人降自西階, 盥手帨手, 詣靈座前, 焚香再拜. 執事者皆盥帨. 一人開酒實于注, 西面跪, 以注授主人. 主人跪受. 一

다음 서쪽을 향하여 꿇어앉는다. ⑥ 술주전자를 주인에게 준다. ⑦ 주인은 꿇어앉아서 술주전자를 받는다. ⑧ 집사자 1명은 탁자 위의 반잔(盤盞)을 받들어 들고 동쪽을 향하여 주인의 왼쪽에 꿇어앉는다. ⑨ 주인은 술을 잔에 따라서 술주전자를 집사자에게 준다. ⑩ 주인은 왼손으로 잔받침대를 들고 오른손으로 잔을 잡고서 띠풀 위에 술을 붓는다[酹]. ⑪ 반잔(盤盞)을 집사자에게 준다. ⑫ 몸을 구부려 절하고 일어났다가 조금 뒤로 물러난다. 2번 절하고 자기 자리로 돌아간다.

人奉卓上盤盞, 東面, 跪於主人之左. 主人斟酒於盞, 以注授執事者. 左手取盤, 右手執盞, 酹之芧上, 以盤盞授執事者. 俛伏, 興, 少退. 再拜, 復位.

상례비요 473 《가례》에는 우제(虞祭)·졸곡(卒哭)·대상(大祥)·소상(小祥)·담제에 모두 참신(參神)에 대한 글이 없다. 3년의 상기 동안 효자는 항상 그 곁에 머물게 되므로 참신(參神)할 만한 뜻이 없고 다만 들어가 슬픔을 다하여 곡을 할 뿐이다】

喪禮備要 《家禮》虞、卒哭、大·小祥、禫, 並無參神之文. 三年之內, 孝子常居其側, 故無可參之義, 只入哭盡哀而已】

(5) 축(祝)이 음식을 올린다.
【집사자가 음식 올리는 일을 돕는다】

祝進饌.
【執事者佐之】

(6) 초헌(初獻)474을 행한다.
【① 주인은 술주전자가 놓인 탁자 앞으로 나아간다. ② 술주전자를 들고 북쪽을 향하여 선다. ③ 집

初獻.
【主人進詣注子卓前, 執注, 北向立. 執事者一人取靈

---

473 《沙溪全書》卷33 〈喪禮備要〉 "虞祭"(《沙溪·愼獨齋全書》上, 571쪽).
474 초헌(初獻) : 제사에서 첫 번째 술잔을 올리는 절차이다. 초헌 외에 아헌(亞獻), 종헌(終獻)으로 세 번 술을 부어 올린다.

사자 1명은 영좌 앞의 반잔(盤盞)을 들고 주인의 왼쪽에 선다. ④ 주인은 술을 따르고 탁자 위에 술주전자를 되돌려 놓는다. ⑤ 집사자와 함께 모두 영좌 앞에 나아가 북쪽을 향하여 선다.

⑥ 주인이 꿇어앉으면 집사자도 꿇어앉아 반잔(盤盞)을 주인에게 드린다. ⑦ 주인은 잔을 받아 띠풀 묶음 위에 3번 술을 붓는다. ⑧ 몸을 구부려 절하고 일어난다. ⑨ 집사자는 잔을 받은 다음 받들고서 영좌 앞으로 나아가 잔을 원래 놓여 있던 자리에 올린다. ⑩ 축(祝)은 축판을 들고 주인의 오른쪽으로 나온다. ⑪ 서쪽을 향하여 꿇어앉아서 축판을 읽는다. ⑫ 축(祝)은 일어난다. ⑬ 주인은 곡을 하고 2번 절한다. ⑭ 자기 자리로 돌아가 곡을 그친다.

座前盤盞, 立於主人之左. 主人斟酒, 反注於卓子上, 與執事者俱詣靈座前, 北向立.

主人跪, 執事者亦跪, 進盤盞. 主人受盞, 三祭於茅束上, 俛伏, 興. 執事者受盞, 奉詣靈座前, 奠於故處. 祝執板, 出於主人之右, 西向跪, 讀之. 祝興. 主人哭再拜, 復位哭止.

상례비요 475 집사자는 잔을 받아 잔이 본래 있던 곳에 올린 뒤 그제야 밥그릇 뚜껑을 열어 그릇 남쪽에 둔다】

喪禮備要 受盞, 奠於故處後, 乃啓飯蓋, 置其南】

(7) 아헌(亞獻, 두 번째 술잔을 올리는 의례)을 행한다.

【아헌은 주부(主婦)가 한다. 아헌 의례는 초헌 때와 같은데, 다만 축문은 읽지 않고 4번 절한다.

亞獻.

【主婦爲之. 禮如初, 但不讀祝, 四拜.

상례비요 476 《가례》의 주부(主婦) 조항에 "주부(主

喪禮備要 《家禮》主婦條:

---

475 《沙溪全書》, 위와 같은 곳. 다만 상례비요에는 "受盞, 奠於故處."까지는 원문, '後'는 없음. "乃啓飯蓋, 置其南."은 주석으로 구성되어 있다.
476 《沙溪全書》, 위와 같은 곳.

백자 희준(국립중앙박물관)

백자 희준(국립중앙박물관)

사각형 뇌준(罍樽)

婦)는 망자(亡者)의 아내를 말한다."477라 했다. 3년의 상기 동안 '주부'라고 말하는 모든 경우는 아마도 모두 망자의 아내를 가리키는 듯하다. 그러나 장재(張載)478는 "동쪽에서는 희준(犧尊)479에서 술을 따라 올리고, 서쪽에서는 뇌준(罍尊)480에서 술을 따라 올리니 남편과 아내가 함께 제사를 모셔야지, 어떻게 어머니와 아들이 함께 모실 수 있겠는가."481라 했다.

이로써 살펴보면 초상(初喪)에는 망자의 아내가 주부(主婦)가 되어야 하고, 우제(虞祭)와 부제(祔祭) 이후의 모든 제사 의례에는 반드시 상주 부부가 직접 해야 한다】

"主婦, 謂亡者之妻." 三年之內, 凡言"主婦"者, 似皆指亡者之妻, 而但橫渠云："東酌犧尊, 西酌罍尊, 須夫婦共事, 豈可母子共事."

以此觀之, 初喪則亡者之妻當爲主婦, 虞、祔以後凡祭祀之禮, 必夫婦親之】

477 주부는……말한다:《家禮》卷4〈喪禮〉"初終"《家禮》2, 32쪽).

478 장재(張載):1020~1077. 중국 북송 시대의 철학자. 자는 자후(子厚), 호는 횡거(橫渠). 송나라 이학(성리학)을 창시한 오현(五賢) 중 한 사람이다. 정호(程顥, 1032~1085), 정이(程頤, 1033~1107)의 외숙으로 관학을 창시했고, 그들과 함께《주역》을 논하면서 신유학의 기초를 세웠다. 저서로《숭문집(崇文集)》·《횡거역설(橫渠易說)》·《장자어록(張子語錄)》등이 있다.

479 희준(犧尊):소의 형상으로 만들거나 소의 형상이 새겨진 술 담는 제례용 그릇. 중국 주대(周代)의 국가 제사에서 쓰이기 시작하였고, 우리나라에는 고려 때부터 사용했다. 희준(義尊)이라고도 한다.

480 뇌준(罍樽):구름과 번개 문양으로 꾸민 술 담는 제례용 그릇.

481 동쪽에서는……있겠는가:《張子全書》卷4〈宗法〉《文淵閣四庫全書》697, 155쪽).

(8) 종헌(終獻, 세 번째 술잔을 올리는 의례)을 행한다.

【종헌은 친척이나 빈객 1명 혹은 아들이나 딸이 한다. 의례는 아헌(亞獻) 때와 같다】

終獻.

【親、賓一人或男或女爲之. 禮如亞獻】

(9) 유식(侑食)482을 행한다.

【집사자는 술주전자를 들고 나아가서 술을 첨잔(添盞, 술이 있는 술잔에 술을 더 따르는 일)한다.

[상례비요] 483 ① 밥 속에 숟가락을 꽂되, 손잡이가 서쪽으로 가도록 한다. ② 젓가락은 바르게 놓는다】

侑食.

【執事者執注就, 添盞中酒.

[喪禮備要]《扱匙飯中, 西柄, 正筯】

(10) 주인 이하는 모두 밖으로 나가고, 축(祝)은 문을 닫는다.

【① 주인은 문 동쪽에 서되, 서쪽을 향한다. ② 항렬이 낮거나 나이가 어린 남자는 주인의 뒤에 선다. 두 줄로 서되, 북쪽을 상석으로 한다. ③ 주부는 문 서쪽에 서되, 동쪽을 향한다. ④ 항렬이 낮거나 나이가 어린 부녀자도 부인 뒤에 남자의 경우와 같이 선다. ⑤ 항렬이 높거나 나이가 많은 사람은 밥 한 끼를 먹을 시간[食間] 만큼 다른 곳에서 쉰다.

[안]《상례비요》에 "밥 한 끼를 먹을 시간[食間]이란 곧 한 끼 밥을 먹을 때 9번 숟가락을 뜨는[九飯]484

主人以下皆出, 祝闔門.

【主人立於門東, 西向. 卑幼丈夫在其後, 重行, 北上. 主婦立於門西, 東向. 卑幼婦女亦如之. 尊長休於他所如食間.

[案]《喪禮備要》云:"卽一食九飯之頃."】

---

482 유식(侑食):망자의 영혼에게 음식을 권하는 의례.
483《沙溪全書》卷31〈喪禮備要〉"初終"(《沙溪·愼獨齋全書》上, 535쪽).
484 한……뜨는[九飯]:원문의 일식구반(一食九飯)에 대해서는 여러 가지 의견이 있다.《의례(儀禮)》〈소뢰궤식례(少牢饋食禮)〉의 주(注)에는 "식(食)이란 큰 이름이고, 작게 헤아릴 때에는 반(飯)이라 한다."라 했다. 이에 대한 소(疏)에 "천자는 15번 숟가락을 뜨고, 제후는 13번 숟가락을 뜬다. 9번 숟가락을 뜨는 것은 사(士)의 예이다. 3번 숟가락을 뜨고, 또다시 3번 숟가락을 뜨고, 또다시 3번 숟가락을 뜬다."라 했다.《沙溪全書》卷41〈疑禮問解〉"祭禮"'時祭'(《沙溪·愼獨齋全書》上, 626~627쪽).

동안이다."485라 했다】

(11) 축(祝)이 문을 연다. 주인 이하는 들어가 곡을 하고 사신(辭神)486한다.

【① 축(祝)은 문을 마주보는 곳으로 나아가서 북쪽을 향하여 서서, '희흠(噫歆, 어흠)'하고 3번 기척을 내고 그제야 문을 연다. ② 그러면 주인 이하는 들어가 자신의 자리로 나아간다. ③ 집사자는 차를 따른다. ④ 축(祝)은 주인의 오른쪽에 서되, 서쪽을 향하고 이성(利成)을 아뢴다. ⑤ 신주를 거두어 신주갑에 넣고, 신주갑을 본래 있던 곳에 둔다. ⑥ 주인 이하는 곡을 하고 2번 절한 다음 슬픔을 다하여 곡을 하고 그친다. ⑦ 밖으로 나가 임시거처로 나아간다. ⑧ 집사자는 상을 거둔다.

祝啓門. 主人以下入哭辭神.

【祝進當門, 北向[55], 噫歆三, 乃啓門. 主人以下入就位. 執事者點茶. 祝立于主人之右, 西向, 告利成. 斂主匣之, 置故處. 主人以下哭再拜, 盡哀止. 出就次. 執事者徹.

상례비요 487 축(祝)은 축문을 들어 불사른다. 축판만은 남겨둔다】

喪禮備要 祝揭祝文而焚之, 止留板】

(12) 축(祝)이 혼백(魂帛)을 묻는다.

【축(祝)은 혼백(魂帛)을 들고 집사자를 인솔하여 가서 잘 보이지 않고 깨끗한 땅에 묻는다.

祝埋魂帛.

【祝取魂帛, 帥執事者, 埋於屛處潔地.

---

485 곧……동안이다:《沙溪全書》卷33〈喪禮備要〉"虞祭"(《沙溪·愼獨齋全書》上, 569쪽).
486 사신(辭神):제사를 마치고 신주를 들이기 전에 신주에게 절하는 절차.
487《沙溪全書》, 위와 같은 곳.
[55] 向:저본에는 없음.《家禮·喪禮·虞祭》에 근거하여 보충.

|문공가례의절| 488 만약 길이 멀어 도중에 머무르는 곳에서 우제 의례를 행하면 반드시 삼우제(三虞祭)를 지낸 뒤에 집에 와서 묻어야 한다.

|안| 지금 민간에서는 혼백(魂帛)을 묻되, 반우(返虞)489를 기다리지 않고 모두 신주를 쓴 뒤에 묘소 옆에 묻는다. 하지만 이는 예(禮)의 뜻을 크게 잃는 것이다】

|儀節| 若路遠, 於所館行禮, 必須三虞後, 至家埋之.

|案| 今俗埋魂帛, 不待返虞, 皆於題主後, 埋於墓側, 殊失禮意】

(13) 조전(朝奠)과 석전(夕奠)을 파한다.

【아침과 저녁에 곡을 한다. 슬픔이 북받치면 초상(初喪) 때와 같이 곡을 한다】

罷朝夕奠.

【朝夕哭. 哀至哭如初】

(14) 유일(柔日)490을 만나면 재우(再虞, 두 번째 우제)를 지낸다.

【천간(天干) 중에 을(乙)·정(丁)·기(己)·신(辛)·계(癸)가 들어간 날이 유일이다. 이때의 의례는 초우(初虞, 첫 번째 우제) 때와 같다. 다만 재우(再虞)를 지내기 하루 전에 기물을 진설하고 음식을 준비한다. 다음날 새벽에 일찍 일어나 나물·과일·술·음식을 진설하고, 다음날 새벽에 제사를 지낸다. 축(祝)이 신주를 영좌에서 꺼낸다. 만약 묘소가 멀어 도중에 유일을 만나면 또한 머무는 곳에서 제사를 지낸다】

遇柔日, 再虞.

【乙、丁、己、辛、癸爲柔日. 其禮如初虞. 惟前期一日, 陳器具饌. 厥明夙興, 設蔬、果、酒、饌, 質明行事. 祝出神主于座. 若墓遠, 途中遇柔日, 亦於所館行之】

488《文公家禮儀節》卷6〈虞祭〉《文公家禮儀節》3, 104쪽).

489 반우(返虞): 장례 지낸 뒤에 신주(神主)를 집으로 모셔 오는 의례.

490 유일(柔日): 천간(天干) 중에서 우수(偶數, 짝수)에 속하는 을(乙)·정(丁)·기(己)·신(辛)·계(癸)의 5일은 유음(柔陰)에 속하기 때문에 유일(柔日) 혹은 우일(偶日)이라 한다. 반면 갑(甲)·병(丙)·무(戊)·경(庚)·임(壬)의 5일은 양강(陽剛)의 기수(奇數, 홀수)에 속하기 때문에 강일(剛日)이라 한다.《예기》〈곡례(曲禮) 상(上)〉에 "외사(外事)는 강일에 하고, 내사(內事)는 유일에 한다(外事以剛日 內事以柔日)."라고 하였는데, 외사는 주로 치병(治兵)·순수(巡狩)·조빙(朝聘)·맹회(盟會) 등의 일이고, 내사는 관혼상제(冠婚喪祭) 등의 일이다.

(15) 강일(剛日)을 만나면 삼우(三虞, 세 번째 우제)를 지낸다.

【천간(天干) 중에 갑(甲)·병(丙)·무(戊)·경(庚)·임(壬)이 들어간 날이 강일이다. 이때의 의례는 재우(再虞) 때와 같다. 만약 묘소가 멀어 역시 도중에 강일을 만나면 우선 보류했다가 집에 도착해서야 비로소 삼우제를 지내야 한다】《가례》[491]

遇剛日, 三虞.

【甲、丙、戊、庚、壬爲剛日. 其禮如再虞. 若墓遠, 亦途中遇剛日, 且闕之, 須至家, 乃行此祭】《家禮》

12-1) 갖춰야 할 기물

(1) 손 씻는 대야 2개

【상례비요[492] 대야 1개는 받침대를 갖추고, 1개는 받침대가 없다】

具

盥盆二

【喪禮備要 一具臺, 一無臺】

(2) 수건[帨巾, 세건] 2장

【상례비요[493] 수건 1장은 수건걸이를 갖추고, 다른 1장은 수건걸이가 없다】

帨巾二

【喪禮備要 一具架, 一無架】

(3) 탁자(卓子) 2개

【상례비요[494] 탁자 1개에는 술주전자와 반잔(盤盞)을 진설하고, 다른 1개에는 축판을 둔다】

卓子二

【喪禮備要 一設注及盤盞者, 一置祝板者】

(4) 큰 상[大床, 대상]

【상례비요[495] 음식을 진설하기 위한 상이다】

大床

【喪禮備要 所以陳饌者】

491《家禮》卷6〈喪禮〉"虞祭"(《家禮》3, 52쪽).
492《沙溪全書》卷33〈喪禮備要〉"虞祭"(《沙溪·愼獨齋全書》上, 569쪽).
493《沙溪全書》, 위와 같은 곳.
494《沙溪全書》, 위와 같은 곳.
495《沙溪全書》, 위와 같은 곳.

(5) 술병[酒瓶, 주병]　　　　　　　　　　　　酒瓶

【 상례비요 496 술병 놓을 받침대도 함께 둔다】　　【 喪禮備要 뀨架】

(6) 술주전자[酒注, 주주]　　　　　　　　　　酒注

(7) 술잔[酒盞, 주잔] 2개　　　　　　　　　　酒盞二

【 상례비요 497 잔받침대를 갖춘다】　　　　【 喪禮備要 具盤】

(8) 화로(火爐)　　　　　　　　　　　　　　火爐

【 상례비요 498 부젓가락499을 갖춘다】　　　【 喪禮備要 具筯】

(9) 탕병(湯瓶)　　　　　　　　　　　　　　湯瓶

(10) 향합(香盒, 향을 보관하는 상자)　　　　　香盒

(11) 향로(香爐)　　　　　　　　　　　　　香爐

(12) 향안(香案)　　　　　　　　　　　　　香案

(13) 초[燭, 촉] 1쌍　　　　　　　　　　　　燭一雙

【 상례비요 500 촛대를 갖춘다】　　　　　　【 喪禮備要 具臺】

496《沙溪全書》, 위와 같은 곳.
497《沙溪全書》, 위와 같은 곳.
498《沙溪全書》, 위와 같은 곳.
499 부젓가락 : 화로에 꽂아 두고 불덩이를 집거나 재를 헤치는 데 쓰는, 젓가락모양으로 생긴 쇠로 만든 도구.
500《沙溪全書》, 위와 같은 곳.

신주, 향로, 향합, 촛대, 술병, 탁자 등이 있는 제사 사진(국립중앙박물관)

(14) 축판(祝板)　　　　　　　　　　　　　　祝板

(15) 띠풀 묶음과 모래[茅沙]501　　　　　　　茅沙

【상례비요502 띠풀 한 줌 정도를 길이 0.8척으로　【喪禮備要 截茅一搤許,
잘라 쓴다】　　　　　　　　　　　　　　　長八寸】

(16) 지의석(地衣席, 바닥에 까는 자리)　　　　　地衣席

(17) 면석(面席, 가늘게 짠 자리)　　　　　　　面席

(18) 방석(方席)　　　　　　　　　　　　　　方席

【안 모두 무늬가 있고 자주색 명주(明紬)나 청색　【案 幷用有紋, 以紫紬或
베로 가선을 댄 방석으로, 여러 장 겹쳐서 깐다】　靑布緣邊, 重疊鋪之】

---

501 띠풀 묶음과 모래[茅沙] : 제사지낼 때 술을 부어 신을 내려오게 하기 위해 그릇에 담아둔다.
502《沙溪全書》, 위와 같은 곳.

(19) 휘장   帳

　【안】 지금 민간에서는 장례를 치르기 전에는 흰색 휘장을 쳤다가 장례를 치른 뒤에는 짙은 남색[靛]으로 물들인 휘장을 친다】　　【案】 今俗葬前設素帷, 葬後染靛】

(20) 병풍(屏風)   屏風

12-2) 축문 서식　　祝文式

(1) 유세차(維歲次) 몇 년 간지, 몇 월 간지 삭, 몇 일 간지에, 고자(孤子, 아버지가 돌아가셔서 없는 아들의 자칭) 아무개는 감히 돌아가신 아버님 아무 관직 부군(府君)께 밝게 고합니다.　　維歲次干支, 幾月干支朔, 幾日干支, 孤子某, 敢昭告于顯考某官府君.

　【안】 어머니의 상(喪)이나, 승중(承重)한 자의 상이나, 방친(旁親, 방계의 친척)의 상이나, 항렬이 낮거나 나이가 어린 사람의 상에 그 호칭이 각각 다르다. 이는 앞에서 소개한 〈제주축문식(題主祝文式, 신주 별로 축문을 쓰는 양식)〉에 상세하게 보여주었다】　　【案】 母喪及承重、旁親、卑幼喪, 所稱各異. 詳見《題主祝》】

(2) 세월은 머무르지 않아 문득 초우(初虞)에 이르렀습니다.　　日月不居, 奄及初虞.

　【상례비요】503 재우(再虞)면 '재우', 삼우(三虞)면 '삼우', 졸곡(卒哭)이면 '졸곡', 소상(小祥)이면 '소상', 대상(大祥)이면 '대상', 담제(禫祭)면 '담제'라 한다】　　【喪禮備要】 再虞云"再虞", 三虞云"三虞", 卒哭云"卒哭", 小祥云"小祥", 大祥云"大祥", 禫祭云"禫祭"】

503《沙溪全書》卷33〈喪禮備要〉"虞祭" '祝文式'(《沙溪·愼獨齋全書》上, 570쪽).

(3) 아침 일찍 일어나 밤늦게 잠들 때까지 슬프고 그리워서 편안하지 못합니다.

【상례비요】504 아버지가 아들에게 고할 때는 "슬픈 생각이 계속 이어져 마음이 타는 듯하다."라 한다. 형이 아우에게 고할 때는 "비통함이 북받쳐 오르니 이 마음 어디에 두겠는가?"라 한다. 아우가 형에게 고할 때는 "비통한 마음 끝이 없으니 지극히 슬픈 마음 어찌 하겠습니까?"라 한다. 남편이 아내에게 고할 때는 "슬픔과 쓰라린 마음을 스스로 이길 수 없습니다."라 한다.

夙興夜處, 哀慕不寧.

【喪禮備要】父告子⑤⑥云:"悲念相續, 心焉如燬."兄告弟云:"悲痛猥至, 情何可處?"弟告兄云:"悲痛無已, 至情如何?"夫告妻云:"悲悼酸苦, 不自勝堪."

고항 【후종례】505 졸곡에는 "땅을 치고 하늘에 울부짖으니 오장[五情]이 미어집니다."라 한다.

【안】《가례》〈상례(喪禮)〉〈소상(小祥)〉에 "아침 일찍 일어나 밤늦게 잠들 때까지 조심하고 두려운 마음으로 몸을 게을리하지 않고 움직이지만 슬프고 그리워서 편안하지 못합니다."506라 했다】

【高儀】卒哭云:"叩地號天, 五情糜潰."

【案】《家禮·小祥》云:"夙興夜處, 小心畏忌, 不惰其身, 哀慕不寧."】

(4) 삼가

【상례비요】507 자식, 동생, 아내에게 고할 때는 '이에[玆以]'라 한다】

謹以

【喪禮備要】告子、弟、妻則云"玆以"】

504《沙溪全書》, 위와 같은 곳.
505 출전 확인 안 됨;《沙溪全書》, 위와 같은 곳.
506 아침……못합니다:《家禮》卷6〈喪禮〉"小祥"《家禮》3, 66쪽).
507《沙溪全書》卷33〈喪禮備要〉"虞祭"'祝文式'《沙溪·愼獨齋全書》上, 570쪽).
⑤⑥ 子: 저본에는 "于". 오사카본·규장각본·《沙溪全書·喪禮備要·虞祭》에 근거하여 수정.

(5) 맑은 술과 여러 음식으로, 슬퍼하며 협사(祫事)[508]를 올리오니,

【상례비요】[509] 형에게 고할 때는 "이 협사를 올립니다."라 한다. 자식, 동생, 아내에게 고할 때는 "이 협사를 진설합니다."라 한다.

清酌庶羞[57], 哀薦祫事,

【喪禮備要】告兄則云: "薦此祫事." 告子、弟、妻則云: "陳此祫事."

상례비요 [510] 협사의 경우 재우(再虞)면 '우사(虞事)', 삼우(三虞)면 '성사(成事)'라 한다. 졸곡(卒哭)도 같지만 다만 "슬퍼하며 성사(成事)를 올립니다."라는 구절 아래에 "내일이면 돌아가신 할아버지[祖考] 아무 관직 부군(府君)께 올려 부제(祔祭)합니다."라 한다. 어머니의 부제인 경우에는 "돌아가신 할머니[祖妣] 아무 봉호 아무 성씨께 올려 부제합니다."라 한다. 소상(小祥)이면 '상사(常事)'라 하고, 대상(大祥)이면 '상사(祥事)'라 하고, 담제(禫祭)이면 '담사(禫事)'라 한다】

喪禮備要 再虞云"虞事", 三虞云"成事". 卒哭同, 但"哀薦成事"下云: "來日躋祔于祖考某官府君." 母云: "祖妣某封某氏." 小祥云"常事", 大祥云"祥事", 禫祭云"禫事"】

(6) 흠향하시기 바랍니다.《가례》[511]

尙饗.《家禮》

12-3) 음식 진설 의례[設饌儀, 설찬의]

(1) 나물·과일·반잔(盤盞)을 영좌 앞의 탁자 위에 진설한다. 먼저 숟가락과 젓가락은 안쪽을 차지한다.

【상례비요】[512] 안쪽은 바로 상의 북쪽 첫째 줄이다】

設饌儀

設蔬、果、盤盞於靈座前卓上. 匙筯居內,

【喪禮備要】即床北第一行】

---

508 협사(祫事): 조상의 신주를 함께 모시고 올리는 제사이다.
509《沙溪全書》, 위와 같은 곳.
510《沙溪全書》, 위와 같은 곳.
511《家禮》卷6〈喪禮〉"虞祭"《家禮》3, 49쪽).
512《沙溪全書》卷33〈喪禮備要〉"虞祭"《沙溪·愼獨齋全書》上, 570쪽).
[57] 清酌庶羞:《家禮·喪禮》에는 "犧牲柔毛粢盛醴齊".

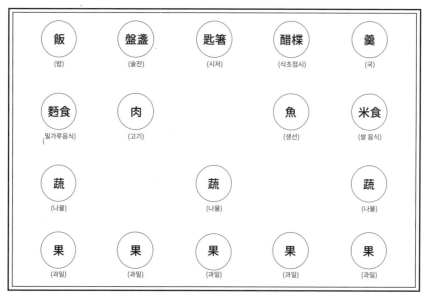

《가례》에 근거한 음식 진설도

(2) 한가운데의 술잔은 그 서쪽에 있다. 식초접시[醋楪]는 그 동쪽을 차지한다.
【상례비요513 다음 둘째 줄은 비워두어 다른 음식을 올리도록 한다】

當中酒盞在其西, 醋楪居其東.
【又 次二行空之, 以俟進饌】

(3) 과일은 바깥쪽을 차지한다.
【상례비요514 바로 넷째 줄이다】

果居外.
【又 卽次四行】

(4) 나물은 과일 안쪽을 차지한다.
【상례비요515 바로 셋째 줄이다.

蔬居果內.
【又 卽次三行.

513《沙溪全書》, 위와 같은 곳.
514《沙溪全書》, 위와 같은 곳.
515《沙溪全書》, 위와 같은 곳.

안 이이(李珥)의 〈제의초(祭儀鈔)〉516에서는 5가지 종류의 탕(湯)을 셋째 줄에 진설하고, 나물은 넷째 줄을 차지하고, 과일은 다섯째 줄에 차지하며, 포(脯)·고기젓갈·침채(沈菜, 김치)·청장(清醬, 간장)은 과일 안쪽 넷째 줄에 진설한다.517 지금 민간에서 이를 따르고 있다. 아래 그림에 상세히 보인다】

案 栗谷〈祭儀鈔〉, 用湯五色設于第三行, 蔬居第四行, 果居第五行, 脯醢、沈菜、清醬設于果內第四行. 今俗遵用之. 詳見圖】

(5) 병(瓶)에 술을 채운다.

實酒于瓶.

【안 이상은 먼저 나물과 과일을 진설하는 의례이다】《가례》주518

【案 已上先設蔬、果之儀】《家禮》注

① 고기를 받들어 반잔(盤盞) 남쪽에 올린다.

奉肉奠于盤盞之南.

【상례비요519 곧 앞서 비워둔 둘째 줄이다】

【喪禮備要 卽二行空處】

② 밀가루 음식을 받들어 고기 서쪽에 올린다. ③ 생선을 받들어 식초접시 남쪽에 올린다. ④ 쌀음식[米食, 떡]을 생선 동쪽에 올린다. ⑤ 국을 받들어 식초접시 동쪽에 올린다. ⑥ 밥을 받들어 반잔(盤盞) 서쪽에 올린다.

奉麵食奠于肉西, 奉魚奠于醋楪之南, 奉米食奠于魚東, 奉羹奠于醋楪之東, 奉飯奠于盤盞之西.

【안 김장생(金長生)은 "우제(虞祭)부터 그 이후의 제사에는 좌설(左設)을 하니 밥은 오른쪽에, 국은 왼쪽에 진설한다.520 3년 동안 올리는 밥은 고인이 살

【案 沙溪曰:"自虞以後祭則左設, 飯右羹左, 三年上食, 則象生時右設, 飯左羹

---

516 제의초(祭儀鈔):이이(李珥)가 제사의 의례(儀禮)에 대해 서술한 저술이다.《栗谷全書》卷27에 있다.

517 5가지……진설한다:《栗谷全書》卷27〈祭儀鈔〉"每位設饌之圖"(《栗谷全書》2, 92쪽)에 보인다.

518《家禮》卷6〈喪禮〉"虞祭"(《家禮》3, 46쪽).

519《沙溪全書》, 위와 같은 곳.

520 좌설(左設)을……진설한다:우제 이후로는 '살아 있는 사람으로 모시는 일[生事]'이 끝나고 '귀신으로 모시는 일[鬼事]'이 시작되므로 음식을 차릴 때 제례(祭禮)를 적용해서 신주를 기준으로 밥은 오른쪽, 국은 왼쪽에 둔다는 뜻이다. 김장생은 이를 좌설(左設)이라 했다.

매위설찬지도(每位設饌之圖)
《栗谷全書》卷27〈祭儀鈔〉

돌아가신 아버지와 어머니(孝女地)

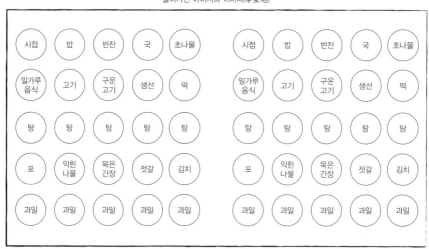

기제, 묘제는 3가지 색의 과일과 3가지 색의 탕을 갖춘다.

음식진설도

아있을 때를 본따 우설(右設)을 하니, 밥은 왼쪽에, 국은 오른쪽에 진설한다.[521]"[522]라 했다.

우안 이상은 음식을 올리는 의례이다】《가례》주[523]

又案 已上進饌之儀】同上

12-4) 음식 진설도[設饌圖, 설찬도]

【안 《가례》에도 음식 진설도가 있지만 반찬의 종류만은 민간의 제도와 다르다. 그리하여 율곡 이이의 〈제의초〉 시제설찬도(時祭設饌圖, 시제 때의 음식 진설도)를 본따서 아래에 나열한다】

設饌圖

【案 《家禮》有設饌圖, 而但饌品與俗制不同. 玆倣栗谷〈祭儀鈔〉時祭設饌圖, 列于左】

---

521 우설(右設)을……진설한다:매일 조석으로 궤연(几筵)에 밥상을 올려놓고 분향하고 곡을 하는 상식(上食)에는 고인이 살아 있을 때처럼 신주를 기준으로 밥을 왼쪽에 국을 오른쪽에 놓는다는 뜻이다. 김장생은 이를 우설(右設)이라 했다. 그러나 이 부분은 학자들 간에 의견이 분분하여 좌설과 우설을 여기와 정반대로 말하는 사람도 있다.
522 우제(虞祭)부터……진설한다:출전 확인 안 됨.
523 《家禮》卷6〈喪禮〉"虞祭"《家禮》3, 46쪽).

음식 진설도(오사카본 원도)

시접	밥	반잔	국	초나물
국수	고기	적	생선	떡
탕	탕	탕	탕	탕
포	익힌나물	간장	고기젓갈	김치
과일	과일	과일	과일	과일

음식 진설도

13) 졸곡(卒哭)[524]

【예기·상복소기(禮記·喪服小記)】[525] 부장(報葬)[526]한 경우에는 부우(報虞)[527]하고, 이로부터 3달이 지난 뒤에 졸곡을 한다.

주[528] 장례를 급히 치렀으면 역시 우제(虞祭)도 급히 지내서 신(神)을 편안하게 해야 하니, 우제가 뒤늦어서는 안 된다. 다만 졸곡은 반드시 3개월이 지나기를 기다려서 한다】

(1) 삼우제(三虞祭)를 지낸 뒤에 강일(剛日)을 만나면 졸곡을 한다. 하루 전에 기물을 진설하고 음식을 준비한다.

【모두 우제(虞祭) 때의 의례와 같다. 다만 다시 현주병(玄酒瓶, 물병) 1개를 술병 서쪽에 진설한다】

(2) 다음날 새벽에 일찍 일어나서, 나물·과일·술·음식을 진설한다.

【모두 우제(虞祭) 때의 의례와 같다. 다만 다시 정화수(井華水)[529]를 떠다가 현주병에 채운다】

卒哭

【喪服小記】報葬者報虞, 三月而後卒哭.

注 旣疾葬, 亦疾虞以安神, 不可後也. 惟卒哭則必俟三月】

三虞後遇剛日, 卒哭. 前期一日, 陳器具饌.

【竝同虞祭. 惟更設玄酒瓶一於酒瓶之西】

厥明夙興, 設蔬、果、酒、饌.

【竝同虞祭. 惟更取井花水, 充玄酒】

---

524 졸곡(卒哭) : 상례(喪禮)에서, 무시곡(無時哭, 수시로 하던 곡)을 끝마친다는 뜻. 졸곡제(卒哭祭)는 우제를 지내고 3개월이 지난 뒤 갑(甲)·병(丙)·무(戊)·경(庚)·임(壬)의 강일(剛日)을 택하여 거행한다.
525 《禮記正義》 卷33 〈喪服小記〉 《十三經注疏整理本》 14, 1139쪽).
526 부장(報葬) : 가계가 빈곤하거나 기타의 이유로 정해진 날짜보다 일찍 치르는 장사를 가리킨다. 《예기집설(禮記集說)》 〈상복소기(喪服小記)〉의 주(註)에 "'報'는 '부(赴)'로 읽으니, 급하다는 뜻이다."라 했다.
527 부우(報虞) : 사고로 인하여 급하게 장사를 치르는 부장(報葬)의 경우에 급하게 지내는 우제(虞祭)를 말한다.
528 《禮記正義》, 위와 같은 곳.
529 정화수(井華水) : 아침에 제일 먼저 우물에서 길은 물.

(3) 날이 밝으면 축(祝)이 신주를 꺼낸다. 주인 이하는 모두 들어가 곡을 하고 강신(降神)을 한다.

【모두 우제(虞祭) 때의 의례와 같다】

質明, 祝出主. 主人以下皆入哭, 降神.

【竝同虞祭】

(4) 주인과 주부(主婦)가 음식을 올린다.

【① 주인은 생선과 고기를 받들어 올린다. ② 주부는 손을 씻고 수건에 닦는다. ③ 밀가루 음식과 쌀 음식을 받들어 올린다. ④ 주인은 국을 받들어 올린다. ⑤ 주부는 밥을 받들어 올린다. 모두 우제(虞祭) 때 음식을 진설하는 의례와 같게 한다】

主人、主婦進饌.

【主人奉魚肉. 主婦盥帨, 奉麪、米食. 主人奉羹, 主婦奉飯以進, 如虞祭之設】

(5) 초헌(初獻)을 행한다.

【모두 우제(虞祭) 때의 의례와 같다. 다만 축(祝)이 축판(祝板)을 들고 주인의 왼쪽으로 나와 동쪽을 향하여 꿇어앉아 축을 읽는 점이 다르다.

初獻.

【竝同虞祭. 惟祝執板, 出於主人之左, 東向跪讀爲異.

안 축문은 위의 우제(虞祭) 부분에 보인다】

案 祝文見虞祭】

(6) 아헌(亞獻), 종헌(終獻), 유식(侑食), 합문(闔門, 축이 문 닫기), 계문(啓門, 축이 문 열기), 사신(辭神)을 행한다.

【모두 우제 때의 의례와 같다. 다만 축(祝)이 서쪽 계단 위에서 동쪽을 향하여 서서 이성(利成)을 아뢴다】

亞獻、終獻、侑食、闔門、啓門、辭神.

【竝同虞祭. 惟祝西階上, 東面, 告利成】

(7) 이제부터는 아침과 저녁 사이에는 슬픔이 북받치더라도 곡을 하지 않는다.

【그래도 아침과 저녁에는 곡을 한다.

自是朝夕之間, 哀至不哭.

【猶朝夕哭.

상례비요 530 질대(経帶)531를 풀어서 늘어뜨리고 있던 사람은 이때가 되면 다시 묶어야 한다】

喪禮備要 経帶散垂者, 至是當還絞58】

(8) 주인과 형제는 거친 음식을 먹고 물을 마시되, 나물과 과일은 먹지 않는다. 잠을 잘 때는 자리를 깔고 목침(木枕, 나무베게)을 벤다. 《가례》532

主人、兄弟疏食水飲, 不食菜、果. 寢席, 枕木. 《家禮》

13-1) 위로편지에 대한 답장 서식

答慰疏式

【안】《가례》주(注)에 "편지를 보내 조문하면 모두 졸곡 후에 답장을 해야 한다. 이 때문에 답장 서식이 여기에 이어져 있는 것이다."533라 했다】

【案】《家禮》注云 : "以書來弔, 竝須於卒哭後, 答之. 故答疏式系之于此."】

(1) 아무개는 이마를 조아리며 2번 절하고 말씀드립니다. 아무개의 죄가 깊고 중한데도 스스로 죽어 없어지지 못하여 그 화(禍)가 돌아가신 아버지[先考]께 미쳤습니다.

某稽顙再拜言. 某罪逆深重, 不自死滅, 禍延先考.

【고인이 어머니인 경우에는 '돌아가신 어머니[先妣]'라 하고, 승중(承重)한 자이면 고인이 할아버지인 경우에는 '돌아가신 할아버지[先祖考]', 할머니인 경우에는 '돌아가신 할머니[先祖妣]'라 한다】

【母云"先妣", 承重則祖父云"先祖考", 祖母云"先祖妣"】

---

530 《沙溪全書》卷33〈喪禮備要〉"卒哭"(《沙溪·愼獨齋全書》上, 572쪽).

531 질대(経帶) : 상복을 입을 때, 머리와 허리에 두르는 삼으로 된 띠. 머리에 차는 수질(首経)과 허리에 차는 요대(腰帶)를 합친 말이다.

532 《家禮》卷6〈喪禮〉"卒哭"(《家禮》3, 52~55쪽).

533 편지를……것이다 : 《家禮》卷4〈喪禮〉"初終"(《家禮》2, 36쪽).

58 絞 : 저본에는 "紋".《沙溪全書·喪禮備要·卒哭》에 근거하여 수정.

(2) 너무 슬퍼서 부여잡고 부르짖으며, 가슴을 치고 발을 구르니, 오장(五臟)이 찢어집니다. 땅을 치고 하늘에 울부짖어도 이 슬픔 미칠 곳이 없습니다. 해와 달은 머물러 있지 않아 어느덧 열흘이 지나갔습니다.

【안 지나간 날은 때에 따라 다르게 말한다】

攀號擗踊, 五內分崩, 叩地叫天, 無所逮及. 日月不居, 奄踰旬朔.

【案 隨時異稱[59]】

(3) 혹독한 벌(罰)과 죄악의 고통을 받았습니다.

【아버지가 살아있는데 어머니가 돌아가신 경우에는 "치우친 벌과 죄악이 깊어서"라 한다】

酷罰罪苦,

【父在母亡, 即云"偏罰罪深"】

(4) 온전히 살아가기를 바랄 수 없었지만, 바로 이 날에 은혜를 입었습니다[即日蒙恩].

【나이가 비슷한 사람 이하에게는 '즉일몽은(即日蒙恩)' 이 4글자를 뺀다】

無望生全, 即日蒙恩.

【平交以下, 去此四字】

(5) 공경히 궤연(几筵)을 받들고 구차하게 살아남아 목숨만 유지하고 있던 차에, 삼가 어르신의 자비로운 위문을 받으니, 몹시 슬프고 감격스러워 저의 마음을 감당할 수 없습니다.

【나이가 비슷한 사람에게는 "인자하고 은혜로운 그대의 위문을 우러러 받드니 슬프고 감사함이 제 마음에 간절할 뿐입니다."라 한다. 예를 낮추는 사람에게는 "특별히 위문을 받드니, 슬프고 감사한 마음 참으로 깊습니다."라 한다】

祗奉几筵, 苟存視息, 伏蒙尊慈俯賜慰問, 哀感之至, 無任下誠.

【平交云: "仰承仁恩俯垂慰問, 其爲哀感, 但切下懷." 降等云"特承慰問, 哀感良深."】

---

[59] 異稱:《家禮·喪禮》·《沙溪全書·喪禮備要·卒哭》에는 "同前".

(6) 부르짖어 호소할 길이 없어 목숨이 끊어질 듯한 심정을 이기지 못하겠습니다. 삼가 이 소(疏, 편지)를 받들어 올립니다. 정신이 흐릿하고 혼미하여 두서가 없습니다. 삼가 소를 올립니다.

【예를 낮추는 사람에게는 '장(狀)'이라 한다】

末由號訴, 不勝隕絕. 謹奉疏. 荒迷不次. 謹疏.

【降等云"狀"】

(7) 몇 월 몇 일에 고자(孤子)

【어머니의 상(喪)이면 '애자(哀子)'라 하고, 부모가 모두 돌아가셨으면 '고애자(孤哀子)'라 하고, 승중(承重)한 자이면 '고손(孤孫)'·'애손(哀孫)'·'고애손(孤哀孫)'이라 한다】

月日, 孤子

【母喪稱"哀子", 俱亡卽稱"孤哀子", 承重者稱"孤孫"、"哀孫"、"孤哀孫"】

(8) 아무개(성명을 쓴다)는 소를 올립니다. 아무개님 좌전(座前).

【안 남의 후사(後嗣)가 된 사람은 본생(本生)의 상(喪)에 대하여 "지봉궤연(祗奉几筵, 공경히 궤연을 받들고)"이라는 4글자[四字]를 빼고, '고자(孤子)'는 '상인(喪人)'으로 고쳐 말한다】

姓名疏上. 某位座前,

【案 本生喪去"祗奉几筵"四字, '孤子'改稱'喪人'】

(9) 봉투[封皮]는 이중으로 봉한다.

【안 봉투에는 답소(答疏) 위에 "아무개님 좌전(座前), 고자(孤子) 아무개(성명을 쓴다)는 이마를 조아리며 삼가 봉합니다."라 쓴다】《가례》534

封皮重封.

【案 封皮, 書以答疏上"某位座前, 孤子姓名, 稽顙謹封."】《家禮》

534《家禮》卷6〈喪禮〉"父母亡答慰人疏"(《家禮》3, 83~85쪽);《沙溪全書》卷33〈喪禮備要〉"卒哭"(《沙溪·愼獨齋全書》上, 573쪽).

14) 부제(祔祭)[535]

(1) 졸곡을 한 다음 날 부제를 지낸다.

【예기·상복소기】[536] 부제는 반드시 소목(昭穆)[537]의 순서에 따르는데, 소목이 없으면 한 대를 건너뛰어서 위로 올려 부제한다.

[소][538] 중(中)이란 건너뛴다[間]는 뜻과 같다. 한 대를 건너뛴다 함은 할아버지나 할아버지의 할아버지를 말한다. 예를 들어 손자는 할아버지에게 부제하는 것이 정상이다. 만약 할아버지가 없으면 고조할아버지에게 부제한다.

[예기·잡기][539] 할아버지가 돌아가시고 아직 소상(小祥)과 대상(大祥)을 지내지 못한 경우인데 손자가 또 죽으면 이때도 할아버지에게 부제한다.

[예기·상복소기][540] 며느리 상(喪)에 부제는 시아버지가 주관한다.

[주][541] 며느리는 맏며느리와 이외의 며느리 모두를

祔祭

卒哭明日而祔.

【喪服小記】祔必以昭穆,
亡則中一以上.

[疏] 中猶間也. 一以上, 祖
又祖, 孫祔祖爲正. 若無
祖則祔于高祖.

[雜記] 王父死, 未練祥, 而
孫又死, 猶是祔於王父也.

[喪服小記][60] 婦之喪, 祔則
舅主之.

[注] 謂凡嫡婦、庶婦也】

---

535 부제(祔祭) : 제례(祭禮)에서 삼년상을 마친 뒤에 그 신주를 조상의 신주 곁에 모실 때 지내는 제사. 부묘제(祔廟祭)라고도 한다.

536《禮記正義》卷33〈喪服小記〉《十三經注疏整理本》14, 1142쪽).

537 소목(昭穆) : 부제를 할 때 일정한 서열에 따라 신주를 모시는 규칙. 신주를 모시는 차례로, 북쪽 벽을 기준으로 왼쪽 줄을 소(昭), 오른쪽 줄을 목(穆)이라 한다.《주례(周禮)》에 의하면 제1세를 중앙에 모시는데, 천자(天子)는 소에 2·4·6세, 목에 3·5·7세를 각각 봉안하여 삼소삼목(三昭三穆)의 칠묘(七廟)가 되고, 제후는 소에 2·4세, 목에 3·5세를 각각 봉안하여 이소이목(二昭二穆)의 오묘(五廟)가 되며, 대부(大夫)는 일소일목의 삼묘(三廟)가 된다.

538《禮記正義》卷33〈喪服小記〉《十三經注疏整理本》14, 1143쪽).

539《禮記正義》卷42〈雜記〉下《十三經注疏整理本》14, 1392쪽).

540《禮記正義》卷33〈喪服小記〉《十三經注疏整理本》14, 1152쪽).

541《禮記正義》, 위와 같은 곳.

[60] 喪服小記 : 저본에는 "士虞禮". 일반적인 용례에 근거하여 수정.

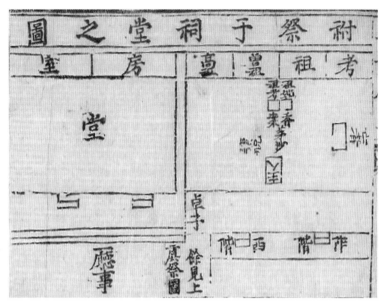

부제우사당도(祔祭于祠堂圖, 사당에서 부제를 지내는 그림)(《사계전서·가례집람도설》)

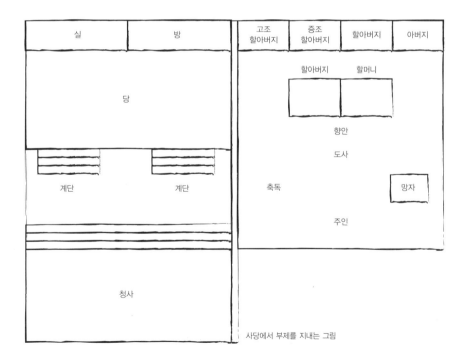

사당에서 부제를 지내는 그림

말한다】

(2) 졸곡의 제사를 거두었으면,

【의례·사우례】542 목욕을 하고 머리를 빗고 손톱과 발톱을 자른다.

【문공가례의절】543 지금의 망건(網巾)은 고례(古禮)에서 이른바 머리싸개[纚, 새]와 비슷하다. 부제를 지낼 때가 되면 주인 이하는 목욕을 하고 머리를 빗으니, 이때 아마도 머리싸개를 써야 할 것이다】

(3) 곧바로 기물을 진설하고 음식을 준비한다.

【① 기물은 졸곡 때와 같다. 다만 사당에 진설한다. 사당이 좁으면 청사(廳事)에 진설하여 형편을 따른다. ② 망자(亡者)의 할아버지와 할머니의 신위(神位)를 한가운데에 마련하되, 남쪽을 향하며 서쪽을 상석으로 한다. ③ 망자의 신위는 그 동남쪽에서 서쪽을 향하여 진설한다. 어머니의 상(喪)에는 할아버지의 신위를 진설하지 않는다. ④ 술병과 현주병(玄酒瓶, 물병)은 동쪽 계단 위에 놓고, 화로(火爐)와 탕병(湯瓶)은 서쪽 계단 위에 놓는다. ⑤ 음식을 준비하는 방법은 졸곡 때와 같으나 3상으로 나누어 차린다. 어머니의 상(喪)에는 2상을 준비한다. ⑥ 할머니가 2분 이상이면 더 가까운 이[親者]에게 부제한다.

卒哭之祭既徹,

【又】沐浴, 櫛, 翦爪.

【儀節】今網巾, 與古禮所謂纚相似. 至祔祭, 主人以下沐浴, 櫛髮, 則此時似當用纚】

卽陳器具饌.

【器如卒哭. 唯陳之於祠堂. 堂狹卽於廳事, 隨便. 設亡者祖考、妣位於中, 南向, 西上. 設亡者位於其東南西向. 母喪則不設祖考位. 酒瓶、玄酒瓶於阼階上, 火[61]爐、湯瓶於西階上. 具饌如卒哭而三分. 母喪則兩分. 祖妣二人以上, 則以親者.

---

542 《儀禮注疏》卷43 〈士虞禮〉《十三經注疏整理本》11, 962쪽).
543 출전 확인 안 됨;《沙溪全書》卷33 〈喪禮備要〉 "祔"《沙溪·愼獨齋全書》上, 574쪽).
[61] 火: 저본에는 "次". 오사카본·규장각본·《家禮·喪禮》에 근거하여 수정.

안 《예기·상복소기》의 소(疏)에 "친자(親者)는 망자 (亡者)의 시아버지를 낳은 할머니이다."544라 했다】

案 《小記》疏云 : "親者, 謂 舅之所生者."】

(4) 다음날 새벽에 일찍 일어나서 나물·과일·술·음 식을 진설한다.

【모두 졸곡(卒哭) 때의 의례와 같다】

厥明夙興, 設蔬、果、酒、 饌.

【竝同卒哭】

(5) 날이 밝으면 주인 이하는 영좌 앞에서 곡을 한다.

【주인과 형제는 모두 지팡이를 계단 아래에 기대 어 놓고 들어가 곡을 하되, 슬픔을 다하여 하고 그 친다.

할아버지를 계승한 종갓집 적장자[宗子]의 상(喪) 에는 그의 적장자(嫡長子)로서 후사가 될 사람이 상 (喪)을 주관해야만 비로소 이 예(禮)를 쓴다. 만약 상 주(喪主)가 종갓집 적장자가 아닌 경우이면 모두 망 자(亡者)의 할아버지를 계승한 적장자가 이 부제를 주관한다】

質明, 主人以下哭於靈座前.

【主人兄弟, 皆倚杖於階下, 入哭, 盡哀止.

繼祖宗子之喪, 其世嫡當 爲後者主喪, 乃用此禮. 若 喪主非宗子, 則皆以亡者繼 祖之宗, 主此祔祭】

(6) 사당에 가서 신주를 받들고, 나와서 영좌에 둔다.

【① 축(祝)이 발을 걷고 독(櫝, 신주를 담은 상자)을 연 다. ② 부제할 할아버지의 신주를 받들어 영좌 안에 둔다. ③ 집사자는 부제할 할머니의 신주를 받들어 영좌에 두되, 서쪽을 상석으로 한다. ④ 만약 다른 곳에 마련하려면545 서쪽 계단 위쪽의 탁자 위에 둔

詣祠堂, 奉神主, 出置于座.

【祝軸簾啓櫝, 奉所祔祖考 之主, 置于座內. 執事者奉 祖姚之主, 置于座, 西上. 若在他所, 則置于西階上卓 子上, 然後啓櫝.

---

544 친자(親者)는……할머니이다 :《禮記正義》卷33〈喪服小記〉《十三經注疏整理本》14, 1156쪽).
545 만약……마련하려면 : 영당이 좁아 다른 곳에서 부제를 지내는 경우를 말한다.

다. ⑤ 그런 다음 독(櫝)을 연다.

안 《문공가례의절》에 "축(祝)은 꿇어앉아 '신주께서는 아무 장소로 가시기를 청합니다.'라 하고, 그제야 독(櫝)을 받들고 그 장소로 간다."546라 했다.

案 《儀節》:"跪告曰'請主詣某所', 乃奉櫝以行."

만약 상주(喪主)가 종갓집 적장자가 아니고, 할아버지를 계승한 종갓집 적장자와는 다른 집에 살면 이 종갓집 적장자가 대신 할아버지께 고하고 허위(虛位, 임시 자리)547를 진설하여 제사를 지낸다. 제사를 마치고 나면 허위를 없앤다】

若喪主非宗子, 而與繼祖之宗異居, 則宗子爲告于祖, 而設虛位以祭, 祭訖除之.

안 《상례비요》에는 "지방(紙榜)을 쓴다."548라 했다】

案 《喪禮備要》:"用紙榜."】

(7) 다시 새 신주를 받들고 사당에 들어가 영좌에 둔다.

還奉新主, 入祠堂, 置于座.

【① 주인 이하는 다시 영좌 앞으로 나아가 곡을 한다. ② 축(祝)이 신주가 든 독(櫝)을 받들고 사당의 서쪽 계단으로 나아간다. ③ 독을 탁자 위에 놓는다. ④ 주인 이하는 곡을 하며 따라가되, 영구를 따르는 순서대로 한다. ⑤ 사당 문에 도착하면 곡을 그친다. ⑥ 축(祝)은 독을 열어 신주를 꺼내되, 앞의 의례와 같게 한다. ⑦ 만약 상주가 종갓집 적장자가 아니면 단지 상주(喪主)와 주부(主婦) 이하가 다시 맞이한다】

【主人以下還詣靈座前哭. 祝奉主櫝, 詣祠堂西階, 上卓子上. 主人以下哭從, 如從柩之敍. 至門止哭. 祝啓櫝出, 如前儀. 若喪主非宗子, 則唯喪主、主婦以下還迎】

546 축(祝)은……간다:《文公家禮儀節》卷6〈祔〉《文公家禮儀節》3, 113쪽).

547 허위(虛位, 임시자리):신주가 다른 곳에 있어 모셔올 수 없으므로 임시로 신주가 없는 신위를 차려 놓고 제사 지내는 것을 말한다.

548 지방(紙榜)을 쓴다:《沙溪全書》卷33〈喪禮備要〉"祔"《沙溪·愼獨齋全書》上, 574쪽).

(8) 순서대로 선다.

【① 우제 때의 의례와 같다. ② 만약 상주가 종갓집 적장자가 아니면 종갓집 적장자와 주부가 나뉘어서 양쪽 계단의 아래에 선다. ③ 상주는 종갓집 적장자의 오른쪽에 선다. ④ 상주의 부인은 종갓집 적장자 부인의 왼쪽에 선다. ⑤ 나이가 많으면 앞을 차지하고, 적으면 뒤를 차지한다】

(9) 참신(參神)을 행한다.

【그 자리에 있는 사람은 모두 2번 절하여 할아버지와 할머니에게 참신을 행한다】

(10) 강신(降神)을 행한다.

【만약 상주가 종갓집 적장자가 아니면 종갓집 적장자가 거행한다. 모두 졸곡 때의 의례와 같다】

(11) 축(祝)이 음식을 올린다.

【모두 우제 때의 의례와 같다】

(12) 초헌(初獻)을 행한다.

【① 상주가 종갓집 적장자가 아니면 종갓집 적장자가 초헌을 행한다. ② 모두 졸곡 때의 의례와 같다. ③ 다만 술을 따라 올릴 때 할아버지와 할머니 앞으로 먼저 나아간다.549

敍立.

【如虞祭之儀. 若喪主非宗子, 則宗子、主婦分立兩階之下. 喪主在宗子之右, 喪主婦在宗子婦之左. 長則居前, 少則居後】

參神.

【在位者皆再拜, 參祖考妣】

降神.

【若喪主非宗子, 則宗子行之. 幷同卒哭】

祝進饌.

【竝同虞祭】

初獻.

【若喪主非宗子, 則宗子行之. 竝同卒哭. 但酌獻先詣祖考妣前.

---

549 할아버지와……나아간다:부제 당사자인 망자의 신주보다 할아버지와 할머니의 신주 앞으로 먼저 나아가 고하는 것을 말한다.

[안] 《상례비요》에 "집사자는 밥그릇 뚜껑을 열어서 밥그릇 남쪽에 둔다. 축(祝)은 축판을 들고 주인의 왼쪽에 서 있는다. 축은 동쪽을 향하여 꿇어앉아 축판을 읽는다."550라 했다.

[案]《喪禮備要》："執事者啓飯蓋, 置其南, 祝執板, 立於主人之左, 東向跪讀."

④ 모두 곡을 하지 않는다. 다음으로 망자(亡者) 앞으로 나아간다.

皆不哭. 次詣亡者前.

[안] 《상례비요》에 "축(祝)이 주인의 왼쪽에 서 있는다. 남쪽을 향하여 꿇어앉아 축판을 읽는다."551라 했다.

[案]《喪禮備要》："祝立於主人之左, 南向跪讀."

⑤ 만약 망자(亡者)가 종갓집 적장자보다 항렬이 낮거나 나이가 어리면 적장자는 절을 하지 않는다】

若亡者, 於宗子爲卑幼則不拜】

(13) 아헌(亞獻)·종헌(終獻)을 행한다.

亞獻、終獻.

【만약 종갓집 적장자 자신이 상주이면 주부가 아헌(亞獻)을 한다. 친척이나 빈객은 종헌(終獻)을 한다. 만약 상주가 종갓집 적장자가 아니면 상주가 아헌을 한다. 주부는 종헌을 한다. 모두 졸곡 및 초헌(初獻)의 의례와 같다】

【若宗子自爲喪主, 則主婦爲亞獻, 親賓爲終獻. 若喪主非宗子, 則喪主爲亞獻, 主婦爲終獻. 竝同卒哭及初獻儀】

(14) 유식(侑食)·합문(闔門)·계문(啓門)·사신(辭神)을 행한다.

侑食、闔門、啓門、辭神.

【모두 졸곡 때의 의례와 같다. 다만 곡은 하지 않는다】

【竝同卒哭. 但不哭】

---

550 집사자는……읽는다:《沙溪全書》卷33〈喪禮備要〉"祔"(《沙溪·愼獨齋全書》上, 575쪽).
551 축(祝)이……읽는다:《沙溪全書》, 위와 같은 곳.

(15) 축(祝)이 신주를 받들어 각각 있었던 곳으로 돌려놓는다.

【① 축(祝)이 먼저 할아버지와 할머니의 신주를 감실(龕室)552 안에 들여서 신주갑[匣]에 넣는다. ② 다음으로 망자(亡者)의 신주를 서쪽 계단의 탁자 위에서 신주갑에 넣는다. ③ 이 갑을 받들고 영좌에 되돌려놓는다. ④ 축이 문을 나오면 주인 이하는 곡을 하면서 따라가되, 사당에 올 때의 의례와 같게 한다. ⑤슬픔을 다하여 곡하고 그친다. ⑥ 만약 상주가 종갓집 적장자가 아니면 곡을 하면서 상주가 먼저 간다. ⑦ 종갓집 적장자 또한 곡을 하면서 신주를 보낸다. ⑧ 슬픔을 다하여 곡을 하고 그친다. ⑨ 만약 다른 장소에서 제사를 지냈으면 할아버지와 할머니의 신주는 새 신주를 들이는 의례와 같게 한다】《가례》553

祝奉主, 各還故處.

【祝先納祖考妣神主于龕中, 匣之, 次納亡者神主西階卓子上, 匣之, 奉之反于靈座. 出門, 主人以下哭從, 如來儀, 盡哀止. 若喪主非宗子, 則哭而先行. 宗子亦哭送之, 盡哀止. 若祭於他所, 則祖考妣之主, 亦如新主納之】《家禮》

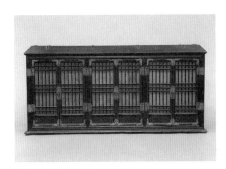

신주감실(국립민속박물관)

신주함(신주갑, 국립민속박물관)

---

552 감실(龕室): 사당에서 조상의 신주를 모시는 장(欌). 신주장(神主欌)이라고도 한다. 위 사진과 같이 작은 갑의 형태가 아니라 사당 한쪽 벽을 차지하는 큰 감실도 있다. 고조할아버지, 증조할아버지, 할아버지 신주를 칸마다 구분하여 모신다.
553 《家禮》 卷6 〈喪禮〉 "祔"(《家禮》 3, 55~62쪽).

14-1) 축문 서식

유세차(維歲次) 몇 년 간지, 몇 월 간지 삭, 몇 일 간지에, 효증손(孝曾孫, 증손자)

【만약 상주(喪主)가 종갓집 적장자가 아니면 종갓집 적장자가 부르는 호칭을 따른다】

아무개는

【안 종갓집 적장자가 사정이 있어 섭주(攝主)554가 예(禮)를 행하게 되면 "아무개가 아무 친척(親戚) 아무개를 시켜서"라 한다. 만약 섭주가 종갓집 적장자보다 항렬이 높으면 "아무 친척 아무개에게 부탁하여"라 한다】

삼가 맑은 술과 여러 음식으로, 돌아가신 증조할아버지 아무 관직 부군(府君)께, 손자 아무 관직을 올려 부제합니다[躋祔].

【여자의 상[內喪]이면 "돌아가신 증조할머니[顯曾祖] 아무 봉호 아무 성씨께 손자며느리 아무 봉호 아무 성씨를 올려 부제하니"라 한다.

안 만약 상주가 종갓집 적장자가 아니면 아무 할아버지, 아무 할머니는 종갓집 적장자가 부르는 호칭을 따른다】

흠향하시기 바랍니다.

【안 이상은 부제(祔祭)할 신위(神位)께 고하는 축

祝文式

維歲次干支, 幾月干支朔, 幾日干支, 孝曾孫

【若喪主非宗子, 則隨宗子所稱】

某

【案 宗子有故, 攝主行之, 則云"某使某親某"；若攝主於宗子爲尊行, 則云"屬某親某"】

謹以淸酌、庶羞, 適于顯曾祖考某官府君, 躋祔孫某官,

【內喪則云："顯曾祖妣某封某氏, 躋祔孫婦某封某氏."

案 若喪主非宗子, 則某考某妣, 隨宗子所稱.

尙饗.

【案 已上告所祔位】

---

554 섭주(攝主)：종갓집 적장자[宗子]를 대신하여 주인 역할을 하는 사람.

문이다】

유세차(維歲次) 몇 년 간지, 몇 월 간지 삭, 몇 일 간지에 효자

【안】 상주가 종갓집 적장자가 아니면 종갓집 적장자가 부르는 호칭을 따른다】

維歲次干支, 幾月干支朔, 幾日干支, 孝子

【案】 喪主非宗子, 則隨宗子所稱】

아무개는 슬퍼하며 부제(祔祭)를 올려[薦]

【안】 송시열(宋時烈)은 "방친(旁親) 이하는 '천(薦)'을 '천차(薦此)'로 고친다."555라 했다】

某哀, 薦

【案】 尤菴云: "旁親以下, 改以薦此."】

돌아가신 아버지[顯考] 아무 관직 부군(府君)을, 돌아가신 증조할아버지[顯曾祖考] 아무 관직 부군께 가시도록 하옵니다.

【안】 어머니의 상(喪)이면 "돌아가신 어머니 아무 봉호 아무 성씨를, 돌아가신 증조할머니 아무 봉호 아무 성씨께 가시도록 하오니"라 한다. 만약 상주가 종갓집 적장자가 아니면 종갓집 적장자가 부르는 호칭을 따른다】

祔事于顯考某官府君, 適于顯曾祖考某官府君,

【案】 母喪云: "顯妣某封某氏, 適于顯曾祖妣某封某氏." 若喪主非宗子, 則隨宗子所稱】

흠향하시기 바랍니다.

【안】 이상은 망자의 신위(神位)에 고하는 축문이다】《가례》556

尙饗.

【案】 已上告亡者位】《家禮》

---

555 방친(旁親)……고친다: 출전 확인 안 됨.
556 출전 확인 안 됨;《沙溪全書》卷24〈家禮輯覽圖說〉"三虞卒哭祔及小祥大祥禫祭祝文式"(《沙溪·愼獨齋全書》上, 393쪽).

15) 소상(小祥)[557]

小祥

(1) 기년(朞年)이 되면 소상을 지낸다.

朞而小祥.

【초상(初喪)으로부터 이때까지, 윤달을 계산하지 않으므로 일반적으로 13개월이다. 옛날에는 소상 날짜를 점쳐서 제사를 지냈다. 그러나 지금은 단지 첫 번째 기일(忌日)로 정한다.

【自喪至此, 不計閏, 凡十三月. 古者卜日而祭, 今止用初忌.

|대당개원례(大唐開元禮)| [558] 윤달에 죽은 경우 소상일과 기일(忌日)은 모두 윤달이 붙어 있던 달을 바른 달로 삼는다.

|開元禮| 閏月亡者, 祥及忌日, 皆以閏所祔之月爲正.

|예기·잡기| [559] 초상이 난 지 11개월 만에 연제(練祭)[560]를 지내고, 13개월 만에 상제(祥祭)[561]를 지내며, 15개월 만에 담제(禪祭)[562]를 지낸다. 이는 아버지가 살아계실 때 어머니 상을 당한 경우이다】

|雜記| 期之喪十一月而練, 十三月而祥, 十五月而禫. 此謂父在爲母.

|안| 《상례비요》에 "아내의 상(喪)을 치르는 경우도 같다."[563]라 했다.

|案| 《喪禮備要》云 : "爲妻同".

|예기·잡기| [564] 부모의 상(喪)에 제사를 지내려고 하

|又| 父母之喪將祭, 而昆弟

---

557 소상(小祥) : 사망한 날로부터 1년이 지난 뒤에 지내는 제례 의식.
558 《大唐開元禮》卷150 〈諸居喪節制〉 "居常節"(《文淵閣四庫全書》646, 894쪽).
559 《禮記正義》卷42 〈雜記〉下(《十三經注疏整理本》14, 1406쪽).
560 연제(練祭) : 아버지가 살아 계시는데 어머니가 돌아가셨을 경우 1년이 지난 뒤에 지내야 할 소상(小祥)을 11개월 만에 치르는 제사. 연제사(練祭祀)·연사(練祀)라고도 한다.
561 상제(祥祭) : 사망한 날로부터 첫 번째와 두 번째의 기일인 소상과 대상에 지내는 제사. 여기서는 소상에 지내는 제사를 가리킨다.
562 담제(禪祭) : 대상을 치른 그 다음다음 달 하순의 정일(丁日)이나 해일(亥日)에 지내는 제사. 상주(喪主)가 상기(喪期)를 마친 뒤 평상으로 되돌아감을 고하는 제례 의식.
563 아내의……같다 : 《沙溪全書》卷33 〈喪禮備要〉 "小祥"(《沙溪·愼獨齋全書》上, 575쪽).
564 《禮記正義》卷42 〈雜記〉下(《十三經注疏整理本》14, 1396쪽).

는데, 형제가 죽으면 형제의 빈소(殯所)를 차리고 나서 제사를 지낸다. 만약 한집에 살던 자가 죽으면 비록 신첩(臣妾, 하인)일지라도 그의 장례를 치른 뒤에 제사를 지낸다. 제사를 지내려고 한다는 것은 소상(小祥)이나 대상(大祥) 제사를 지내려고 하는 경우이다.

死, 旣殯而祭. 如同宮則雖臣妾, 葬而後祭. 將祭, 將行小祥、大祥之祭也.

예기·잡기 565 부모의 삼년상이 겹쳤을 경우 나중에 돌아가신 분의 마질(麻絰, 삼베띠)을 경질(穎絰)566로 바꾸었으면567 먼저 돌아가신 분의 연제(練祭)나 상제(祥祭)를 모두 지낸다.

又 三年之喪, 旣穎, 其練、祥皆行.

주 568 앞의 상(喪)과 뒤의 상(喪)에 모두 삼년상의 복을 입어야 하는 경우이면 뒤의 상에 대하여 갈포 띠로 바꾸어 입은 뒤(즉 졸곡 뒤)에 앞의 상에 연제와 상

注 前喪、後喪, 俱是三年之服, 其後喪旣受葛之後, 得爲前喪行練、祥之祭.

삼베로 만든 수질(마질. 국립제주박물관)

칡끈(국립민속박물관)(상복의 띠는 이 굵기보다는 더 굵었을 것이다)

565《禮記正義》卷42〈雜記〉下《十三經注疏整理本》14, 1392쪽).

566 경질(穎絰): 모시와 유사한 풀인 경(穎)으로 만든 띠. 칡이 나지 않는 지역에서는 이를 사용하여 상복의 허리띠를 만들었다고 한다.

567 마질(麻絰, 삼베띠)을……바꾸었으면: 3년상의 졸곡(卒哭)에 이르면 거친 삼베끈을 벗고 갈포로 만든 띠로 바꾸어 착용하는데[受葛], 지역에 따라 경(穎)을 사용하여 상복의 띠를 만든 곳도 있었다. 여기서는 졸곡이 지난 것을 의미한다.

568《禮記正義》卷42〈雜記〉下《十三經注疏整理本》14, 1393~1394쪽).

제를 지낼 수 있다.

案 경질로 바꾼다[穎]는 말은 갈포띠로 바꾸는 것[受葛]이다. 갈포띠로 바꾸어 착용하는 것은 졸곡(卒哭) 때이다】

案 穎, 受葛也. 受葛, 卒哭也】

(2) 하루 전에 주인 이하는 목욕을 한 다음 기물을 진설하고 음식을 준비한다.

【① 주인은 여러 남자를 이끌고 마당에 물을 뿌리고 마당을 쓸고 씻고 닦는다. ② 주부는 여러 여자를 이끌고 가마와 솥을 씻는다. ③ 제사 음식을 준비한다. ④ 다른 것은 모두 졸곡 때의 의례와 같다】

前期一日, 主人以下沐浴, 陳器具饌.

【主人率衆丈夫, 灑掃滌濯. 主婦率衆婦女, 滌釜鼎, 具祭饌. 他皆如卒哭之禮】

(3) 임시거처[幕次]를 설치하고 연복(練服)[569]을 진설한다.

【① 남자와 부인은 각각 다른 곳에 임시거처를 설치한다. ② 그 안에 연복(練服)을 둔다. ③ 남자는 연포(練布, 연사로 만든 관)로 만든 관을 쓴다. ④ 수질(首絰)·부판(負板)·최(衰)·벽령(辟領)을 벗는다. ⑤ 부인은 긴 치마[長裙][570]를 잘라서 땅에 끌리지 않게 한다. ⑥ 기년복(朞年服)을 입어야 하는 사람은 길복(吉服, 상을 마치고 입는 평상복)으로 갈아입는다. ⑦ 그러나 그 달이 다 지나가도록 금(金)·구슬[珠]·금수(錦繡, 비단실 자수)·홍자(紅紫, 홍색이나 자주색)색으로 장식한 옷을

設次, 陳練服.

【丈夫、婦人各設次於別所, 置練服於其中. 男子以練布[62]爲冠, 去首絰、負板、衰、辟領. 婦人截長裙, 不令曳地. 應服期者改吉服. 然猶盡其月, 不服金、珠、錦繡、紅紫. 唯爲妻者, 猶服禫, 盡十五月而除】

---

569 연복(練服): 소상(小祥) 뒤로부터 담제 전까지 입는 옷으로, 무명이나 모시 등의 생사를 잿물에 담갔다가 삶은 뒤에 물에 빨아 말려서 희고 광택이 나게 만든 연사(練絲)로 만든다.
570 긴 치마[長裙]: 길이가 땅에 끌릴 정도의 치마. 거친 생포 6폭으로 만든다.
62 布:《沙溪全書·喪禮備要·小祥》에는 "服".

상복 중 연복(국립민속박물관)

입지 않는다. ⑧ 다만 아내를 위하여 상복을 입는 사
람만은 이때(소상) 오히려 담복(禫服)571을 입고 15개월
이 지난 뒤에 벗는다.572】

(4) 이튿날 아침에 일찍 일어나서, 나물·과일·술· 厥明夙興, 設蔬、果、酒、
음식을 진설한다. 饌.

　【주573 모두 졸곡(卒哭) 때의 의례와 같다】 【注 并同卒哭】

(5) 다음날 새벽에 축(祝)이 신주를 내온다. 주인 이 質明, 祝出主. 主人以下入
하는 들어가 곡을 한다. 哭.

　【① 모두 졸곡(卒哭) 때의 의례와 같다. ② 다만 주 【皆如卒哭. 但主人倚杖於
인은 문 밖에 지팡이를 기대어 놓는다. ③ 기년복을 門外, 與期親各服而入. 若

---

571 담복(禫服) : 대상을 지내고 2개월 후에 날을 골라 제사를 지내고 갈아입는 옷이다. 화려하지 않은 무채색
　의 옷을 의미한다. 상주들이 죽은 이에 대한 슬픔의 정을 서서히 줄여나가는 것을 뜻한다.
572 이때……벗는다 : 아내의 상은 기년복을 입는 1년의 상기이므로 사망 후 만 11개월 되는 소상일이면 소상제
　를 지내고 이때 상기가 끝난다. 13개월 만에 대상제를 지내고, 15개월 만에 담제를 지낸다. 아내의 상이 끝
　나는 소상부터 15개월이 될 때까지 담복을 입는다는 뜻이다.
573《家禮》卷4〈喪禮〉"小祥"(《家禮》3, 65쪽).

입는 친척과 함께 각각 친소관계에 해당하는 상복차림으로 들어간다. ④ 만약 이미 상복을 벗은 친척이 찾아와 제사에 참여하면 역시 화려한 색깔의 옷은 벗고 참여한다. ⑤ 모두 곡을 하되, 슬픔을 다하여 곡을 하고서 그친다】

已除服者來預祭, 亦釋去華盛之服. 皆哭, 盡哀止】

(6) 그제야 밖으로 나와 임시거처로 나아가 옷을 갈아입고 다시 들어가 곡을 한다.

乃出就次易服, 復入哭

【축(祝)이 곡을 그치게 한다】

【祝止之】

(7) 강신(降神), 삼헌(三獻)을 행한다.

降神、三獻.

【졸곡(卒哭) 때의 의례와 같다.

【如卒哭之儀.

안 축문은 우제(虞祭)에 보인다】

案 祝文見虞祭】

(8) 유식(侑食), 합문(闔門), 계문(啓門), 사신(辭神)을 행한다.

侑食、闔門、啓門、辭神.

【모두 졸곡(卒哭) 때의 의례와 같다】

【皆如卒哭之儀】

(9) 아침저녁으로 곡(哭)하는 것을 그친다. 비로소 나물과 과일을 먹는다. 《가례》[574]

止朝夕哭. 始食菜、果. 《家禮》

15-1) 갖춰야 할 기물

具

(1) 관(冠)

冠

【 상례비요 [575] 초상에 쓰는 관(冠)의 제도(制度)와 같다. 다만 조금 거친 연포(練布, 잿물에 삶은 베)를

【 喪禮備要 如初喪之制. 但用稍麤練布爲之】

574 《家禮》卷6 〈喪禮〉 "小祥"《家禮》3, 63~67쪽).
575 《沙溪全書》卷33 〈喪禮備要〉 "小祥" '小祥之具'《沙溪·愼獨齋全書》上, 575쪽).

써서 만든다】

(2) 의상(衣裳, 상의와 하의)   衣裳

【상례비요[576] 제도는 대공(大功)의 최복(縗服)과 같으며, 베 역시 같다. 만약 다시 장만할 수 없다면 예전에 입던 복을 그대로 입어도 괜찮다】

【又 制如大功衰服, 而布亦同. 若不能改備者, 仍舊亦可】

(3) 수질(首絰)   首絰

【상례비요[577] 수질은 벗는다】

【又 去之】

(4) 요질(腰絰)   腰絰

【상례비요[578] 갈포(葛布)로 만든다. 간혹 삶은 삼베로 만들어도 괜찮다】

【又 以葛爲之. 或熟麻亦可】

(5) 중의(中衣, 상복 속에 받쳐 입는 옷)   中衣

【상례비요[579] 연포(練布)를 쓴다】

【又 用練】

(6) 지팡이[杖, 장]   杖

【상례비요[580] 예전에 쓰던 지팡이를 그대로 쓴다】

【又 仍舊】

(7) 신발[履, 리]   履

【상례비요[581] 삶은 삼베로 만든다】

【又 用熟麻爲之】

576《沙溪全書》, 위와 같은 곳.
577《沙溪全書》, 위와 같은 곳.
578《沙溪全書》, 위와 같은 곳.
579《沙溪全書》, 위와 같은 곳.
580《沙溪全書》, 위와 같은 곳.
581《沙溪全書》, 위와 같은 곳.

(8) 효대(絞帶)

【안】 삶은 삼베로 만든다.

絞帶

【案】用熟麻爲之.

우안 이상은 남자가 상복을 바꾸어 입을 때 쓰는 기물들이다】

又案 已上男子易服具】

(9) 최복(縗服)

【상례비요】582 또한 조금 거친, 삶은 삼베로 만든다. 긴 치마[長裙]의 제도를 따른다면 끝자락을 잘라낸다】

縗服

【喪禮備要】亦用稍麤熟麻布爲之. 用長裙之制則截之】

(10) 수질(首絰)

【상례비요】583 갈포로 만든다.
안 민간에서는 삶은 삼베를 쓴다】

首絰

【又】以葛爲之.
案 俗用熟麻】

(11) 요질(腰絰, 수질과 요대)

【상례비요】584 요질은 벗는다.

腰絰

【又】除之.

예기·간전 585 남자는 수질을 중시하고 부인은 요대를 중시하니, 상복을 벗을 때는 중시하는 것부터 벗는다】

間傳 63 男子重首, 婦人重帶, 除服者先重者】

582《沙溪全書》, 위와 같은 곳.
583《沙溪全書》, 위와 같은 곳.
584《沙溪全書》, 위와 같은 곳.
585《禮記正義》卷57〈間傳〉(《十三經注疏整理本》15, 1809쪽).
63 間傳 : 저본·오사카본·《沙溪全書·喪禮備要·小祥》에는 "雜記". 사실에 근거하여 수정.

16) 대상(大祥)[586]

(1) 2번째 기년(朞年)이 되면 대상을 지낸다.

【초상(初喪)으로부터 이때까지, 윤달을 계산하지 않으므로 일반적으로 25개월이다. 두 번째 기일(忌日)로 정한다.

大祥

再朞而大祥.

【 自喪至此, 不計閏, 凡二十五月. 用第二忌日.

대당개원례[587] 부모의 상(喪)에 1주년이 지나서 장례를 치르는 경우, 장례를 치른 다음 달에 소상(小祥)을 지낸다. 2주년이 지나서 장례를 치르는 경우, 장례를 치른 다음 달에 연제(練祭)를 지내고, 연제를 지낸 다음 달에 대상(大祥)을 지낸다. 대상을 지내고 나면 길하니, 다시 담제를 지내지는 않는다.

開元禮 父母之喪, 周而葬者, 以葬之後月小祥. 再周而葬者, 葬之後月練, 又後月祥, 祥而卽吉, 無復禫矣.

예기·잡기[588] 아버지의 상중에 상기를 마치기 전에 어머니가 돌아가시면 아버지 상을 마칠 때에는 아버지를 위한 대상복[除服]을 입고 대상제를 마친 다음 어머니의 상으로 돌이켜서 복을 입는다】

雜記 有父之喪, 如未沒喪而母死, 其除父之喪也, 服其除服, 卒事, 反喪服】

(2) 하루 전에 목욕을 한 다음 기물을 진설하고 음식을 준비한다.

【모두 소상(小祥) 때의 의례와 같다】

前期一日, 沐浴, 陳器具饌.

【皆如小祥】

(3) 임시거처를 설치하고 담복(禫服)을 진설한다. 사

設次, 陳禫服. 告遷于祠

---

586 대상(大祥):3년 상의 경우 망자가 사망한 날로부터 만 2년이 되는 두 번째 기일에 행하는 상례 의식. 기년의 상에는 13개월 만에 대상제를 지낸다.
587《大唐開元禮》卷150〈諸居喪節制〉"不及期葬"(《文淵閣四庫全書》646, 894~895쪽).
588《禮記正義》卷42〈雜記〉下(《十三經注疏整理本》14, 1392쪽).

당에 옮기는 것을 아뢴다.

【술과 과일을 차려놓고 아뢴다.

堂.

【以酒、果告.

상례비요 589 새 신주를 가묘(家廟)에 합사하는 의례이므로, 사당에 먼저 아뢰지 않을 수 없다】

喪禮備要 新主祔廟, 不可不先告祠堂】

(4) 다음날 새벽에 대상제를 준비하는 일은 모두 소상(小祥) 때의 의례와 같다.

【안 축문은 우제(虞祭)에 보인다】

厥明行事, 皆如小祥之儀.

【案 祝文見虞祭64】

(5) 준비를 마치면 축(祝)이 신주를 받들고 사당으로 들어간다.

【주인 이하는 곡을 하며 따라가되, 부제(祔祭) 때의 차례와 같게 한다. 사당 앞에 이르면 곡을 그친다.

畢, 祝奉神主, 入于祠堂.

【主人以下哭從, 如祔之敍. 至祠堂前哭止.

상례비요 590 축(祝)이 꿇어앉아 "사당에 들어가기를 청합니다."라 고한다.

喪禮備要 祝跪告曰 : "請入于祠堂."

주자대전 591 할아버지의 사당에 협사(祫事)해야 할 경우에는, 동쪽 가장자리에 서쪽을 향하여 부제(祔祭)했다가 협사(祫事)가 끝난 뒤에 옮긴다.

朱子大全 當祔於祖父之廟, 祔于東邊西向, 俟祫畢然後遷.

589《沙溪全書》卷34〈喪禮備要〉"大祥"(《沙溪·愼獨齋全書》上, 578쪽).
590《沙溪全書》, 위와 같은 곳.
591《晦庵先生朱文公文集》卷63〈答李繼善〉(《朱子全書》23, 3048쪽).
64 案祝文見虞祭 : 오사카본에는 해당 원문의 윗 여백에 서유구의 두주(頭注)로 적혀 있다.

문공가례의절 592 만약 아버지가 살아 계시는데 어머니가 먼저 돌아가시면 이 경우에는 아버지가 상주가 된다. 다만 할머니의 독(櫝)에 협사하고 아버지가 돌아가신 뒤에 사당으로 옮기겠다고 아뢴다】

儀節 若父在母先死, 則是父爲喪主. 惟祔于祖母之櫝, 待父死然後告遷】

(6) 영좌를 거둔다. 지팡이를 부러뜨려 으슥한 곳에 버린다.

徹靈座. 斷杖, 棄之屛處.

【상례비요 593 아버지가 살아 계실 때에 어머니가 돌아가시면 13개월 동안 소상(小祥)을 치른 뒤에 궤연(几筵)594을 거둔다.

【喪禮備要 父在母喪, 十三月祥後, 徹几筵.

안 퇴계(退溪) 이황(李滉)595은 "상관(喪冠)과 상복(喪服)은 지팡이와 함께 불사르는 것이 아마도 옳을 듯하다."596라 했다】《가례》597

案 退溪曰:"喪冠、服竝杖付火, 恐得宜"】《家禮》

16-1) 갖춰야 할 기물

具

(1) 관(冠)

冠

【국조오례의 백립(白笠)598이다】

【五禮儀 白笠】

592《文公家禮儀節》卷6〈大祥〉(《文公家禮儀節》3, 131쪽).

593《沙溪全書》, 위와 같은 곳.

594 궤연(几筵): 죽은 사람의 혼백이나 신주를 놓는 의자나 상, 또는 그에 딸린 물건을 갖추어 차려 놓은 자리.

595 이황(李滉): 1501~1570. 조선 시대의 문신이자 유학자. 주희의 사상을 깊게 연구하여 조선 성리학 발달의 기초를 형성했으며, 이(理)의 능동성을 강조하는 이기호발설(理氣互發說)을 주장하였다. 주리론(主理論) 전통의 영남학파의 종조로 숭양된다. 저서로 《자성록(自省錄)》·《주자서절요(朱子書節要)》·《이학통록(理學通錄)》·《계몽전의(啓蒙傳疑)》·《전습록논변(傳習錄論辨)》·《경서석의(經書釋義)》·《심경후론(心經後論)》등이 있다.

596 상관(喪冠)과⋯⋯듯하다:《退溪先生文集》卷28〈答金而精〉(국립중앙도서관 古3648-62-896, 83쪽).

597《常變通攷》卷20〈喪禮〉"大祥"'徹靈座斷杖棄之屛處', 703쪽.

598 백립(白笠): 상중(喪中)에 쓰는 흰 갓. 가늘게 쪼갠 죽사(竹絲)로 흑립과 같이 만든 뒤, 다시 그 위에 베를 입혔다.

백립(여기에 흰 베를 덧씌워 쓴다)(국립민속박물관)

백직령의(국립민속박물관)

(2) 의대(衣帶)

【문공가례의절 599 포건(布巾, 베 두건), 백직령의(白直領衣)600, 베로 만든 띠[布帶]를 쓴다. 부인들은 순전히 흰옷과 흰 가죽신만을 쓴다】

衣帶

【儀節 用布巾、白直領衣、布帶. 婦人純用素衣、履】

(3) 망건(網巾)

【안 박세채(朴世采)는 "말총으로 만든 망건을 흰 베로 장식한다."601라 했다】

網巾

【案 南溪云: "髮網巾飾以白布."】

16-2) 부묘(祔廟)를 고하는 글

유세차(維歲次) 몇 년 간지, 몇 월 간지 삭, 몇 일 간지에, 5대손 아무개는 감히 돌아가신 5대조 할아버지 아무 관직 부군(府君)과 돌아가신 5대조 할머니 아무 봉호 아무개 씨, 돌아가신 고조할아버지 아무 관직 부군과 돌아가신 고조할머니 아무 봉호 아무

祔廟告辭

維歲次干支, 幾月干支朔, 幾日干支, 五代孫某, 敢昭告于顯五代祖考某官府君、顯五代祖妣某封某氏、顯高祖考某官府君、顯高祖妣

---

599 《文公家禮儀節》, 위와 같은 곳.

600 백직령의(白直領衣) : 색깔이 희고 깃이 곧으며, 소매가 넓고 뻣뻣한 웃옷의 한 종류이다.

601 말총으로……장식한다:《南溪集》卷13〈答問〉"答金仲固栽問"'壬申十一月二日'(《南溪先生朴文純公文續集》, 4552쪽).

개 씨, 돌아가신 증조할아버지 아무 관직 부군과 돌아가신 증조할머니 아무 봉호 아무개 씨, 돌아가신 할아버지 아무 관직 부군과 돌아가신 할머니 아무 봉호 아무개 씨께 명백히 고합니다.

이제 돌아가신 아버지 아무 관직의

【안 아무 관직 아래에 '부군(府君)'이라는 두 글자가 있어야 한다】

대상(大祥)을 이미 지내어 예법에 돌아가신 증조할아버지 아무 관직 부군께 돌아가신 아버지를 부묘(祔廟)해야 하므로, 슬픈 마음을 이기지 못하겠습니다. 삼가 술과 과일로 정성을 펼쳐서 공경히 고합니다. 삼가 고합니다.

【문공가례의절 602 만약 아버지가 먼저 돌아가셔서 이미 사당에 들어가신 뒤에 어머니가 돌아가셨다면 그 축문은 "이제 돌아가신 어머니 아무 봉호 아무개 씨의 대상이 이미 이르러 예법에 돌아가신 아버지께 돌아가신 어머니를 부묘해야 하므로"라 한다. 나머지는 같다】《상례비요》603

某封某氏、顯曾祖考某官府君、顯曾祖妣某封某氏、顯祖考某官府君、顯祖妣某封某氏.

茲以先考某官

【案 某官下當有"府君"二字】

大祥已屆, 禮當祔於顯曾祖考某官府君, 不勝感愴. 謹以酒、果用伸虔告. 謹告.

【儀節 若父先亡, 已入祠堂而後母死, 其祝文曰: "茲以先妣某封某氏大祥已屆, 禮當祔於先考." 餘同】《喪禮備要》

602《文公家禮儀節》, 위와 같은 곳.
603《沙溪全書》卷34〈喪禮備要〉"大祥"'祔廟告辭'(《沙溪·愼獨齋全書》上, 577쪽).

I. 상례와 제례(喪祭禮)　　427

17) 담제(禫祭)[604]

(1) 대상을 지낸 뒤 1개월을 건너뛴 달에 담제를 지낸다.

【1개월을 건너뛰는 것이다. 초상(初喪)으로부터 이 때까지 윤달을 계산하지 않으므로, 모두 27개월이다.

禫祭

大祥之後, 中月而禫.

【間一月也. 自喪至此, 不計閏, 凡二十七月.

예기·상복소기[605] 부모, 아내, 장자(長子)를 위해 담제를 지낸다.

喪服小記 爲父母、妻、長子禫.

상례비요[606] 앞뒤로 상(喪)이 있으면 앞의 상의 담제는 뒤의 상중(喪中)에 지낼 수가 없다. 또 뒤의 상을 마치고 난 뒤에 다시 앞의 상의 담제를 지내서도 안 된다.

喪禮備要 前後有喪, 則前喪禫祭, 不可行於後喪中. 又不可追行於後喪畢後.

안 김장생(金長生)은 "아내의 상중(喪中)에 부모가 돌아가시면 아내의 담제를 지낼 수가 없지만, 그의 아들은 신위를 마련하여 곡을 하고 상복을 벗는다.

적손(嫡孫)이 할아버지의 상중(喪中)에 어머니의 상을 당하면 할아버지의 담제를 지낼 수 없지만, 그의 제부(諸父)들은 신위를 마련하여 곡을 하고 상복을 벗는다."[607]라 했다.

案 沙溪曰 : "妻喪中父母死, 不可行妻禫, 而其子則設位哭除之.

嫡孫祖喪中母亡, 不可行祖禫, 而其諸父則設位哭除."

---

604 담제(禫祭) : 3년의 상기(喪期)가 끝난 뒤에 상주가 일상으로 되돌아감을 고하는 제례의식. 일반적으로 부모의 상(喪)인 경우에는 대상(大祥)을 치른 뒤 3개월째 되는 달의 정일(丁日) 또는 해일(亥日)에 지낸다. 그러나 남편이 아내를 위하여 지내는 담제는 상(喪)을 치른 뒤에 15개월 만에, 즉 소상(小祥)을 치른 뒤 2개월째에 지낸다.

605 《禮記正義》 卷32 〈喪服小記〉 《十三經注疏整理本》 14, 1145쪽).

606 《沙溪全書》, 위와 같은 곳.

607 아내의……벗는다 : 《下廬集》 卷5 〈書〉 "答吳文初" 《下廬先生文集》, 183~184쪽).

우안 권상하(權尙夏)는 "대상을 지낼 때에 사정이 있어 뒤로 미루어 지냈다면 그 다음 달에 다시 담제를 지낸다."608라 했다】

又案 遂菴曰 : "大祥有故退行, 則其翌月又行禫."】

(2) 1개월 전 하순(下旬)에 날을 점친다.

【하순의 초에 다음 달 초순(初旬)·중순(中旬)·하순 중에서 한 순(旬)의 정일(丁日)이나 해일(亥日)로 택한다.609

前一月下旬, 卜日.

【下旬之首, 擇來月三旬或丁或亥.

안 이재(李縡)는 "환교(環珓)610로 길일을 점치는 일은 옛 제도이다. 지금은 행하지 않는다."611라 했다】

案 陶菴云 : "環珓卜吉古制. 未行."】

환교(環珓)

환교(環珓)

---

608 대상을……지낸다 : 《宋子大全》 卷122 〈書〉 "答或人", 279쪽.

609 하순의……택한다 : 점칠 때는 먼저 다음 달 초순의 정일이나 해일을 택한 다음 사당 앞에서 향을 피우고 배교(环珓)를 던져 그날의 길흉을 점친다. 하나가 엎어지고 하나가 젖혀지면 길하다. 만약 흉한 점괘가 나오면 다음 달 중순의 날짜로 점치고, 또 흉하면 다음 달 하순의 날짜로 점친다.

610 환교(環珓) : 옛날에 점을 칠 때 사용하던 기구. 옥이나 목재로 조개껍질 모양을 만드는데, 양쪽 조각이 떨어졌다 붙었다 할 수 있게 해서 이를 가지고 땅에 던진 뒤 그 모양을 관찰하여 길흉을 점쳤다. 배교(环珓)라고도 한다.

611 환교(環珓)로……않는다 : 《貞菴集》 卷4 〈書〉 "答百順", 332쪽.

(3) 담제 하루 전에 목욕을 하고, 신위(神位)를 진설하고, 기물을 진설하며, 음식을 준비한다.

【신위는 영좌를 두었던 곳에 진설한다. 나머지는 대상(大祥)을 지낼 때의 의례와 같다】

(4) 다음날 새벽에 행하는 일은 모두 대상을 지낼 때의 의례와 같다.

【다만 주인 이하는 사당에 나아간다. 축(祝)은 신주가 든 독(櫝)을 받들어 서쪽 계단의 탁자 위에 두고, 신주를 꺼내어 영좌에 둔다. 주인 이하는 슬픔을 다하도록 곡을 하되, 삼헌(三獻)을 드리는 동안에는 곡을 하지 않는다. 신(神)에게 작별을 고할 때가 되어서야 슬픔을 다하도록 곡을 한다. 신주를 보내고 사당에 도착하면 곡을 하지 않는다.

|문공가례의절|612 신주를 꺼내며 고하는 말은 다음과 같다. "효자(孝子) 아무개가 공경히 담사(禫事, 담제)를 올리려 하오니, 감히 아버지(또는 어머니)의 신주를 내어 정침(正寢)으로 나아가겠습니다."

|안| 축문은 위의 우제(虞祭) 항목에 보인다】

(5) 비로소 술을 마시고 고기를 먹는다.

【|상례비요|613 이 조목은 《가례》에는 대상(大祥)

前期一日, 沐浴, 設位, 陳器, 具饌.

【設神位於靈座故處. 他如大祥之儀】

厥明行事, 皆如大祥之儀.

【但主人以下詣祠堂. 祝奉主櫝, 置于西階卓子上, 出主置于座. 主人以下哭盡哀, 三獻不哭. 至辭神乃哭盡哀. 送神主至祠堂, 不哭.

|儀節| 出主告辭: "孝子某將祗薦禫事, 敢請某親神主出就正寢."

|案| 祝文見虞祭】

始飲酒食肉.

【|喪禮備要| 此條, 《家禮》

612 《文公家禮儀節》卷6 〈喪禮〉 "禫" (《文公家禮儀節》 3, 138쪽).
613 《沙溪全書》卷34 〈喪禮備要〉 "禫祭" (《沙溪·愼獨齋全書》上, 579쪽).

의 아래에 있다. 하지만 지금은 고례(古禮)와 《문공
가례의절》에 의하여 여기에 옮겨 놓는다》《가례》⁶¹⁴

在大祥下, 今依古禮及《儀
節》, 移于此】《家禮》

17-1) 갖춰야 할 기물

具

관(冠)

【안】 칠포립(漆布笠, 옻칠을 한 베로 만든 갓)을 쓴다】

冠

【案】漆布笠】

띠[帶, 대]

【안】 흰 실로 만든 띠를 쓴다】

帶

【案】白絲帶】

상의

【안】 삼베로 만든 도포(道袍)를 쓴다】

衣

【案】麻布道袍】

망건

【안】 말총으로 만든 망건에 검은 비단인 증(繒)으
로 장식한다】

網巾

【案】髮網巾餙以皁繒】

신발[履, 리]

【안】 가죽 신발이다.

履

【案】革履.

아버지가 살아계셔서 어머니를 위해 심상(心喪)을
입고 있는 사람은 흰 베로 만든 직령의(直領衣)를 입
고, 검푸른 베로 만든 갓을 쓰고, 검푸른 베로 만든
띠를 두른다】

父在爲母心喪者, 白布直領
衣, 黪布笠, 黪布帶】

614《常變通攷》卷20〈喪禮〉 "大祥" '徹靈座斷杖棄之屛處', 714쪽.

18) 길제(吉祭)[615]

(1) 담제를 지낸 다음 날에 길제 날짜를 점친다.

【담제를 지낸 뒤에 1개월이 지나서 제사를 지내는 데, 바로 길제를 지내는 통상적인 제도이다. 그러나 담제가 만약 사시정제(四時正祭)[616]를 올리는 달과 같은 달에 해당하면 바로 이번 달에 길제를 지낸다. 이는 대개 3년 동안 제사를 지내지 않았던 나머지 정제(正祭)를 지내는 일이 더 급하기 때문이다.

제사를 지낼 때는 돌아가신 아버지와 어머니는 신위(神位)를 다르게 하고, 축문도 축판(祝版)을 다르게 하며, 제사를 지내고 난 뒤에는 신위를 한 독(櫝)에 합한다. 만약 1개월이 지났으면 제사를 지낼 때 신위를 합하는데, 시제(時祭)[617]를 올리는 의례와 같이 한다.

아버지가 먼저 돌아가셔서 이미 사당에 들어갔다면 어머니의 상(喪)을 마친 뒤에는 본래 길제를 지내고 나서 체천(遞遷)[618]하는 절차가 없다. 정제(正祭)는 아마도 이를 따라 지내야 할 듯하다.

吉祭

禪之明日，卜日．

【禪後踰月而祭，是爲常制，而禪祭若當四時正祭之月，則卽於是月而行之．蓋三年廢祭之餘，正祭爲急故也．

祭時，考妣異位，祝用異版，祭後合櫝．若踰月則祭時合位，如時祭儀．

父先亡，已入於廟，則母喪畢後，固無吉祭遞遷之節矣．其正祭似當倣此行之．

---

615 길제(吉祭) : 담제(禪祭)를 지낸 다음 달에 행하는 제례의식. 담제를 지낸 다음 상주가 담제 날짜를 정할 때와 마찬가지의 절차로 길제를 지낼 날짜를 정하는데, 일반적으로 담제를 지낸 날로부터 한 달 뒤의 정일(丁日)이나 해일(亥日)로 정한다.

616 사시정제(四時正祭) : 네 계절마다 한 번씩 지내는 시제(時祭). 사시제(四時祭)라고도 한다. 매 계절의 가운데 달에 지낸다. 따라서 봄은 음력 2월, 여름은 5월, 가을은 8월, 겨울은 11월에 지낸다.

617 시제(時祭) : 한식 또는 10월에 5대조 이상의 묘소(墓所)에서 지내는 제사를 관행적으로 일컫는 말. 한식 또는 10월에 정기적으로 묘제를 지낸다고 하여 시사(時祀), 시향(時享)이라고도 한다. 이는 5대 이상의 조상을 모시는 묘제(墓祭)를 가리키며, 4대친(四代親)에 대한 묘제를 사산제(私山祭)라고 구분하기도 한다. 그래서 묘사(墓祀), 묘전제사(墓前祭祀)라고 하며, 일년에 한 번 제사를 모신다고 하여 세일제(歲一祭), 세일사(歲一祀)라고도 한다.

618 체천(遞遷) : 본래는 조상의 신주가 4대를 넘어가서 친진(親盡)이 된 신주를 우선 4대 이내의 자손 가운데 항렬이 가장 높은 연장자인 최장방(最長房)에게로 옮기는 일이다. 여기에서는 새로운 신주를 사당에 들이는 일을 말한다.

619 길제도 상순(上旬)의 정일(丁日)이나 해일(亥日)을 쓴다】

⑥⑤疏 亦用上旬或丁或亥】

(2) 3일 전에 재계한다.

【주 620 시제(時祭)를 지낼 때의 의례와 같다】

前期三日, 齊戒.

【注 如時祭儀】

(3) 1일 전에 신주를 사당으로 옮기는 일을 고한다.

【① 술과 과일로 고하며, 초하루와 보름에 사당에 참배하는 의례와 같다. 다만 탁자 1개를 향탁(香卓) 동쪽에 따로 진설하고, 정수(淨水, 정화수)·분잔(粉盞, 분대접)·쇄자(刷子, 먼지떨이)·목적(木賊, 속새)·벼루·붓·먹을 그 위에 둔다. ② 주인은 술을 따르고 2번 절한다. ③ 절하기를 마치면 향탁 남쪽에 선다.

④ 축(祝)은 축판을 들고 주인 왼쪽에 서 있다가 꿇어앉아 축을 읽으면서 신주를 사당으로 옮기는 일을 고한다. ⑤ 고하기를 마치면 2번 절한다. ⑥ 주인은 앞으로 나아가, 글자를 고쳐 쓸 신주 중 가장 높은 신주를 받들어 탁자 위에 눕혀 둔다. ⑦ 집사자는 예전에 적혀 있던 글자를 씻어서 지우고, 따로 분(粉)을 바른다. ⑧ 마르면 선서자(善書者, 글씨를 잘 쓰는 사람)에게 명하여 고쳐서 쓰게 한다. ⑨ 선서자는 손을 씻고 서쪽을 향하여 서서 글자를 고쳐 쓰되, 함중(陷中)에 적힌 글자는 고쳐 쓰지 않는다. ⑩ 신주

前一日, 告遷于祠堂.

【以酒果告, 如朔望儀. 但別設一卓於香卓之東, 置淨水、粉盞、刷子、木賊、硯、筆、墨於其上. 主人斟酒, 再拜, 訖, 立於香卓之南.

祝執版, 立於主人之左, 跪讀告遷. 告畢, 再拜. 主人進奉所改題最尊之主, 臥置卓上, 執事者, 洗去舊字, 別塗以粉, 俟乾, 命善書者. 盥手西向立, 改題之, 陷中不改, 洗水以灑祠堂之四壁.

---

619 《儀禮注疏》 卷43 〈士虞禮〉 《十三經注疏整理本》 11, 966쪽).

620 《沙溪全書》 卷34 〈喪禮備要〉 "吉祭" 《沙溪·愼獨齋全書》 上, 580쪽).

⑥⑤ 禮 : 저본에는 "記"; 《沙溪全書·喪禮備要·吉祭》에는 없음. 일반적인 용례에 근거하여 수정.

의 글자를 씻어낸 물은 사당의 네 벽에 뿌린다.

⑪ 주인은 신주를 받들어 원래 있던 자리에 둔
다. ⑫ 다른 여러 신주의 글자를 고쳐 쓰는 의례도
앞과 같다. 증조할아버지와 증조할머니는 고조할아
버지와 고조할머니로 고쳐 쓰고, 할아버지와 할머
니 및 아버지와 어머니 및 부위(祔位)도 이와 같은 식
이다.

主人奉主, 置故處. 改題
諸位如前. 曾祖考妣改題
爲高祖考妣, 祖考妣及考
妣及祔位倣此.

⑬ 주인은 계단을 내려와 자기 자리로 돌아가서,
자리에 있는 사람들과 함께 모두 2번 절하고, 신에
게 작별을 고하며 물러난다】

降復位, 與在位者皆再拜,
辭神而退】

(4) 신위를 진설하고 기물을 진설한다.

【시제(時祭)를 지낼 때의 의례와 같다】

設位, 陳器.

【如時祭儀】

(5) 희생(犧牲)을 살피고, 그릇을 씻고, 음식을 준비
한다. 다음날 새벽에 일찍 일어나서 나물·과일·술·
음식을 마련한다. 날이 밝으면 신주를 받들고 신위
자리에 나아간다.

【시제를 지낼 때의 의례와 같다】

省牲, 滌器, 具饌. 厥明夙
興, 蔬, 果, 酒, 饌. 質明奉
主就位.

【如時祭儀】

(6) 참신(參神)·강신(降神)·진찬(進饌, 음식을 올리는 의
례)·초헌(初獻)·아헌(亞獻)·종헌(終獻)·유식(侑食)·합문
(闔門)·계문(啓門)·수조(受胙)·사신(辭神)을 행하고, 신
주를 독에 넣는다.

【① 주인과 주부가 모두 올라가서 각각 신주를
받들어 독(櫝)에 넣는다. ② 독을 받들고 사당으로
돌아가서 차례대로 신주들의 자리에 올려 모시고,

參神, 降神, 進饌, 初獻, 亞
獻, 終獻, 侑食, 闔門, 啓門,
受胙, 辭神, 納主.

【主人、主婦皆升, 各奉主
納于櫝, 奉歸祠堂, 以次
遞升, 新主亦入正位.

새 신주도 올바른 위치에 들여 모신다.

③ 아버지와 어머니 중에 먼저 돌아가신 분의 신주가 있으면 이때에 한 독(櫝)에 합한다. ④ 제사를 지내는 대수(代數)가 다한 신주를 받들어 묘소에 묻는다.

考妣有先亡者, 至是合櫝. 奉親盡之主, 埋於墓所.

⑤ 만약 족인(族人) 가운데 아직 봉사(奉事) 대수가 다하지 않은 사람이 있으면, 4대 이내의 자손 가운데 나이가 가장 많은 사람의 방으로 옮겨 그 제사를 주관하게 한다.

若族人有親未盡者, 遷于最長之房, 使主其祭.

⑥ 이때는 제사를 주관하는 사람이 부르는 칭호대로 신주의 글자를 고쳐 쓰는데, 방제(旁題)[621]에는 '효(孝)'자를 쓰지 않아야 한다】

當以主祭者所稱改題, 而旁題不稱孝】

(7) 음식을 거둔다.

徹饌.

【모두 시제를 지낼 때와 같다】《상례비요》[622]

【幷如時祭】《喪禮備要》

---

621 방제(旁題) : 제사를 주관하는 자손의 이름. 신주의 아래에 적는다.

622 《沙溪全書》卷34〈喪禮備要〉 "吉祭"(《沙溪·愼獨齋全書》上, 580~581쪽).

19) 개장(改葬, 이장)[623]

(1) 개장을 하려면 이에 앞서 이장을 치를 수 있는 땅을 고른 뒤, 관(棺)을 마련하고 염상(斂牀)·포(布)·효(絞)·금(衾)·의(衣)를 갖춘다.

【대렴(大斂)을 지낼 때의 의례와 같다.

안 장례를 지낸 지 오래되지 않았는데 개장한다면 위의 기물을 굳이 쓸 필요는 없다】

(2) 이장을 치를 때는 제복(制服)을 갖춘다.

【삼년복(三年服)을 입어야 하는 사람은 모두 시마복(緦麻服)을 입는다.

통전(通典)[624][625] 손자가 할아버지의 후사(後嗣)가 된 경우에도 시마복(緦麻服)을 입는다】

(3) 날짜를 고른 뒤 묘역[塋域]을 열고, 토지신(土地神)에게 제사를 지낸다.[626] 이어서 무덤 구덩이를 파서 회격(灰隔)을 만드는데, 모두 처음 장례를 지낼 때의 의례와 같다. 1일 전에 사당에 고한다.

【① 차례대로 선 다음 독(櫝)을 열고 천장(遷葬, 이장)할 신주를 꺼낸다. ② 참신(參神)을 행하면 모두 2

改葬

將改葬, 先擇地之可葬者, 治棺, 具斂牀、布、絞、衾、衣.

【如大斂儀.

案 非年久改葬, 則不必用】

治葬, 具制服.

【應服三年者, 皆服緦.

通典 孫爲祖後亦緦】

擇日開塋域, 祠土地. 遂穿壙作灰隔, 皆如始葬之儀. 前期一日, 告于祠堂.

【序立, 啓櫝出所當遷葬之主. 參神, 皆再拜. 主人盥

---

623 개장(改葬):묘를 쓴 다음에 다시 어떠한 목적에 의하여 새로 묘지를 택하여 시신을 옮겨 매장하는 일. 이장(移葬)·면례(緬禮)·면봉(緬奉)·천장(遷葬)이라고도 한다.
624 통전(通典):중국 당(唐)나라의 재상인 두우(杜佑, 735~812)가 중국 고대로부터 당나라에 이르기까지의 정전(政典)을 기록한 책. 총 200권. 중당(中唐) 이전의 제도를 통람(通覽)하는 데 유용한 책으로, 북송(北宋)의 송백(宋白) 등의 《속통전(續通典)》, 남송(南宋) 정초(鄭樵)의 《통지(通志)》등에 큰 영향을 끼쳤다.
625 《通典》卷102〈禮 62 凶 24〉"改葬服議"(《文淵閣四庫全書》604, 289쪽).
626 날짜를……지낸다:묘소를 열어 토지신에게 고하는 그림은 다음 페이지의 그림과 같다.

번 절한다. ③ 주인은 손을 씻고 향탁 앞으로 나아간다. ④ 꿇어앉아 강신(降神)을 행한다. ⑤ 향(香)을 피워 올리고서 2번 절한다. ⑥ 술을 땅에 붓고 몸을 구부려 절하고 일어나 2번 절한다. ⑦ 주인은 술을 따라 올리고, 주부는 차를 올린다. ⑧ 주인 이하는 모두 꿇어앉아 개장(改葬)을 알리는 일을 고한다. ⑨ 주인은 몸을 구부려 절하고 일어나 2번 절한 다음 자기 자리로 돌아온다. ⑩ 주인이 신(神)에게 작별을 고하면 모두 2번 절하고, 신주를 독에 넣는다】

洗, 詣香卓前, 跪降神. 上香, 再拜. 酹酒, 俯伏, 興, 再拜. 主人斟酒, 主婦點茶. 主人以下皆跪, 告辭. 主人俯伏, 興, 再拜, 復位. 辭神, 皆再拜, 納主】

(4) 집사자는 옛 묘소에 흰 베로 만든 장막을 친다. 【문을 남쪽을 향하여 열고, 장막 아래에 자리를 편다】

執事者, 於舊墓所張白布幕. 【開戶向南, 布席其⑥下】

(5) 남녀의 자리 순서를 만든다. 다음날 새벽에 안팎의 여러 친척이 모두 도착하면 각각 순서에 맞게 자리로 나아간다. 주인은 시마복(緦麻服)을 입고 나머지는 모두 소복(素服)을 입는다.

【남자는 묘소 동쪽에서 서쪽을 향하여 서고, 부인은 묘소 서쪽에서 동쪽을 향하여 선다. 모두 북쪽을 상석으로 한다.

爲男女位次. 厥明內外諸親皆至, 各就次. 主人服緦, 餘皆素服.

【男子於墓東, 西向 ; 婦人墓西, 東向. 俱北上.

안 박세채(朴世采)는 "부인들이 묘소에 갈 수 없으면, 개장하는 날 집에서 성복(成服)을 한다."627라 했다】

案 南溪曰 : "婦人未及往, 成服於家."】

---

627 부인들이……한다:《南溪先生朴文純公文外集》卷8〈答李仁甫問〉(국립중앙도서관 한古朝46-가492, 147쪽).

⑥ 其 : 저본에는 "㫜".《沙溪全書·喪禮備要·改葬》에 근거하여 수정.

(6) 자기 자리에 나아가 슬픔을 다하도록 곡을 한다. 묘소를 연다.

【① 술·과일·포·고기젓갈을 묘소 앞에 진설한다. ② 주인 이하는 차례대로 서서 슬픔을 드러낸다. ③ 슬픔이 그치면 2번 절한다. ④ 주인은 꿇어앉아 향을 피운다. ⑤ 술을 땅에 붓고 술을 따라 올린다. ⑥ 몸을 구부려 절하고 일어나 2번 절한 다음 자기 자리로 돌아온다. ⑦ 축(祝)이 희흠(噫歆, 헛기침)을 3번 하고 말씀을 고한다. ⑧ 슬픔을 드러내고 2번 절한다】

就位哭盡哀. 啓墓.

【設酒、果、脯醢於墓前. 主人以下序立擧哀. 哀止, 再拜. 主人跪焚香, 酹酒, 奠酒. 俯伏, 興, 再拜, 復位. 祝噫嘻三聲, 告辭. 擧哀, 再拜】

(7) 역자(役者)들이 봉분(封墳)을 연다.

【역자들이 봉분을 여는 일을 마치면 남자와 여자는 각각 자신의 자리에 나아가 곡을 한다】

役者開墳.

【俟開墳訖, 男女各就位哭】

(8) 관(棺)을 들고 밖으로 꺼내서 장막 아래 펴놓은 자리 위에 둔다.

【남자와 여자는 모두 장막이 있는 곳까지 곡을 하며 따라가되, 남자는 동쪽에 서고 여자는 서쪽에 선다. 안 영구를 옮겨 합장(合葬)을 하려면 영구를 꺼낼 때 중요한 분[重, 아버지]의 영구를 먼저 꺼내고 덜 중요한 분[輕, 어머니]의 영구를 나중에 꺼낸다】

舉棺出, 置幕下席上.

【男女俱哭從於幕所, 男東女西.
案 遷合葬則出柩, 當先重後輕】

(9) 축(祝)은 관을 닦는 베인 공포(功布)로 관(棺)을 깨끗이 닦고, 이불로 덮는다.

【이불은 곧 이금[侇衾, 구의(柩衣)]이다】

祝以功布拭棺, 覆以衾.

【衾卽侇衾】

(10) 영구 앞에 전(奠)을 진설한다.

設奠于柩前.

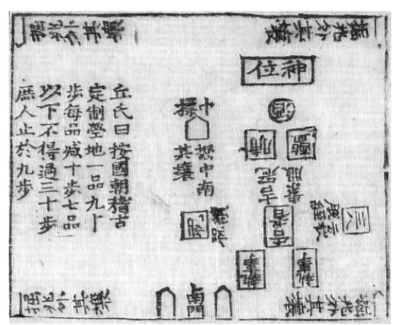

묘역을 열어 토지신에게 고하는 그림[掘兆告后土氏之圖]《(상례비요)》

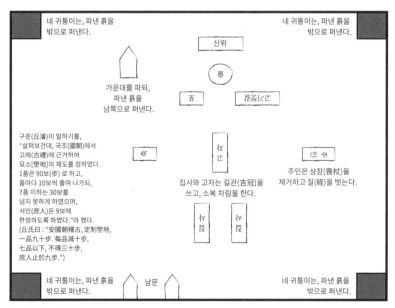

묘소를 열어 토지신에게 고하는 그림

【① 탁자에 평소의 의례와 같이 술잔·술주전자·향로를 두고, 나물·과일·밥·국을 평소의 의례대로 진설한다. ② 주인 이하는 슬픔을 드러내고 2번 절한다. ③ 향안(香案) 앞으로 나아가 꿇어앉고 향을 피운다. ④ 술을 땅에 붓고 술을 따라 올린다. ⑤ 몸을 구부려 절하고 일어나 슬픔을 드러내고 2번 절한다. ⑥ 조금 뒤에 술과 과일만 남겨두고 전(奠)을 거둔다. ⑦ 영좌를 진설하고 아침저녁으로 음식을 올린다. ⑧ 아침저녁으로 곡을 하고 전(奠)을 올리는데, 조전과 석전은 초상(初喪) 때와 같이 해야 한다】

【用卓子置酒盞、酒注、香爐, 及設蔬、果、飯、羹如常儀. 主人以下, 擧哀, 再拜. 詣香案前, 跪焚香. 酹酒, 奠酒. 俯伏, 興, 擧哀, 再拜. 少頃徹, 止留酒果. 設靈座, 朝夕上食. 朝夕哭奠, 當如初喪】

(11) ① 역자들은 장막문 밖에 새 관(棺)을 마주 들어다 놓는다. ② 이어서 묘소에 나아간다. ③ 집사자는 새 관의 서쪽에 염상(斂牀)을 진설한다. ④ 집사자는 관(棺)을 열고 시신을 들어 염상에 둔다. ⑤ 마침내 대렴(大斂)을 지낼 때의 의례와 같이 염을 한다.

【만약 관을 바꾸지 않는다면 염상(斂牀)을 진설하지 않는다.

役者, 舁新棺於幕門外. 遂詣幕所. 執事者設斂牀於新棺之西. 執事者開棺, 擧尸置于斂牀. 遂斂如大斂之儀.

【如不易棺則不設.

안 비록 관을 바꾸지 않더라도 알맞게 칠(漆)을 더한다】

案 雖不易棺, 加漆隨宜】

(12) 영구를 옮겨 대여(大轝)로 나아간다.

【① 집사자가 전(奠)을 거두면 축(祝)은 꿇어앉아 "오늘 영구를 옮겨 대여로 나아가니, 감히 고합니다."라 고한다. ② 그제야 전(奠)을 진설하고 자리에 나아가 슬픔을 드러낸다. ③ 축(祝)은 손을 씻고 향

遷柩就轝.

【執事者撤奠, 祝跪告曰: "今日遷柩就轝, 敢告." 乃設奠, 就位擧哀. 祝盥洗焚香, 斟酒, 跪告曰: "靈

을 피운 다음 술을 따라 올린다. ④ 그런 다음 꿇어 앉아 "영구를 실은 수레에 이미 멍에를 씌웠으니, 가시는 곳은 곧 새 유택(幽宅)입니다."라 고한다. ⑤ 몸을 구부려 절하고 일어나 2번 절한다】

輤載駕, 往卽新宅." 俯伏, 興, 再拜】

(13) 발인은 처음 장례를 지낼 때의 의례와 같다.

【안】 신재(愼齋) 주세붕(周世鵬)[628]은 "아버지의 장례를 아직 치르지 않았는데, 어머니를 개장하여 발인할 때는 참최복(斬衰服)을 입는다. 어머니의 장례를 아직 치르지 않았는데, 아버지를 개장하여 발인할 때는 시마복(緦麻服)을 입는다."[629]라 했다】

發引如始葬之儀.
【案】愼齋曰:"父未葬改葬母發引, 服斬;母未葬改葬父發引, 服緦."】

(14) ① 영구가 도착하지 않았을 때 집사자는 먼저 영좌를 진설하고, 남녀와 항렬에 따른 자리를 만든다. ② 영구가 도착하면 주인 및 남자들과 여자들은 각각 자신의 자리에 나아가 곡을 한다. ③ 그제야 하관한다. 하관은 처음 장례를 치룰 때의 의례와 모두 같다. ④ 묘소 왼쪽에서 토지신에게 제사를 지낸다. ⑤ 장례를 치른 다음 장막의 영좌 앞으로 나아가 우제(虞祭)를 지내는데, 처음 우제를 지냈던 의례와 같게 한다.

【다만 차례대로 서서 슬픔을 드러내고, 곡을 그치면 삼헌(三獻)을 드린다. 신(神)에게 작별을 고할 때

未至, 執事者先設靈座, 爲男女位次. 柩至, 主人、男女各就位哭, 乃窆. 一如始葬之儀. 祠土地於墓左. 旣葬, 就幕所靈座前, 行虞祭, 如初虞儀.

【但序立擧哀, 哀止, 三獻. 辭神, 並不擧哀】

---

628 주세붕(周世鵬):1495~1554. 조선 전기의 문신, 학자. 자는 경유(景游), 호는 신재(愼齋)·남고(南臯)·무릉도인(武陵道人)·손옹(巽翁). 관력에서 보듯이 내직은 대체로 홍문관·성균관 등 학문기관에서 관직을 맡았고, 지방관으로 나가서는 교학 진흥을 통한 교화에 힘썼다. 저서로《죽계지(竹溪誌)》·《무릉잡고(武陵雜稿)》등이 있다.
629 아버지의……입는다:《常變通攷》卷21〈喪禮〉"改葬", 760쪽.

는 모두 슬픔을 드러내지 않는다】

(15) 제사를 마치면 영좌를 거두고 집으로 돌아가 사당에 고한다.

【앞의 의례와 같다】

祭畢, 徹靈座而還, 告于祠堂.

【如前儀】

(16) 3개월이 지나면 상복을 벗는다.

【상복을 벗을 때에는 허위(虛位)를 진설하고 곡을 하고서 상복을 벗어야 한다】《상례비요》[630]

三月而除服.

【除服時, 當設虛位, 哭而除之】《喪禮備要》

19-1) 묘역을 열면서 토지신에게 제사하는 축문

유세차(維歲次) 몇 년 간지, 몇 월 간지 삭, 몇 일 간지에, 아무 관직 아무개(성명을 쓴다)가 감히 토지신께 명백히 고합니다. 이제 아무개 아버지 아무 관직 아무개(성명을 쓴다)의

【또는 아무 봉호 아무개 씨라 한다.

開塋域祠土地祝文

維歲次干支, 幾月干支朔, 幾日干支, 某官姓名, 敢昭告于土地之神. 今爲某親某官姓名,

【或某封某氏.

[案] 주인이 스스로 아뢸 때는 성명을 쓰지 않는다】

[案] 主人自告, 不書姓名】

택조(宅兆, 묘소)가 이롭지 않아 이곳에 개장(改葬)하려 하오니, 신께서 보우하셔서 뒷날의 어려움이 없도록 하여 주십시오. 삼가 맑은 술과 포(脯)와 고기젓갈을 공경히 신(神)께 올립니다. 흠향하시기 바랍니다.《상례비요》[631]

宅兆不利, 將改葬于此, 神其保佑, 俾無後艱. 謹以淸酌、脯醢, 祗薦于神, 尙饗.《喪禮備要》

630《沙溪全書》卷34〈喪禮備要〉"改葬"(《沙溪·愼獨齋全書》上, 581~583쪽).
631《沙溪全書》卷34〈喪禮備要〉"改葬"'開塋域祠土地祝文'(《沙溪·愼獨齋全書》上, 581쪽).

19-2) 묘를 열기 전에 사당에 고하는 글

유세차(維歲次) 몇 년 간지, 몇 월 간지 삭, 몇 일 간지에, 효자(孝子)

【또는 효손(孝孫)·효증손(孝曾孫)·효현손(孝玄孫)632 등으로 쓴다】

아무 관직 아무개는 이제 돌아가신 아무개 아버지 아무 관직 부군(府君)의

【또는 모친(某親) 아무 봉호 아무개 씨라 한다】

체백(體魄, 송장)이 제자리가 아닌 땅에 의탁하고 있으므로 뜻밖의 우환이 생겨 선영(先靈)을 놀라게 해드릴까 염려되어 걱정스럽고 두려운 마음을 이길 수가 없습니다. 이 달 몇 일에 아무 곳으로 개장(改葬)하려 합니다. 삼가 술과 과일로 정성을 펼쳐서 공경히 고하는 예를 올립니다. 삼가 고합니다.

【안 방친(旁親) 및 항렬이 낮거나 나이가 어린 사람은 상황에 맞게 말을 구사한다】《상례비요》633

19-3) 묘소를 열 때 토지신에게 제사하는 축문

유세차(維歲次) 몇 년 간지, 몇 월 간지 삭, 몇 일 간지에, 아무 관직 아무개(성명을 쓴다)가 감히 토지신

啓墓前祠堂告辭

維歲次干支, 幾月干支朔, 幾日干支, 孝子

【或孫、曾孫、玄孫】

某官某, 茲以顯某親某官府君

【或某親某封某氏】

體魄托非其地, 恐有意外之患, 患驚動先靈, 不勝憂懼. 將卜以是月某日, 改葬于某所, 謹以酒、果用伸虔告. 謹告.

【案 旁親及卑幼, 隨宜措辭】《喪禮備要》

啓墓時祠土地祝文

維歲次干支, 幾月干支朔, 幾日干支, 某官姓名, 敢昭

---

632 효손(孝孫)·효증손(孝曾孫)·효현손(孝玄孫): 고조(高祖)의 제사를 지낼 때 주인이 자신을 지칭하는 말이다. 본문에서는 안(案)의 내용처럼 축문에는 4대(四代)를 함께 하나의 축판에 기록하여 가장 높은 항렬의 조상에 맞추어 자신을 지칭한 것이다.

633《沙溪全書》卷34〈喪禮備要〉"改葬" '祠堂告辭'(《沙溪·愼獨齋全書》上, 581쪽).

께 명백히 고합니다. 이제 아무개 아버지 아무 관직 아무개(성명을 쓴다)의 택조(宅兆, 묘소)를 이 땅에 모셨으나, 뒷날의 근심이 생길까 두려워 하관했던 곳을 열어 다른 곳으로 옮기려 합니다. 삼가 맑은 술과 포(脯)와 고기젓갈을 공경히 신(神)께 올리오니, 신께서 보우해주십시오. 흠향하시기 바랍니다.《상례비요》634

告于土地之神. 兹以某親某官姓名卜宅茲地, 恐有他患, 將啓窆遷于他所, 謹以清酌、脯醢, 祗薦于神, 神其佑之, 尚饗.《喪禮備要》

19-4) 묘소를 열 때 고하는 글

啓墓告辭

유세차(維歲次) 몇 년 간지, 몇 월 간지 삭, 몇 일 간지에, 효자(孝子) 아무 관직 아무개는 감히 돌아가신 아무개 아버지 아무 관직 부군(府君)께 명백히 고합니다. 이 땅에 장례를 지내고 세월이 어느덧 흘렀으나 체백(體魄)이 편안하지 못하시니, 이제 개장하려고 합니다. 엎드려 생각건대 존령(尊靈, 혼령의 높임말)께서는 놀라지 마십시오.

維歲次干支, 幾月干支朔, 幾日干支, 孝子某官某, 敢昭告于顯某親某官府君. 葬于茲地, 歲月滋久, 體魄不寧, 今將改葬. 伏惟尊靈不震不驚.

【안】 방친 및 항렬이 낮거나 나이가 어린 사람은 상황에 맞게 말을 구사한다. 아래도 이와 같다】《상례비요》635

【案】 旁親及卑幼, 隨宜措辭. 下同】《喪禮備要》

19-5) 개장 후에 토지신에게 제사하는 축문

改葬後祠土地祝文

유세차(維歲次) 몇 년 간지, 몇 월 간지 삭, 몇 일 간지에, 아무 관직 아무개(성명을 쓴다)가 감히 토지신

維歲次干支, 幾月干支朔, 幾日干支, 某官姓名, 敢昭

634《沙溪全書》卷34〈喪禮備要〉"改葬"'祠土地祝文'(《沙溪·愼獨齋全書》上, 581~582쪽).
635《沙溪全書》卷34〈喪禮備要〉"改葬"'啓墓告辭'(《沙溪·愼獨齋全書》上, 582쪽).

께 명백히 고합니다. 이제 아무개 아버지 아무 관직 아무개(성명을 쓴다)의 택조(宅兆)를 세우려 하니, 신께서 보우하셔서 뒷날의 어려움이 없도록 하여 주십시오. 삼가 맑은 술과 포와 고기젓갈을 공경히 신(神)께 올립니다. 흠향하시기 바랍니다.《상례비요》[636]

告于土地之神. 今爲某親某官姓名, 建茲宅兆, 神其保佑, 俾無後艱. 謹以淸酌、脯醢, 祗薦于神, 尙饗. 《喪禮備要》

19-6) 우제(虞祭) 때의 축문

유세차(維歲次) 몇 년 간지, 몇 월 간지 삭, 몇 일 간지에, 효자(孝子) 아무개는 감히 돌아가신 아무개 아버지 아무 관직 부군(府君)께 명백히 고합니다. 유택(幽宅)을 새로 개장하여 예(禮)를 마치고 우제로 끝내려 하니, 아침 일찍부터 밤늦게까지 편안하지 못하여 울부짖으며 불러도 끝이 없습니다. 삼가 맑은 술과 여러 음식으로 공경히 우제를 올립니다. 흠향하시기 바랍니다.

虞祭祝文

維歲次干支, 幾月干支朔, 幾日干支, 孝子某, 敢昭告于顯某親某官府君. 新改幽宅, 禮畢終虞, 夙夜靡寧, 啼號罔極. 謹以淸酌、庶羞, 祗薦虞事, 尙饗.

【안】 방친 및 항렬이 낮거나 나이가 어린 사람은 초상(初喪) 때의 우제 축문을 참고하되, 상황에 맞게 말을 바꾼다》《상례비요》[637]

【案】旁親及卑幼, 參着初喪虞祭祝文, 隨宜改語】《喪禮備要》

19-7) 개장 후에 사당에 고하는 글

유세차(維歲次) 몇 년 간지, 몇 월 간지 삭, 몇 일 간지에, 효자 아무개는 지금 돌아가신 아무개 아버지 아무 관직 부군(府君)의 체백(體魄)이 제자리가 아

改葬後祠堂告辭

維歲次干支, 幾月干支朔, 幾日干支, 孝子某, 今以顯某親某官府君體魄托非其

636《沙溪全書》卷34〈喪禮備要〉"改葬"'啓墓告辭'(《沙溪·愼獨齋全書》上, 582쪽).
637《沙溪全書》卷34〈喪禮備要〉"改葬"'虞祭祝文'(《沙溪·愼獨齋全書》上, 582쪽).

닌 땅에 의탁하고 있으므로, 이미 이 달 몇 일 아 무 곳에 개장하여 일을 마쳤습니다. 삼가 술과 과일 로 정성을 펼쳐서 공경히 고합니다. 삼가 고합니다. 《상례비요》[638]

地, 已於今月某日, 改葬于 某所, 事畢. 謹以酒、果用 伸虔告. 謹告. 《喪禮備要》

638 《沙溪全書》卷34〈喪禮備要〉"改葬" '祠堂告辭'(《沙溪·愼獨齋全書》上, 583쪽).

2. 제례

祭禮

1) 사당(祠堂) 세우기

(1) 군자는 집을 지으려 할 때에 먼저 정침(正寢, 본채)의 동쪽에 사당을 세운다.

【사당의 제도는 3칸이다. 사당 바깥에는 중문(中門)을 만들고, 중문 밖에는 2개의 계단을 만들어 모두 3단이 되도록 한다. 동쪽 계단을 '조계(阼階)'라 하고, 서쪽 계단을 '서계(西階)'라 한다. 계단 아래에는 땅의 너비에 따라 지붕으로 덮어서 집안사람들을 차례대로 줄을 설 수 있도록 만든다.[1] 또 유서(遺書)[2]·의물(衣物)[3]·제기(祭器)를 넣어둘 창고와 신주(神廚)[4]를 사당 동쪽에 만든다. 그 둘레에는 담을 두르고 별도로 외문(外門)을 만드는데, 평상시에는 빗장을 질러서 달아놓는다.

만약 가난하여 땅이 좁으면 사당 1칸만 세워 신주(神廚)와 창고는 만들지 않고 동쪽과 서쪽의 벽 아래에 2개의 궤(櫃)[5]를 둔다. 서쪽 궤에는 유서와 의

立祠堂

君子將營宮室, 先立祠堂於正寢之東.

【祠堂之制三間, 外爲中門, 中門外爲兩階, 皆三級. 東曰"阼階", 西曰"西階". 下[1]隨地廣狹以屋覆之, 令可容家衆敍立. 又爲遺書、衣物、祭器庫及神廚於其東, 繚以周垣, 別爲外門, 常加扃閉.

若家貧地狹, 則止立一間, 不立廚、庫, 而東西壁下置立兩櫃, 西藏遺書、衣物,

---

1 땅의……만든다: 본문 기사에서 설명하는 부분이 조선 중기의 학자 김장생(金長生, 1548~1631)의 《가례집람도설(家禮輯覽圖說)》에는 '서입처(序立處)'라는 명칭으로 그려져 있다.

2 유서(遺書): 망자(亡者)가 남긴 글이나 서책.

3 의물(衣物): 망자가 생전에 입던 옷. 제사 때 진설하여 시동(尸童, 제사 때 신을 대신하는 아이)이 입는다.

4 신주(神廚): 제사지낼 때 쓰는 술과 음식을 데우는 주방.

5 궤(櫃): 물건을 넣어 두는 장방형의 상자.

[1] 下: 저본에는 없음. 《家禮·通禮·祠堂》에 근거하여 보충.

궤(櫃)(국립민속박물관)

물을 넣어두고, 동쪽 궤에는 제기를 보관한다. 정
침은 전당(前堂)6을 말한다. 땅이 좁으면 청사(廳事)의
동쪽에 사당을 지어도 괜찮다. 일반적으로 사당이
있는 집은 종갓집의 적장자가 대대로 지키고 있으
니, 다른 이들과 나누거나 쪼개어 소유하지 않는다.

　일반적으로 집의 제도는 실제로 집이 어느 방향
을 향하는지 상관없이 단지 앞을 남쪽으로 삼고, 뒤
를 북쪽으로 삼으며, 왼쪽을 동쪽으로 삼고, 오른
쪽을 서쪽으로 삼는다】

(2) 감실(龕室) 4개를 만들어 조상의 신주(神主)를 봉
안(奉安)한다.

　【사당 안에서 북쪽에 가까운 곳에 시렁 1개를 설
치하여 감실(龕室) 4개를 만든다. 감실마다 안쪽에는
탁자 1개를 둔다. 고조(高祖)의 신주가 가장 서쪽을
차지하고, 증조(曾祖)의 신주가 그 다음이며, 조부(祖

東藏祭器. 正寢, 謂前堂
也. 地狹則於廳事之東亦
可. 凡祠堂所在之宅, 宗子
世守之, 不得分析.

凡屋之制, 不問何向背, 但
以前爲南, 後爲北, 左爲
東, 右爲西】

爲四龕以奉先世神主.

【祠堂之內, 以近北一架爲
四龕. 每龕內, 置一卓. 高
祖居西, 曾祖次之, 祖次
之, 父次之. 神主皆藏於櫝

6　전당(前堂):여러 건물들 가운데 가장 앞쪽에 있는 본채.

가묘도(家廟圖, 《家禮》)

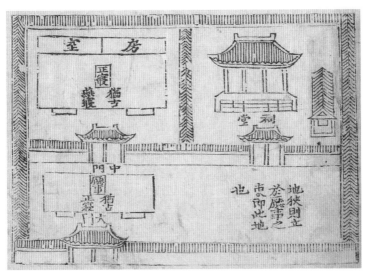

정침 동쪽에 사당을 세우는 그림(《상례비요》)

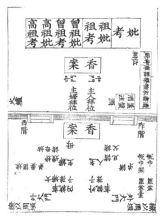

사당도(祠堂圖, 《가례》)

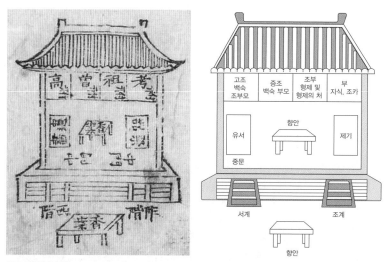

사당 1칸(《상례비요》)

| 고조
백숙
조부모 | 증조
백숙 부모 | 조부
형제 및
형제의 처 | 부
자식, 조카 |

| 유서 | 향안 | 제기 |

중문

서계　조계

향안

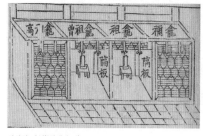

사당의 감실(《상례비요》)

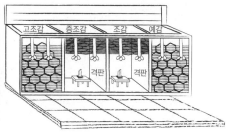

父)의 신주가 그 다음이고, 아버지의 신주가 그 다음이다. 신주는 모두 독(櫝)에 넣어서 탁자 위에 두되, 남쪽을 향하게 한다. 감실 밖에는 각각 작은 발을 드리우고, 그 바깥쪽에는 당(堂) 가운데에 향탁(香卓, 향로를 올려놓는 탁자)을 진설하고 그 위에 향로(香爐)와 향합(香盒)을 둔다. 양쪽 계단 사이에도 향탁을 진설한다】

中, 置於卓上, 南向. 龕外各垂小簾, 外設香卓於堂中, 置香爐、香盒於其上. 兩階之間, 又設香卓】

(3) 방친(傍親)[7] 가운데 후사(後嗣)가 없는 사람은 반부(班祔)[8]한다.

【백숙조부모(伯叔祖父母)[9]는 고조(高祖)의 신주에 합사하고, 백숙부모(伯叔父母)[10]는 증조(曾祖)의 신주에 합사하고, 아내와 형제 및 형제의 아내는 조부(祖父)의 신주에 합사하고, 자식과 조카는 아버지 신주에 합사하되, 모두 서쪽을 향하게 한다. 이들의 신주를 넣은 주독(主櫝, 독)은 모두 정위(正位)[11]와 같게 한다.

정자(程子)가 다음과 같이 말했다. "8세 이전에 요절한 경우에는 제사를 지내지 않고, 8세에서 11세 사이에 요절한 경우의 제사는 부모가 살아계실 때까지만 지내며, 12세에서 15세 사이에 요절한 경우의 제사는 형제들이 살아있을 때까지만 지내며, 16세

旁親之無後者, 以其班祔.

【伯叔祖父母祔于高祖, 伯叔父母祔于曾祖, 妻若兄弟若兄弟之妻, 祔于祖, 子姪祔于父, 皆西向. 主櫝並如正位.

程子曰: "無服之殤, 不祭; 下殤之祭, 終父母之身; 中殤之祭, 終兄弟之身; 長殤之祭, 終兄弟之子之身; 成人而無後者, 其祭終兄弟

---

7 방친(傍親): 직계(直系)에서 갈라져 나온 방계(傍系)의 친척.
8 반부(班祔): 제사를 받들 자식이 없는 사람의 신주를 할아버지 항렬의 다른 신주에 붙여서 종위로서 합사하는 제례.
9 백숙조부모(伯叔祖父母): 종조부(從祖父)와 종조모(從祖母)로, 할아버지의 형제와 그 아내를 가리킨다.
10 백숙부모(伯叔父母): 백부(伯父)·숙부(叔父)·백모(伯母)·숙모(叔母)로, 아버지의 형제와 그 아내를 가리킨다.
11 정위(正位): 사당에 모셔진 정위(正位)라는 의미인데, 고조(高祖)·증조(曾祖)·조부(祖父)·아버지의 신위(神位)를 말한다.

에서 19세 사이에 요절한 경우의 제사는 형제의 아들이 살아있을 때까지만 지내며, 성인(成人)이 된 이후 죽었으나 후사(後嗣)가 없는 경우에 그 제사는 형제의 손자가 살아있을 때까지 지낸다. 이것은 모두 의리(義理)로 행하는 것이다."12】

之孫之身. 此皆以義起者也."】

(4) 제전(祭田)13을 둔다.

【처음 사당을 세우게 되면 현재의 농지를 헤아려 감실마다 그 농지의 1/20을 취하여 제전(祭田)으로 삼는다. 친진(親盡)14하면 묘전(墓田)15으로 삼는다. 이때 합사했던 신위도 이를 본따서 하는데, 모두 약정(約定)을 세우고 관가에 알려서 해당 농지를 저당 잡히거나 팔지 못하도록 한다.

置祭田

【初立祠堂, 則計見田, 每龕取其二十之一以爲祭田, 親盡則以爲墓田, 祔位放此, 皆立約聞官, 不得典賣.

장재(張載) │제례고(祭禮考)│16 17 항상 곡식이 잘 여무는 농지 50묘(畝)를 떼어내고 그 농지에서 나온 소작료를 별도로 모아 온전히 제사 비용을 충당하게 한다. 그 농지문서에는 '모군모씨제전(某郡某氏祭田, 아무개 지역 아무개 씨의 제전)'이라는 6글자를 새긴 도장을

張氏 │祭禮考│ 撥常稔田五十畝, 別蓄其租, 專充祭祀之費. 其田券印"某郡某氏祭田"六字, 字號·步畝, 亦勒石祠堂之左, 俾子孫

---

12 8세……것이다:《二程遺書》卷18〈劉元承手編〉《文淵閣四庫全書》698, 198쪽).

13 제전(祭田):제사에 소용되는 비용을 충당하는, 종가(宗家)에 딸린 농지.

14 친진(親盡):상(喪)이 나서 복(服)을 입을 정도의 친족의 범위를 벗어나거나, 제사를 받들 정도의 친족의 범위를 벗어남을 말하는데, 사대봉사(四代奉祀)를 기준으로 하면 고조(高祖) 이상의 조상이 해당된다.

15 묘전(墓田):친진(親盡)한 신주(神主)는 4대 이내의 자손 가운데 가장 항렬이 높은 연장자인 최장방(最長房)의 집으로 옮기는데, 이렇게 옮긴 신주는 묘소에서 묘제(墓祭)를 지내게 된다. 묘전이란 이때 소용되는 비용을 충당하는 농지를 말한다.

16 제례고(祭禮考):중국 북송(北宋)의 학자인 장재(張載, 1020~1077)가 지은《횡거장씨제례(橫渠張氏祭禮)》로 추정된다. 다만 기사의 내용은 장재의 문집에서도 확인이 되지 않는다.

17 출전 확인 안 됨;《曹月川集》〈雜著〉"家規輯略"《文淵閣四庫全書》1243, 7쪽).

찍고, 토지의 지번[字號]과 토지의 넓이를 기재하고 또한 사당의 왼쪽에 이 내용을 돌에 새기고 비석을 세워 자손들이 대대로 이를 보호하여 지키게 한다】

永遠保守】

(5) 제기(祭器)를 갖춘다.

具祭器

【상(牀)·자리·의자·탁자·손 씻는 대야[盥盆]·화로·술과 음식 담을 그릇을 창고에 넣어두고 자물쇠로 잠가서 다른 용도로 쓸 수 없게 한다. 창고가 없으면 궤에 넣어둔다. 넣을 수 없는 기물은 외문(外門)의 안쪽에 진열하여 둔다.

【牀席、倚卓、盥盆、火爐、酒食[2]之器貯於庫中而封鎖之，不得他用．無庫則貯於櫃中，不可貯者，列於外門之內．

장재 제례고(祭禮考)[18] 일반적으로 제기는 항상 사당에 보관한다. 매번 제사가 끝나면 그해 제사를 맡은 사람은 제기를 직접 살펴보면서 문제가 없는지 보고 혹 제기에 손상되거나 훼손된 곳이 있으면 바로 보수한다】

張氏 祭禮考 凡祭器常儲于祠，每祭畢，直年者面相驗付，或有損毀卽令修補】

(6) 주인은 새벽에 대문 안에서 배알(拜謁)[19]한다.

主人晨謁於大門之內．

【주인이 새벽에 배알할 때에는 심의(深衣)를 입고서 분향(焚香)하고 2번 절한다.

【主人晨謁，深衣，焚香再拜．

격몽요결(擊蒙要訣)[20] 비록 주인이 아니더라도 주인을 따라 함께 배알하는 일은 무방하다】

擊蒙要訣 雖非主人，隨主人同謁不妨】

---

18 출전 확인 안 됨.

19 배알(拜謁) : 공경하는 마음가짐으로 문안인사 하는 일.

20 《栗谷全書》 卷27 〈擊蒙要訣〉 "祭禮章"(《栗谷全書》 2, 87쪽).

[2] 食 : 저본에는 없음. 오사카본·《家禮·通禮·祠堂》에 근거하여 보충.

(7) 나가고 들어올 때는 반드시 사당에 아뢴다.

【① 주인과 주부(主婦)가 가까운 곳에 나갈 때에는 대문으로 들어가 사당에 첨례(瞻禮)[21]하고 간다. ② 돌아왔을 때에도 이와 같이 한다. ③ 집 밖에서 묵고 돌아오면 향을 피우고 2번 절한다. ④ 멀리 나가서 10일 이상을 묵으면 2번 절하고 향을 피우며, 아뢰기를 "아무개가 아무 장소에 가려 하니, 감히 고합니다."라 고한다. ⑤ 다시 2번 절하고 간다. ⑥ 돌아왔을 때에도 이와 같이 한다. 다만 "아무개가 오늘 아무 장소로부터 돌아와 감히 알현합니다."라 고한다.

⑦ 1개월 이상 묵고 돌아오면 중문(中門)을 열고 계단 아래에 서서 2번 절한다. ⑧ 동쪽 계단을 거쳐서 올라간다. ⑨ 향을 피우고 사당에 고한다. ⑩ 마치면 2번 절한다. ⑪ 내려와서 자기 자리로 돌아가 2번 절한다. 나머지 사람들도 또한 이렇게 하는데, 다만 중문을 열지 않는다.

일반적으로 당을 오르내릴 때 오직 주인만이 동쪽 계단을 이용하고 주부(主婦)와 나머지 사람들은 비록 주인보다 항렬이 높거나 나이가 많더라도 서쪽 계단을 이용한다. 일반적으로 절을 할 때 남자가 2번 절하면 부인은 4번 절하는데, 이를 '협배(俠拜)[22]'라 한다】

出入必告.

【主人、主婦近出, 則入大門, 瞻禮而行, 歸亦如之. 經宿而歸, 則焚香再拜. 遠出經旬以上, 則再拜焚香, 告云"某將適某所, 敢告", 又再拜而行, 歸亦如之, 但告云"某今日歸自某所, 敢見".

經月而歸, 則開中門, 立於階下, 再拜, 升自阼階, 焚香告, 畢再拜. 降復位, 再拜. 餘人亦然, 但不開中門.

凡升降, 惟主人由阼階, 主婦及餘人, 雖尊長, 亦由西階. 凡拜, 男子再拜, 婦人四拜, 謂之"俠拜"】

---

21 첨례(瞻禮) : 선조의 묘소나 사당의 담장 바깥쪽에서 읍을 하는 의례.

22 협배(俠拜) : 교배(交拜) 방식의 하나. 여자가 절을 한 다음 남자가 절을 하고 다시 여자가 절을 하는 형식으로, 여자가 2차례 절을 하는 사이에 끼워서[夾] 남자가 절을 하기 때문에 이러한 이름이 붙었다. 이때 여자와 남자의 배수(拜數, 절 하는 횟수)는 2:1의 비율로 한다.

(8) 정월 초하루·동지(冬至)·매월 초하루·매월 보름
에는 사당에 참배한다.

【이이 제의초(祭儀鈔) 23 ① 참배하기 1일 전날 물
을 뿌려 청소하고 재숙(齋宿)24한다. ② 다음날 새벽
에 일찍 일어나 사당의 문을 열고 향안(香案) 앞에 모
사(茅沙, 띠풀 묶음과 모래)를 진설한다. ③ 신주마다 음
식을 진설하되, 포와 과일은 상황에 맞게 준비한다.
④ 주인 이하는 성복(盛服)하고 문으로 들어가 자리
로 나아간다.

⑤ 주인은 손을 씻고 수건으로 닦는다. ⑥ 계단
위로 올라가 부복(俯伏)하였다가 일어난다. ⑦ 독(櫝)
을 열고 여러 남자 조상[諸考]의 신주를 받들어 독
앞에 둔다. ⑧ 주부는 손을 씻고 수건으로 닦는다.
⑨ 계단 위로 올라간다. ⑩ 여러 여자 조상[諸妣]의
신주를 받들어 남자 조상의 신주 동쪽에 둔다. ⑪
만약 합사되어 있는 신주가 있으면 주인과 주부가
나누어 밖으로 꺼내되, 앞에서 했던 의례처럼 한다.
⑫ 만약 합사되어 있는 신주 가운데 항렬이 낮은 경
우 맏아들이나 맏며느리 또는 맏딸에게 명하여 나
누어 밖으로 꺼내게 한다.

⑬ 독에서 꺼내기를 마치면 주부는 먼저 내려간
다. ⑭ 주인은 향탁(香卓) 앞으로 나아가 향을 피우고
2번 절한다. ⑮ 조금 뒤로 물러나서 선다. ⑯ 집사자

正至, 朔望則參.

【栗谷 祭儀鈔 前一日, 灑
掃齋宿. 厥明夙興, 開祠堂
門, 設茅沙於香案前, 每位
設饌, 脯, 果隨宜. 主人以
下盛服, 入門就位.

主人盥帨, 升俯伏, 興, 啓
櫝, 奉諸考神主, 置於櫝
前. 主婦盥帨, 升, 奉諸妣
神主, 置于考東. 若有祔
主, 則分出如前. 若祔主之
卑者, 則命長子、長婦或長
女分出.

既畢, 主婦先降. 主人詣香
卓前, 焚香再拜, 小退立.
執事者一人奉酒注, 詣主

---

23 《栗谷全書》卷27〈祭儀鈔〉"參禮儀"(《栗谷全書》2, 92쪽).

24 재숙(齋宿): 제사를 지내기 전 몸과 마음을 깨끗이 하고, 제사 지내기 전날 밤 사당에서 밤을 지내며 경건
한 마음을 가다듬는 일.

1명이 술주전자를 받들고 주인의 오른쪽으로 간다. ⑰ 다른 1명은 잔반(盞盤, 술잔과 술받침대)을 잡고 주인의 왼쪽으로 간다. ⑱ 주인은 꿇어앉는다. ⑲ 집사자는 모두 꿇어앉는다. ⑳ 주인은 술주전자를 받아서 술잔에 술을 따르고, 술주전자를 돌려준다. ㉑ 주인은 잔반을 받들어 올리되, 왼손으로는 술받침대를 잡고 오른손으로는 술잔을 잡고서 모사(茅沙) 위에 술을 붓는다. ㉒ 잔반을 집사자에게 준다. ㉓ 부복하고 일어나 조금 물러난다. ㉔ 2번 절하고 강신(降神)한다. ㉕ 계단을 내려와 자기 자리로 돌아온다. ㉖ 자리에 있는 사람들과 함께 모두 2번 절하여 참신(參神)한다.

㉗ 주인은 계단 위로 올라간다. ㉘ 술주전자를 잡고 각각의 신위 앞의 술잔에 술을 따라 올린다. ㉙ 술을 따라 올리기를 마치면 향탁 앞에 서서 2번 절한다. ㉚ 계단을 내려와 자기 자리로 돌아온다. ㉛ 자리에 있는 사람들과 함께 모두 2번 절하여 사신(辭神)[25]하고 물러난다.

㉜ 보름날에는 신주를 꺼내지 않고 단지 주독을 열어 놓은 다음 술을 붓지 않고 단지 향만 피워서 의례에 차등이 있게 한다】

人之右；一人執盞盤, 詣主人之左. 主人跪. 執事者皆跪. 主人受注, 斟酒于盞, 反注, 取盞盤奉之, 左執盤, 右執盞, 酹于茅上, 以盞盤授執事者, 俛伏興, 少退, 再拜以降神, 降復位, 與在位者皆再拜以參神.

主人升, 執酒注, 斟于各位前盞. 旣畢, 立於香卓前, 再拜, 降復位, 與在位者皆再拜, 辭神而退.

望日不出主, 只啓櫝, 不酹酒, 只焚香, 使有差等】

---

25 사신(辭神)：제사를 끝내고 신을 보내는 의례.

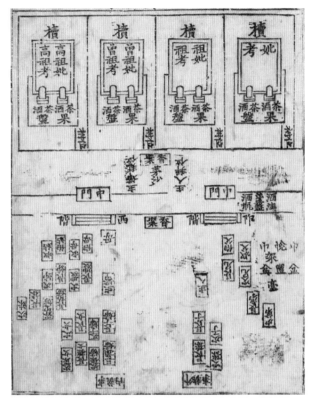

정월 초하루·동지·매월 초하루·민속 명절에 신주를 꺼내 독(櫝) 앞에 두고 집안사람들이 순서
대로 서는 그림((상례비요))

(9) 민속 명절[俗節]26에는 제철 음식을 올린다.

【명절이란 청명(淸明)27·한식(寒食)28·중오(重午)29·

俗節則獻以時食.

【節如淸明、寒食、重午、中

---

26 민속 명절[俗節] : 제삿날 이외에 철이 바뀔 때마다 사당이나 묘에 차례를 지내는 날. 정조(正朝 1월 1일)·
   상원(上元, 1월 15일)·상사(上巳, 3월 3일)·욕불(浴佛, 4월 8일)·단오(端午, 5월 5일)·유두(流頭, 6월 15
   일)·칠석(七夕, 7월 7일)·중원(中元, 7월 15일)·중추(仲秋, 8월 15일)·중양(重陽, 9월 9일)·납일(臘日,
   동지로부터 3번째 미일)·교년(交年, 12월 24일)·제석(除夕, 12월 30일) 등을 말한다.

27 청명(淸明) : 24절기의 하나로, 춘분(春分) 15일 후, 곡우(穀雨) 15일 전이다. 양력 4월 6일 전후이며, 음력
   으로는 3월이다. 청명은 예로부터 한 해의 농사를 시작하는 중요한 날로 여겨졌다.

28 한식(寒食) : 동지부터 105일째 되는 날. 이 날에는 불을 피우지 않고 찬 음식을 먹는 풍속이 있다.

29 중오(重午) : 음력 5월 5일, 즉 단오(端午)를 말한다. 단오는 초오(初五)의 뜻으로 5월의 첫째 오일(午日)을
   말한다. 음력으로 5월은 오월(午月)에 해당하며, 달과 날이 홀수로 중복되는 것을 상서롭게 여겨서 5월 5
   일을 명절날로 했다.

중원(中元)30·중양(重陽)31과 같은 종류로, 일반적으로 민간의 풍속에서 숭상하는 날이다. 예를 들어 각서(角黍)32같은 음식은 일반적으로 그 절기에 숭상하는 음식이다. 이러한 음식을 큰 소반에 받쳐서 올리되, 나물이나 과일을 사이사이에 섞는다. 이때의 예는 정월 초하루·동지·매월 초하루에 올리는 의례와 같다.

이이 제의초(祭儀鈔) 33 민속 명절은 정월 15일·3월 3일·5월 5일·6월 15일·7월 15일·8월 15일·9월 9일 및 납일(臘日)34을 말한다. 제철 음식이란 예컨대 약밥35·쑥떡36·수단(水團)37과 같은 종류이다. 만약 민간에서 그 시절에 좋은 음식으로 여기는 것이 없다면 떡과 과일 몇 가지를 갖추어야 한다.

제철에 새로운 음식물이 있다면 조상께 올리되, 매월 초하루나 보름 또는 민속 명절에 모두 진설한

元、重陽之類, 凡鄉俗所尚者, 食如角黍, 凡其節之所尚者, 薦以大盤, 間以蔬果, 禮如正至、朔日之儀.

栗谷 祭儀鈔 俗節, 謂正月十五日、三月三日、五月五日、六月十五日、七月十五③日、八月十五日、九月九日及臘日, 時食如藥飯、艾餅、水團之類. 若無俗尚之食, 則當具餅果數品.

有新物則薦, 須於朔望、俗節幷設. 若五穀可作飯者,

---

30 중원(中元):음력 7월 15일로, 백중(百中) 또는 백종(百種)이라고도 한다. 100종이나 될 만큼 많은 음식을 차려놓고 즐긴다는 의미를 담고 있다.

31 중양(重陽):음력 9월 9일. 9는 양수(陽數)로, 양수가 겹쳤다는 뜻으로 중양(重陽)이라 한다.

32 각서(角黍):밀가루로 둥근 반죽을 만들어 그 안에 고기와 채소로 만든 소를 넣고 만든 음식. 만두의 일종이다.

33 《栗谷全書》卷27〈祭儀鈔〉"薦獻儀"(《栗谷全書》2, 92~93쪽).

34 납일(臘日):중국에서는 동지 뒤에 오는 세 번째의 술일(戌日)을 말하는데, 우리나라에서는 조선 태조(太祖) 이후로 세 번째 미일(未日)을 납일로 정하였다.

35 약밥:찹쌀을 물에 불리어 시루에 찐 뒤에 꿀 또는 흑설탕, 참기름, 대추, 진간장, 밤 따위를 넣고 다시 시루에 찐 밥. 풍석 서유구 지음, 추담 서우보 교정, 임원경제연구소 옮김, 《임원경제지 정조지(林園經濟志 鼎俎志)》4, 풍석문화재단, 2020, 192~194쪽에 만드는 방법이 보인다.

36 쑥떡:쑥을 넣어 만든 떡. 풍석 서유구 지음, 추담 서우보 교정, 임원경제연구소 옮김, 《임원경제지 정조지(林園經濟志 鼎俎志)》1, 풍석문화재단, 2020, 397~398쪽에 만드는 방법이 보인다.

37 수단(水團):멥쌀가루로 작은 경단 모양의 떡을 만들어 겉에 녹말가루를 묻히고, 시원한 꿀물이나 오미자를 우린 물에 담가 먹는 음식. 풍석 서유구 지음, 추담 서우보 교정, 임원경제연구소 옮김, 《임원경제지 정조지(林園經濟志 鼎俎志)》4, 풍석문화재단, 2020, 206~207쪽에 만드는 방법이 보인다.

③ 十五:《栗谷全書·祭儀鈔·薦獻儀》에는 "七".

다. 만약 오곡으로 밥을 지을 수 있는 절기라면 음식 몇 가지를 갖추어 함께 진설해야 한다. 이때의 예는 초하루에 참배하는 의례와 같다. 비록 보름날일지라도 신주를 꺼내놓고 술을 붓는다. 만약 생선이나 과일과 같은 종류나 콩이나 밀 등, 밥을 지을 수 없는 것들은 새벽에 배알할 때 독을 열고 한 번에 올린 다음 향을 피우고 2번 절한다. 일반적으로 제철에 새로 나온 음식물들은 사당에 올리기 전에 먼저 먹어서는 안 된다】

則當具饌數品同設. 禮如朔參之儀, 雖望日亦出主酹酒. 若魚、果之類及菽、小麥等不可作飯者, 則於晨謁之時, 啓櫝而單獻, 焚香再拜. 凡新物未薦前, 不可先食】

(10) 일이 있으면 사당에 고한다.

有事則告.

【① 정월 초하루·동지·매월 초하루에 올리는 의례와 같다. ② 다만 차와 술을 올리고 2번 절한다. ③ 마치면 주부는 먼저 계단을 내려와 자기 자리로 돌아간다. ④ 주인은 향탁의 남쪽에 선다. ⑤ 축(祝)은 축판을 들고 주인의 왼쪽에 서 있다가 꿇어앉아 축문을 읽는다. ⑥ 다 읽으면 일어난다. ⑦ 주인은 2번 절하고 계단을 내려가 자기 자리로 돌아간다. 나머지의 절차는 모두 같다.

【如正至、朔日之儀, 但獻茶酒, 再拜. 訖, 主婦先降復位, 主人立於香卓之南, 祝執版, 立於主人之左, 跪讀之, 畢興. 主人再拜, 降復位. 餘竝同.

관직이 추증(追贈)[38]되었음을 아뢰는 경우에는 단지 증직(贈職) 받은 조상의 감실에만 아뢴다. 신주를 추증 받은 관직으로 고쳐 쓰는데[改題], 함중(陷中)[39]에 쓴 것은 고치지 않는다.

告追贈, 則止告所贈之龕. 改題所贈官封, 陷中不改.

---

38 추증(追贈): 자손의 관직의 등급에 따라 그의 돌아가신 조상에게 관직을 추서(追敍)하는 것을 말한다. 우리나라에서는 2품(二品) 이상의 실직(實職)을 지낸 관원의 아버지·조부(祖父)·증조(曾祖)에게 증직(贈職)을 주었고, 만약 살아있으면 봉작(封爵)을 내려주었다.

39 함중(陷中): 죽은 이의 성명·별호(別號)·관직 등을 기록하기 위하여 신주(神主) 뒤쪽의 전면을 직사각형으로 우묵히 깎아 파낸 부분.

안 《문공가례의절》에는 다음과 같이 적혀 있다. "① 먼저 황지(黃紙, 황색 종이)에 제서(制書, 왕의 교지) 1통을 옮겨 적고, 이를 소반에 담아 향안 위의 정중 앙에 둔다. ② 순서대로 서서 손을 씻고 독을 열어 신주를 꺼낸다. ③ 향안 앞으로 가서 꿇어앉아 향을 피우며 주인이 스스로 다음과 같이 고한다. '효자(孝子) 아무개 공경히 제서(制書)를 받듭니다. 돌아가신 아버님 아무 관직 부군(府君)을 아무 관직으로 추증 하고 돌아가신 어머님 아무 봉호 아무 성씨를 아무 봉호로 추증하였기에 감히 신주를 고쳐 쓰기를 청하옵니다.' ④ 2번 절한다.

⑤ 선서자(善書者)에게 명하여 신주를 쓰게 한다. ⑥ 주인은 그것을 받들어 독 앞에 두고 자기 자리로 돌아와서 강신한다. ⑦ 2번 절한다. ⑧ 자기 자리로 돌아와 참신한다. ⑨ 주인 이하는 모두 2번 절한다. ⑩ 주인은 신위 앞으로 나아가 술을 고수레한 다음 술을 올리고 2번 절한다.

⑪ 주인 이하는 모두 꿇어앉는다. ⑫ 축관은 축문을 읽는다. ⑬ 주인은 자기 자리로 돌아와 꿇어 앉는다. ⑭ 주인 이하의 사람들도 모두 꿇어앉는다. ⑮ 축관이 동쪽을 향하여 서서 제서(制書)를 크게 읽는다. ⑯ 마치면 부복하였다가 일어난다. ⑰ 집사자가 제서를 옮겨 적은 황지(黃紙)를 받들고 향안 앞으로 나아가 축문과 함께 불사른다. ⑱ 그렇게 하기를 마치면 사신을 하고 신주를 받들어 독에 넣는다."[40]

案 《儀節》: "先以黃紙錄 制書一通, 以盤盛置香案 上正中. 序立盥洗, 啓櫝出 主, 詣香案前, 跪焚香, 主 人自告曰: '孝男某祗奉制 書, 追贈顯考某官府君爲某 官, 妣某封某氏爲某封, 敢 請神主改題.' 再拜.

命善書者題主. 主人奉置 櫝前, 復位, 降神, 再拜, 復位, 參神. 主人以下皆再 拜. 主人詣神位前, 祭酒, 奠酒, 再拜.

主人以下皆跪. 讀祝. 主 人復位跪, 以下皆跪, 祝 東面立, 宣制書, 畢俯伏, 興. 執事者奉所錄制書黃 紙, 卽香案前, 并祝文焚 之. 畢, 辭神, 奉主入櫝."

---

40 먼저……넣는다:《文公家禮儀節》卷1〈通禮〉"祠堂"(《文公家禮儀節》1, 14~18쪽).

이것은 관직에 있는 사람이 행하는 의례로 1번 술을 올리는 것이기 때문에 매우 간략하니, 시제(時祭)의 예법을 기준으로 한다.

주인이 적장자를 낳으면 1개월을 채우고 나서 사당에 알현하되, 위의 의례처럼 한다. 다만 축문은 사용하지 않고, 주인이 향탁의 앞에 서서, "아무개의 아내 아무개 씨가 아무 월 아무 일 아들 아무개를 낳았으니, 감히 알현합니다."라 고한다. 고하는 일이 끝나면 향탁의 동남쪽에 서되 서쪽을 향한다. 주부는 아들을 안고 양쪽 계단 사이에 나아가 서서 2번 절한다. 주인이 그제야 계단을 내려와 자기 자리로 돌아온다. 뒤의 의례는 같다.

이이 제의초 [41] 일반적으로 이안(移安)[42]·환안(還安)[43]을 하거나 다른 곳에 옮겨서 모시게 되는 일[44] 등이 있으면 고제(告祭)[45]를 지낸다. 이때는 매월 초하루에 사당에 참배하는 의례를 쓴다. 만약 사당 안에서 기물을 고쳐서 배열하거나 잠시 양쪽 지붕의 비가 새는 곳을 수리하면서 신주를 움직이지 않아도 될 정도의 일이라면 보름날 참배하는 의례를 쓰고, 고하는 말은 그때에 맞게 짓는다.

此在官行之者, 一獻太簡, 準時祭禮爲之.

主人生嫡長子, 則滿月而見, 如上儀, 但不用祝, 主人立於香卓之前, 告曰: "某之婦某氏, 以某月某日, 生子名某, 敢見." 告畢, 立於香卓東南, 西向, 主婦抱子, 進立於兩階之間, 再拜. 主人乃降復位. 後同

栗谷 祭儀鈔 凡移安、還安, 或遷奉他處等事則告祭, 用朔參之儀. 若廟中改排器物, 或暫修雨漏處而不動神主之事, 則用望參之儀, 告詞臨時製述.

---

41 《栗谷全書》 卷27 〈祭儀鈔〉 "告事儀"(《栗谷全書》2, 93쪽).
42 이안(移安):사당을 수리할 경우에 신주를 잠시 다른 곳에 모셔두는 일.
43 환안(還安):사당을 수리하면서 잠시 다른 곳에 모셔두었던 신주를 다시 원래의 자리로 모셔오는 일.
44 다른……일:집이 이사를 하게 된 경우를 말한다.
45 고제(告祭):집안에 큰 일이 있을 때 사당에 고하여 제사지내는 일.

상례비요 46 집안에 상(喪)이 있어도 사당에 고해야 한다.

喪禮備要 家有喪亦當告也.

안 관례와 혼례에 고하는 일의 의례는 〈관례(冠禮)〉와 〈혼례(婚禮)〉 항목에 보인다47 】

案 冠昏告事儀見本門】

(11) 혹시 홍수나 화재가 발생하거나 도적이 들면 먼저 사당 구하는 일을 우선으로 해야 하니, 신주와 유서(遺書)를 옮기고 나서 그 다음으로 제기를 옮기고 난 뒤에야 집안의 재물을 구한다.

或有水火、盜賊, 則先救祠堂, 遷神主、遺書, 次及祭器, 然後及家財.

【 예기(禮記)·단궁(檀弓) 48 조상의 감실(龕室)이 불타면 3일 동안 곡(哭)한다.

【 檀弓 有焚其先人之室則三日哭.

상례비요 49 퇴계(退溪) 이황(李滉)이 말했다. "신주가 불탄 경우에는 이전에 신주를 모셨던 곳에 나아가 허위(虛位)50를 진설하고, 신주를 고쳐 써서 향을 피우고 제사를 지낸다. 혹은 정침(正寢)에서 하는 것이 마땅하다고 한다"51 】

喪禮備要 退溪曰 : "神主火燒, 則卽於前日安神之所設虛位, 改題焚香, 設祭. 或云正寢爲當"】

(12) 세대(世代)가 바뀌면 신주를 고쳐 쓰고 체천(遞遷)한다.

易世則改題主而遞遷之.

---

46 《沙溪全書》卷34〈喪禮備要〉"參禮"(《沙溪·愼獨齋全書》上, 586쪽).
47 관례와……보인다 :《향례지(鄕禮志)》권4〈관례〉와〈혼례〉에 나온다.
48 《禮記正義》卷10〈檀弓〉下(《十三經注疏整理本》12, 362쪽).
49 《沙溪全書》卷34〈喪禮備要〉"參禮"(《沙溪·愼獨齋全書》上, 586쪽).
50 허위(虛位) : 임시로 만든 자리.
51 출전 확인 안 됨.

【친진(親盡)하면 그 신주를 묘소에 보관하지만, 대종(大宗)52이 여전히 그 묘전(墓田)을 주관하여 그 묘제(墓祭)를 받든다. 해마다 대종은 종인(宗人, 촌수가 먼 일가)들을 이끌고 한 번씩 제사를 지내는데, 이런 식의 제사는 100세대가 지나도 고치지 않는다.

【親盡則藏其主於墓所, 而大宗猶主其墓田以奉其墓祭. 歲率宗人一祭之, 百世不改.

안 체천(遞遷)에 대한 내용은 위의 〈길제(吉祭)〉 항목에 보인다53】《가례(家禮)》54

案 遞遷見《吉祭》《家禮》

1-1) 사정이 있어 사당에 고하는 글

유세차(維歲次) 몇 년 간지(干支), 몇 월 간지 삭, 몇 일 간지에, 효현손(孝玄孫)55【안 일을 고하는 축문(祝文)은 4대(四代)를 함께 하나의 축판에 기록하니, 스스로를 칭할 때는 가장 높은 신위(神位)에 맞는 호칭을 칭한다】아무 관직 아무개는 감히 돌아가신 고조할아버지 아무 관직 부군(府君)과 돌아가신 고조할머니 아무 봉호 아무 씨께 명백히 고합니다.

有事告辭

維歲次干支, 幾月干支朔, 幾日干支, 孝玄孫【案 告事之祝, 四代共爲一版, 則自稱以其最尊位爲主】某官某敢昭告于, 顯高祖考某官府君、顯高祖妣某封某氏.

【상례비요56 증조(曾祖) 이하는 모두 고(考)와 비(妣)의 순서로 나란히 쓰는데, 단지 정위(正位)에만 고하고 부위(祔位, 합사된 신위)에는 고하지 않는다.

【喪禮備要 曾祖以下竝列書考妣, 止告正位, 不告祔位.

52 대종(大宗): 시조로부터 맏아들로만 이어져 내려오는 종계(宗系).
53 체천(遞遷)에……보인다:《향례지》권5〈상례와 제례〉"길제" 참조.
54 《家禮》卷1〈通禮〉"祠堂"(《家禮》1, 45~69쪽).
55 효현손(孝玄孫): 고조(高祖)의 제사를 지낼 때 주인이 자신을 지칭하는 말이다. 본문에서는 안(案)의 내용처럼 축문에는 4대(四代)를 함께 하나의 축판에 기록하여 가장 높은 항렬의 조상에 맞추어 자신을 지칭한 것이다.
56 《沙溪全書》卷34〈喪禮備要〉"參禮"(《沙溪·愼獨齋全書》上, 585쪽).

아무개가【주인의 아들인 경우 아무개의 아들 아무개라 한다】몇 월 몇 일에 성은(聖恩)을 입어 아무 관직에 제수(除授)되었습니다. 이는 선대(先代)의 가르침을 이어 받들어 국록(國祿, 나라에서 주는 녹봉)과 사환(仕宦, 벼슬살이)의 은택을 입은 일이며 선대께서 남기신 경사가 후대에 미친 일이니, 감격스러움과 그리움을 이길 수 없습니다.

펌직(貶職)[57]되어 벼슬이 강등된 일을 고하는 경우 고하는 말은 다음과 같다. "아무 관직으로 펌직되었으니, 이는 선대의 가르침을 황폐하게 추락시킨 일로 황공하여 몸 둘 곳이 없습니다."

이이 제의초[58] 과거시험에 급제한 일을 고할 때에는 "성은을 입어 아무 과(科)에 몇 등으로 급제했으니, 선대의 가르침을 이어 받들어 벼슬길의 대열에 참여하게 되었습니다."라 한다. 생원(生員)이나 진사(進士)에 합격한 때에는 "성은을 입어 생원 또는 진사에 몇 등으로 합격하게 되었으니, 선대의 가르침을 이어 받들어 국상(國庠)[59]에 오를 수 있는 자격을 얻었습니다."라 한다】

삼가 술과 과일로 정성을 펼쳐서 공경히 고하고 삼가 고합니다.

某【若弟子則言某之子某】以某月某日, 蒙恩授某官, 奉承先訓, 獲霑祿位, 餘慶所及, 不勝感慕.

告貶降則言 : "貶某官, 荒墜先訓, 皇恐無地."

栗谷 祭儀鈔 告及第則曰 : "蒙恩授某科某第及第, 奉承先訓, 獲參出身." 告生、進入格則曰 : "蒙恩授生員或進士某等入格, 奉承先訓, 獲升國庠"】

謹以酒、果用伸, 虔告謹告.

---

57 펌직(貶職) : 벼슬이나 직위가 낮은 자리로 떨어지거나 면직을 당함.
58 《栗谷全書》卷27〈祭儀鈔〉"告事儀"《栗谷全書》2, 93쪽).
59 국상(國庠) : 상(庠)이란 은(殷)나라와 주(周)나라의 국학(國學)으로, 국상은 조선 시대의 경우 국학인 성균관을 말한다.

【안 이상은 관직을 제수받거나 관직에서 강등되었을 때 고하는 말이다】《가례(家禮)》⁶⁰

【案 已上授官、貶官告辭】《家禮》

유세차(維歲次) 몇 년 간지(干支), 몇 월 간지 삭, 몇 일 간지에, 효자(孝子)

維歲次干支, 幾月干支朔, 幾日干支, 孝子

【안 상황에 따라 손자(孫子) 혹은 증손(曾孫)이나 현손(玄孫)으로 쓴다.

【案 孫或曾孫、玄孫.

아무개는 감히 현모친(顯某親, 돌아가신 아버지) 아무 관직 부군(府君)과 현모친(顯某親, 돌아가신 어머니) 아무 봉호 아무 씨께 명백히 고합니다. 아무 월 아무 일에 제서(制書)에서

某敢昭告于顯某親某官府君、顯某親某封某氏, 奉某月某日制書

상례비요 ⁶¹ 제서(制書)의 제(制)자는 교(敎)자로 바꾸어야 한다】

喪禮備要 制字易以敎字】

현모친(顯某親)을 아무 관직으로 추증하고 현모친(顯某親)을 아무 봉호로 추증했습니다. 아무개가

贈顯某親某官, 顯某親某封, 某

【안 만약 주인의 아들이 고하면 아무개의 아들 아무개라 한다】

【案 若弟子則云某之子某】

선대의 가르침을 받들어 이어서 조정에서 지위를 얻게 되었습니다. 성은(聖恩)으로 내리신 경사를 공경히 받들어 이렇게 기리어 추증합니다. 그러나 그 녹(祿)으로 봉양할 수는 없는지라 가슴이 찢어지고 목이 메는 슬픔을 이기기 어렵습니다.

奉承先訓, 竊位于朝. 祗奉恩慶, 有此褒贈, 祿不及養, 摧咽難勝.

【문공가례의절 ⁶² "선대의 가르침을 받들어 이어

【儀節 "奉承先訓, 竊祿于

---

60 《家禮》卷1〈通禮〉"祠堂"(《家禮》1, 65~66쪽).
61 《沙溪全書》卷34〈喪禮備要〉"參禮"(《沙溪·愼獨齋全書》上, 585쪽).
62 《文公家禮儀節》卷1〈通禮〉"祠堂"(《文公家禮儀節》1, 18쪽).

I. 상례와 제례(喪祭禮)　465

서 조정에서 봉록(俸祿)을 얻게 되었습니다. 우러러 임금의 어진 덕을 입어, 그 은혜가 저를 낳아주신 분에게 미치게 되니, 현모친을 아무 관직으로 추증하고 현모친을 아무 봉호로 추증하셨습니다. 다만 아버님과 어머님의 음성과 모습이 날로 멀어져서, 제가 뒤쫓아 봉양하고 아버님과 어머님을 따를 수가 없는지라, 황제께서 추증을 명하시는 글을 공경히 받들고는 한편으로는 기쁘고 한편으로는 슬픕니다. 추증 교서를 공경히 베껴 불사르려니 더욱 슬프고 마음이 아픕니다."】

朝, 仰荷皇仁, 推恩所生, 贈考爲某官, 妣爲某封. 惟是音容日遠, 追養靡從, 祗奉命書, 且喜且悲. 敬錄以焚, 益增哀隕."】

　삼가 술과 과일로 정성을 펼쳐서 공경히 고하는 예를 올립니다. 삼가 고합니다.

謹以酒、果用伸虔告. 謹告.

　【상례비요63 만약《문공가례의절》에 따라 삼헌(三獻, 술을 세 번 올림)의 예를 행한다면 신주를 꺼내려고 할 때 다음과 같이 말한다. "지금 아들 아무개가 조정에서 관직의 대열에 서게 되어 돌아가신 아버지와 어머니가 추증되셨기에 황지(黃紙)를 불살라 고하기를 청합니다. 감히 청하옵건대 돌아가신 아버지 아무 관직 부군(府君)과 돌아가신 어머니 아무 봉호 아무 씨의 신주(神主)는 밖으로 나오셔서 정침으로 나아가시기를 청합니다. 공경히 정성을 펼쳐서 제사를 올려 고합니다.

【喪禮備要】 若行《儀節》三獻禮, 則將出主曰: "今以子某列官于朝, 追贈考妣, 請告焚黃, 敢請顯考某官府君、顯妣某封某氏神主, 出就正寢, 恭伸祭告."

---

63 《沙溪全書》卷34〈喪禮備要〉"參禮"(《沙溪·愼獨齋全書》上, 585쪽).

안 이상은 추증을 고하는 말이다】《가례》[64]

案 已上追贈告辭】同上

1-2) 신주 고쳐 쓴 일을 고하는 글

유세차(維歲次) 몇 년 간지(干支), 몇 월 간지 삭, 몇 일 간지에, 오대손(五代孫) 아무개는 감히 돌아가신 오대(五代) 할아버지 아무 관직 부군(府君)과 돌아가신 오대(五代) 할머니 아무 봉호 아무 씨께 명백히 고합니다.

【안 고조(高祖) 이하로부터 할아버지와 할머니까지 모두 나란히 쓴다】

이제 선고(先考, 아버지) 아무 관직 부군(府君)의 상기(喪期)가 이미 다하였으니, 예에 따라 신주를 옮겨 사당에 들여야 합니다. 따라서 돌아가신 오대(五代) 할아버지 아무 관직 부군(府君)과 돌아가신 오대(五代) 할머니 아무 봉호 아무 씨가 친진(親盡)하여 신주를 조천(祧遷)[65]해야 하고, 돌아가신 고조(高祖) 할아버지 아무 관직 부군(府君)과 돌아가신 고조(高祖) 할머니 아무 봉호 아무 씨

【안 증조할아버지·증조할머니·할아버지·할머니도 모두 나란히 쓴다】

신주는 이제 신주를 고쳐 써서 세대(世代)가 바뀌는 순서에 따라 차례대로 옮기려고 하니, 감격스러우면서도 슬픈 마음을 이길 수 없습니다. 삼가 술과

改題主告辭

維歲次干支, 幾月干支朔, 幾日干支, 五代孫某敢昭告于顯五代祖考某官府君、顯五代祖妣某封某氏.

【案 高祖以下至祖考妣, 並列書】

茲以先考某官府君喪期已盡, 禮當遷主入廟, 顯五代祖考某官府君、顯五代祖妣某封某氏親盡, 神主當祧, 顯高祖考某官府君、顯高祖妣某封某氏

【案 曾祖、祖考妣並列書】

神主, 今將改題, 世次迭遷, 不勝感愴. 謹以酒、果用伸虔告. 謹告.

---

64 《家禮》卷1〈通禮〉"祠堂"(《家禮》1, 66쪽).
65 조천(祧遷) : 사당에 조상을 모시는 대(代)의 수가 다 되어서 사당에서 가장 항렬이 높은 분의 위폐를, 원조(遠祖)를 합사(合祀)하는 사당인 조(祧)로 옮기는 일.

과일로 정성을 펼쳐서 공경히 고하는 예를 올립니
다. 삼가 고합니다.

【안】 송시열(宋時烈)이 말했다. "어머니가 먼저 돌
아가시고 아버지의 상(喪)을 마친 뒤에 신주를 고쳐
쓰며 고하는 말은 다음과 같다. '아무 년 아무 월 아
무 일 효자(孝子) 아무개는 감히 돌아가신 어머니 아
무 봉호 아무 씨께 명백히 고합니다. 이제 돌아가신
아버지 아무 관직 부군(府君)의 상기(喪期)가 이미 다하
여 예에 따라 신주를 옮겨 사당에 들여야 합니다. 이
제 신주를 고쳐 쓰려 하니, 삼가……'라 한다.

아버지를 여의어서 조부를 승중한 사람이 조부
의 상(喪)이 끝난 뒤에 돌아가신 아버지와 어머니의
신주를 고쳐 쓰는 경우에 고하는 글은 다음과 같이
해야 한다. '처음 신주를 쓸 때 할아버지 아무 관직
부군(府君)이라고 신주를 만들었습니다. 때문에 그것
에 이어서 씁니다. 지금 아무 관직 부군(府君)의 상기
(喪期)가 이미 끝나서, 아들 아무개는 돌아가신 아버
지와 어머니의 신주를 고쳐 쓰려 하니, 삼가 그 사
유(事由)를 고합니다.'"66]《상례비요》67]

【案】尤菴曰："母先亡而父
喪畢後, 改題告辭云：'年月
日, 孝子某敢昭告于顯妣
某封某氏. 茲以先考某官
府君喪期已盡, 禮當遷主
入廟, 今將改題, 謹以云
云.'

承重祖喪畢後, 改題考妣
神主, 告辭當云：'當初題主
時, 祖考某官府君爲主, 故
以其屬書之矣. 今某官府
君喪期已畢, 子某將以考
妣改題, 謹告事由.'"】《喪
禮備要》

1-3) 신주를 내가는 일을 고하는 글

5대손(五代孫) 아무개는 이제 체천(遞遷)으로
【만약 아버지가 먼저 돌아가시고 어머니의 상(喪)

出主告辭

五代孫某今以遞遷,
【若父先亡而母喪畢, 則云

66] 어머니가……고합니다：《宋子大全》卷71〈書〉"答李擇之"(한국고전종합DB, 2855쪽)；《宋子大全》卷117
〈書〉"答李汝任"(한국고전종합DB, 4774쪽).
67]《沙溪全書》卷34〈喪禮備要〉"吉祭"(《沙溪·愼獨齋全書》上, 579쪽).

을 마쳤다면 '이제 막 상을 면하게 되어'라 한다】

돌아가신 오대(五代) 할아버지 아무 관직 부군(府君)과 돌아가신 오대(五代) 할머니 아무 봉호 아무 씨의 신주를 옮기는 일이 있어

【안】 고조(高祖) 이하부터 할아버지와 할머니까지 모두 나란히 쓴다】

아무 친척 아무 관직과 아무 봉호 아무 씨를 부식(祔食)[68]하고자 합니다. 신주께서는 밖으로 나오셔서 정침(正寢)으로 나아가시기를 감히 청하고, 공손히 정성을 다해 제사를 올립니다.

【안】 새로 모셔진 신주를 밖으로 꺼낼 때 고하는 글은 상황에 맞도록 글을 읽어 지어야 한다】《상례비요》[69]

"今旣免喪"】

有事于顯五代祖考某官府君、顯五代祖妣某封某氏,

【案】 高祖以下至祖考妣竝列書】

以某親某官、某封某氏祔食, 敢請神主出, 就正寢, 恭伸奠獻.

【案】 新主出主告辭, 當隨宜措語】《喪禮備要》

1-4) 묻은 신주를 합제하는 축문 서식

유세차(維歲次) 몇 년 간지(干支), 몇 월 간지 삭, 몇 일 간지에, 5대손 아무개는 감히 돌아가신 오대(五代) 할아버지 아무 관직 부군(府君)과 돌아가신 오대(五代) 할머니 아무 봉호 아무 씨께 명백히 아룁니다. 이제 아버지 아무 관직 부군(府君)의 상기(喪期)가 이미 다하였으니, 예에 따라 신주를 옮겨 사당에 들여야 합니다. 선왕(先王)께서 예를 제정하실 때 제사를 받드는 일은 4대(四代)에서 그치게 하시니,

【단지 3대(三代)만 제사지낸다면 '3대'라 한다】

合祭埋主祝文式

維歲次干支, 幾月干支朔, 幾日干支, 五代孫某敢昭告于顯五代祖考某官府君、顯五代祖妣某封某氏. 玆以先考某官府君喪期已盡, 禮當遷主入廟. 先王制禮, 祀止四代,

【只祭三代則云"三代"】,

---

68 부식(祔食):자손이 없이 죽은 사람을 조상의 사당에 반부(班祔)하여 함께 제사 지내어 향식(享食)하는 일.
69 《沙溪全書》卷34〈喪禮備要〉"吉祭"《沙溪·愼獨齋全書》上, 579~580쪽).

마음은 비록 끝없이 제사를 모시고 싶으나 분수에는 한계가 있습니다. 신주를 조천(祧遷)해서 묘소(墓所)에 묻어야만 하니,

【만약 족인(族人) 가운데 아직 친진(親盡)하지 않은 사람이 있다면 최장방(最長房)[70]에게 그 신주를 옮기려 하니, 이 구절의 아래에는 "아무 친척 아무개의 방(房)으로 옮기려 합니다."라 해야 한다】

감격스러우면서도 슬픈 마음을 이길 수 없습니다. 삼가 맑은 술과 여러 음식으로 100번 절하고 말씀을 고합니다. 흠향하시기 바랍니다.《문공가례의절》[71]

心雖無窮, 分則有限, 神主當祧, 埋于墓所,

【若族人有親未盡者, 將徙于其房, 則此下當云"將遷于某親某之房"】

不勝感愴. 謹以淸酌、庶羞, 百拜告辭, 尙饗.《儀節》

1-5) 조부모 이상을 합제하는 축문 서식

合祭祖以上祝文式

【안 세대(世代)는 각각 축판을 달리 한다】

【案 代各異版】

유세차(維歲次) 몇 년 간지(干支), 몇 월 간지 삭, 몇 일 간지에,

年月日

【안 위의 서식과 같다】

【案 同上】

효현손(孝玄孫)

孝玄孫

【안 신위(神位)에 따라 각각 다르게 칭한다】

【案 位各異稱】

아무개는 감히 돌아가신 고조할아버지 아무 관직 부군(府君)과 돌아가신 고조할머니 아무 봉호 아무 씨께 명백히 고합니다.

某敢昭告于顯高祖考某官府君、顯高祖妣某封某氏.

【증조(曾祖)와 조부(祖父)의 신위에도 이를 본따서 한다】

【曾祖、祖位放此】

---

70 최장방(最長房):4대 이내의 자손들 중에서 항렬이 가장 높은 연장자.
71 출전 확인 안 됨;《沙溪全書》卷34〈喪禮備要〉"吉祭"(《沙溪·愼獨齋全書》上, 580쪽).

아무개의 죄역(罪逆)[72]이 사라지지 않았는데, 세월은 상(喪)을 벗어나기에 이르렀습니다. 세대(世代)의 순서가 차례에 따라 옮겨지고 소목(昭穆)이 이어져 순서가 정해지니, 선왕이 제정하신 예에 감히 미치지 않을 수 없습니다. 삼가 맑은 술과 여러 음식으로 공경히 세사(歲事, 매년 올리는 제사)를 올려 아무 친척 아무 관직 부군(府君)과 아무 친척 아무 봉호 아무 씨를 부식(祔食)하고자 합니다. 흠향하시기 바랍니다.

【만약 아버지께서 먼저 돌아가시고 어머니의 상을 마쳤다면 '세차(世次)' 이하의 16글자(世次迭遷, 昭穆繼序, 先王制禮, 不敢不至, 세대의……없습니다)는 없애고, 시제(時祭) 축문의 '시유(時維)' 이하의 말을 쓴다】고항(高閌)《후종례(厚終禮)》[73]

某罪逆不滅, 歲及免喪, 世次迭遷, 昭穆繼序, 先王制禮, 不敢不至. 謹以淸酌、庶羞, 祗薦歲事, 以某親某官府君、某親某封某氏祔食, 尙饗.

【若父先亡母喪, 則去"世次"以下十六字, 而用時祭祝"時維"以下語】《高儀》

1-6) 새로운 신주를 합제하는 축문 서식

유세차(維歲次) 몇 년 간지(干支), 몇 월 간지 삭, 몇 일 간지에,

【안 위의 서식과 같다】

효자(孝子) 아무개는 감히 돌아가신 아버지 아무 관직 부군(府君)께 명백히 고합니다. 상제(喪制)에 정해진 기한이 있어 오래도록 추모하려고 하나 미칠 수가 없습니다. 이제 좋은 날을 택하여 전례(典禮)를 본받고 따라서, 신주를 사당에 올려 들이고자 합니다. 삼가 맑은 술과 여러 음식으로 공경히 세사(歲事)

合祭新主祝文式

年月日,

【案 同上】

孝子某, 敢昭告于顯考某官府君. 喪制有期, 追遠無及, 今以吉辰, 式遵典禮, 隮入于廟. 謹以淸酌、庶羞, 祗薦歲事, 尙饗.

---

72 죄역(罪逆):인륜을 거스르는 큰 죄.
73 출전 확인 안 됨;《沙溪全書》, 위와 같은 곳.

를 올립니다. 흠향하시기 바랍니다.

【만약 어머니가 먼저 돌아가셨다면 돌아가신 어머니 아무 봉호 아무 씨를 함께 나란히 쓴다. 아버지가 먼저 돌아가시고 어머니의 상을 치른 경우라도 아버지[考]와 어머니[妣]를 함께 나란히 '아무 어머니의 상기(喪期)가 이미 다하였으니, 예에 따라 배향(配享)해야 합니다.'라 하고, 시제(時祭) 축문의 '시유(時維)' 이하의 말을 쓴다.

만약 아버지가 먼저 돌아가시고 어머니의 상에 담제(禫祭)를 지낼 달이 되어 아버지와 어머니의 신위를 따로 놓았다면 어머니의 신위에는 "상제에 정해진 기한이 있어 오래도록 추모하려 하나 미칠 수가 없습니다. 이제 좋은 날을 택하여 전례(典禮)를 본받고 따라서, 돌아가신 아버지께 배향(配享)하려 합니다."라 고한다. 아버지의 신위에는 "아무개의 죄역이 사라지지 않았는데, 세월은 상을 벗어나기에 이르렀습니다. 전례를 본받고 따라서, 돌아가신 어머니를 배향하려 합니다."라 고하고, 시제(時祭) 축문의 '시유(時維)' 이하의 말을 쓴다.

만약 어머니가 먼저 돌아가시고 아버지의 상에 담제를 지낼 달이 되었다면 돌아가신 어머니의 신위에는 "아무개의 죄역이 사라지지 않았는데, 세월은 상을 벗어나기에 이르렀습니다. 이제 좋은 날을 택하여 전례를 본받고 따라서, 돌아가신 아버지께 배향하려 합니다."라 고한다】《문공가례의절》[74]

【若母先亡, 則列書顯妣某封某氏. 父先亡而母喪, 亦列書考妣, 云"某親喪期已盡, 禮當配享"而用時祭祝"時維"以下語.

若父先亡母喪, 而禫月行祭, 考妣異位, 則於妣位, 云"喪制有期, 追遠無及. 今以吉辰, 式遵典禮, 將配于先考". 於考位, 云"某罪逆不滅, 歲及免喪, 式遵典禮, 將配以先妣"而用時祭祝"時維"以下語.

若母先亡父喪, 而禫月行祭, 則於妣位, 云："某罪逆不滅, 歲及免喪. 今以吉辰, 式遵典禮, 將配于先考."】《儀節》

---

74 출전 확인 안 됨 ;《沙溪全書》卷34〈喪禮備要〉"吉祭"(《沙溪·愼獨齋全書》上, 580쪽).

2) 시제(時祭)[75]

(1) 시제는 중월(仲月, 각 계절의 가운데 달)에 지내되, 전순(前旬)[76]에 점쳐서 날짜를 고른다.

【이이 제의초[77] 춘분·하지·동지·추분에 시제를 올린다. 만약 사정이 일정하지 않아 날짜를 예정할 수가 없었다면 단지 중월의 정일(丁日)이나 해일(亥日)을 택하여 정한다. 시제를 올리기로 한 날짜의 3일 전에 사당에 고하고, 사당에 고하기 앞서 4일 전에는 산재(散齋)[78]한다.

① 주인 이하는 사당에 나아가 북쪽을 향하여 순서대로 서고 2번 절한다. ② 주인이 계단 위로 올라가 향을 피우고 2번 절한다. ③ 축이 축사를 들고 주인의 왼쪽에 꿇어앉아 다음 축문을 읽는다. "효증손(孝曾孫) 아무개는 아무 월 아무 일에 증조할아버지와 증조할머니, 할아버지와 할머니, 아버지와 어머니께 공경히 세사(歲事)를 올리려고 하여 감히 고합니다." ④ 주인이 2번 절하고 계단을 내려가 자기 자리로 돌아간다. ⑤ 자리에 있는 사람들과 함께 모두 2번 절하고 물러간다.

이때부터는 날마다 목욕하고 옷을 깨끗하게 갈아입으며 재계한다.

時祭

時祭用仲月, 前旬卜日.

【栗谷 祭儀鈔】 用春分、夏至、冬至、秋分. 若事故無常, 未可豫定, 則只以仲月或丁或亥擇定. 前期三日告廟, 未告廟前, 前期四日散齋.

主人以下詣祠堂, 北向敍立, 再拜. 主人升, 焚香再拜. 祝執詞, 跪于主人之左, 讀曰:"孝曾孫某, 將以某月某日, 祗薦歲事于曾祖考妣、祖考妣、考妣, 敢告."主人再拜, 降復位, 與在位者皆再拜而退.

自此日沐浴更衣致齋.

---

75 시제(時祭):1년 중 봄·여름·가을·겨울의 특별한 길일이나 절일(節日)에 조상에게 올리는 제사. 사시제(四時祭)·시사(時祀)·시향(時享) 등의 여러 이칭이 있다.

76 전순(前旬):《주자가례(朱子家禮)》에 따르면, 시제를 올리게 될 날짜가 들어 있는 달의 순(旬, 열흘)이 아니라 그 이전 달의 순(旬)을 말한다. 다시 말하자면 그 전달 하순(下旬)의 어느 날에 시제를 올릴 예정인 다음 달의 삼순(三旬) 가운데 한 날짜를 점친다는 뜻이다.

77 《栗谷全書》卷27〈祭儀鈔〉"時祭儀"(《栗谷全書》2, 93쪽).

78 산재(散齋):제사를 지내기 전에 행하는 재계의 하나. 치재(致齋, 몸을 깨끗이 하고 삼감) 전 며칠 동안 슬픈 일을 묻거나 듣지 않고, 즐기는 일을 하지 않으며, 행동과 마음을 근신하는 일을 말한다.

안 4대까지 제사지내면 고하는 글에 먼저 고조(高祖)를 쓴다.

案 祭四代則告辭先書高祖.

상례비요 79 중월에 만약 사정이 생기면 계월(季月, 각 계절의 마지막 달)에 또한 제사를 올릴 수 있다.

喪禮備要 仲月若有故, 則季月亦可祭.

안 《가례(家禮)》에서는 배교(环珓)로 날짜를 점친다고 하였으나 지금은 이 방법을 쓰지 않는다】

案 《家禮》环珓卜日而今不用】

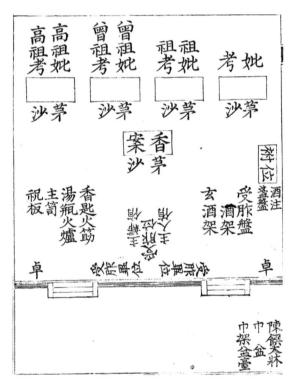

정침에서 시제 지내는 그림(《가례》)

---

79 《沙溪全書》卷34〈喪禮備要〉"時祭"(《沙溪·愼獨齋全書》上, 587쪽).

(2) 정해진 날짜의 3일 전에 재계(齋戒)한다

【정해진 날짜의 3일 전에 주인은 여러 남자들을 이끌고 밖에서 치재(致齋)하고, 주부는 여러 부녀들을 이끌고 안에서 치재한다.

前期三日齋戒.

【前期三日, 主人帥衆丈夫, 致齋于外 ; 主婦帥衆婦女, 致齋于內.

격몽요결 [80] 시제라면 산재를 4일 동안 하고, 치재를 3일 동안 한다. 기제(忌祭)라면 산재를 3일 동안 하고, 치재를 1일 동안 한다. 참례(參禮)라면 재숙(齋宿)[81]을 1일 동안 한다.

이른바 산재란 남의 상(喪)에 조문하지 않고, 아픈 사람에게 문병을 가지 않으며, 훈채(葷菜)[82]를 먹지 않고, 술을 마실지라도 정신이 어지러울 정도로 마시지 않는 태도이다. 제사를 앞두고는 흉한 일과 더러운 일에는 모두 참여할 수 없기 때문이다.

이른바 치재란 음악을 듣지 않고, 집 바깥으로 출입하지 않는다. 그리고 오로지 한결같은 마음으로 제사 올릴 분을 생각해야 한다. 이는 그분이 거처(居處)하던 모습을 생각하며, 그분이 웃고 말하던 모습을 생각하며, 그분이 즐거워하던 모습을 생각하며, 그분이 좋아하던 것을 생각하는 태도이다】

擊蒙要訣 時祭則[4]散齋四日, 致齋三日 ; 忌祭則散齋三日, 致齋一日. 參禮則齋宿一日.

所謂散齋者, 不弔喪, 不問疾, 不茹葷, 飮酒不得至亂. 凡凶穢之事, 皆不得豫.

所謂致齋者, 不聽樂, 不出入. 專心想念所祭之人, 思其居處, 思其笑語, 思其所樂, 思其所嗜之謂也】

(3) 정해진 날짜의 1일 전에 신위를 진설하고 기물을 진설한다.

前一日設位, 陳器.

---

80 《栗谷全書》卷27 〈擊蒙要訣〉 "祭禮"(《栗谷全書》 2, 87쪽).

81 재숙(齋宿) : 목욕재계(沐浴齋戒)를 하고 하룻밤을 묵는 절차.

82 훈채(葷菜) : 파나 마늘 등과 같이 자극적이면서 특이한 향이 나는 채소.

[4] 則 : 저본에는 "時". 오사카본·《栗谷全書·擊蒙要訣·祭禮》에 근거하여 수정.

【① 주인은 여러 남자들을 이끌고 심의(深衣)를 입고서 집사자와 함께 정침(正寢)에 물을 뿌리고 청소한다. ② 의자와 탁자를 씻고 닦아내어 깨끗하고 청결하게하도록 힘쓴다. ③ 고조할아버지와 고조할머니의 신위를 당(堂)의 서쪽에 진설하되, 북쪽 벽 아래에서 남쪽을 향하게 한다. 이때 고조고의 신위는 서쪽에 진설하고 고조비의 신위는 동쪽에 진설한다. ④ 각각 1개의 의자와 1개의 탁자를 사용하여 신위를 합친다. ⑤ 증조할아버지·증조할머니·할아버지·할머니·아버지·어머니의 신위는 순서대로 동쪽으로 나아가며 진설하되, 모두 고조(高祖)의 신위와 같게 한다. ⑥ 세대(世代)마다 각각 신위를 만들되 세대 사이의 신위가 서로 닿지 않게 한다.

⑦ 부위(祔位)[83]는 모두 동서(東序, 동쪽 담장)에 진설하되, 서쪽을 향하며 북쪽을 상석으로 한다. ⑧ 혹은 동서 양쪽 서(序)에 진설하여 서로 마주보도록 하되, 그 가운데 존자(尊者)의 신위가 서쪽을 차지하도록 한다. ⑨ 아내 이하의 신위는 계단 아래에 진설한다. ⑩ 향안은 당(堂) 가운데에 진설하고 그 위에 향로와 향합(香盒)을 둔다. ⑪ 묶은 띠풀과 모래를 모은 모사(茅沙)를 향안 앞과 각 신위 앞의 땅 위에 둔다.

⑫ 술항아리 받침대를 동쪽 계단 위쪽에 진설한다. ⑬ 따로 탁자를 그 동쪽에 두고, 술주전자 1개, 뇌주잔(酹酒盞)[84] 1개, 쟁반 1개, 수조(受胙)를 놓는

【主人帥衆丈夫, 深衣, 及執事灑掃正寢, 洗拭倚卓, 務令齌潔. 設高祖考妣位於堂西, 北壁下南向, 考西妣東, 各用一倚一卓而合之. 曾祖考妣、祖考妣、考妣以次而東, 皆如高祖之位. 世各爲位不屬.

祔位皆於東序, 西向北上, 或兩序相向, 其尊者居西. 妻以下則於階下. 設香案於堂中, 置香爐、香盒於其上. 束茅聚沙於香案前及逐位前地上.

設酒架於東階上, 別置卓子於其東, 設酒注一、酹酒盞一、盤一、受胙盤一、匕

---

83 부위(祔位) : 사당에서 신주(神主)를 모시는 자리 중 후사가 없거나 항렬이 낮아 합사를 올리는 조상의 신위.
84 뇌주잔(酹酒盞) : 술을 모사(茅沙)에 부을 때 쓰는 술잔.

쟁반 1개, 숟가락 1개, 수건 1개, 소금접시, 식초병을 그 위에 진설한다. ⑭ 화로와 탕병(湯瓶)을 서쪽 계단 위쪽에 둔다. ⑮ 따로 탁자를 그 서쪽에 두고서 축판을 그 위에 진설한다. ⑯ 손 씻는 대야[盥盆]와 손 닦을 수건을 각각 2개씩 동쪽 계단 아래의 동쪽에 진설한다. ⑰ 그 서쪽에는 물건을 놓을 받침대와 수건걸이를 둔다. ⑱ 또 음식을 놓는 큰 상을 그 동쪽에 진설한다】

一、巾一、鹽楪、醋瓶於其上. 火爐、湯瓶於西階上, 別置卓子於其西, 設祝版於其上. 設盥盆、帨巾各二於阼階下之東. 其西者有臺架, 又設陳饌大牀于其東】

(4) 희생(犧牲)을 살피고, 기물을 씻고, 음식을 장만한다.

省牲, 滌器, 具饌.

【주인은 여러 남자들을 이끌고 심의를 입고서 희생이 죽음에 이르렀는지 살핀다. 주부는 여러 부녀들을 이끌고 제기를 씻고 닦아내고 부(釜, 발 없는 솥)와 정(鼎, 세 발 달린 솥)을 깨끗하게 닦아내고 제사에 올릴 음식을 장만한다. 이때 정갈하게 할 것을 힘쓰고, 제사를 올리기 전에는 사람들이 먼저 먹지 못하게 하며, 고양이·개·벌레·쥐 등이 더럽히지 못하게 한다.

【主人帥衆丈夫, 深衣, 省牲莅殺. 主婦帥衆婦女, 滌濯祭器, 潔釜鼎, 具祭饌. 務令精潔, 未祭之前, 勿令人先食及爲猫、犬、蟲、鼠所汚.

이이 제의초 [85] 신위마다 과일 5가지·포(脯) 1접시·나물 1접시·고기젓갈 1접시·김치 1접시·청장(清醬, 간장) 1그릇·식초에 무친 나물 1접시·생선과 고기 각각 1접시·떡 1접시·국수 1사발·국 1사발·밥 1공기·탕 5가지·산적 3가지를 진설한다. 이른바 '신위마다

栗谷 祭儀鈔 每位果五品、脯一楪、熟菜一楪、醢一楪、沈菜一楪、清醬一器、醋菜一楪、魚肉各一楪、餅一楪、麵一盌、羹一盌、飯一鉢、

85 《栗谷全書》卷27〈祭儀鈔〉"時祭儀"(《栗谷全書》2, 94쪽).

[每位]'라는 말은 아버지와 어머니가 각각 하나의 신위라는 것이다. 요즘 사람들은 간혹 고(考)와 비(妣)를 같은 탁자에 모셔서 진설하는데, 적절하지 않다】

(5) 다음날 새벽에 일찍 일어나 나물·과일·술·음식을 진설한다.

【주인 이하는 심의를 입고 집사자와 함께 제사를 지낼 장소에 나아간다. 손을 씻고 과일접시를 각 신위가 놓여 있는 탁자의 남쪽 끝에 진설하고, 나물·포(脯)·고기젓갈은 서로 사이를 띄워 차례대로 진설한다. 잔반(盞盤)과 식초접시를 북쪽 끝에 진설하되, 잔반은 서쪽에 놓고 접시는 동쪽에 놓으며 숟가락과 젓가락은 그 가운데를 차지한다. 현주(玄酒)와 술은 각각 1병씩 받침대 위에 진설한다. 화로에는 숯[炭]을 피우고 병(瓶)에는 물을 채운다. 주부는 불을 때서 제사에 올릴 음식을 데우는데, 각 음식을 지극히 뜨겁게 한다.

이이 제의초 [86] 잔반은 가운데를 차지하고, 숟가락과 접시는 서쪽을 차지하며 식초에 무친 나물은 동쪽을 차지한다】

(6) 날이 밝으면 신주를 받들고 신위로 나아간다.

【① 주인 이하는 각각 성복을 한다. ② 손을 씻고

湯五色、炙三色. 所謂"每位"者, 考妣各一位也. 今人或以考妣同卓, 未安】

厥明夙興, 設蔬果、酒饌.

【主人以下深衣, 及執事者俱詣祭所, 盥手, 設果楪於逐位卓子南端, 蔬菜、脯醢相間次之, 設盞盤、醋楪于北端, 盞西、楪東, 匙筯居中, 設玄酒及酒各一瓶於架上. 熾炭于爐, 實水于瓶. 主婦炊煖祭饌, 各 ⑤ 令極熱.

栗谷 祭儀鈔 盞盤居中, 匙楪居西, 醋菜居東】

質明, 奉主就位.

【主人以下各盛服, 盥手帨

86 《栗谷全書》卷27〈祭儀鈔〉"時祭儀"(《栗谷全書》2, 94쪽).
⑤ 各:《家禮·祭禮·四時祭》에는 "皆".

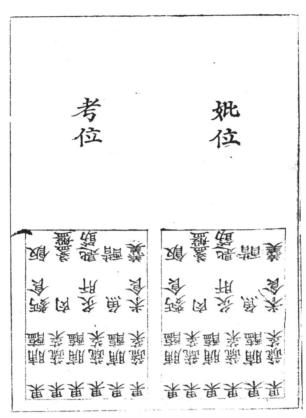

시제 설찬도(《가례》)

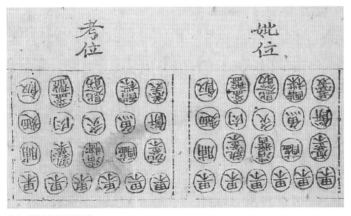

시제 매위설찬도(《상례비요》)

수건으로 닦고서 사당 앞으로 나아간다. ③ 여러 남자들은 순서에 따라 서서 사당에 고하는 날 행했던 의례와 같게 한다. ④ 주부는 서쪽 계단 아래에서 북쪽을 향하여 선다. ⑤ 주인에게 어머니가 살아 계시면 특별히 주부 앞에 자리를 만들어 서게 한다. ⑥ 여러 백모(伯母)·숙모(叔母)와 제고(諸姑)가 이어서 서는 식으로, 여러 부녀들이 서는 자리를 정한다.

⑦ 주인은 동쪽 계단으로 올라가 향을 피우고 고한다. ⑧ 고하기를 마치면 독을 받들되, 각각 집사자 1명이 하나의 함을 받든다. ⑨ 주인이 앞에서 인도하고, 주부가 뒤를 따른다. ⑩ 항렬이 낮거나 나이가 어린 사람이 그 뒤를 따른다. ⑪ 정침에 이르면 서쪽 계단쪽의 탁자 위에 놓는다. ⑫ 주인이 독을 열고 여러 고(考, 남자 조상)의 신주를 받들어, 꺼내서 신위로 나아간다. ⑬ 주부가 손을 씻고 계단을 올라가 여러 비(妣, 여자 조상)의 신주를 받들어 꺼내되, 또한 주인이 했던 의례와 같게 한다. ⑭ 부위(祔位)들은 자제 가운데 1명이 받들어 꺼낸다. ⑮ 신주를 함에서 받들어 꺼내기를 마치면 모두 계단을 내려가 자기 자리로 돌아간다.

이이 제의초 87 만약 사당에서 시제를 지낸다면 단지 사당의 각 신위 앞에 나아가 기물을 진설하고 음식을 진설한다】

巾, 詣祠堂前, 衆丈夫敍立如告日之儀. 主婦西階下, 北向立. 主人有母, 則特位於主婦之前, 諸伯叔母、諸姑繼之, 衆婦女立定.

主人升自阼階, 焚香告. 訖, 奉櫝, 各以執事者一人奉之, 主人前導, 主婦從後, 卑幼在後. 至正寢, 西階卓子上, 主人啓櫝, 奉諸考神主, 出就位. 主婦盥洗, 升奉諸妣神主, 亦如之. 其祔位則子弟一人奉之, 旣畢, 皆降復位.

栗谷 祭儀鈔 若行于祠堂, 則只就祠堂各位前, 陳器設饌】

---

87 《栗谷全書》卷27〈祭儀鈔〉"時祭儀"(《栗谷全書》2, 94쪽).

(7) 참신(參神)을 행한다.

【주인 이하는 순서대로 서서 2번 절한다. 만약 존장(尊長) 중에 늙어서 아픈 사람이 있다면 다른 장소에서 쉬게 한다】

參神.

【主人以下敍立, 再拜. 若尊長老疾者, 休於他所】

(8) 강신(降神)을 행한다.

【① 주인은 계단을 올라가 향을 피우고 2번 절한 다음 조금 물러나 선다. ② 집사자 1명이 술병을 열어 수건으로 술병의 주둥이를 닦고 술주전자에 술을 부어 채운다. ③ 다른 집사자 1명이 동쪽 계단의 탁자 위에 놓인 반잔(술받침대와 술잔)을 들고 주인의 왼쪽에 선다. ④ 다른 집사자 1명은 술주전자를 들고 주인의 오른쪽에 선다. ⑤ 주인이 꿇어앉으면 반잔을 받든 사람도 꿇어앉아 반잔을 주인에게 드린다. ⑥ 주인이 반잔을 받으면 술주전자를 든 사람도 꿇어앉아 술잔에 술을 따른다. ⑦ 주인은 왼손으로 술받침대를 잡고 오른손으로 술잔을 잡은 다음 술을 모사(茅沙) 위에 붓는다. ⑧ 반잔을 집사자에게 준다. ⑨ 부복했다가 일어나 2번 절한다. ⑩ 계단을 내려와 자기 자리로 돌아간다】

降神.

【主人升, 焚香, 再拜, 少退立. 執事者一人開酒瓶, 取巾拭口, 實酒于注；一人取東階卓子上盤盞, 立於主人之左；一人執注, 立于主人之右. 主人跪, 奉盤盞者亦跪, 進盤盞. 主人受之, 執注者亦跪, 斟酒于盞. 主人左手執盤, 右手執盞, 灌于茅上, 以盤盞授執事者, 俛伏, 興, 再拜, 降復位】

(9) 음식을 올린다.

【① 주인이 계단을 올라가면 주부도 따라 올라간다. ② 집사자 1명은 소반에 생선과 고기를 받쳐 든다. ③ 1명은 소반에 쌀음식과 면음식을 받쳐 든다. ④ 1명은 소반에 국과 밥을 받쳐 든다. ⑤ 이들은 주인과 주부를 따라 계단 위로 올라가 고조의 신위

進饌.

【主人升, 主婦從之. 執事者一人以盤奉魚肉, 一人以盤奉米麵食, 一人以盤奉羹飯, 從升至高祖位前. 主人、主婦以次, 設諸正位,

앞에 이른다. ⑥ 주인과 주부가 순서에 따라 여러 정위(正位)에 음식을 진설한다. ⑦ 여러 자제와 부녀로 하여금 부위(祔位)에 각각 음식을 진설하게 한다. ⑧ 모두 진설하고 나면 주인 이하는 모두 계단을 내려와 자기 자리로 돌아간다.

使諸子弟、婦女各設祔位,
皆畢, 主人以下皆降復位.

이이 │제의초│[88] ① 주인은 고기를 받들어 잔반의 서남쪽에 올린다. ② 주부는 국수를 받들어 고기의 서쪽에 올린다. ③ 주인은 생선을 받들어 잔반의 동남쪽에 올린다. ④ 주부는 떡을 받들어 생선의 동쪽에 올린다. ⑤ 주인은 국을 받들어 잔반의 동쪽에 올린다. ⑥ 주부는 밥을 받들어 잔반의 서쪽에 올린다. ⑦ 여러 자제들은 탕(湯)을 각 신위에 진설한다.

栗谷 │祭儀鈔│ 主人奉肉,
奠于盞盤之西南；主婦奉
麵, 奠于肉西. 主人奉魚, 奠
于盞盤之東南；主婦奉餅,
奠于魚東. 主人奉羹, 奠于
盞盤之東；主婦奉飯, 奠于
盞盤之西. 諸子弟設湯于各位.

안 《음식 진설도[設饌圖]》는 앞의 우제(虞祭) 항목에 보인다】

案 《設饌圖》見虞祭】

(10) 초헌(初獻)을 행한다.

初獻.

【① 주인은 계단을 올라가 고조(高祖)의 신위 앞에 나아간다. ② 집사자 1명은 술주전자를 들고 주인의 오른쪽에 선다. ③ 겨울일 경우에는 먼저 술을 데운다. ④ 주인은 고조할아버지의 신위 앞에 놓인 반잔을 받들어 신위 앞에서 동쪽을 향하여 선다. ⑤ 집사자는 서쪽을 향하여 술잔에 술을 따른다. ⑥ 주인은 반잔을 받들어 원래 놓여 있던 자리에 올

【主人升詣高祖位前. 執事
者一人執酒注, 立于其右.
冬月卽先煖之. 主人奉高
祖考盤盞, 位前, 東向立.
執事者西向, 斟酒于盞.
主人奉之, 奠于故處. 次奉
高祖妣盤盞, 亦如之. 位

---

88 《栗谷全書》卷27〈祭儀鈔〉"時祭儀"(《栗谷全書》2, 94쪽).

린다. ⑦ 다음으로 고조할머니의 반잔을 받들되, 또한 고조할아버지의 반잔을 받드는 의례와 같게 한다. ⑧ 주인은 신위 앞에서 북쪽을 향하여 선다.

⑨ 집사자 2명은 주인이 올렸던 고조할아버지와 고조할머니의 반잔을 다시 받들어 주인의 좌우에 선다. ⑩ 주인은 꿇어앉는다. ⑪ 집사자들도 꿇어앉는다. ⑫ 주인은 고조고의 반잔을 받아 오른손으로 술잔을 들어 모사(茅沙) 위에 고수레하고 반잔을 집사자에게 돌려준다. ⑬ 집사자는 반잔을 받아 원래 놓여 있던 자리에 돌려놓는다. ⑭ 주인은 고조할머니의 반잔을 받아 또한 그와 같이 한다.

⑮ 부복하고 일어나 조금 물러나 선다. ⑯ 집사자가 간(肝)을 화로에 구워 접시에 담는다. ⑰ 형제 가운데 가장 연장자 1명이 그것을 받들어 고조고와 고조비 앞의 숟가락과 젓가락의 남쪽에 올린다.

⑱ 축은 축판을 들고 주인의 왼쪽에 서 있다가 꿇어앉아 축문을 읽는다. ⑲ 읽기를 마치면 일어난다. ⑳ 주인은 2번 절하고 물러난다. ㉑ 나머지 여러 신위 앞에 나아가 술을 올리고 축문을 읽기를 처음에 했던 의례처럼 한다. ㉒ 신위마다 축문을 읽기를 마치면 형제나 여러 아들들 가운데 아헌(亞獻)을 하거나 종헌(終獻)을 하지 않는 사람은 순서에 따라 본위(本位)에 합부(合祔)한 부위(祔位)에 나누어 나아가서 의례대로 술을 따라 올린다. 다만 축문은 읽지는 않는다. ㉓ 술을 올리는 절차가 끝나면 모두 계단을 내려가 자기 자리로 돌아간다. ㉔ 집사자는 다른 그릇에 술과 간을 거두어 담고 술잔을 원래 놓여 있던

前, 北向立.

執事者二人奉高祖考妣盤盞, 立于主人之左右. 主人跪. 執事者亦跪. 主人受高祖考盤盞, 右手取盞, 祭之茅上, 以盤盞授執事者, 反之故處, 受高祖妣盤盞, 亦如之.

俛伏, 興, 少退立. 執事者炙肝于爐, 以楪盛之. 兄弟之長一人奉之, 奠于高祖考妣前匙筯之南.

祝取版立於主人之左, 跪讀. 畢, 興, 主人再拜, 退, 詣諸位, 獻祝如初. 每逐位讀祝畢, 兄弟, 衆男之不爲亞, 終獻者, 以次分詣本位所祔之位, 酌獻如儀, 但不讀祝, 獻畢, 皆降復位. 執事者以他器徹酒及肝, 置盞故處.

자리에 둔다.

이이 제의초 [89] 구운 간(肝)은 잔반의 남쪽에 올린 다.

栗谷 祭儀鈔 進炙肝奠于 盞盤之南.

상례비요 [90] 간(肝)을 올린 뒤에 밥그릇의 뚜껑을 열 어 그 남쪽에 둔다】

喪禮備要 進肝後, 啓飯 蓋, 置其南】

(11) 아헌(亞獻)을 행한다.
【주부가 아헌을 행한다. 여러 부녀들은 구운 고 기를 받들어 올리고 나누어 술을 올리는데, 초헌의 의례와 같이 한다.

亞獻.
【主婦爲之, 諸婦女奉炙肉 及分獻, 如初獻儀.

이이 제의초 [91] 아헌과 종헌할 때는 술을 고수레하 지 않는다. 주부에게 사정이 있으면, 여러 동서(同壻) 중 가장 윗사람이 한다.】

栗谷 祭儀鈔 亞獻、終獻 不祭酒. 主婦有故, 則諸 婦兄弟中最尊者爲之】

(12) 종헌(終獻)을 행한다.
【형제 가운데 가장 연장자나 맏아들 또는 친척이 나 빈객(賓客)이 행한다. 여러 자제들이 구운 고기를 받들어 올리고 나누어 술을 올리는데, 아헌의 의례 와 같이 한다】

終獻.
【兄弟之長, 或長男或親賓 爲之. 衆子弟奉炙肉及分 獻, 如亞獻儀】

---

89 《栗谷全書》卷27 〈祭儀鈔〉"時祭儀"(《栗谷全書》2, 95쪽).
90 《沙溪全書》卷34 〈喪禮備要〉"時祭"(《沙溪·愼獨齋全書》上, 589쪽).
91 《栗谷全書》卷27 〈祭儀鈔〉"時祭儀"(《栗谷全書》2, 95쪽).

(13) 유식(侑食)을 행한다.

【① 주인은 계단을 올라가 술주전자를 들고 모든 신위 앞에 나아가면서 술을 따라 모든 술잔을 채운다. ② 향안의 동남쪽에 선다. ③ 주부는 계단을 올라가 숟가락을 밥에 꽂고 젓가락의 자루가 서쪽으로 가도록 바르게 놓는다. ④ 향안의 서남쪽에 선다. ⑤ 두 사람 모두 북쪽을 향하여 2번 절한다. ⑥ 계단을 내려와 자기 자리로 돌아간다】

侑食.

【主人升, 執注, 就斟諸位之酒, 皆滿, 立於香案之東南. 主婦升, 扱匙飯中, 西柄正筋, 立于香案之西南, 皆北向, 再拜, 降復位】

(14) 합문(闔門)을 행한다.

【① 주인 이하는 모두 밖으로 나온다. ② 축이 문을 닫는다. ③ 문이 없는 곳이라면 발을 드리워도 된다. ④ 주인은 문의 동쪽에 서서 서쪽을 향한다. ⑤ 여러 남자들은 그 뒤에 선다. ⑥ 주부는 문의 서쪽에 서서 동쪽을 향한다. ⑦ 여러 부녀들은 그 뒤에 선다. ⑧ 만일 그 가운데 존장이 있다면 다른 곳에서 잠시 쉬게 한다. 이것이 이른바 '염(厭)'92이다】

闔門.

【主人以下皆出. 祝闔門. 無門處, 卽降簾可也. 主人立於門東, 西向, 衆丈夫在其後. 主婦立於門西, 東向, 衆婦女在其後. 如其尊長, 則少休於他所. 此所謂"厭"也】

(15) 계문(啓門)을 행한다.

【① 축은 3번 희흠(헛기침)을 한다. ② 그제야 문을 연다. ③ 주인 이하는 모두 들어간다. ④ 그 가운데 존장으로 다른 곳에서 쉬고 있던 사람도 들어가 자기 자리에 나아간다. ⑤ 주인과 주부는 차(茶)를 받들어, 고(考)와 비(妣) 앞에 나누어서 올린다. ⑥ 부위(祔位)에는 여러 자제와 부녀로 하여금 올리게 한다.

啓門.

【祝聲三噫歆, 乃啓門. 主人以下皆入. 其尊長休于他所者, 亦入就位. 主人、主婦奉茶, 分進于考妣之前. 祔位, 使諸子弟、婦女進之.

---

92 염(厭): 조상신이 제사음식을 배부르게 먹는다는 의미로, 신(神)이 흠향(歆饗)하는 절차이다.

|상례비요|[93] 우리나라의 민간에서는 물로 차(茶)를 대신한다.

|喪禮備要| 國俗以水代茶.

이이 |제의초|[94] 국을 거두어 물러난다】

栗谷 |祭儀鈔| 徹羹而退】

(16) 수조(受胙)[95]를 행한다.

受胙.

【① 집사자는 향안 앞에 자리를 진설한다. ② 주인은 자리에 나아가 북쪽을 바라본다. ③ 축이 고조할아버지 앞에 나아가 술이 든 반잔을 들고 주인의 오른쪽으로 나아간다. ④ 주인은 꿇어앉는다. ⑤ 축도 꿇어앉는다. ⑥ 주인은 반잔을 받아 술을 고수레하고 나서 술을 맛본다.

【執事者設席于香案前. 主人就席北面. 祝詣高祖考前, 舉酒盤盞, 詣主人之右. 主人跪, 祝亦跪. 主人受盤盞, 祭酒, 啐酒.

⑦ 축은 숟가락과 소반을 들고 와서 여러 신위의 밥을 조금씩 던 다음 이를 받들고 주인의 왼쪽으로 간다. 주인에게 복을 빌어주면서 다음과 같이 말한다. ⑧ "할아버지께서 공축(工祝)에게 명하여 너희 효손에게 많은 복을 전하게 하셨습니다. 너희 효손에게 내려주니[來汝孝孫], 너희는 하늘로부터 복록(福祿)을 받아 농지(農地)에서는 농사가 잘 될 것이며, 눈썹이 세도록 오래 수명을 누릴 것이다. 그 복록을 없어지게 하지 말고 길이 누리도록 하라."

祝取匙幷盤, 抄取諸位之飯各少許, 奉以詣主人之左. 嘏于主人曰: "祖考命工祝, 承致多福于汝孝孫, 來汝孝孫, 使汝受祿于天, 宜稼[6]于田, 眉壽永年, 勿替引之."

⑨ 주인은 술을 자리 앞에 둔 다음 부복하고 일어나 2번 절한다. ⑩ 꿇어앉아 밥을 받아 맛보고 왼쪽

主人置酒于席前, 俛伏, 興, 再拜, 跪, 受飯, 嘗之,

---

93 《沙溪全書》卷34〈喪禮備要〉"時祭"(《沙溪·愼獨齋全書》上, 590쪽).

94 《栗谷全書》卷27〈祭儀鈔〉"時祭儀"(《栗谷全書》2, 95쪽).

95 수조(受胙): 제사지낸 음식과 고기를 자손들이 나누는 절차. 음복(飮福)이라 부르기도 한다.

[6] 稼: 저본에는 "祿". 《家禮·祭禮·四時祭》에 근거하여 수정.

소매에 채우고 소매를 새끼손가락에 건다.⁹⁶ ⑪ 술을 들어 모두 마신다. ⑫ 집사자는 주인의 오른쪽으로부터 술잔을 받아 술주전자 옆에 두고, 왼쪽으로부터 밥을 받아 또한 그와 같이 한다.

⑬ 주인은 부복하고 일어나 동쪽 계단 위쪽에 서되, 서쪽을 향한다. ⑭ 축은 서쪽 계단 위쪽에 서되, 동쪽을 향하며 '이성(利成)'을 고한다[告利成]. ⑮ 축은 계단을 내려와 자기 자리로 돌아간다. 자리에 있는 사람들과 함께 모두 2번 절한다. ⑯ 주인은 절하지 않고 계단을 내려와 자기 자리로 돌아간다.

實于左袂, 挂袂于季指, 取酒卒飲. 執事者受盞自右, 置注旁, 受飯自左, 亦如之.

主人俛伏, 興, 立於東階上, 西向. 祝立于西階上, 東向, 告"利成". 降, 復位. 與在位者皆再拜. 主人不拜, 降, 復位.

상례비요 ⁹⁷ 래여(來汝)의 래(來)는 '리(釐, 내려준다)'라고 읽는다.

喪禮備要 來汝之來讀曰 "釐".

이이 제의초 ⁹⁸ 술을 고수레한다는 말은 술잔을 조금 기울여 술을 땅에 붓는다는 뜻이다. 술을 맛본다는 말은 술을 조금 마신다는 뜻이다】

栗谷 祭儀鈔 祭酒, 少傾於地. 啐酒, 少飲也】

(17) 사신(辭神)을 행한다.
【주인 이하는 모두 2번 절한다.

辭神.
【主人以下皆再拜.

안 이이의 《제의초》에는 "사신(辭神)을 하기 전에 집사자가 계단 위로 올라 여러 신위에 나아가 밥그릇

案 栗谷 《祭儀鈔》 辭神前, 執事者升詣諸位, 合飯蓋,

---

96 왼쪽……건다 : 오른손을 편하게 하기 위한 동작으로 추정된다.
97 《沙溪全書》, 위와 같은 곳.
98 《栗谷全書》卷27〈祭儀鈔〉"時祭儀"(《栗谷全書》2, 95쪽).

의 뚜껑을 합쳐놓고 계단을 내려와 자기 자리로 돌 降, 復位之至】
아간다."⁹⁹라 했다】

(18) 납주(納主)를 행한다. 納主.

【주인과 주부가 모두 계단을 올라가 각각 신주를 【主人、主婦皆升, 各奉主,
받들어 독에 넣고, 독을 받들어 사당으로 돌아가는 納于櫝, 奉歸祠堂, 如來
데, 사당에서 나올 때의 의례와 같게 한다. 儀.

이이 제의초 ¹⁰⁰ 신주를 사당에서 꺼낼 때와 들여 栗谷 祭儀鈔 出主納主,
놓을 때에는 모두 각각의 신위 앞에 부복했다가 일 皆於各位前, 俛伏, 興】
어난다】

(19) 철상을 행한다. 徹.

【주부가 돌아와 술잔에 남아 있는 술을 거두어 【主婦還, 監徹酒之在盞,
다른 그릇 속에 부었다가 모두 병(瓶)에 담아 끈으로 注他器中者, 皆入于瓶, 緘
묶어 봉하는 과정을 감독한다. 이 술을 이른바 '복 封之, 所謂"福酒". 果蔬、
주(福酒)'라 한다. 과일과 나물과 고기와 밥은 모두 肉食竝傳于燕器. 主婦監
연기(燕器)¹⁰¹에 옮겨 담는다. 주부는 제기를 씻어서 滌祭器而藏之】
보관하는 과정을 감독한다】

(20) 제사음식을 나눈다. 餕.

【이이 제의초 ¹⁰² 제사 지낸 음식들을 나누어 친척 【栗谷 祭儀鈔 分祭物, 送

---

99 《栗谷全書》卷27〈祭儀鈔〉"時祭儀"(《栗谷全書》2, 95쪽).
100《栗谷全書》, 위와 같은 곳.
101 연기(燕器) : 평상시나 연회에 쓰는 그릇. 각종 제례에 사용되는 제기(祭器)나 의식에 사용되는 의례용 그릇
    [禮器]과 구분되는 일반 그릇을 의미한다.
102《栗谷全書》, 위와 같은 곳.

과 벗들의 집에 보내고, 친척들과 빈객과 자제들이 모여 순서에 따라 앉아서 술과 음식으로 수작(酬酢)을 하고 자리를 파한다.

于親友家, 會親、賓、子弟 敍坐, 以酒饌酬酢而罷.

안 《가례》에는 제사음식을 나눌 때 젊은 사람들과 어른들이 서로 감축하는 절차가 있고, 《서의(書儀)》에는 신위에 올렸던 고기를 보내면서 쓰는 글이 있으나, 이이의 《제의초》에는 모두 기록하지 않았다. 지금 민간에서는 이 절차를 쓰지 않는다】

案 《家禮》有餕時少長相 祝之節, 《書儀》有歸胙所 尊之書, 而栗谷《祭儀》竝 不錄, 今俗不行】

(21) 일반적으로 제사는 조상을 사랑하고 공경하는 정성을 다하는 것이 주된 일일 뿐이다. 가난하다면 집안의 경제적인 사정에 걸맞게 하고, 질병이 있으면 자신의 근력을 헤아려 행해야 한다. 재력이 감당할 만한 경우는 스스로 의례와 같게 해야만 한다.

凡祭, 主於盡愛敬之誠而 已. 貧則稱家之有無, 疾則 量筋力而行之. 財力可及 者, 自當如儀.

【상례비요】 103 주자(朱子)가 다음과 같이 말했다. "우리 집에서는 옛날에 시제 이외에 동지에 시조(始祖)에게 제사지내고, 입춘에 선조에게 제사지내고, 계추(季秋)에 아버지에게 제사지내는 세 제사가 있었다. 뒤에 동지와 입춘에 지내는 두 제사가 참람(僭濫, 분수에 넘침)된 듯하여 온당하지 않음을 깨닫고는 마침내 그것을 그만두었다. 계추에는 예전대로 아버지에게 제사지낸다."104라 했다. 《주자대전(朱子大全)》에

【喪禮備要】 朱子曰: "某家 舊時⑦時祭外, 有冬至祭 始祖, 立春祭先祖, 季秋 祭禰三祭, 後以冬至、立春 二祭似僭, 覺得不安, 遂已 之, 季秋依舊祭禰." 《大 全》又有 "家中四時土地之 祭". 《儀節》及栗谷《祭

---

103 《沙溪全書》卷34 〈喪禮備要〉 "時祭"(《沙溪・愼獨齋全書》上, 591쪽).
104 우리……제사지낸다:《家禮》〈附錄〉(《文淵閣四庫全書》142, 589쪽).
⑦ 舊時:《沙溪全書・喪禮備要・時祭》에는 없음.

는 또 "어떤 가문에서는 4계절에 토지(土地)에 제사를 지낸다."105라 했다. 《문공가례의절》과 이이의 《제의초》에도 모두 그러한 경우가 있다. 예를 좋아하는 가문에서는 채택하여 써도 괜찮다】《가례》106

儀⑧》亦皆有之. 好禮之家, 采而用之可也】《家禮》

2-1) 신주를 내가는 일을 고하는 글

효손

【안 이이의 《제의초》에는 '효증손(孝曾孫)'이라 호칭했는데, 효증손이라는 호칭은 단지 3대를 제사지내는 경우를 가리켜서 말한 것이다. 만약 《가례》에 의거하여 4대를 제사지낸다면 '효현손(孝玄孫)'이라 호칭해야 적절할 듯하다】

아무개는 이제 중춘(仲春)의 【중하(仲夏)·중추(仲秋)·중동(仲冬) 등으로 각각 그 시절에 맞게 한다】달에

돌아가신 고조할아버지 아무 관직 부군(府君)과 돌아가신 고조할머니 아무 봉호 아무 씨께

【안 증조(曾祖) 이하는 모두 나란히 쓴다】

아무 친척 아무 관직 부군(府君)과 아무 봉호 아무 씨를 부식(祔食)하려 하니, 신주께서는 밖으로 나오셔서 정침(正寢)으로 나아가시기를 감히 청하고, 공손히 정성을 펼쳐서 제사를 올립니다.

【안 부위(祔位)가 없으면 아무 친척을 부식(祔食)하려 한다는 말이 없어야 한다】《가례》107

出主告辭

孝孫

【案 栗谷《祭儀鈔》稱"孝曾孫", 此指只祭三代而言. 若依《家禮》祭四代, 則稱"孝玄孫"似宜】

某今以仲春【仲夏、秋、冬, 各隨其時】之月,

有事于顯高祖考某官府君、顯高祖妣某封某氏

【案 曾祖以下竝列書】, 以某親某官府君、某封某氏祔食, 敢請神主出, 就正寢, 恭伸奠獻.

【案 無祔位則當無某親祔食之語】《家禮》

---

105 어떤……지낸다:출전 확인 안 됨.

106《家禮》卷7〈祭禮〉"四時祭"《家禮》3, 91~118쪽).

107《家禮》卷7〈祭禮〉"四時祭"《家禮》3, 101~102쪽).

⑧ 栗谷祭儀:《沙溪全書·喪禮備要·時祭》에는 "擊蒙要訣".

2-2) 축문 서식

【안 세대(世代)마다 각각 축판(祝版)에 쓴다】

유세차(維歲次) 몇 년 간지(干支), 몇 월 간지 삭, 몇 일 간지에, 효현손(孝玄孫)

【안 신위에 따라 각각 다르게 칭한다】

아무 관직 아무개는 감히 돌아가신 고조할아버지 아무 관직 부군(府君)과 돌아가신 고조할머니 아무 봉호 아무 씨께 명백히 고합니다.

【안 신위에 따라 각각 다르게 칭한다】

절기가 바뀌어 중춘(仲春)의 시절을 맞이하였으니,

【안 시절에 따라 다르게 칭한다】

세시(歲時)를 되짚어 감회함에 길이 사모하는 마음을 이길 수 없습니다.

【고(考)의 신위 앞에서는 '길이 사모하는 마음을 이길 수 없다'는 말을 '하늘처럼 끝이 없다[昊天罔極]'는 말로 고친다】

감히 맑은 술과 여러 음식으로 공경히 세사(歲事)를 올리며 아무 친척 아무 관직 부군(府君)과 아무 친척 아무 봉호 아무 씨를 부식(祔食)하려 합니다.

【안 부위(祔位)가 없으면 쓰지 않는다】

흠향하시기 바랍니다. 《가례》[108]

祝文式

【案 代各異版】

維歲次干支, 幾月干支朔, 幾日干支, 孝玄孫

【案 位各異稱】

某官某, 敢昭告于顯高祖考某官府君、顯高祖妣某封某氏.

【案 位各異稱】

氣序流易, 時維仲春,

【案 隨時異稱】

追感歲時, 不勝永慕.

【考前改"不勝永慕"爲"昊天罔極"】

敢以淸酌、庶羞, 祇薦歲事, 以某親某官府君、某親某封某氏祔食,

【案 無祔位則不書】

尙饗.《家禮》

108《家禮》卷7〈祭禮〉"四時祭"(《家禮》3, 107쪽).

3) 기제(忌祭)

忌祭

(1) 산재(散齋)를 2일 동안 하고, 치재(致齋)를 1일 동안 하며, 제사를 지낼 신위(神位) 1개를 진설한다.

【《가례》에는 단지 고(考, 돌아가신 아버지)나 비(妣, 돌아가신 어머니)께 제사를 지낸다고 했다.109 정자(程子)는 고(考)와 비(妣)를 함께 제사지낸다고 했다110】

散齋二日, 致齋一日, 設所祭一位.

【《家禮》只祭或考或妣. 程子竝祭考妣】

(2) 제기를 진설하고 음식을 장만한다.

【시제의 의례와 같다. 다만 과일과 탕(湯)은 모두 3가지를 넘지 않게 한다. 고(考)와 비(妣)를 함께 제사지낸다면 두 상으로 구분하여 장만해야 한다】

陳器, 具饌,

【如時祭儀. 但果及湯皆不過三色. 并祭考妣, 則當具二分】

(3) 다음날 새벽에 일찍 일어나 나물·과일·술·음식을 진설한다.

【시제의 의례와 같다】

厥明夙興. 設蔬、果、酒、饌.

【如時祭之儀】

(4) 날이 밝으면 주인 이하는 옷을 바꾸어 입는다.

【관직이 없는 사람은 참립(黲笠, 검푸른 갓)을 쓰고 백대(白帶, 흰 띠)를 두르며, 부인은 흰 저고리에 옥색 치마를 입는다.

안 《가례》에는 "아버지의 사당에 제사를 지내면 주인은 검푸른 깁으로 된 복두(幞頭)111를 머리에 쓰고

質明, 主人以下變服.

【無官者黲笠、白帶, 婦人白衣、玉色裳.

案 《家禮》云 : "禰則主人黲紗幞頭, 黲布衫, 布裹

---

109 가례에는⋯⋯했다 : 《家禮》卷7〈祭禮〉"忌日"《家禮》3, 132쪽).
110 정자(程子)는⋯⋯했다 : 역사적으로 정자가 이 말을 했다는 근거를 찾기 힘들다는 견해가 지배적이다. 또한 《常變通攷·祭禮·忌日》에서는 오히려 "한 분의 신위에만 제사 지낸다(只一位),"고 정반대의 발언을 했다는 기록도 있다.
111 복두(幞頭) : 각이 지고 윗면이 평평한 관모(冠帽). 과거 급제자가 홍패(紅牌)를 받을 때 썼다.

검푸른 베로 된 삼(衫, 적삼)에 베로 감싼 각대(角帶, 뿔로 만든 띠)를 두른다. 조부 이상을 제사지낸다면 검푸른 깁으로 된 삼(衫)을 입는다. 방친(旁親, 방계 친척)을 제사지낸다면 검은 깁으로 된 삼(衫)을 입는다."112라 했다. 이이(李珥)도 "관직이 있는 사람은 호색모(縞色帽, 흰색 모자)를 쓰고, 옥색 단령(團領)113을 입고, 베로 감싼 각대(角帶)를 두른다. 조부 이상과 방친을 제사지내면 모두 다르게 입는다."114고 했다. 고례에서는 맞지만 지금 풍속에서는 따르지 않는다】

角帶. 祖以上則黲紗衫. 旁親則皁紗衫." 栗谷亦云:"有官者服縞色帽、玉色團領、布角帶. 祖以上及旁親, 皆異服." 古禮則然而今俗不遵.】

(5) 사당에 나아가 순서에 따라 서서 2번 절한다. 절을 마치면 주인은 계단 위로 올라가 분향하고 꿇어앉아 제사지낼 신주에게 고한다. 신주를 받들어 나와 정침(正寢)에 이르러 신위의 자리로 나아간다.

【안 시제의 의례와 같다】

詣祠堂, 敍立, 再拜. 訖, 主人升, 焚香, 跪告于所祭之主. 奉神主, 至正寢就位.

【案 如時祭儀】

(6) 참신(參神)을 행한다.

參神.

(7) 강신(降神)을 행한다.

【상례비요 115 지방을 사용할 경우에는 먼저 강신을 행하고 뒤에 참신을 행한다.】

降神.

【喪禮備要 紙牓則先降神, 後參神】

(8) 음식을 올린다.

進饌.

---

112 아버지의……입는다:《家禮》卷7〈祭禮〉"忌日"(《家禮》3, 132~133쪽).

113 단령(團領): 깃을 둥글게 만든 공복.

114 관직이……입는다:《栗谷全書》卷27〈祭儀鈔〉"忌祭儀"(《栗谷全書》2, 96쪽).

115《沙溪全書》卷34〈喪禮備要〉"忌日"'參神'(《沙溪·愼獨齋全書》上, 592쪽).

(9) 초헌을 행한다.

【시제의 의례와 같다】

初獻.

【如時祭儀】

(10) 축이 축문을 다 읽으면 축관은 일어선다. 주인
과 그 형제는 곡(哭)을 하여 슬픔을 다한다.

【문공가례의절 116 할아버지와 할머니를 직접 모
셨던 경우에도 마찬가지로 한다】

讀祝畢, 祝興. 主人、兄弟
哭盡哀.

【儀節 逮事祖考妣同】

(11) 아헌을 행한다.

亞獻.

(12) 종헌을 행한다.

終獻.

(13) 유식(侑食)을 행한다.

侑食.

(14) 합문을 행한다.

闔門.

(15) 계문을 행한다.

啓門.

(16) 차(茶)를 올린다.

進茶.

(17) 사신(辭神)을 행한다.

辭神.

(18) 신주를 들이고 받들어 사당으로 돌아간다.

納主, 奉, 歸祠堂.

(19) 철상(徹牀)을 행한다.

徹.

---

116 《文公家禮儀節》卷7〈祭禮〉"룽日"(《文公家禮儀節》4, 49~52쪽)에서 확인 안 됨.

【모두 시제의 의례와 같다. 다만 수조(受胙)와 제사지낸 음식을 나누는 의례는 하지 않는다】

【竝如時祭之儀. 但不受胙, 不餕】

(20) 이날은 술을 마시지 않고, 고기를 먹지 않으며, 음악을 듣지 않으며, 옷을 바꿔 입고서 지낸다.

是日不飲酒, 不食肉, 不聽樂, 變服以居.

【흑립(黑笠, 검은 갓)을 쓰고, 백의(白衣, 흰 옷)를 입고, 백대(白帶)를 두른다】

【黑笠, 白衣, 白帶】

(21) 밤에는 바깥채에서 잠을 잔다.

이이 《제의초(祭儀鈔)》[117]

夕寢于外.

栗谷 《祭儀鈔》

3-1) 신주 내가는 일을 고하는 글

지금 돌아가신 아버지 아무 관직 부군(府君)의

【상례비요[118] 어머니의 경우에는 "돌아가신 어머니 아무 관직 아무 씨"라 한다. 할아버지·할머니, 증조할아버지·증조할머니, 고조할아버지·고조할머니의 경우에는 이를 본따서 한다】

出主告辭

今以顯考某官府君

【 喪禮備要 母云 "妣某封某氏", 祖、曾、高祖考妣放此】

제삿날에

【상례비요[119] 아내와 동생 이하의 경우에는 "망일(亡日)"이라 한다】

遠諱之辰,

【 又 妻、弟以下云 "亡日"】

감히[敢] 청합니다.

【상례비요[120] 아내와 동생 이하의 경우에는 "감(敢)"자를 쓰지 않는다】

敢請

【 又 妻、弟以下不用 "敢" 字】

---

117 《栗谷全書》 卷27 〈祭儀鈔〉 "忌祭儀"(《栗谷全書》 2, 96쪽).
118 《沙溪全書》 卷34 〈喪禮備要〉 "忌日" '顯考某官府君'(《沙溪·愼獨齋全書》 上, 591쪽).
119 《沙溪全書》, 위와 같은 곳.
120 《沙溪全書》, 위와 같은 곳.

신주(神主)께서는

【 상례비요 121 아버지와 어머니를 함께 제사지낼 경우에는 "돌아가신 아버지와 돌아가신 어머니의 신주께서는"이라 한다. 할아버지·할머니, 증조할아버지·증조할머니, 고조할아버지·고조할머니의 경우에는 이를 본따서 한다】

밖으로 나오셔서 정침(正寢)으로 나아가시겠습니다.

【 상례비요 122 정침 대신에 혹 청사(廳事)라 하기도 한다】

공손히 추모하는 뜻을 펼칩니다.

【 상례비요 123 아내와 동생 이하의 경우에는 "추모하여 정례(情禮, 정리와 예의)를 펴고자 합니다."라 한다】《가례》124

3-2) 축문 서식

유세차(維歲次) 몇 년 간지(干支), 몇 월 간지 삭, 몇일 간지에, 효자(孝子)

【 상례비요 125 할아버지와 할머니의 경우에는 "효손(孝孫)"이라 하고, 증조할아버지와 증조할머니의 경우에는 "효증손(孝曾孫)"이라 하며, 고조할아버지와 고조할머니의 경우에는 "효현손(孝玄孫)"이라 한

神主

【又 考妣竝祭, 則云"顯考、顯妣神主", 祖、曾、高祖考妣倣此】

出就正寢,

【又 或廳事】

恭伸追慕.

【又 妻、弟以下云"追伸情禮"】《家禮》

祝文式

維歲次干支, 幾月干支, 朔幾日干支, 孝子

【 喪禮備要 祖考妣 云"孝孫", 曾祖考妣 云"孝曾孫", 高祖考妣 云"孝玄孫". 旁親、兄弟、妻子, 當與題主、

121《沙溪全書》, 위와 같은 곳.
122《沙溪全書》, 위와 같은 곳.
123《沙溪全書》, 위와 같은 곳.
124《家禮》卷7〈祭禮〉"忌日"(《家禮》3, 133쪽).
125《沙溪全書》, 위와 같은 곳.

다. 방친이나 형제나 처자의 경우에는 제주(題主)¹²⁶나 우제(虞祭) 등에 읽는 축문¹²⁷을 참고해야 한다】

아무 관직 아무개는 감히 명백히

【안】 일반적으로 제사에 주인이 사정이 생겨서 자제(子弟)로 하여금 대행하게 할 경우에는 "아무개가 아무 일 때문에 일을 맡을 수가 없어서 아무 친척 아무개로 하여금 감히 명백히 ……께 고하게 하였습니다."라 해야 한다. 만약 주인보다 항렬이 높거나 나이가 많은 사람이 대행하게 되었다면 "아무 친척 아무개에게 부탁하여"라 해야 한다】

돌아가신 아버지 아무 관직 부군(府君)께 고합니다.

【상례비요】¹²⁸ 어머니의 경우에는 "돌아가신 어머니 아무 봉호 아무 씨"라 하고, 할아버지·할머니, 증조할아버지·증조할머니, 고조할아버지·고조할머니의 경우에는 모두 이를 본따서 한다. 만약 고(考)와 비(妣)를 함께 제사지낸다면 나란히 쓴다】

세월이 바뀌어 휘일(諱日, 기일)이 다시 임하였으니

【상례비요】¹²⁹ 만약 고(考)와 비(妣)를 함께 제사지낸다면 "아무 부모님의 휘일(諱日)"이라 하고, 아내와 동생 이하의 경우에는 "망일(亡日)이 다시 이르러"라 한다】

멀리 추모하고 계절에 감응하여도 슬픔이 하늘처

虞祭等祝參攷】

某官某敢昭告于

【案】凡祭, 主人有故, 使子弟代行, 則當云"某因某事不得將事, 使某親某敢昭告于". 若主人之尊長代行, 則當云"屬某親某"】

顯考某官府君.

【喪禮備要】母云"妣某封某氏", 祖、曾、高祖考妣皆放此. 若考妣幷祭則列書】

歲序遷易, 諱日復臨,

【又】若考妣竝祭, 則曰"某親諱日", 妻、弟以下云"亡日復至"】

追遠感時, 昊天罔極.

---

126 제주(題主): 나무를 깎아 만든 신주에 망자의 본관, 관직, 이름 등을 쓰는 일.
127 제주(題主)나……축문: 《家禮》 卷5 〈喪禮〉 "及墓下棺祠后土題木主成墳" '題主'(《家禮》 3, 37쪽); 《家禮》卷6 〈虞禮〉 "虞祭" '初獻'(《家禮》 3, 49쪽). 《임원경제지 향례지》 권5 〈상례와 제례〉 '11-3) 제주(題主) 후의 축문', '12-2) 축문 서식' 항목 참고.
128 《沙溪全書》, 위와 같은 곳.
129 《沙溪全書》, 위와 같은 곳.

럼 끝이 없습니다.

【할아버지와 할머니 이상을 제사지낼 경우에는 "길이 사모하는 마음을 이길 수 없습니다."라 하고, 방친의 경우에는 "휘일(諱日)이 다시 임하니 감격스러우면서도 슬픈 마음을 이길 수가 없습니다."라 한다[130]】

【祖考妣以上云"不勝永慕", 旁親云"諱日復臨, 不勝感愴"】

삼가 맑은 술과 여러 음식으로 공손히 정성을 펼쳐서 제사를 올립니다.

謹以淸酌、庶羞, 恭伸奠獻,

【 상례비요 [131] 아내와 동생 이하의 경우에는 "이렇게 차리는 의식을 펼칩니다."라 한다】

【 喪禮備要 妻、弟以下云 "伸此奠儀"】

흠향하시기 바랍니다. 《가례》[132]

尚饗. 《家禮》

---

130 할아버지와······한다:《沙溪全書》卷34〈喪禮備要〉"忌日"'追遠感時昊天罔極'(《沙溪·愼獨齋全書》上, 591~592쪽).

131《沙溪全書》卷34〈喪禮備要〉"忌日"'謹以淸酌庶羞恭伸奠獻'(《沙溪·愼獨齋全書》上, 592쪽).

132《家禮》卷7〈祭禮〉"忌日"(《家禮》3, 134쪽).

4) 묘제(墓祭)

(1) 3월 상순(上旬)에 날을 잡는다.

【상례비요 133 회재(晦齋) 이언적(李彦迪)134이 "지금 민간의 풍속에서는 설날[正朝]·한식·단오·추석에 모두 묘소에 가서 절하고 청소한다. 지금은 우선 민간의 풍속을 따라도 된다."135라 했다.

이이는, "묘제를 사시(四時)에 지내는 일이 가묘(家廟)에 제사를 지내는 일과 등급의 차이가 없다면 마음이 편치 않을 듯하다. 한식과 추석 두 명절에는 성찬(盛饌)을 장만하여 축문을 읽고, 토지신에게 제사지내면서 한결같이 《가례》〈묘제(墓祭)〉의 의례에 의거하여 한다. 반면 정조와 단오 두 명절에는 간략하게 음식을 장만하고, 단지 한 번 술을 올리고, 축문을 읽지 않으며, 토지신에게 제사지내지 않는다. 무릇 이와 같이 한다면 적당할 듯하다."136라 했다】

(2) 묘제 1일 전에 재계(齋戒)한다.

【집에서 지내는 제사의 의례와 같게 한다】

(3) 음식을 장만한다.

【묘소에서는 위(位)마다 시제를 지낼 때의 음식

墓祭

三月上旬擇日.

【喪禮備要 晦齋曰:"今世俗, 正朝、寒食、端午、秋夕, 皆詣墓拜掃. 今且從俗可也."

栗谷曰:"墓祭行于四時, 與家廟無等殺, 似未安. 當於寒食、秋夕二節, 具盛饌, 讀祝文, 祭土神, 一依《家禮·墓祭》之儀, 正朝、端午二節, 則略備饌物, 只一獻, 無祝, 不祭土神. 夫如是則似爲得宜】

前一日, 齋戒.

【如家祭之儀】

具饌.

【墓上每分如時祭之品, 更

---

133 《沙溪全書》卷34〈喪禮備要〉"墓祭" '三月上旬擇日'(《沙溪·愼獨齋全書》上, 593쪽).

134 이언적(李彦迪):1491~1553. 조선 전기의 학자. 호는 회재(晦齋). 이선기후설(理先氣後說)·이기불상잡설(理氣不相雜說)을 주장하여 이황으로 이어지는 영남학파 성리설의 선구가 되었다. 저서로《회재집(晦齋集)》이 있다.

135 지금……된다:《奉先雜儀》卷上〈墓祭〉, 22쪽.

136 묘제를……듯하다:《栗谷全書》卷27〈祭儀鈔〉"墓祭儀"(《栗谷全書》2, 97쪽).

수와 같게 한다. 다시 생선·고기·미식(米食, 쌀음식)· 면식(麵食, 밀가루음식)을 각각 큰 쟁반 1개에 담아서 후토(后土, 토지신)에게 제사지낸다】

設魚肉、米麵食, 各一大盤, 祭后土】

(4) 다음날 새벽에 물을 뿌리고 청소한다.

厥明灑掃.

【주인은 심의를 입고 집사자들을 거느리고 묘소로 나아가서 2번 절한다. 묘역을 다니며 안팎을 돌면서 슬픈 마음으로 3바퀴를 둘러본다. 풀이나 가시나무가 있으면 바로 칼이나 도끼로 김매고 나무를 베어 깨끗하게 없앤다. 물 뿌리기와 청소가 끝나면 자리로 돌아와서 2번 절한다. 또 묘소의 왼쪽에서 땅을 까고서 후토(后土)에게 제사지낸다】

【主人深衣, 帥執事者詣墓所, 再拜. 奉行塋域, 內外環繞, 哀省三周. 其有草棘, 卽用刀斧鋤斬芟夷. 灑掃訖, 復位, 再拜. 又除地於墓左, 以祭后土】

(5) 자리를 펴고 음식을 진설한다.

布席, 陳饌.

【새로 짠 깨끗한 자리를 묘소 앞에 펴고 음식을 진설하되, 집에서 지내는 제사의 의례와 같게 한다】

【用新潔席陳於墓前, 設饌, 如家⑨祭之儀】

(6) 참신을 행한다.

參神.

(7) 강신을 행한다.

降神.

(8) 초헌을 행한다.

初獻.

【집에서 지내는 제사의 의식과 같다】

【如家祭之儀】

(9) 아헌을 행한다.

亞獻.

---

⑨ 家 : 저본에는 없음.《家禮·祭禮·墓祭》에 근거하여 보충.

(10) 종헌을 행한다.

【모두 자제나 친척이나 벗이 올린다】

終獻.

【竝以子弟、親朋薦之】

(11) 사신(辭神)을 행하고 그제야 철상을 행한다.

辭神, 乃徹.

(12) 이어서 후토에게 제사지낸다. 자리를 펴고 음식을 진설한다.

遂祭后土. 布席, 陳饌.

(13) 강신을 행한다.

降神.

(14) 참신을 행한다.

參神.

(15) 삼헌(三獻)을 차례대로 행한다.

三獻.

(16) 사신을 행하고 그제야 철상하고 물러나온다.

【토지신인 후토에게 제사지내는 예는 묘소에 제사 지내는 의례와 똑같이 해도 된다. 나물·과일·젓갈·포(脯)·밥·차(茶)·탕(湯)을 각각 1그릇씩 담아 어버이를 편안하게 하고 신(神)을 섬기는 마음을 다해야 한다. 묘소에 진설한 음식과 차이가 있어서는 안 된다137】《가례》138

辭神, 乃徹而退.

【祭土地之禮可與墓前一樣. 菜果、鮓脯、飯、茶湯各一器, 以盡寧親, 事神之意, 勿令其有隆殺】《家禮》

4-1) 축문 서식

유세차(維歲次) 몇 년 간지(干支), 몇 월 간지 삭, 몇

祝文式

維歲次干支, 幾月干支, 朔

---

137 토지신인……된다 : 《家禮》〈附錄〉(《文淵閣四庫全書》142, 590쪽).
138 《家禮》卷7〈祭禮〉 "墓祭"(《家禮》3, 135~138쪽).

일 간지에, 효자(孝子)

【안】 묘소에 모셔진 위(位)가 누구인지에 따라 다르게 칭한다】

아무 관직 아무개는 감히 명백히 돌아가신 아버지 아무 관직 부군(府君)의

【안】 묘소에 모셔진 위(位)가 누구인지에 따라 다르게 칭한다. 고(考)와 비(妣)가 합장(合葬)되어 있는 경우에는 나란히 써야 한다】

묘소에 고합니다. 절기가 바뀌어 비와 이슬이 땅을 적셨습니다.

【안】 이것은 한식에 올리는 제사의 축문이다. 《상례비요》에는 "설날에 올리는 제사에는 '한해의 달력이 이미 바뀌어'라 하고, 단오에 올리는 제사에는 '시절의 산물이 번창하고 무성하여'라 하며, 추석에 올리는 제사에는 '흰이슬이 이미 내렸기에'라 한다."[139]라 했다. 이이의 《제의초》에는 "설날에 올리는 제사에는 '푸르른 양기(陽氣)가 이제 돌아왔으니'라 하고, 단오에 올리는 제사에는 '초목이 이미 자라났으니'라 한다."[140]라 했다. 이들을 참작하여 써야 한다】

봉분과 묘역을 살피고 청소하니, 슬픔이 하늘처럼 끝이 없습니다.

【상례비요】 할아버지 이상을 제사 지낼 경우에는 "슬픈 감회와 그리움을 이길 수 없습니다."라 한다[141]

幾日干支, 孝子

【案】 隨位異稱】

某官某敢昭告于顯考某官府君

【案】 隨位異稱, 而考妣合葬則當列書】

之墓. 氣序流易, 雨露旣濡,

【案】 此寒食祭祝也. 《喪禮備要》曰: "正朝云'歲律旣更', 端午云'時物暢茂', 秋夕云'白露旣降'." 栗谷《祭儀鈔》曰: "正朝云'靑陽載回', 端午云'草木旣長', 當參酌而用之."】

瞻掃封塋, 昊天罔極.

【喪禮備要】 祖以上云"不勝感慕"】

---

139 설날에……한다:《沙溪全書》卷34〈喪禮備要〉"墓祭"'雨露旣濡'(《沙溪·愼獨齋全書》上, 592쪽).
140 설날에……한다:《栗谷全書》卷27〈祭儀鈔〉"墓祭儀", 97쪽.
141《沙溪全書》, 위와 같은 곳.

삼가 맑은 술과 여러 음식으로써 공경히 세사(歲事)를 올립니다. 흠향하시기 바랍니다.

【안 이상은 묘소 앞에서 올리는 축문이다】《가례》142

謹以淸酌、庶羞，祗薦歲事，尙饗.

【案 已上墓前祝】《家禮》

유세차(維歲次) 몇 년 간지(干支), 몇 월 간지 삭, 몇 일 간지에,

【안 위와 같다】

아무 관직 아무개(성명을 쓴다)가 감히 토지신(土地神)께 명백히 아룁니다. 아무개가 공손히 아무 친척 아무 관직 부군(府君)의 묘소에 세사(歲事)를 갖추어 올립니다. 때맞게 보호하고 도와주심은 실로 신이 내린 복록에 힘입은 것입니다. 감히 술과 음식으로 공경히 정성을 펼쳐서 제사를 올립니다. 흠향하시기 바랍니다.

【안 이상은 토지신에게 올리는 축문이다】《가례》143

年月日，

【案 同上】

某官姓名敢昭告于土地之神. 某恭修歲事于某親某官府君之墓，惟時保佑，實賴神休，敢以酒饌，敬伸奠獻，尙饗.

【案 已上土地神祝】同上

142《家禮》卷7〈祭禮〉"墓祭"(《家禮》3, 136쪽).
143《家禮》卷7〈祭禮〉"墓祭"(《家禮》3, 137쪽).

5) 복상 기간에 지내는 제사 의례

일반적으로 3년상을 지내는 동안에 고례에서는 사당에 올리는 제사를 지내지 않는다고 했다. 하지만 주자(朱子)는 다음과 같이 말했다. "옛사람들은 상을 지내는 동안 최마(衰麻) 의복을 몸에서 벗지 않고, 곡(哭)하고 우는 소리가 입에서 끊어지지 않았으며, 출입, 거처, 말, 음식과 관련된 행동이 모두 평상시와는 전혀 달랐다. 그러므로 종묘(사당)에 올리는 제사를 비록 지내지 않더라도 저승과 이승이 둘다 서운할 일이 없었다. 그러나 요즘 사람들은 상을 치르는 일이 옛사람들과는 달라서 종묘에 제사지내는 이 일을 완전히 그만두어 버리니, 아마도 조상들께 편치 못한 바가 될 듯하다."[144] 주자의 말씀이 이와 같다.

그러므로 장례를 지내기 전에는 예에 의거하여 제사를 지내지 않고, 졸곡(卒哭)을 한 뒤에는 사시(四時)의 명절 제사와 기제(忌祭)·묘제(墓祭)를 복(服)이 가벼운 사람을 시켜서

【주자는 상중(喪中)일 때는 검은 최복(纔服)을 입고 사당에 제사를 올린다고 했다. 그러나 요즘 사람들은 민간의 제도로 상복을 입고 출입하고 있으니, 검은 최복을 밖으로 드러나게 입고서 출입해야 한다. 하지만 복(服)이 가벼운 사람이 없다면 민간의 제도를 따라 상복을 입고 제사를 올려도 될 듯하다】

제사를 올리게 해야 한다. 그리고 음식의 수는

喪服中行祭儀

凡三年之喪, 古禮則廢祠堂之祭, 而朱子曰:"古人居喪, 衰麻之衣不釋於身, 哭泣之聲不絕於口, 其出入、居處、言語、飲食, 皆與平日絕異. 故宗廟之祭雖廢, 而幽明之間兩無憾焉. 今人居喪與古人異, 而廢此一事, 恐有所未安."朱子之言如此.

故未葬前則準禮廢祭, 而卒哭後則於四時節祀及忌祭、墓祭, 使服輕者

【朱子喪中以墨衰薦于廟, 今人以俗制喪服, 當墨衰著而出入. 無服輕者, 則亦恐可以俗制喪服行祀】

行薦而饌品減於常時, 只

---

144 옛사람들은……듯하다:《晦庵集》卷39〈書〉"答范伯崇"(《朱熹集》4, 1823쪽).

평상시보다 줄여서 단지 1번 술을 올리고, 축문을 읽지 않고, 수조(受胙)를 행하지 않으면 괜찮다. 기년(期年)이나 대공(大功)의 복(服)을 입고 있는 경우라면 장례를 지낸 뒤에 평시처럼 제사를 지내야 한다.

【다만 수조(受胙)를 하지는 않는다】

장례를 하기 전이라면 시제는 올리지 않을 수 있고, 기제와 묘제는 위의 의례와 같이 간략하게 올린다. 시마(緦麻)나 소공(小功)의 복(服)을 입고 있는 경우라면 성복(成服)을 하기 전에는 제사를 지내지 않고,

【오복(五服)이 모두 성복(成服)을 하기 전에는 비록 기제일지라도 지내지 않는다】

성복을 한 뒤에는 평상시처럼 제사를 지내야 한다.

【다만 수조를 하지는 않는다】

상복을 입고 있는 동안에 시제를 올리게 되면, 검은 관(冠)을 쓰고, 소복을 입고, 검은 대(帶)를 두르고 시제를 올린다. 이이《제의초》[145]

一獻, 不讀祝, 不受胙可也. 期、大功則葬後當祭如平時.

【但不受胙】

未葬前, 時祭可廢, 忌祭、墓祭略行如上儀, 緦、小功則成服前廢祭,

【五服未成服前, 雖忌祭, 亦不可行也】

成服後則當祭如平時.

【但不受胙】

服中時祭, 當以玄冠、素服、黑帶行之. 栗谷《祭儀鈔》

향례지 권제5 끝

鄕禮志卷第五

145《栗谷全書》卷27〈祭儀鈔〉"喪服中行祭儀"(《栗谷全書》2, 97쪽).

《향례지》참고문헌 서목

* 일러두기
- 《四庫全書》는 文淵閣 四庫全書 電子版 (迪志文化出版有限公司, 1999)과 영인본(臺灣商務印書館, 1983)을 활용하였다.

향례지 필사본 소장현황

《임원경제지》고려대 도서관본
《임원경제지》서울대 규장각본
《임원경제지》오사카 나카노시마 부립도서관본

경서류

《論語注疏》, 何晏 注, 邢昺 疏 《十三經注疏整理本》23, 北京大學出版社, 2000)

《孟子注疏》, 趙岐 注, 孫奭 疏 《十三經注疏整理本》25, 北京大學出版社, 2000)

《尙書注疏》, 孔安國 傳, 孔穎達 疏 《十三經注疏整理本》2, 北京大學出版社, 2000)

《尙書大傳》, 伏生 《文淵閣四庫全書》68, 臺灣商務印書館, 1983)

《毛詩注疏》, 毛享 傳, 鄭玄 箋, 孔穎達 疏 《十三經注疏整理本》4-6, 北京大學出版社, 2000)

《禮記正義》, 鄭玄 注, 孔穎達 疏 《十三經注疏整理本》12-15, 北京大學出版社, 2000)

《儀禮注疏》, 鄭玄 注, 賈公彦 疏 《十三經注疏整理本》10-11, 北京大學出版社, 2000)

《爾雅注疏》, 郭璞 注, 邢昺 疏 《十三經注疏整理本》24, 北京大學出版社, 2000)

《周禮注疏》, 鄭玄 注, 賈公彦 疏 (《十三經注疏整理本》7, 北京大學出版社, 2000)

《周易正義》, 王弼 注, 孔穎達 疏 (《十三經注疏整理本》1, 北京大學出版社, 2000)

《春秋左傳正義》, 左丘明 傳, 杜預 注, 孔穎達 疏 (《十三經注疏整理本》18, 北京大學出版社, 2000)

《春秋穀梁注疏》, 公羊壽 傳, 何休 注, 徐彦 疏 (《十三經注疏整理本》22, 北京大學出版社, 2000)

《新編孔子家語句解》, 王肅 撰 (《續修四庫全書》931, 上海古籍出版社, 1995)

《儀禮經傳通解續》, 黃幹 (《文淵閣四庫全書》132, 臺灣商務印書館, 1983)

예서류

《大唐開元禮》, 中敕 (《文淵閣四庫全書》646, 臺灣商務印書館, 1983)

《三禮圖》, 聶崇義 (《文淵閣四庫全書》129, 臺灣商務印書館, 1983)

《五禮通考》, 秦蕙田 (《文淵閣四庫全書》139, 臺灣商務印書館, 1983)

《明集禮》, 徐一夔 (《文淵閣四庫全書》650, 臺灣商務印書館, 1983)

《欽定儀禮義疏》高宗(淸) 欽定 (文淵閣四庫全書》107, 臺灣商務印書館, 1983)

《國朝五禮儀》, 申叔舟 等 (국회전자도서관, 古181.214 ㄱ428 v4)

《文公家禮儀節》, 朱熹 撰, 丘濬 輯 (국립중앙도서관, 古1234-83-1-4)

《文公家禮儀節》, 朱熹 編, 楊愼 輯 (일본와세다대학교 도서관 소장본, 1530)

《家禮》, 朱熹 (국립중앙도서관, 古5213-3)

《家禮(圖)》, 朱子 輯, 淺見安正 校 (일본와세다대학교 도서관 소장본, 1697)

《讀禮通考》, 徐乾學 (《文淵閣四庫全書》113, 臺灣商務印書館, 1983)

《喪禮備要》, 申義慶 纂述, 金長生 增補 (일본 와세다대학교 도서관 소장본, 1782)

《儀禮圖》, 張惠言 述 (일본 와세다대학교 도서관 소장본, 1805)

《新定松氏儀禮圖》, 村松 撰 (일본 와세다대학교 도서관 소장본, 1788)

《大射禮儀軌》, 禮曹(朝鮮) 編 (서울대학교규장각, 2001)

《奉先雜儀》, 李彦迪 (국립중앙도서관, 청구기호 : 古5213-111-219)

문집류

《二程文集》, 程顥, 程頤 (《文淵閣四庫全書》1345, 臺灣商務印書館, 1983)

《二程全書》, 程顥 程頤 共著, 朱熹 編 (국립중앙도서관, 古3745-188)

《張子全書》, 張載 (《文淵閣四庫全書》697, 臺灣商務印書館, 1983)

《曹月川集》, 曹端 (《文淵閣四庫全書》1243, 臺灣商務印書館, 1983)

《南溪集》, 朴世采 (《南溪先生朴文純公文續集》, 국립중앙도서관, 한고朝46-가492)

（《南溪先生朴文純公文外集》, 국립중앙도서관, 한고朝46-가492)

《宋子大全》, 宋時烈 (《韓國文集叢刊》112, 민족문화추진위원회, 1993)

《沙溪全書》, 金長生, 金集 (光山金氏虛舟公派花樹會 編輯, 明寶精版社, 1978)

《楓石全集》, 徐有榘 (《韓國文集叢刊》288, 민족문화추진위원회, 2002) (보경문화사, 1983)

《栗谷全書》, 李珥 (성균관대학교 대동문화연구원, 1960)

《朱子全書》, 朱熹 (上海古籍出版社·安徽教育出版社, 2002)

《朱熹集》, 朱熹 (四川教育出版社, 1996)

자전과 운서류

《康熙字典》, 張玉書 等撰 (國學基本叢書, 臺灣商務印書館, 1968)

《說文解字》, 許慎 撰 (《文淵閣四庫全書》223, 臺灣商務印書館, 1983)

그외 원전

《經國大典》, 崔恒 等受命編 (국립중앙도서관, 한고《集韻》朝33-4)

《朝鮮王朝實錄》 (국사편찬위원회 DB)

《重修宣和博古圖》, 王黼 (《文淵閣四庫全書》840, 臺灣商務印書館, 1983)

《通典》, 杜佑 (《文淵閣四庫全書》603, 臺灣商務印書館, 1983)

《漢書》, 班固 (中華書局, 1997)

《書儀》, 司馬光 (《文淵閣四庫全書》142, 臺灣商務印書館, 1983)

《中說》, 王通 (《文淵閣四庫全書》696, 臺灣商務印書館, 1983)

《史記》, 司馬遷 (中華書局, 1997)

《二程遺書》, 程顥, 程頤, 朱熹 編《文淵閣四庫全書》698, 臺灣商務印書館, 1983)

《司馬氏書儀》, 司馬光 撰《叢書集成初編》1040, 商務印書館, 1936)

번역서

《임원경제지 섬용지》2, 임원경제연구소 (풍석문화재단, 2016)

《임원경제지 유예지》1-2, 임원경제연구소 (풍석문화재단, 2017)

《임원경제지 정조지》3, 임원경제연구소 (풍석문화재단, 2020)

《의례 역주》1, 정현 주, 김용천·박례경 옮김 (세창출판사, 2013)

《의례 역주》2, 정현 주, 박례경·이원택 옮김 (세창출판사, 2013)

《의례 역주》6, 정현 주, 김용천 옮김 (세창출판사, 2013)

《의례 역주》7, 정현 주, 장동우 옮김 (세창출판사, 2013)

《제민요술 역주》3, 가사협 지음, 최덕경 옮김 (세창출판사, 2018)

《조선시대 대사례와 향사례》, 국민민속박물관 (국민민속박물관, 2009)

연구논저

〈단행본류〉

《한국직물 오천년》, 심연옥 (고대직물연구소출판부, 2002)

〈논문류〉

《『喪禮四箋』「喪服商」에 나타난 茶山의 喪服觀》, 차서연 (단국대학교 박사학
　　위논문, 2020)

〈KCI등재『사례편람(四禮便覽)』에 기초한 남자 상복(喪服)의 고증제작에
　　관한 연구〉, 조우현·김혜경·동준희·박민재, 《服飾》66호 (한국복식학
　　회, 2016)

〈조선시대 사대부 회격묘(灰隔墓) 연구〉, 이원선, 《역사문화논총》8호 (역사
　　문화연구소, 2014)

〈조선시대 회격묘 출토 유물의 수습과 보존〉, 방유리·신승주·박성우·조연옥, 《야외고고학》7호 (한국문화유산협회, 2009)

기타 및 인터넷 한적 및 관련자료 검색사이트

NAVER(네이버) http://www.nave.com

NAVER 지식백과 https://terms.naver.com

DAUM(다음) http://www.daum.net

GOOGLE(구글) http://www.google.com

百度(바이두) http://www.baidu.com

유튜브 http://www.youtube.com

한국고전번역원 http://www.itkc.or.kr

국립중앙도서관 http://library.korea.ac.kr

국회전자도서관 https://dl.nanet.go.kr

서울대학교 중앙도서관 http://library.snu.ac.kr

이뮤지엄 https://www.emuseum.go.kr

역사정보통합시스템 http://www.koreanhistory.or.kr

조선왕조실록 http://sillok.history.go.kr

한국콘텐츠진흥원 https://www.kocca.kr

한국민족문화대백과 http://encykorea.aks.ac.kr/

색인

인명

물명

저자 및 교정자 소개

저자

풍석(楓石) 서유구(徐有榘, 1764~1845)

본관은 대구(달성), 경기도 파주 장단이 고향이다. 조선 성리학의 대가로서 규장각 제학, 전라 관찰사, 수원 유수, 이조 판서, 호조 판서 등 고위 관직을 두루 역임했다. 그럼에도 서명응(조부)·서호수(부)·서형수(숙부)의 가학에 깊은 영향을 받아, 경학이나 경세학보다는 천문·수학·농학 등 실용학문에 심취했다. 그 결과 조선시대 최고의 실용백과사전이자 전통문화콘텐츠의 보고인 《임원경제지》 113권을 거의 40년 동안 저술했다.

벼슬에서 물러나 있는 동안에는 경기도 양주(楊州)와 고향인 임진강변 장단에서 술 빚고 부엌을 드나들며, 손수 농사짓고 물고기를 잡으면서 임원(林園)에서 사는 선비로서 가족을 건사하고 덕을 함양하는 데 필요한 전반적인 실용 지식을 집대성했다. 이를 위해 조선과 중국, 일본의 온갖 서적을 두루 섭렵하여 실생활에 필요한 각종 지식을 체계적으로 수집하는 한편, 몸소 체험하고 듣고 관찰한 내용을 16분야로 분류하여 엄밀하게 편찬 저술하기 시작했다.

서유구는 실현 가능한 개혁을 추구하는 조정의 최고위 관료였고, 농부이자 어부, 집 짓는 목수이자 원예가, 술의 장인이자 요리사, 악보를 채록하고 거문고를 타는 풍류 선비이자 전적과 골동품의 대가, 전국 시장과 물목을 꿰고 있는 가문 경영자이자 한의학과 농학의 대가였다.

전라 관찰사 재직 때에 호남 지방에 기근이 들자 굶주린 백성들을 위해 《종저보》를 지어 고구마 보급에 힘쓰기도 했던 서유구는, 당시 재야나 한직에 머물렀던 여느 학자들과는 달랐다. 그의 학문은 풍석학(楓石學), 임원경제학(林園經濟學)이라 규정할 만한 독창적인 세계를 제시했던 것이다.

늙어 벼슬에서 물러나 그동안 모으고 다듬고 덧붙인 엄청난 분량의 《임원경제지》를 완결한 그는 경기도 양평군 양서면에서 82세의 일기를 다했다. 시봉하던 시사(侍史)가 연주하는 거문고 소리를 들으며 운명했다고 한다.

교정자

추담(秋潭) 서우보(徐宇輔, 1795~1827)

서유구의 아들로, 모친은 여산 송씨(宋氏, 1769~1799)이다. 자는 노경(魯卿), 호는 추담(秋潭)·옥란관(玉蘭觀)이다. 서유구가 벼슬에서 물러난 1806년부터 1823년에 회양부사로 관직에 복귀하기 전까지, 약 18년 동안 부친과 임원에서 함께 생활하며 농사짓고 물고기를 잡는 한편, 《임원경제지》의 원고 정리 및 교정을 맡았다. 요절했기 때문에 《임원경제지》 전 권을 교정할 수 없었지만, 서유구는 《임원경제지》 113권의 권두마다 "남(男) 우보(宇輔) 교(校)"라고 적어두어 그의 기여를 공식화했다. 시문집으로 《추담소고(秋潭小藁)》가 있다.

✤ 임원경제연구소

임원경제연구소는 고전 연구와 번역, 출판을 주요 목적으로 하는 사단법인이다. 문사철수(文史哲數)와 의농공상(醫農工商) 등 다양한 전공 분야의 소장학자 40여 명이 회원 및 번역자로 참여하여, 풍석 서유구의 《임원경제지》를 완역하고 있다. 또한 번역 사업을 진행하면서 축적한 노하우와 번역 결과물을 대중과 공유하기 위해 관련 전문가 및 단체들과 교류하고 있다. 연구소에서는 번역 과정과 결과를 통하여 '임원경제학'을 정립하고 우리 문명의 수준을 제고하여 우리 학문과 우리의 삶을 소통시키고자 노력한다. 임원경제학은 시골 살림의 규모와 운영에 관한 모든 것의 학문이며, 경국제세(經國濟世)의 실천적 방책이다.

번역, 교열, 교감, 표점, 감수자 소개

번역

신승훈(申承勳)

부산광역시 출신. 경성대학교 한문학과를 졸업했다. 경남 산청군 신등면 평지리 내당서사에서 수학함. 한국학중앙연구원(구 한국정신문화연구원) 한국학대학원에서 석사과정을 졸업했다. 태동고전연구소(지곡서당)에서 한학연수과정을 마쳤다. 고려대학교 대학원에서 박사과정을 졸업했다. 현재 경성대학교 인문문화학부 교수로 재직하고 있다. 여러 종의 저서와 역서가 있고, 수십 편의 논문이 있다. 현재는 주로 고전이 어떻게 현재와 소통하고 재해석될지를 고민하면서 공부하고 있다.

정명현(鄭明炫)

광주광역시 출신. 고려대 유전공학과를 졸업하고, 도올서원과 한림대 태동고전연구소에서 한학을 공부했다. 서울대 대학원 '과학사 및 과학철학 협동과정'에서 전통 과학기술사를 전공하여 석사와 박사를 마쳤다. 석사와 박사 논문은 각각 〈정약전의 《자산어보》에 담긴 해양박물학의 성격〉과 《서유구의 선진농법 제도화를 통한 국부창출론》이다. 《임원경제지》 중 《본리지》·《섬용지》·《유예지》·《상택지》·《예규지》·《이운지》·《정조지》·《보양지》를 공역했다. 또 다른 역주서로 《자산어보 : 우리나라 최초의 해양생물 백과사전》이 있고, 《임원경제지 : 조선 최대의 실용백과사전》을 민철기 등과 옮기고 썼다. 현재 임원경제연구소 소장으로, 《임원경제지》 번역 사업에 참여하고 있다.

김광명(金光明)

전라북도 정읍 출신. 전주대학교 한문교육과를 졸업하고 한국고전번역원에서 한학을 공부했으며, 성균관대학교 대학원 고전번역 협동과정에서 석박사통합 과정을 수료했다. 현재 임원경제연구소 연구원으로 근무하며, 《유예지》·《상택지》·《예규지》·《이운지》·《정조지》를 공역했고, 《보양지》를 교감·교열했다.

서문

도올 김용옥(金容沃)

우리시대를 대표하는 사상가이다. 고려대학교 생물과, 철학과, 한국신학대학 신학과에서 수학하고 원광대학교 한의과대학, 대만대학, 동경대학, 하바드대학에서 소정의 학위를 획득했다. 고려대학교, 중앙대학교, 한국예술종합학교, 연변대학, 사천사범대학 등 한국과 중국의 수많은 대학에서 제자를 길렀다. 《동양학 어떻게 할 것인가》 등 80여 권에 이르는 다양한 주제의 저술을 통해 끊임없이 민중과 소통하여 왔으며, EBS 56회 밀레니엄특강 《노자와 21세기》를 통해 고전의 세계가 민중의 의식 속으로 깊게 전파되는 혁명적 문화의 장을 열었다. 최근에는 우리나라 KBS1 TV프로그램 《도올아인 오방간다》(2019, KBS1 TV)를 통하여 우리 현대사 100년의 의미를 국민에게 전했다. 그가 직접 연출한 《도올이 본 한국독립운동사 10부작》(2005, EBS)은 동학으로부터 해방에 이르는 다난한 민족사를 철학자의 시각에서 영상으로 표현한 20세기 한국역사의 대표적인 걸작으로 꼽히며, 향후의 모든 근대사 탐구의 기준을 제시했다. 역사에 대한 탐색은 여기에 그치지 않고, 국학(國學)의 정립을 위하여 《삼국유사》·《일본서기》·《고려사》·《조선왕조실록》의 역사문헌과 유적의 연구에 정진하며, 고대와 근세 한국사에 대한 인식을 새롭게 하고 있다. 최근에는 광주MBC에서 마한문명을 고조선의 중심으로 파악하는 파격적인 학설을 주장하여 사계 학자들의 관심을 집중시켰다. 도올 김용옥 선생은 역사와 문학과 철학, 문화인류학, 고고학, 그리고 치열한 고등문헌학을 총체적으로 융합시킬 수 있는 당대의 거의 유일한 학자로서 후학들의 역사이해를 풍요롭게 만들어가고 있다. 최근 50년 학문 역정을 결집시킨 《노자도덕경》 주석서, 《노자가 옳았다》는 인류문명 패러다임의 전환에 대한 새로운 시각을 제시하였으며, 《동경대전》 1·2권은 《임원경제지》 국역작업과 함께 국학의 역사를 새로 쓰고 있다.

교열, 교감, 표점

민철기(閔喆基)

서울 출신. 연세대 철학과를 졸업하고 도올서원에서 한학을 공부했다. 연세대 대학원 철학과에서 학위논문으로 《세친(世親)의 훈습개념 연구》를 써서 석사과정을 마쳤다. 임원경제연구소 번역팀장과 공동소장을 역임했고, 현재는 선임연구원으로 재직하며 《섬용지》를 교감 및 표점했고, 《유예지》·《상택지》·《예규지》·《이운지》·《정조지》를 공역했으며, 《보양지》를 교감·교열했다.

정정기(鄭炡基)

경상북도 장기 출신. 서울대 가정대학 소비자아동학과에서 공부했고, 도올서원과 한림대태동고전연구소에서 한학을 익혔다. 서울대 대학원에서 성리학적 부부관에 대한 연구로 석사를, 《조선시대 가족의 식색교육 연구》로 박사를 마쳤다. 음식백과인 《정조지》의 역자로서 강의와 원고 작업을 통해 그에 수록된 음식에 대한 소개에 힘쓰며, 부의주를 빚고 가르쳐 집집마다 항아리마다 술이 익어가는 꿈을 실천하고 있다. 임원경제연구소 교열팀장과 번역팀장을 역임했고, 현재는 연구원으로 재직하며 《섬용지》를 교열했고, 《유예지》·

《상택지》·《예규지》·《이운지》·《정조지》를 공역했으며, 《보양지》를 교감·교열했다.

최시남(崔時南)

강원도 횡성 출신. 성균관대학교 유학과(儒學科) 학사 및 석사를 마쳤으며 동대학원 박사과정을 수료했다. 성균관(成均館) 한림원(翰林院)과 도올서원(檮杌書院)에서 한학을 공부했고 호서대학교에서 강의를 했다. IT회사에서 조선시대 왕실 자료와 문집·지리지 등의 고문헌 디지털화 작업을 했다. 현재 임원경제연구소 팀장으로 근무하며 《섬용지》·《유예지》·《상택지》·《예규지》·《이운지》·《정조지》를 공역했고, 《보양지》를 교감·교열했다.

김현진(金賢珍)

경기도 평택 출신. 공주대 한문교육과를 졸업하고 한림대 태동고전연구소와 한국고전번역원에서 한학을 공부하고 성균관대학교 대학원 한문학과에서 석사과정을 수료했다. 현재 임원경제연구소 연구원으로 근무하며 《섬용지》를 교열했고, 《유예지》·《상택지》·《예규지》·《이운지》·《정조지》를 공역했으며, 《보양지》를 교감·교열했다.

김수연(金秀娟)

서울 출신. 한국전통문화대학교 전통조경학과를 졸업하고 한림대 태동고전연구소에서 한학을 공부했다. 현재 임원경제연구소 연구원으로 근무하며 《섬용지》를 교감 및 표점했고, 《유예지》·《상택지》·《예규지》·《이운지》·《정조지》를 공역했으며, 《보양지》를 교감·교열했다.

강민우(姜玟佑)

서울 출신. 한남대 사학과를 졸업하고 한림대 태동고전연구소에서 한학을 공부했다. 성균관대학교 대학원 사학과에서 박사 과정을 마쳤다. 《섬용지》를 교열했고, 《유예지》·《상택지》·《예규지》·《이운지》·《정조지》를 공역했으며, 《보양지》를 교감·교열했다.

김용미(金容美)

전라북도 순창 출신. 동국대 철학과를 졸업하고, 고전번역원 국역연수원과 일반연구과정에서 한문 번역을 공부했다. 고전번역원에서 추진하는 고전전산화 사업에 교정교열위원으로 참여했고, 《정원고사(政院故事)》 공동번역에 참여했다. 전통문화연구회에서 추진하고 있는 《모시정의(毛詩正義)》 공동번역에 참여하고 있다. 현재 임원경제연구소 연구원으로 근무하며, 《예규지》·《이운지》·《정조지》를 공역했고, 《보양지》를 교감·교열했다.

자료정리

고윤주(高允珠)(푸르덴셜생명 라이프플래너)

감수

이봉규(李俸珪)(인하대학교 교수)

교감·표점·교열·자료조사

임원경제연구소

🌏 풍석문화재단

(재)풍석문화재단은《임원경제지》등 풍석 서유구 선생의 저술을 번역 출판하는 것을 토대로 전통문화 콘텐츠의 복원 및 창조적 현대화를 통해 한국의 학술 및 문화 발전에 기여함을 목적으로 설립되었다.

재단은 ①《임원경제지》의 완역 지원 및 간행, ②《풍석고협집》,《금화지비집》,《금화경독기》,《번계시고》,《완영일록》,《화영일록》 등 선생의 기타 저술의 번역 및 간행, ③ 풍석학술대회 개최, ④《임원경제지》 기반 대중문화 콘텐츠 공모전, ⑤ 풍석디지털자료관 운영, ⑥《임원경제지》 등 고조리서 기반 전통음식문화의 복원 및 현대화 사업 등을 진행 중이다.

재단은 향후 풍석 서유구 선생의 생애와 사상을 널리 알리기 위한 출판·드라마·웹툰·영화 등 다양한 문화 콘텐츠 개발 사업,《임원경제지》 기반 전통문화 콘텐츠의 전시 및 체험교육 등을 목적으로 하는 서유구 기념관 건립 등을 추진 중이다.

풍석문화재단 웹사이트 및 주요 연락처

웹사이트
풍석문화재단 홈페이지 : www.pungseok.net
출판브랜드 자연경실 블로그 : https://blog.naver.com/pungseok
풍석디지털자료관 : www.pungseok.com
풍석문화재단 음식연구소 홈페이지 : www.chosunchef.com

주요 연락처
풍석문화재단 사무국
주　소 : 서울 서초구 방배로19길 18, 남강빌딩 301호
연락처 : 전화 02)6959-9921 팩스 070-7500-2050 이메일 pungseok@naver.com

풍석문화재단 전북지부
연락처 : 전화 063)290-1807 팩스 063)290-1808 이메일 pungseokjb@naver.com

풍석문화재단우석대학교 음식연구소
주　소 : 전북 전주시 완산구 향교길 104
연락처 : 전화 063-291-2583 이메일 zunpung@naver.com

조선셰프 서유구(음식연구소 부설 쿠킹클래스)
주　소 : 전북 전주시 완산구 향교길 104
연락처 : 전화 063-291-2583 이메일 zunpung@naver.com

서유구의 서재 자이열재(풍석 서유구 홍보관)
주　소 : 전북 전주시 완산구 향교길 104
연락처 : 전화 063-291-2583 이메일 pungseok@naver.com

풍석학술진흥연구조성위원회
(재)풍석문화재단은《임원경제지》의 완역완간 사업 등의 추진을 총괄하고 예산 집행의 투명성을 기하기 위해 풍석학술진흥연구조성위원회를 두고 있습니다. 풍석학술진흥연구조성위원회는 사업 및 예산계획의 수립 및 연도별 관리, 지출 관리, 사업 수익 관리 등을 담당하며 위원은 아래와 같습니다.

위원장 : 신정수(풍석문화재단 이사장)
위　원 : 서정문(한국고전번역원 고전번역연구소장), 진병춘(풍석문화재단 사무총장)
　　　　안대회(성균관대학교 한문학과 교수), 유대기(공생사회적협동조합 이사장)
　　　　정명현(임원경제연구소장)

풍석문화재단 사람들

이사장	신정수 ((前) 주택에너지진단사협회 이사장)
이사진	김윤태 (우석대학교 평생교육원장) 김형호 (한라대학교 이사) 모철민 ((前) 주 프랑스대사) 박현출 ((前) 서울시농수산식품공사 사장) 백노현 (우일계전공업그룹 회장) 서창석 (대구서씨대종회 총무이사) 서창훈 (우석재단 이사장 겸 전북일보 회장) 안대회 (성균관대학교 한문학과 교수) 유대기 (공생사회적협동조합 이사장) 이영진 (AMSI Asia 대표) 정명현 (임원경제연구소 소장) 진병춘 (상임이사, 풍석문화재단 사무총장) 채정석 (법무법인 웅빈 대표) 홍윤오 ((前) 국회사무처 홍보기획관)
감사	홍기택 (대일합동회계사무소 대표)
음식연구소장	곽미경 (《조선셰프 서유구》 저자)
재단 전북지부장	서창훈 (우석재단 이사장 겸 전북일보 회장)
사무국	박시현, 박소해
고문단	이억순 (상임고문) 고행일 (인제학원 이사) 김영일 (한국AB.C.협회 고문) 김유혁 (단국대 종신명예교수) 문병호 (사랑의 일기재단 이사장) 신경식 (헌정회 회장) 신중식 ((前) 국정홍보처 처장) 신현덕 ((前) 경인방송 사장) 오택섭 ((前) 언론학회 회장) 이영일 (한중 정치외교포럼 회장) 이석배 (공학박사, 퀀텀연구소 소장) 이수재 ((前) 중앙일보 관리국장) 이준석 (원광대학교 한국어문화학과 교수) 이형균 (한국기자협회 고문) 조창현 ((前) 중앙인사위원회 위원장) 한남규 ((前) 중앙일보 부사장)

《임원경제지·향례지》 완역 출판을 후원해 주신 분들

최미화 최범채 최성희 최상욱 최승복 최연우 최영자 최용범 최윤경 최정숙 최정원
최정희 최진욱 최필수 최희령 탁준영 태경스님 태의경 하광호 하영휘 하재숙 한승문
함은화 허문경 허영일 허 탁 홍미숙 홍수표 함은화 황경미 황재운 황재호 황정주
황창연 현승용 그 외 이름을 밝히지 않은 후원자분